普通高等教育“十三五”规划教材

应用写作训练教程

主　编　姚国建　李　桦

编　委　李　桦　刘秀丽　朱家席
陈　慧　张琳琳　杜　慧
周　安　姚国建　洪何苗
黎　欣　潘玉梅

合肥工業大學出版社

前　言

本教材为安徽省省级“写作名师工作室”项目（2015msgzs159）、安徽省省级“汉语言文学专业综合改革试点”项目（2016zy083）、安徽省省级重点教研项目“基于‘写作育人’、创新创业能力提升的高校写作教学改革研究”（2016jyxm0652）的成果之一。其编写宗旨为：“体现教改精神，构建训练体系，强化能力开发，提升教学实效”，目的是为了追求教材的理念更新、体系更新、内容更新、训练题型更新，以适应加快推进应用写作教学改革的需要。

当前，越来越越多的高校重视开设应用写作课，希望通过这门课的开设，提升学生的综合素养和应用写作能力，使学生毕业后能更好地从事相关工作。高校从事应用写作教学的教师，也以十分敬业的精神，对这门实用而又难教的课程展开持久、全面、深入的研究，殚精竭虑地探索教学新模式，尝试新方法，采用新手段，其目的就是想切实提升这门课的教学效率。但教学实践表明，尽管教师在写作教学上下了很大功夫，学生写出的应用文与教师的期待仍相差甚远。其中出现的问题五花八门，千奇百怪。有的涉及写作本身，有的涉及写作之外，有的完全是缺乏写作责任心所致。由此看来，加快推进应用写作教学改革显得尤为必要。改革的关键体现在如下方面：第一，树立“写作育人”“大写作”“大实践”“工程化”的教学理念，充分认识应用写作能力的提升与“人”的整体素质提升和全面发展有着密切的关联，不断探索“写作”与“育人”、写作与社会实践相互契合、相互联动的教学模式，以“人”的提升和发展来促进应用写作能力的提升。第二，遵循“在写作中学会写作”的教学规律，在重视写作理论的指导作用的同时，更要看到应用写作课的特点不是单纯讲授写作理论知识，而是要将写作理论知识转化为系统、科学、能解决实际问题、具有可操作性的“训练工程”。通过课堂写作实训和课后写作实践，将写作理论知识转化为自身的写作素养，进而内化为能解决各类实际问题的写作能力，以适应将来自身发展的需要和工作需求。第三，创新教学设计，注重设计具有问题意识、难度意识、应用意识、实践意识的训练题型，让学生在面对具体问题、真实写作需求时感到“犯难”，激发他们自主学习、合作学习、探究学习的热情，进而激活学生挑战难度、追求解决问题、获得自信和成功的内驱力。第四，探索教学新模式，改进教学方法、教学手段，为学生搭建多种自主学习、自主实践的平台。充分发挥“互联网+”的助学作用，为学生拓展应用写作学习空间等。

正是基于以上认识，我们在原先编写的省级规划教材《应用写作》《应用文写作》的基础上，不断听取相关专家和师生意见，结合多个项目研究需要，决定重新编写一本《应用写作训练教程》，力求在教学体系、教学内容、训练题型设计上有所突破，有所创新，以满足应用写作教学改革的需求。

本教材在综合同类教材优点的基础上，力求突出如下特点：

其一，教学体系的通用性。一方面，我们略去一些不常用的文种。另一方面又充分考虑到因学科、专业的不同，教学中对文种写作的需求也不同，教材编写在兼顾“面”的基础上注重突出常用文种的教学内容设计，以适应不同学科、不同专业开设应用写作课的需求。如党政公文部分重点突出“通知”“通报”“报告”“请示”“函”等文种；求职应用文重点突出“求职信”“简历”“申论”等。

其二，教学内容的更新性。一方面，在广泛比较的基础上，经过编者的认真思考，结合自己的教学心得、研究心得，对各类文种的内涵、种类、写作要领、写作要求等，作出富有见解、准确实用的阐述。另一方面，对因国家出台了新规定的文种，教材编写予以重点更新。例如“公文”，根据国家有关文件，已改为“党政公文”，公文也由13种改为15种，其写作格式、写作要求也发生了变化，教材据此更新了党政公文的编写内容，以满足教学及社会相关人员的写作需求。此外，教材在举例论述或选择例文方面，都尽量选择新的更具示范性的例文。

其三，能力训练的强化性。针对目前应用写作教材存在写作理论阐述过多，写作实训较少，且题型偏向知识性考查，写作训练题型简单，脱离实际，教学操作性差的问题，本教材不再设计知识类题型，而是着力加强能力训练题型设计，特别突出重点文种的写作实训、写作实践题型设计，以便在教学过程中强化写作能力训练，提升教学效率。在实际教学中，教师可以根据教材内容，将写作理论知识内容从中摘出，分类重组，供学生自学参考。对能力型题型设计，教师还可以根据教学及实践需要，随时更新设计，更新训练方式，以增强写作训练的创意与活力。

本教材各章节中的写作训练题，编者将做出参考答案。使用本教材的教学单位或老师如有需要，可通过出版社责任编辑与教材主编取得联系。

本教材可作为各类高校不同学科、不同专业的学生开设应用写作课程的教学用书，也可作为各类人员在职学习应用写作的自学用书，还可以作为参加公务员考试、企事业单位人员招聘考试、国家职业秘书资格证考试的参考用书。

编　者

2018年6月

目　录

第一章 绪 论

□学习目标与要求

1. 掌握应用写作的内涵、特点、分类，了解应用文的历史沿革、应用写作的特点、应用写作的作者素养、应用写作的基本要求。

2. 重点掌握应用写作的作用、应用写作的基本要求。

3. 根据个人实际情况，通过不同途径提高自身素养，增强应用写作能力。

第一节 应用写作的内涵

写作是人类一种特殊的创造性的社会实践活动。这种活动不仅记载、创造和发展了人类的精神文明，而且在传播信息、交流思想、互通情况、实施管理、处理事务、解决问题，积极推动社会各项事业健康发展方面，发挥了极其重要的作用。

当今社会，是一个高度开放、快速发展、充满激烈竞争的现代社会。在这样的社会里，信息就是资源，信息就是财富，而写作活动已成为人类信息生产、贮存、传递、交流的一种主要手段，人类正通过写作的媒介将先进的思想、新的理念、科学发明、技术革新等转化为生产力。一些国外专家、学者，把人们的阅读和写作能力称为“第一文化”，把掌握电子计算机语言称为“第二文化”，而第一文化又是第二文化的基础。一个现代人必须掌握这两种文化。可以说，善于写作，具备较强的写作能力，是现代人必备的基本素质。正如余秋雨所强调的那样：“在现代文明的构建中，极重要的是阅读与写作。……没有足够的写作能力就很难做一个真正的现代人。”①

从写作的功效来分，人类的写作主要有两种类型：一种是为反映现实生活、表现人类精神世界而进行的文学创作；另一种就是为了处理公务和个人事务而进行的应用写作。在现代文明的构建中，这两种写作都是非常重要的素质。相比而言，后一种写作和人们日常

---

① 余秋雨：《写作是构建现代文明的重要素质》，《写作》，1994年第5期，第2页。

的生活和工作联系更为密切，其写作的成效直接与国家、集体和个人的事业成败休戚相关。

事实上，在现代社会，一个人可以不从事文学创作，但在其成长过程及追求事业成功的历程中，不可能不进行应用写作。因此，掌握应用写作要领，具备较强的应用写作能力是现代人必备的基本素质。缺少这种素质的人，无论从事何种工作，都会遇到障碍。正如余秋雨所指出的那样："写作从本质说是人的素质，一个现代人必须有这种素质。"①

所谓应用写作，是指运用书面语言完成应用文写作的行为过程。它是人类写作的重要类型之一。应用写作重在"应用"二字上，它是国家机关、企业单位、社会团体以及个人用来办理公务和个人事务、传递信息、解决实际问题而进行的写作，这种写作的直接成果是具有惯用格式的应用文，人们习惯上也称之为应用文写作。

在当今的大学教育中，重视写作能力的培养，特别是重视应用写作能力的培养是十分必要的。因为写作能力的培养有助于培养大学生的创新能力和思维品质，也是增强大学生创新创业能力的重要方面。从学生求职以及未来就业的职业能力要求来看，面对激烈竞争的人才市场，任何用人单位都需要素质高、能力强、到岗就能用的人才。就应用写作人才需求而言，任何单位都需要写作能力强、能承担单位写作任务的"笔杆子"，而不是只会背写作知识的书呆子。因此，"能写""会说"的大学生，更能适应现代社会需求，更能满足用人单位的需要。

从国际上看，许多国家的高等教育都把写作作为通识教育的核心课程来对待。例如哈佛大学，一二年级上通识课，不分专业。而通识教育中，写作课又是一门非常重要、非常实用的课程。

当前，我国正在实施"科教兴国，人才强国"战略，高等学校肩负着培养创造型人才的历史使命，而写作能力与人的创新能力有着密切的关联。因此，在当今的大学教育中，写作特别是应用写作课受到普遍重视。因为写作能力的培养，不仅有助于培养大学生的创新能力和思维品质，更有利于他们毕业之后更好地适应现代社会需求，满足用人单位的需要。作为在校的大学生，通过这门课的学习、写作训练和写作实践，切实增强应用文写作能力，在将来的求职和实际工作中，都将具备明显的优势，更能受到用人单位的青睐。

第二节　应用写作的历史沿革

应用写作在我国有着悠久的历史，可以说，自从有了文字以来就有了应用写作。3500年前的殷墟甲骨文，就是刻在龟甲兽骨上的的文字，是殷商王室进行占卜时所做的简短记

① 余秋雨：《写作是构建现代文明的重要素质》，《写作》，1994年第5期，第2页。

录，所记除干支数以外，还有世系、天象、食货、征伐等事项，其中有的可视为殷商王室的档案资料和处理国事的文书，可以看作是最早的应用写作。

甲骨文之后出现的是钟鼎文，即在大量青铜器上铸有铭文，其内容有宣扬周文王和武王的善德与天命的，有记录周天子的诰词、训示和命令的，也有记录胜战的。

春秋时期，郑国大夫子产执政，于周景王九年（公元前536年）把制定的刑法铸在鼎上公布，史称“刑书”。这可看作最早的法律文书。

先秦的《尚书》是我国最早的应用写作文章汇编，记载了虞、夏、商、周四代的部分文件、训令、誓词及一些历史事迹。《尚书》中的文章，分为六种体式：典、谟、训、诰、誓、命。其中，“典”是用于记述典章制度，“谟”是议政的策论，“训”是进行教诲开导的论说文，“诰”是进行训诫的文告，“誓”是军队出征的誓词，“命”是君主的命令和诏书。这些文体，和我们今天行政公文中的命令、公告和通告等有一定的相似之处。

先秦时期还出现了科技应用写作，诞生了科技应用文。从周代开始，人们开始运用写作记载当时的生产技术和医药术。如《周礼·考工记》，就记载了周朝百工制造各种器具的工艺，如造车、制箭、铸钟、缫丝、冶玉、筑城等。这在当时世界上也是罕见的。

除此以外，用来处理个人事务的应用写作也已产生，最早出现的是契约和书信。《周礼注疏》中记载：“以质剂结合而止讼”。“质，大贾；剂，小贾。”就是说，做大小生意都要订立契约作为凭证，一旦发生纠纷，则以凭证而公断。私人书信写作也开始成为交流思想，传递信息的重要工具。如乐毅的《报燕王书》就是一篇书信名篇。在1975年出土的云梦秦简中，就有两件前线士兵的家书，信中提到了秦军灭楚的战争，说明私人书信开始广泛流行。

秦统一中国后，由于实现了政治的统一和文字的统一，为公务文书的统一创造了条件，规定了国家行政公文的文书制度、公文文体分类、公文的基本格式和要求，并有了上行文和下行文的区别。如秦初期皇帝颁布的文书，就有了较为固定的名称。“命为‘制’，令为‘诏’”。“制”和“诏”只有皇帝才能使用。臣子上呈之文为“奏”。秦代还规定，所有公文，凡遇到本朝代名、帝号或皇帝字样，都要换行顶格书写，以示崇敬，这样就开创了公文的抬头制度；秦代又规定皇帝之印称“玺”，百官用印或章，这就形成了公文的用印制度。

汉承秦制，把皇帝对臣下的文书定为制、诏、敕、策等四种；臣子对皇帝则有章、奏、表、议等四种，每种都有具体的写作要求，形成了相对固定的格式。

三国、魏晋、南北朝时期，应用写作得到进一步重视和发展。曹丕在《典论·论文》中宣称：“盖文章，经国之大业，不朽之盛事。”很显然，这是在强调应用写作的重要性。曹操的《求贤令》《收田租令》，诸葛亮的《出师表》，晋代李密的《陈情表》，曹植的《求自试表》，丘迟的《与陈伯之书》等，都是应用写作的名篇。唐宋以后，虽然不少文人更致力于文学写作，但应用写作仍然处于“政事之先务”的主导地位，特别是条文律令等，都是应用写作的例证。韩愈的《祭十二郎文》、王安石的《答司马谏议书》等，都是应用写作的名篇。

明清时期，应用写作文体日趋繁杂和细化，清代学者刘熙载在《艺概·文概》中总结道："辞命体，推之即可为一切应用之文。应用文有上行、有平行、有下行。重其辞乃所以重其实也。"

民国时期，应用文有了新的发展。1911 年爆发的辛亥革命，推翻了清王朝的统治，结束了中国 2000 多年的封建历史，建立的我国第一个资产阶级政权——南京临时政府，并在第二年颁布了第一个公文程式条例，废除了几千年封建王朝沿用的公文文体，确定了若干文种及其格式，如"令"（公布法令，任免官吏及有所指挥时用），"咨"（同级官署往复时用），"呈"（官署或职官对于大总统，下级官署对上级官署有所陈请、报告时用），"示"（也称布告，宣布事情或有所劝诫时用），"状"（人民对于官署有所陈述时用）。公文写作要求用白话，使用新式标点符号等。

1921 年中国共产党成立后，从建立党的机关开始，就十分重视公文写作。随着革命运动的深入发展，又不断对公文写作进行改革。1938 年 4 月，晋察冀边区行政委员会发出《改革公文的理论与实际的指示信》，改革了公文的名称、格式，废除了旧公文的陈词套话。1941 年 1 月，陕甘宁边区政府颁布了边区新公文程式，正式规定了公文的类别、形式。与此同时，其他应用写作也在革命队伍中受到重视，如演讲、调查报告、新闻通讯、战报书信、科技实用文等。这些应用写作都直接服务于各个革命阶段的斗争实际、工作实际，为推动革命事业的发展发挥了重要作用。

新中国成立后，应用写作呈现出崭新的面貌。为适应新的社会新的时代，党和政府高度重视应用写作的更新，并首先采取措施对行政公文的写作进行改进和完善。1951 年，中央人民政府政务院颁布了《公文处理暂行办法》，对新的公文种类体式作了明确规定。同年又发布了《中共中央关于纠正电报、报告、指示、决定等文字缺点上的指示》。1957 年 10 月发布《国务院秘书厅关于对公文名称和体式问题的几点意见》。1981 年，国务院办公厅发布《国家行政机关公文处理暂行办法》。1987 年 2 月 1 日，国务院颁布了《国家行政公文处理办法》。2000 年 8 月 24 日，国务院发布了修订的《国家行政机关公文处理办法》（2001 年 1 月 1 日施行），对公文的文种、格式、处理等方面的事项作了明确的规定。2012 年 4 月 6 日，中共中央办公厅、国务院办公厅联合印发了《党政机关公文处理工作条例》，同时废止了 1996 年中办印发的《中国共产党机关公文处理条例》和 2000 年国务院印发的《国家行政机关公文处理办法》。《条例》的发布施行，对推进党政机关公文处理工作科学化、制度化、规范化将发挥重要作用。

改革开放以来，随着市场经济的不断发展，适应各行各业工作需要的应用写作受到前所未有的重视。无论在党政机关，还是在科研机构、工厂、学校、商界、军营、农村等，应用写作都与人们的日常工作和生活密切相关，成为推动事业进步、社会发展的重要力量。各类党政干部培训班、文秘培训班、公务员考试、专业人才选拔等，都高度重视应用写作能力的训练和测试。可以说，善于写作应用文，具备较强的应用文写作能力，是现代人必备的基本素质，缺少这一基本素质，很难做一个真正的现代人，也会影响个人及集体事业的发展。

第三节　应用写作的特点和种类

一、应用写作的特点

（一）文体的实用性

应用写作是“为用而作”，实用性是其基本特点。这主要指它的写作成果在人们的工作和生活中能直接发挥效力，解决具体问题，取得实际效果。这和文学写作有着明显的不同，文学写作是通过创造一个艺术世界来表现作者对生活的体验、感悟和认识，作品不是为了解决任何实际问题，只是通过作品创造的艺术世界来吸引、感染、打动读者的心灵，间接地对读者的精神世界产生某种潜移默化的作用。而应用写作的写作动机和写作目标，都是为了解决当前工作和生活中的具体问题，都希望取得立竿见影的效果，因此，应用写作一般都是作者直陈其事，以事论事，有着明确的立场、观点、看法和要求。例如我们撰写书信，是为了传递信息；撰写制度，是为了规范人们的行为；撰写合同，是为了对当事人进行法律约束；撰写请示，是为了请上级给予下级工作上的支持；撰写广告，是为了扩大宣传效果；撰写市场调查报告，是为了把握市场行情，等等。总之，实用性是应用写作区别于其他写作的重要标志，也是衡量应用写作好坏的价值标准，甚至有人干脆把应用写作称之为“实用写作”。

（二）内容的真实性

真实性是指应用写作的内容必须真实确凿，实事求是。因为应用写作是为了解决实际问题，任何违背真实性的写作，都不利于了解真相、解决问题，指导工作。应用写作的真实性首先要求写作中使用的材料必须完全真实可靠，包括文中所写的时间、地点、事件过程和结果、数据、细节等，都要符合实际，不夸大，不缩小，不歪曲事实真相，更不能弄虚作假。例如向上级机关写一封反映安全事故的报告，如果缩小灾情，隐瞒真相，以减轻责任，就会导致上级领导对灾情的误判而处理不当，甚至会造成更大的损失。如果写一则药品广告，故意用溢美之词，夸大疗效，就会误导患者上当受骗，甚至造成生命危险。

其次，应用写作的真实性要求所引用的材料，如国家的方针、政策、各项法律、法规，各种条例和制度等，都要真实准确，言而有据，特别是一些政策、法规，如果已经作了修订，一定要引用新的作为依据。

总之，应用写作的内容必须完全真实，来不得半点的虚构和臆造。如果作者在写作中弄虚作假，不仅反映作者的人品和文品有问题，甚至还要承担相应的法律责任。

（三）行文的规范性

规范性，是指应用写作在长期的实践过程中，逐渐形成了比较固定的写作格式，它是历史流传、政府规定、行业要求、人们约定俗成等原因造成的，是大家必须遵守的写作格式。

规范性主要表现在如下三个方面：

一是文种的规范。应用写作的每一文种都有其针对性和使用范围，都有大体的规定，一般是“一格一式”，不能乱用。如党政机关使用的公文，只能按照2012年4月6日中共中央办公厅、国务院办公厅联合印发的《党政机关公文处理工作条例》规定的15种进行行文。这15种公文各有各的用处，不能混淆。例如报告和请示，虽然都是上行文，但它们的用处却不同，报告是用于向上级机关汇报工作，反映情况，或者用于答复上级机关的询问；请示则用于向上级机关请求指示或批准，两者不能互相替代。再如计划与总结、消息与通讯等，都是各自独立、作用不同、写法不同的文种。可以说应用写作的每一种文种，都有其特定的针对性和使用范围。这体现了文种的规范。

二是格式的规范。应用写作的每一文种在写作格式上都有大体的规定和惯用的语言，在长期使用中逐渐为大家所接受，已经约定俗成，不能随意变动。有些文种，国家党政部门还以法规形式予以规定，成为行文的规范。如：公文的格式，一般由份号、密级和保密期限、紧急程度、发文机关标志、发文字号、签发人、标题、主送机关、正文、附件说明、发文机关署名、成文日期、印章、附注、附件、抄送机关、印发机关和印发日期、页码等组成，并在行文书写、排印、行款式样、纸张尺寸等方面都做了明确规定。又如合同，就要按照《中华人民共和国合同法》的规定格式去写。有了这些固定的格式，既方便写作，又方便阅读和理解，更便于办事和问题的处理。如果没有固定的格式，写作者各搞一套，就会导致理解上的不一，影响办事，造成损失。

三是行文、办文的规范化。不少应用写作在行文、办文的程序上都有自己的严格规定。如党政机关公文、司法文书都要遵守各自的行文、办文程序规定。发布商品广告，要遵守广告法规定；起草、签订经济合同，要依据经济合同法规定。

当然，随着社会的发展，应用写作的规范性也不是一成不变的。为了适应时代的要求和实际工作的需要，某些应用写作也可以突破旧有的规范，创造新的更为有效的写作方式。

（四）写作的高效性

高效性是指应用写作必须讲究实效，及时完成写作任务。这是因为应用写作总是针对现实生活和工作中出现的各种问题，需要尽快解决这些问题而写的。有些问题虽然尚未发生，但也要未雨绸缪，采取措施进行预防，这同样需要依靠应用写作去进行布置。例如，针对2008年大雪灾造成我国化肥生产供应严重不足的问题，国家发展和改革委员会很快发出了《国家发展改革委关于做好当前化肥生产供应工作的紧急通知》（发改运行〔2008〕476号文），对各省、自治区及相关部门提出了六条要求，这对及时解决问题发挥了重要作用。再如为了有效防止雪灾造成安全隐患，国务院办公厅及时发出了《国务院办公厅关于进一步开展安全生产隐患排查治理工作的通知》（国办发〔2008〕15号文），对工作目标、工作范围、内容和方式、重点时段、工作要求等，都做出了布署，提出了明确要求，这对消除安全隐患无疑起着重要作用。由此可以看出，应用写作是一种高效写作、快速写作，作者在保证准确的前提下，要争分夺秒，尽快完成，不能有任何拖拉，否则会耽误时机，影响事务的处理，造成重大的损失。特别是应对一些突发事件、重大事件的应用写作，尤其如此。

（五）表述的简明性

简明性是指应用写作在内容上、语言上应尽量简洁、明确。因为应用写作讲究实用，与实用无关的内容、无关的语言不仅是多余的，还会耽误时间，影响理解，降低办事效率。

内容简明，主要是指选材要典型，叙议要得当，结构要精巧，观点要鲜明，防止记流水账，主次不分，表述拖沓，条理不清，观点含糊，要大胆删去一切可有可无的东西，以追求“少而精”为最佳境界。

语言简明，主要是指文字简洁、精练、明确。在表达上要让人一看就懂，便于理解，便于节省时间，提高办事效率。一般来说，应用写作的语言无需什么修饰，不用那些形容性的文学语言和各种修辞手法，少用形容词和描述性的语言，一切冗长、花哨、虚浮、啰嗦、重复、隐晦、艰涩的语言，都要极力避免之。

二、应用写作的种类

应用文历史悠久，涵盖面广，种类繁多，从不同的角度划分有不同的分法。本书综合考虑应用文本身的特点，按其内容和使用范围分为如下九个基本种类。

（一）党政机关公文

党政机关公文是指党政机关、社会团体、企事业单位使用的公务应用文，通称“公文”。公文是党政机关在管理过程中形成的具有法定效力的文书。其规范性强，行文庄重严肃，书写格式完整，管理制度严密。

根据2012年4月6日中共中央办公厅、国务院办公厅联合印发的《党政机关公文处理工作条例》规定，我国现行的党政机关公文有决议、决定、命令（令）、公报、公告、通告、意见、通知、通报、报告、请示、批复、议案、函、纪要等15种。

（二）事务应用文

事务应用文又叫普通文书，是党政机关、社会团体、企事业单位在日常工作中使用的，用来沟通信息、总结经验、研究问题、指导工作、规范行为的实用性文书。这类文书使用广泛，在日常工作中发挥着重要的作用。

事务应用文主要有计划、总结、述职报告、简报、调查报告、演讲稿、会议记录、传真与备忘录等。

（三）财经应用文

财经应用文是指在经济活动中为处理和解决财经活动中的事务、研究经济问题、协调经济活动、传播经济信息等而使用的具有特定写作格式的应用文。

它是伴随着经济活动得到很快发展、受到广泛重视的一类应用文，在推动我国社会进步和经济发展方面，发挥着越来越重要的作用。

财经应用文主要有合同、协议书、招标书、投标书、市场调查报告、市场预测报告、经济活动分析报告、可行性研究报告、商务信函、商品说明书、商业广告等。

（四）礼仪应用文

礼仪是礼节和仪式的总称，礼仪应用文是指在各种礼节和仪式中进行交流，用来调整、融洽和促进人与人之间关系发展的应用文。在社会生活中，每个人都处于一定的社会地位，都担负着不同的社会角色，人与人之间亲疏有别，长幼有序，礼仪就是在社会交往中把握好分寸，恰如其分地把握双方关系，在相互平等、相互尊重的基础上进行交流和沟通，形成和谐的人际关系，既有利于人们的身心健康，又有利于人们更好地生活和工作。

中华民族是礼仪之邦，素有讲礼貌、重礼仪的优良传统，伴随着华夏文明的演进，形成了非常独特的礼仪文化和丰富的礼仪写作文种。本书列举的只是日常生活中常用的几种礼仪应用文，包括开幕词、闭幕词、欢送词、答谢词、祝词、贺信、贺电、邀请信、感谢信、讣告、悼词等。

（五）求职应用文

求职应用文，是指用来谋取一份职业的文书，主要是信函，也包括那些与求职密切相关的实用文写作。随着人才市场的激烈竞争，每个人要想谋求一份满意的职业，除了自身有过硬的本领外，写出有特色有水平的求职应用文，也是非常必要的。常用的求职应用文主要有求职信、应聘信、简历、推荐信、辞职信、申论等。

（六）法律应用文

法律应用文，是指国家司法机关和法律授权的专门组织（律师、公证、仲裁三个组织）以及诉讼当事人依法制作的处理诉讼案件和与诉讼有紧密联系的非诉事件的具有法律效力或法律意义的文书。它是法律实践活动的真实记录，又是各类主体实施法律活动的凭证，还是有关部门检查执法情况的有力工具。随着我国法制建设的加快，人们的法律意识日益强化，依法解决各类纠纷正变成人们的自觉意识，因此法律应用文也受到人们的重视。

法律应用文主要有起诉状、上诉状、申诉状、答辩状等。

（七）科技应用文

科技应用文，是指专门探讨和研究某一专业领域中有学术价值和亟待解决的问题，并就此表述自己创造性见解的实用性文体。

科技应用文主要有实验报告、毕业论文、毕业设计、科技报告、科技论文等。

（八）新闻文体

新闻，是指那种能够对生活中新近发生或发现的有价值的事实、新出现的有意义的人物作及时报道的实用类文体，它讲究真实性和时效性，能够满足人们对信息的需求。在本书中，新闻主要是指消息和通讯。在信息爆炸的现代社会，学会写作新闻，及时发布新闻，也是一个现代人的基本功。

第四节　应用写作的作用

应用写作已有数千年的历史，在各个历史时期都以其特有的内容和形式发挥着重要的社会作用。在漫长的历史长河中，应用写作不仅没有衰退，反而获得了快速的发展，成为使用频率最高、涉及面最广、影响最大的写作行为，其根本原因，是因为应用写作有着文学写作无法取代的巨大的社会作用。

随着社会的发展和进步，应用写作成了管理国家、处理政务、传递信息、组织生产、发展经济、提升科研、推广成果、促进交流的重要工具。每一个生活在现代社会的人，都免不了要与应用写作打交道，都不难感受到应用写作这个得力帮手的重要作用。

值得指出的是，应用写作的作用是在整个社会的系统中，通过“写出成品——阅读接受——作出反应”这样一个相互关联、相互作用的动态过程中体现的。首先，写作者的出发点要追求实用，心中要装着接受者，要非常周密地考虑问题，非常严谨地写作，要消除一切不利于接受者理解和实施的表述，以确保应用文的有效力；其次，阅读接受者对应用文的内涵要准确理解和把握，不能有任何误解甚至曲解，以防止应用文的作用被弱化甚至虚化；再其次，受文主体要根据自身与发文主体之间的关系，迅速有效地对文中的要求作出反应，有时甚至是立即贯彻执行，不能有任何疏忽大意，或者置之不理。总之，应用写作的作用不是在作者写出成品时就能体现的，它是在社会系统的传承过程中得以实现的。即使是写一个通知，通知的作用也要由某个组织或单位发出，下级单位或组织予以接受、理解和落实才能得以实施。

那么，具体来说，应用写作的作用体现在哪些方面呢？这里，我们只能从其总体属性中概括出如下几个要点：

一、指导管理作用

应用写作有着十分重要的指导管理作用。这是因为我们所生活的社会是由许多大大小小的组织和单位构成，而人又是这些组织和单位的成员，他们置身于不同的阶层和岗位，按照社会分工的不同，又形成了管理者和被管理者。管理者为创造文明、有序、和谐的社会，就要充分发挥其领导和管理的作用，对被管理者实行科学、高效的管理，而应用写作在其中正好能发挥它指导管理作用。

很显然，经党和国家政府发布的各项方针、政策、法律、法规等，都是代表党和国家政府对各级组织和单位进行领导和管理；各级地方党组织和政府也是通过发布各种公文，对下级机关进行管理和指导。由于公文的权威性，使得各级各类的公务活动得以及时、有序、高效地展开，可以说，如果没有公文的统一管理，各项公务将无法开展，各级组织将各行其是，整个社会将变成一盘散沙。从这个角度看，公文的指导管理作用更为明显和突出。

除公文以外，还有一些应用写作也具有明显的指导和管理作用。如各级各类的规章制度，都在相应的范围内，对人们的某些行为进行统一指导和管理。又如简报，它可以向下级机构宣传党和政府的方针、政策，传达有关文件或会议精神，交流推广典型经验，批评不良倾向，提醒注意问题，具有指导作用。再如消息、通讯，常常通过正面或反面的事实报道，形成某种舆论导向，以此影响和指导人们的思想和行为，同样具有不可低估的指导和引领作用。

二、宣传教育作用

应用写作还有着宣传教育作用，这个作用在我国显得更为明显。因为我国高度重视宣传教育工作，充分发挥宣传教育的巨大功能来统一人们的思想和意志，增强民族凝聚力，推动各项事业蓬勃发展。在这方面，应用写作发挥着重要的作用。例如党和政府经常下达各种公文，向广大干部群众宣传党和国家的方针政策，统一思想，部署工作。这些公文在做出某种决策、部署某项工作时，都注重摆事实，讲道理，阐明政策的依据和理由，明确指导思想、工作方法、工作步骤和工作要求，这实际上就是在对广大干部和群众进行宣传教育。其中一些表彰、嘉奖先进人物或批评、惩处犯错误人物的通报、决定，或从正面引导人们作为榜样，或从反面告诫人们引以为戒，其宣传教育作用也是显而易见的。此外，像推广先进经验的调查报告和总结，宣传精神文明的公益广告，报道先进人物、先进事迹的消息和通讯，指导下级工作的简报，鼓舞人心、激励斗志的演讲稿，甚至传递信息的书信等，都能起到宣传教育作用。

三、沟通协调作用

应用写作在人们的日常生活和工作中，发挥着重要的沟通协调作用。美国学者韦尔伯·施拉姆认为“社会就是人际关系的联络网，主要靠传通活动来维持。”在快速发展、瞬息万变、竞争激烈的现代社会，人与人之间、人与单位或组织之间、单位与单位之间甚至国与国之间，常常要发生这样或那样的联系，而应用写作在其中就能充分发挥其自身的桥梁和纽带作用。

例如各种函电、传真、书信、简报、广告等都在加强联系、沟通和协调各类关系方面，发挥着重要作用。礼仪应用文中的开幕词、闭幕词、欢迎词、欢送词、答谢词、祝词、贺信、贺电、邀请信、感谢信等，都在沟通双方情感、密切双方关系方面，起着积极的作用。此外，像各种经济合同、协议书，在协调国家、集体与个人的种种利益关系，合理地处理好单位与单位之间、个人与单位之间、个人与个人之间的权利、义务、职责和利益分配方面，发挥着重要作用。各类法律应用文，在合法地解决人民内部的争议和纠纷方面，更是起着显著的作用。可以说，正是由于应用写作的沟通和协调作用，国与国之间、单位与单位之间、人与单位之间、人与人之间才消除了很多的矛盾和隔阂，增加了互信，密切了感情，融洽了关系，才能获得更多的资源和合作的机会，开辟更为广阔的生存和发展的空间。

四、传播信息作用

应用写作是传播信息的重要工具。在现代社会，传播大量新的真实的信息，有利于人们不断吸取新的知识、新的思想、新的文化、新的科技、新的方法、新的经验，不断促进观念和思维方式的变革，调整工作思路，改进工作方法，促进各项事业的发展。在这方面，许多应用文体的写作都能起到传播信息的作用。如广告、商品说明书等，除了向人们提供商品消费信息，也向人们传播了该商品、产品的有关知识和使用方法；实验报告、毕业论文、毕业设计、科学技术报告、科技论文等，都能有效地记载和传播科技知识、设计理念、科研成果，有利于学术交流，促进科技发展；应用写作中的报告、通报、简报、总结、市场调查报告、市场预测报告、经济活动分析报告、可行性研究报告、涉外商情调研报告等，都在传播信息方面发挥着重要作用，为人们了解新情况、研究新问题、做出新决策提供了重要依据。

五、史实凭证作用

应用写作成果中的很大一部分还有着史实凭证作用。如各种党政公文的凭证作用在公务活动中就体现得十分突出。许多下级机关行文中提供的情况，就是上级机关做出决策的依据和凭证；许多上级机关发出的通知、通告、批复等，都是下级机关开展工作、处理问题的依据和凭证。至于各种法律应用文、财经应用文中的合同、协议书、意向书、订货单、招标书、投标书、商务信函等，在法律诉讼和经济活动中，更具有明显的凭证作用。此外，新闻报道中的事实，实验报告、科学技术报告以及科技论文中所陈述的状态，所引用的数据，所得出的结论等，也间接地具有凭证作用。

各类应用写作的成果都是为用而作，适时而作，都具有一定的时效性。随着时间的推移，它们可能失去现实的效用而归档保存，具有史实作用。从这个角度看，大量应用写作成果还担负起记载各个历史时期政治、经济、文化、科技、教育等方面情况的任务，它们是历史活动的真实记录，将为后人从事研究提供历史凭证。

第五节 应用写作的作者素养

应用写作是一种综合性和实用性融为一体的写作实践活动，它对作者的素养有着很高的要求。除了要具备良好的生活素养、知识素养、思想素养外，还应当有很高的政治素养、政策素养、法律素养、理论素养、业务素养等。因为应用写作要根据现实的需要，从解决实际问题出发，要通过调查掌握具体情况，要有敏锐的洞察力和深刻的见识，要有求真务实的精神和严谨细致的工作作风，同时还要合乎国家的方针政策、法律法规，符合领导人要求，还要有大局意识、群众观念等。总之，没有良好的综合素养，是很难从事应用写作的。具体来说要在如下几个方面下功夫。

一、掌握方针政策

应用写作人员不仅要具备相应的写作能力，还要熟悉党和国家的各项方针政策、法律法规，并且注意关注这些方针政策、法律法规随着形势变化所作的调整和修改。只有对这些方针政策（包括各级地方党政机关制定的有关政策）能深刻领会，牢记于心，才能在写作时融会贯通，言而有据。可以说，作者政策水平的高低将直接影响到文稿质量的高低和写作效力的有无。例如，某项政策国家有关部门明明已经下文作了调整，你还依据过时的文件要求去行文，自然就没有什么意义；明明有国家政策规定不能办理的事情，作者因不了解这项规定而去行文，自然就没有任何效力可言。再说，我们拟写的决定、通知、通告、请示、报告、批复、意见等，都要符合党和国家的方针、政策和法规。任何单位制定的“章程”和“制度”，其内容都不能同党和国家的方针、政策、法律、法规相抵触。制订“计划”也要以党和国家的路线、方针、政策作为指导思想和依据，才能切实可行。因此，应用写作作者一定要加强学习，不断提高自己的思想水平和政策水平。

二、注重调查研究

应用写作作者除了要掌握方针政策外，还要注重深入实际，进行调查研究。因为应用写作是为了解决现实中的问题。那么，现实中的问题有哪些？问题的根源在哪里？解决这些问题牵涉到哪些部门？哪些人？还要调查解决这些问题有哪些可行性办法？会涉及哪些具体政策等。总之，没有调查，就不能对问题作出准确的判断，就无法形成对问题的正确认识，也就没有办法有针对性地写出切实有效的应用文。例如事务文书中的调查报告、总结、简报、财经应用文中的市场调查报告、市场预测报告、经济活动分析报告、可行性研究报告，法律应用文中的起诉状、反诉状、答辩状，外贸应用文中的涉外商情报告，新闻中的消息、通讯，等等，不进行调查研究就根本无法写作。

调查研究的方法很多，例如开调查会、个别访问、抽样调查、民意调查、专家论证等。既要通过调查获取许多间接材料，更要通过调查掌握大量第一手的直接材料；既要掌握正面的材料，又要掌握反面的材料；既要了解面上的情况，又要了解点上的情况；既要了解问题的现状，又要了解问题的历史等。总之，从不同的层面了解的情况越多，占有的材料越丰富，越有利于对问题作出正确的判断。在此基础上，我们再依据先进的政治理论、科学的思维方法对问题进行深入分析，找出解决问题的办法。我们观察和分析现实工作中出现的各种问题，把握解决问题的关键，找出解决问题的办法，形成有针对性的应用文，为实际工作提供切实的指导。

三、培养良好素质

应用写作是为了解决工作和生活中的问题而进行的写作行为，作者必须具备良好的素质，才能胜任这项工作。

（一）健康的心理素质

作者的心理素质是决定写作活动和行为好坏的一个重要因素。如果一个人对生活缺少热情，对工作马虎应付，对撰写应用文产生厌烦甚至抵触的心理，是不可能写出高质量的应用文的。从这个角度看，应用作者要注意培养良好的心理素质，不断激发对应用写作的兴趣，建立起和应用写作相适应的心理结构，具备良好的写作心态、顽强的写作意志和饱满的写作热情。在写作过程中，对应用写作的社会效果进行心理预设和期待，并以此来激励自己，战胜写作的种种困难，产生一种写作的神圣感、责任感和自豪感。

（二）信息意识

应用写作的作者要有强烈的信息意识，要充分认识信息的重要作用，要通过各种途径，及时获取各种信息。这是因为信息对应用写作的影响还是较大的。一方面，各种新的信息，对人们的思想、观念、行为会产生直接影响。人们在研究问题、部署工作时，这些信息会影响到人们的决策，作者掌握了这些新的信息时，就能为决策者提供参考，也避免在应用写作中传播过时的信息。另一方面，作者可以将掌握的各类新鲜的、有价值的信息及时地反映到应用写作中。例如，在商务活动中，有关市场行情、物价方面的新信息，都会影响交易双方的利益，人们在签订合同、协议书、涉外经济合同时，都会将这些新的信息体现在其中。而在消息、通讯这类新闻写作中，不掌握新的信息就无法从事写作。因此，应用写作的作者要把及时掌握各种新信息的能力转化为自己的职业敏感和自觉行为。

（三）敬业精神

应用写作和人们的工作关系极为密切，有时直接关系到工作的成败，所以要求作者有很强的敬业精神和高度的工作责任感。在应用写作的每一个环节，都要本着对工作负责、对事业负责的精神，决不能马虎大意，草率成文。应用写作中的每句话每个词甚至每个标点符号使用不当，都会导致理解上的歧义，进而影响工作甚至造成不良后果。例如行政公文、法律应用文、财经应用文等，更是如此。即使是写一封求职信，如果不严肃对待，表述不当或出现错误，也会直接影响用人单位对作者的看法从而导致求职的失败。

（四）效率意识

应用写作是一种及时写作、高效写作，要求作者有较强的效率意识。当前，各个机关、企事业单位都在大力推进行政机关效能建设，目的就是要提高行政机关工作效率，应用写作的效率无疑也是提高行政工作效率的重要组成部分。例如，当某地发生重大的灾难，其主管机关甚至国家有关机关需要协调、调动各方力量进行救助，领导机关经研究迅速做出决策和部署，这些决策和部署需要行文以文件形式下达各有关部门，这样的公文写作需要争分夺秒，迅速成文，不能有任何拖延和耽误。高等院校在应用写作的课堂教学中，利用较短的时间对学生的写作能力、写作速度进行训练，实际上就是为了适应未来工作需要而进行的预演。没有这种迅速成文的效率意识，是无法适应工作需要的。

在充满激烈竞争的现代社会，效率意识已正式引入人们的行为规范中，成为衡量新型人才的重要标准。对于应用写作人员来说，仅仅能写是不够的，关键在于能不能适应工作的需要，进行高效写作。值得强调的是，应用写作人员素质的提高，仅靠学习书本知识是难以完成的，必须更多地依靠写作实践的锻炼，在写作实践中提高自己的综合素质，增强对事物的感悟能力、分析能力以及对具体问题的处理能力，这对从事应用写作是大有益处的。

四、熟悉相关业务

熟悉业务，具备较高的业务能力，是一个人综合素养的重要表现。对于应用写作人员来说，熟悉相关业务，主要表现在两大方面：首先，应用写作人员对与写作有关的所有情况都要熟悉。在现实生活中，每个行业，每个部门，都有自己特定的业务，特定的历史，特定的管理方式，特定的业绩等，为了促进交流或合作而产生的应用文，在写作之前必须要熟悉对方的情况才能行文。例如，我们写法律应用文，对法律知识、法律诉讼程序等都要了解和熟悉；我们在写礼仪应用文时，不仅要熟悉对方情况，还要熟悉相关的礼仪知识；我们的国家领导人到国外著名大学演讲，在演讲稿写作之前，就要对这所大学的办学历史、办学定位、培养出了哪些杰出人才、这所大学的现状、大学生及该国公民最关心的问题、最期待的答案等，都要有所了解和熟悉。再如，我们要写一个有关房价为何居高不下的调查报告，就要熟悉国家有关房地产的法律、政策，熟悉房地产业运营模式及其目前存在的问题等。即使向某单位写一份推荐信，也要了解被推荐人的基本情况、业务能力和特长。总之，应用写作需要很多超越写作本身的业务知识，不熟悉这些业务知识就不能顺利地进行写作。

其次，应用写作人员应当熟悉应用文的各种格式和写作要求。和一般文章写作一样，应用写作人员要具备良好的基础写作能力，如观察能力、思维能力、立意能力、选材能力、谋篇布局能力、语言能力等，能综合掌握语法、逻辑、修辞、写作的内在规律和艺术手段去从事写作。除此而外，应用写作人员还要依据应用写作的特点，熟悉掌握各类应用写作的格式和要求，才能正确地写好应用文。

应用写作的格式是在漫长的写作历史中形成并且约定俗成的。像党政机关公文的写作格式更是由党和国家相关部门统一制定的。作者只有熟悉各类应用文的写作格式和要求，才能有效进行写作。如合同，就要根据《中华人民共和国合同法》的规定，一份合同必须包括当事人的名称或者姓名和住所、标的、数量和质量、价款和酬金、履行的期限、地点与方式、违约责任、解决争议的方法等多项内容，格式也有明确的规范要求。如不按照这种格式和要求来写，就不是合格的合同。至于公文的格式，中华人民共和国国家质量监督检验检疫总局、中国国家标准化管理委员会 2012 年 6 月 29 日发布的国家标准《党政机关公文格式》（GB/T 9704—2012），对公文制作格式作了详细规范。如果不熟悉这些格式要求，就无法写出合格的公文。

第六节　应用写作的基本要求

和一般文章写作一样，应用写作在主旨的提炼、材料的选择、结构的安排、语言的运用等方面，都有其基本要求。如果忽视这些基本要求，缺少这方面的基础写作能力，就无法写出高质量的应用文。那种以为只要掌握了应用文的格式，就能写好应用文的想法实在是一个认识的误区。写作实践表明，越是基础写作能力强的人，越易掌握应用写作的要领，越能写出好的应用文。因此，应用文作者必须明了应用写作的基本要求，并切实加强在这方面的能力训练。

一、明确写作主旨

应用文是“为用而作”，因此，每写一篇应用文，首先就要通过分析思考，明确一个主旨，应用写作的主旨是体现在应用文中的基本观点、主张或意图。有些应用文的主旨就是解决问题的具体方法和建议。和有感而发的文学写作有明显不同，应用写作的主旨是应客观实际的需要，为解决工作和生活中的实际问题而产生的，其主旨的表达是十分直接明确的。具体说，应用写作的主旨具有如下几个特点：

（一）主旨先行性

文学写作常常反对主旨先行，强调从生活感受出发，按照生活以及人的情感的内在逻辑去写作，写作之前虽然有大致的意向，但主旨并不直接明朗。而应用写作是为解决具体问题而产生的，在写作之前，已经有了结论，明确了解决问题的方法和举措。可以说“主旨先行”“意在笔先”是应用写作的基本规律。另外，文学写作的主旨是作者感悟和意会的，应用写作的主旨通常是“遵命的”。如《国务院关于同意设立“科技文化周”的批复》，就是为答复科技部《关于拟由国务院决定设立“科技活动周”的请示》而写的，先有了同意的结论，批复的主旨也就自然明确了。

（二）主旨单一性

文学作品的主旨可以是丰富的，理解上也可以是多义的，所谓仁者见仁，智者见智。但应用写作的主旨则必须是单一的、明确的，不能让读者产生理解上的误差，而是要求理解上的同一性，这样才能统一认识，便于问题的解决。例如我们写一个请示，就要做到一事一请，单一明确，便于上级机关就解决某个具体问题给予批复。

（三）主旨显露性

文学作品的主旨以含蓄为佳，给人留下较大的思考、回味和欣赏的余地。有些作品的主旨还明显地体现多义性，不同的读者可以作出不同的理解。而应用文的主旨则要求直截了当地点明，就具体问题或表明立场和观点，或得出具体结论，或提出具体的解决办法和措施，等等。总之，应用文写作，就是要明确解决什么问题，怎样解决这些问题，达到什么样的目标，等等。

应用文的主旨是全文的统帅和灵魂，其作用体现在应用文写作的各个环节上。其主要作用有：

第一，主旨决定着材料的取舍。即写作时要处处围绕主旨选材，凡是不能说明主旨的材料再好也要舍去。

第二，主旨支配着结构的安排。一篇应用文总有一个整体的结构框架，有层次和段落，有过渡和照应，有开头和结尾，其结构各个环节的安排都要受到主旨的支配，也就是说，怎样有利于主旨的表达怎样安排全文的结构。

第三，主旨制约语言风格。虽然应用文的语言风格不可能像文学作品那样千姿百态，异彩纷呈，但应用文也因文种和写作内容的不同而体现出不同的语言风格，在这当中主旨的影响起着关键作用。清代学者袁枚说过：“意似主人，辞如奴婢。”这就形象地说明了主旨对语言风格的制约作用。如果是写表彰性的应用文，语言就应当真诚、热烈而富有感召力，如果是写批评性应用文，语言就应当严厉、冷峻而富有震慑力。

第四，主旨限定着表达方式的运用。应用文的表达方式主要是叙述、说明、议论。采用何种表达方式常受到主旨的限定。如果应用文的主旨是反映情况的，就应当以叙述为主，说明为辅；如果应用文的主旨是部署工作的，就应以说明为主，议论为辅。

应用文主旨的表现方法有三种。第一，通过标题揭示；第二，在文章的开头或第一段用简短话语点明；第三，在文章的结尾处点明。

应用文确定主旨的要求是：

第一，主旨要正确。这是应用写作最基本的要求。是指主旨要符合党和国家的方针政策、法律法规，能够反映事物的本质和规律。

第二，主旨要集中。一篇应用文只有一个主旨，文章的全部内容都要围绕这个主旨进行阐述和说明。

第三，主旨要鲜明。应用文所表达的观点和主张必须鲜明，切忌似是而非，模棱两可。

第四，主旨要深刻。是指主旨要有一定的思想深度，对问题的看法、采取的措施都能贴近实际，顺乎民心，收到切实的效果。

第五，主旨要新颖。是指主旨要有新发现、新见解，传递新信息，这就要求作者时刻关注现实中的新情况、新问题，不断进行新的探索、新的思考，“言前人所未言，发前人所未发”。

二、注意精选材料

应用写作要十分注重精选材料来支撑文章主旨。俗话说：“巧妇难为无米之炊。”没有丰富的材料，应用文就无法写作，主旨也就无法体现。

应用写作的材料是指为表现应用文的主旨而搜集的一系列事实、数据或论据。这些材料从不同的角度，可以划分为不同的类型，主要有如下几种：

从材料的形态分，有事实材料和观念材料；

从材料的来源分，有直接材料和间接材料；

从材料的代表分，有具体材料和概括性材料；

从材料的时间分，有历史材料和现实材料；

从材料的性质分，有正面材料和反面材料。

应用写作通常需要从多种角度、多种层面选取材料。选材通常还要遵循如下几条基本原则：

（一）围绕主旨选择材料

即要根据表达主旨的需要，选择那些能支撑主旨的材料，凡是与主旨无关的材料要坚决舍弃。不仅如此，对合乎主旨要求的材料还要进行有针对性的分析，深入发掘材料的内涵，使之最大限度地支撑主旨，说明主旨。

（二）要选择真实可靠的材料

应用写作必须选择绝对真实的材料，这是它和文学作品选择材料最大的不同。应用写作所使用的材料，在时间、地点、数据、事实过程及结果等方面都必须严格合乎实际，不能有任何改动，否则就歪曲了真相，不利于问题的解决，甚至会造成恶劣影响或严重后果。可以说，选择绝对真实的材料，是从事应用写作应有的科学态度和应坚持的实事求是精神。

（三）要选择典型的材料

典型材料是指那些具有极大的代表性和说服力、能有力支撑主旨和说明主旨的材料。典型材料是个性和共性的统一，在应用写作中能起到以一当十、以少胜多、具有较大说服力或感染力的特殊作用。如比较特别的事例，富有个性的细节，足以说明问题的数据等。在一篇应用文中，如果缺少典型材料，即使其他材料堆砌再多，也不能给人深刻的印象，更不能产生强烈的说服力和感染力。

（四）要选择新颖的材料

应用写作是为解决现实问题而进行的应时之作，其选取的材料大都来自现实生活中的新材料，如新事实，新人物，新政策，新办法，新的统计数据，新发现的问题，新采取的措施，等等。选取这些来自现实的新材料，会大大增强应用文的时代感，具有很强的针对性和实用性。

选好材料后，还要注意正确地运用材料。和其他文章写作一样，应用写作在运用材料方面也要注意如下几点：

第一，材料的顺序要合理。即根据表现主旨的需要，处理好材料孰轻孰重、孰先孰后的问题，使材料使用自然妥当，合理有序。

第二，材料详略要得当。即分清主次，根据表现主旨的需要，对处于主体地位的材料详写，处于从属地位的材料略写；对突出事件特征的材料详写，一般材料略写；对读者不熟悉的材料详写，熟悉的略写；材料之间角度相异的详写，相同的略写。

第三，材料的角度要变换。这是为了避免使用材料单一、呆板而采取的措施。例如引用事例，如果选用的事例属于同一个层面、同一个性质的，就应当挑选不同时间、不同地点、不同条件、不同背景、不同对象、不同类型的事件，以避免单调和重复。如引用数据说明问题，也可以变换角度。如一篇介绍乐山大佛的文字，是从抽象概括的角度运用数字："乐山大佛身高 71 米，头高 14.7 米，宽 10 米。"虽然数字明确，但给人的感觉仍不具体。另一篇介绍乐山大佛则从形象叙述的角度运用数字："仿佛有三十多层楼高，耳朵有四人高，每只脚背上可以停五辆解放牌汽车，脚大拇指上，可以摆一桌酒席。"这样就使抽象的数字形象化了，大佛的高大形象巍然屹立在眼前。

第四，材料和观点要统一。一篇应用文写作，必须既有观点，又有材料，两者还要相互关联，有机统一。只有观点，没有材料，观点就会空洞干巴，没有说服力；只有材料，没有观念，就会给人群龙无首、一堆散沙的感觉。所以，应用文写作要采用适当的方法，使观点和材料相互配合，和谐统一，以观点统帅材料，以材料说明观点。具体方法有三种：一是先亮出观点，后列举材料；二是先列举材料，后引出观点；三是边列材料，边摆观点。无论采用哪种方法，对观点与材料之间的内在联系进行深入分析是至关重要的，没有这种分析，只将观点和材料简单相加，就写不出富有深度的应用文。

三、寻求合适结构

应用文的结构，是指文章内部的布局安排，组合构造。结构是文章的骨架，有了得力的结构，文章的内容和形式才能挺立起来，充满生命的活力。所以，应用写作在明确了主题、选定了材料之后，就要根据不同的文种，经过一番构思，找到合适的结构，然后才能从容下笔。

应用文的结构除具有一般文章结构的共同点外，也有它自身的一些特点。

第一，固定性。应用文在长期写作实践中逐渐形成了比较固定的写作格式，以便适应工作的需要，使写作更快，阅读更方便，有利于提高办事效率。特别是公文写作，其格式更规范，结构更固定。

第二，条理性。应用写作有严密的思路，表现在结构上就是具有清晰的条理性。如写事件，就按“开端——发展——结果”的顺序安排结构；写问题就按“发现问题——分析问题——解决问题”的顺序安排结构。

第三，不同文种有不同结构。由于应用文文种较多，不同的文种又有相对稳定的结构。作者在写作时要根据具体情况选择相应文种，再根据该文种自身的结构要求进行谋篇布局。

除上述特点外，应用文结构跟一般文章结构一样，也要处理好开头和结尾、段落和层次、过渡和照应等。

（一）开头和结尾

开头就是应用文的起始段落，也就是文章从何处下笔，从什么问题写起。应用文的开头多为开门见山。好的开头能起到统领全篇、引起读者关注的作用。

1. 开头

常见的开头方式有：

（1）概述式

就是在开头用简明的语言，概述某一工作、某一问题、某一事件的基本情况。工作总结、调查报告、通报、简报、会议纪要等，常采用此种开头法。

（2）目的式

就是在开头就开宗明义，说明写文章的目的。如情况通报、通告、通知、意见等，都采用此种开头法。

（3）根据式

就是在开头用简明扼要的语言特别交代制发本文的依据。如决定、调查报告、市场预测报告、合同等，都采用此种开头法。

（4）提问式

就是在开头提出问题，制造悬念，发人深思，引发下文。如调查报告、会议纪要、新闻等有时采用此种方式开头。

（5）说明式

就是在开头对要写对象的背景、基本情况做一些说明，以引发下文。如调查报告、新闻、通讯、广告等采用这种开头法。

（6）表态法

就是在开头用简明的语言表明态度。一些批转、转发性的通知及简报、通报的表态开头采用这种写法。

2. 结尾

结尾即应用文的收束段落。好的结尾能起到总括全文、深化主题、发人深思的作用。结尾力求言简意赅，既不可画蛇添足，也不可草率了结。

应用文常用的结尾方式如下：

（1）总结点题式

就是在结尾归纳全文，明确结论，点明主旨，加深人们的印象。如总结、调查报告、通报等，采用此法。

（2）强调说明式

就是在结尾对全文的主旨意义进行强调说明，以进一步引起有关单位和人员的充分重视和认真对待。如公告、通报、通告、规章制度等，多采用此法。

（3）希望号召式

就是在结尾处向有关单位和人员提出希望，发出号召。如通报、通告、总结、决定、会议纪要等，常采用此法。

（4）请求建议式

就是在结尾向有关单位说明自己的请求或建议。这种方式多用于上行文或平行文。

（5）习惯用语式

就是在结尾用习惯性用语或固定格式结尾。如公文、经济合同、诉讼文书常用此法。

（二）段落和层次

1. 段落

段落是构成应用文最基本的单位，习惯称之为自然段。段落在形式上有换行、空格等明显标志。有些段落还能起到强调、转折、过渡以及表达某种情感色彩的作用。划分段落要注意：第一，要注意段落的单一性和完整性。单一性是指一段只能说明一个问题，完整性是指一个意思要在一个段落里集中写完。第二，各个段落之间要有内在联系，使之成为全篇的一个有机整体。第三，分段要做到长短适度。

2. 层次

层次是指文章内容上相对完整的意义单位，也叫意义段。一篇文章是与若干层次组成。划分层次要根据主题表达的需要。划分层次要注意：第一，划分层次的标准要统一；一次只能用一种标准；第二，各层次的意义要有相对的完整性和独立性；第三，文章各个层次的安排不能平均用力。

安排层次常见的方式有：

（1）转换式

即以事件发生的时间、地点的先后转换为序划分层次。如报告、通报、调查报告等常用此种方式。

（2）内在逻辑式

这主要有并列式和递进式两种。并列式就是说明主旨的各个层次的内容之间是一种平等、并列的关系。如规章制度等就是采用此法；递进式是指内容层层推进，环环相扣。如决定、调查报告等常用这种方式。

（3）总分式

一般按“总——分——总、分——总、总——分”的方式安排层次。如通知、计划、总结等都用此法。

(4) 纵横式

就是把纵式和横式结合起来安排应用文层次，一般都是先纵式后横式，或大的层次为纵式，小的层次为横式。如先以时间为序划分大的层次，再以其中的问题划分小的层次。这种划分层次的方式主要用于内容复杂的应用文写作。

层次安排在行文中有多种表述方式：第一，用小标题表示；第二，用数量词表示；第三，用表示顺序的词或词组表示。如首先、其次、最后、会议认为、会议决定等。

(三) 过渡和照应

过渡和照应是使应用文前后连贯、文气畅通的重要手段。过渡是指上下文之间的衔接、转换。常见的过渡有如下几种：

1. 内容开合处。即文章的内容由总到分或由分到总时需要过渡。
2. 意思转换处。即文章内容由一层意思转换为另一层意思时需要过渡。
3. 表达方式变换处。即文章内容由叙述转入议论或者相反时需要过渡。

常用的过渡方式有：用过渡段、过渡句和过渡词。过渡词如“综上所述”“总而言之”“如此”“因此”“因而”等。照应是指应用文内容上的前后关照与呼应。应用文的照应方式主要有三种：首尾照应；前后照应；题文照应等。

应用文的结构除上述几个具体方面外，在结构的总体要求上还要做到自然、完整、严谨、连贯、匀称，使应用文呈现出和谐美、整体美。

四、运用得体语言

应用文写作的目的是交流思想感情、互通情况、正确处理日常生活及工作中的各种问题，因而它在语言运用上除具有一般文章的共性要求外，还具有实用性、规范性、书面化、程式化等特点。因此，从事应用写作就要清楚应用文语言和文学创作的语言完全不同，要不断地通过学习和写作实践，逐步熟悉和掌握大量应用文语言，在具体写作时再根据具体文种，运用得体的语言。

对于应用写作来说，得体的语言包括几个方面的要求：第一，要正确选用合适的文种以及与这种文种相适应的语体；第二，行文语言要与行文对象、行文目的、语言环境相协调；第三，遵守语言常规和语言习惯，不自造词，不滥用方言土语；第四，根据具体情况掌握语言分寸，做到语气适当，措辞有度。

为充分体现应用写作语言的得体性，必须要做好如下几点：

(一) 准确

对于应用文语言来说，准确是第一位的要求，没有语言的准确表达，就说不上“应用”二字。准确的内涵包括用词准确、造句恰当、句与句之间逻辑关系紧密，能恰当地说明情况、阐述道理、提出主张，使人一看就懂，便于理解和提高办事效率。古人讲：“一字入公文，九牛拔不出”，其实就从反面说明公文语言务求准确无误的重要性。例如《中华人民共和国宪法》第二章第45条：“国家和社会保障残废军人的生活，抚恤烈士家属，优待军人家属。”其中的“保障”“抚恤”“优待”就准确地表现出对三种人不同的政策。另外，要注意辨别同义词，从情感色彩、范围、程度等方面了解其差异，便于区别使用。

如“优异”“优秀”“优良”三个词看似相近，实有程度的区别。在应用文写作中，如果不注意锤炼、推敲语言，就容易出错。如有一篇简报标题为“承包到组，坏蛋减少”，读后令人不解，读完简报才知“坏蛋”是指碰坏的鸡蛋。另外，应用文对词的外延有时要做明确的限制。如“凡砍伐碗口粗的树木，每棵罚款十元”。因“碗”外延太多，不明确，后改为“凡砍伐生长十年以上的树木，每棵罚款十元”。

在应用写作中，有时一个词甚至一个标点符号用得不准确，没有表达到位，都会造成纠纷和损失。如某外贸部门（甲方）与粮食部门（乙方）签订合同。原合同中有一段文字：“乙方（××县粮食局）应提供甲方（××市外贸公司）黄、白芝麻叁吨”。按出口要求，应是“黄白芝麻”，即黄白相间的一个品种，洽谈时标的很明确，但签合同时，没有特别强调“黄白相间”芝麻的特性，还让人在“黄白”中间加上了一个顿号，以致乙方在履行合同时变成了黄芝麻、白芝麻两个品种，而这两个品种是不能出口的。最终甲方白白蒙受损失还打不赢这场官司。

（二）简练

简练，是指语言简洁精练。这就是古人所说的“文简理周”“文约而事丰”。应用文写得简练是现代社会高速传递信息的需要，是节省时间、提高办事效率的需要。为此，作者要反复锤炼语言，毫不可惜地删去那些可有可无的字、句、段。如美国总统原来签署命令是这样开头的：“我秉承合众国宪法和法律所赋予合众国总统的权力，兹发布命令……”自卡特当选总统始，把签署命令的开头改为：“我作为合众国总统命令……”27个字简约为10个字，表达了一个意思。

（三）朴实

朴实，是指语言平易、朴素、实在。应用文是用来处理公私事务的工具，所以语言应当朴实无华、开门见山。它一般不用文学语言，更忌讳说大话、说空话。如述职报告就应当真实写自己职责是什么，怎样履行职责，取得了哪些成效，还存在哪些问题，不需要展开论述，不需要铺陈和渲染。例如我国的《现金管理条例》第一条是：“为了改善现金管理，促进商品生产和流通，加强对社会经济活动的监督制定本条例。”就开门见山，直截了当地回答了为什么制定此条例。

（四）庄重

庄重，是指应用文语言要端庄、郑重、严肃、认真，特别是党政机关公文的语言，更要符合这一要求。因为公文具有法定的权威性和严格的行政约束力，与之相适应的语言也要求体现庄重性。庄重性要求应用文的语言不用戏谑语，不追求诙谐和幽默，一般不用口语和方言土语。庄重的语言，具有体现在以下几个方面：

1. 多用典雅规范的书面语

如口语中的“以此希望”“刚才接到”“劳驾您审阅”“恭敬而慎重地了解到”“竭尽全力，真心诚意”“由于考虑到”“感激您的帮助”等，就不如书面语“以期”“惠鉴”“谨悉”“竭诚”“鉴于”“是荷”等简明、庄重。与此相反，某财务大检查通知中写道：“费用错误列支的，务必纠正。今年的要纠正，去年的也不要放过。今后不论超产奖还是什么乱七八糟的这个奖那个奖，统统都在利润中支付。”其中的“不要放过”“乱七八糟的这个奖那个奖”“统统”等口头语不宜放在应用文中。

2. 尽量客观叙述

应用文特别是党政机关公文的写作，在陈述事实时要尽量客观地叙述，不带感情色彩。如有一份关于天安门城楼对外开放的请示，原稿中有一句为：“许多外国来宾也热切盼望登上天安门城楼。”这句话中的“热切”“登上”等词，感情色彩较浓，不合庄重的要求。后来改为：“许多外国来宾也希望参观天安门城楼。”这种客观的、冷静的叙述语言，体现了庄重性。

3. 多用陈述句和祈使句

多用陈述句和祈使句，少用或不用感叹句和疑问句可增强庄重性。如“这次重大事故的主要负责者，不是一般的违反劳动纪律和操作规程，而是擅离岗位，玩忽职守，这是绝对不能允许的，必须依法追求刑事责任，严加惩处。”这是一个陈述句，先用“不是”“而是”对错误性质做出明确判断，最后表明对主要责任者必须严加惩处的态度。语言庄重，态度严肃，显示了公文的权威性。

祈使句能明确要求人们该做什么，不该做什么，本身就符合公文语言的庄重性要求。如国务院的一则通告中规定：“我国地下、内水和领海中遗存的一切文物，统一属国家所有，非经国家文化行政管理部门批准，任何单位和个人，不得以任何借口私自掘取。”这个祈使句界定了文物的范围归属、明确了主管部门，强调了“不得”，充分体现了公文语言的庄重性。

4. 使用应用文专用语

应用文在长期写作实践中，形成了一些固定的而又符合文体要求的专用语。这些专用语的运用，言简意赅，表意严密，增强了严肃性和庄重性。

常见的专用语有如下几种：

（1）称谓词

即表示称谓关系的词。第一人称用“本”“我”（涉及机关时，后面加上所代表的单位的简称，如院、市等）；第二人称用“贵”“你”（涉及机关时，后面加上所代表的单位的简称，如院、市等）；第三人称用“该”，可用于指代人、事物或单位。

（2）引叙词

就是用于引出写作应用文的根据、理由或应用文具体内容的词。常用的引叙词有：根据、按照、遵照、为了、接……、悉、近悉、惊悉、……收悉、为……特……、前接……、近接……。

（3）经办词

用来说明工作处理过程的已然时态，表明处理时间及经过情况。常用的经办词有：兹经、业经、前经、即经、复经、均经等。

（4）承转词

又称过渡语，即承接上下文时使用的关联词、过渡用语。常用的承转词有：为此、据此、故此、综上所述、总而言之、总之等。

(5) 期请词

就是向受文者表示请求和希望的词。常用的期请词有：即请查照、希即遵照、希、敬希、希予、请、拟请、恳请、烦请、务求等。

(6) 商洽词

即用于征询对方的意见和反应，一般用于公文中的上行文、平行文中。如：当否、可否、妥否、是否可行、是否妥当、是否同意等。

(7) 受事词

即向对方表示感谢、感激时使用的词。如蒙、承蒙。

(8) 命令词

即表示命令或告诫语气的词语，常用的命令词有：着令、着、特命、责成、着即、切切、毋违、不得有误、严格办理等。

(9) 目的词

就是交代行文目的的词语。以便受文者正确理解并加速办理。用于上行文、平行文的目的词，还需加上期请词，如：请批复、函复、批示、告之、批转、转发。用于下行文的有：查照办理、遵照办理、参照执行。用于知照性的文件有：周知、知照、备案、审阅。

(10) 表态词

又称回复用语。使用时要对公文中的下行文和平行文严加区别。常用的表态词有：照办、同意、可行、不宜、不可、同意、不同意、遵照执行等。

(11) 结尾词

就是在文后表示正文结束的词语。如：此致、此布、特此报告、为要、为盼、为荷、特此函达、敬礼、谨致谢忱等。

写作训练

1. 结合自己的生活和工作实际，谈谈学好应用写作的重要作用。

2. 在现代社会，为什么高级应用型人才都要具备很强的应用写作能力？请联系实际谈谈对这个问题的认识。

3. 有人认为应用写作很简单，只要掌握其基本格式就行，请结合实际，从应用写作对作者综合素养要求的角度，谈谈对这个问题的认识。

4. 为什么说应用写作人员要具备健康的心理素质、强烈的信息意识？请结合实例，从正反两个方面予以阐述。

第二章　党政机关公文

□学习目标与要求

1. 掌握党政机关公文的内涵、特点、分类、行文规则及实用范围。

2. 重点掌握通告、通知、通报、报告、请示、批复、函等常用文种的结构、写法和写作要求。

3. 结合不同题型的写作训练及课后的写作实践，切实提升党政机关公文的写作能力。

第一节　党政机关公文概述

一、公文的内涵

2012年4月6日，中共中央办公厅、国务院办公厅联合发布的《党政机关公文处理工作条例》对党政机关公文的内涵做了明确界定：党政机关公文是党政机关实施领导、履行职能、处理公务的具有特定效力和规范体式的文书，是传达贯彻党和国家方针政策，公布法规和规章，指导、布置和商洽工作，请示和答复问题，报告、通报和交流情况等的重要工具。

准确把握这一概念的内涵，可从以下几个方面理解：

第一，党政机关公文是党政机关进行行政管理的工具。所谓党政机关，主要是指中国共产党机关和国家行政机关，包括党的机关、人大机关、行政机关、政协机关、审判机关、检察机关。也包括各级党政机关派出机构、直属事业单位及工会、共青团、妇联等人民团体等。在党政机关进行行政管理中形成和使用的文书不同于办理私人事务的个人文书。它的制作者必须是法定制作者。

第二，党政机关公文具有法定的权威和行政效力。它对受文机关或个人具有不同程度的约束力。党政机关公文一旦发布实施，相关单位和人员必须遵照执行，这就是行政效力。

第三，党政机关公文有规范体式。其规范体式，包括公文文体和公文格式两个方面都有严格具体的规定。不仅规定了公文的文种类，而且每类公文自身的篇章结构也都有明确的格式，就连公文用纸的长宽多少也都作了明确的规定。因此，党政机关公文必须按照法定的体式和程序撰写和处理，不能自行其是。

二、公文的特点

公文是依法行政和进行公务活动而使用的一种实用性很强的文体，离开了公务活动，就不能称之为公文，和其他应用文体比较，它具有如下几个特点：

（一）公文由法定作者制发

公文只能由法定的作者制发，这个法定的作者就是依法成立并能以自己的名义行使职权和承担义务的党政机关或组织。撰写和制发公文不是一个人行为，其代表的是党政机关或组织，因此它的内容受法律规定、工作需要及领导指示的制约，其法定作者制发公文的权力和名义受法律的保护，任何单位和个人都不能假冒党政机关或组织，擅自制发公文。对于伪造公文者，不但其公文无效，而且有关部门或组织还会依法追究其法律责任。需要指出的是，机关的领导人有时也作为公文的作者，但他们绝不是以个人身份行使职权，而是代表其所在单位行使职权，因而也是公文的法定作者。如全国人大常委会委员长令、中华人民共和国主席令等。

（二）具有法定的权威性和时效性

公文是通过法律程序和行政手段产生的，是党政机关或组织在职能活动中形成的，是集体意志的表现，因此它具有代表制发者行使法定职权的功能，具有法定的领导权、指挥权和管理权，具有法定的权威性和行政的约束力。公文一旦发布生效，有关单位和个人都不得擅自改变或曲解其精神，更不能抵制，只能不折不扣地遵守执行，否则将追究有关人员的法律责任或行政责任。例如，上级机关下发的公文，对下级机关具有行政约束力。一个命令下达，下级必须执行；一项决定做出，有关下级必须贯彻落实。下级的请示，上级机关也必须给予批复；下级的报告，上级必须予以审阅。

由于党政机关公文是在现行公务活动中执行，所以公文还具有一定的时效性。在公务活动中，有些公文将随着社会的发展、形势的变化、制发者的更替等原因而被新的公文所替代。因此，凡是过期的公文就失去了法定权威性，有关单位或组织只能根据新的公文要求处理行政公务。

（三）具有明确的阅读对象

公文的制作具有鲜明的针对性和目的性，是为了解决实际问题而向有关机关或组织发出的，因此，公文的阅读对象是非常具体明确的。这也是它和其他文章有着明显不同的地方。其他文章的阅读对象相对宽泛，可以适应不同层次的读者群。而党政机关公文的阅读对象是具体的、明确的。在公文中，常常以“主送机关”“抄送机关”等具体要求来规定特定的阅读对象。有些公文还规定了“阅读范围”“传达范围”，甚至对能否翻印或在报刊登载等，都做了明确规定。不仅如此，公文还要求阅读对象必须认真阅读、吃透吃准精神，认真贯彻落实。这也是其他文章所不具备的特性。

（四）具有统一的格式和规范的办理程序

公文是国家发挥管理职能的书面工具，它必须有统一的格式，也就是说公文的体裁、体式等必须统一，每个制发单位都必须严格遵循。这既体现了公文写作的权威性，也有利于写作时有章可循。为此，2012 年 6 月 29 日，国家质量监督检验检疫总局、国家标准化管理委员会发布了《党政机关公文格式》国家标准（GB/T 9704—2012）。该标准于 2012 年 7 月 1 日起正式实施。此标准是根据中共中央办公厅、国务院办公厅印发的《党政机关公文处理工作条例》的有关规定对 GB/T 9704—1999《国家行政机关公文格式》进行的修订。《党政机关公文格式》国家标准对公文的份号、密级和保密期限、紧急程度、发文机关标志、发文字号、签发人、标题、主送机关、正文、附件说明、发文机关署名、成文日期、印章、附注、附件、抄送机关、印发机关和印发日期、页码等的格式都作了具体详细的规定。同时，还对公文用纸主要技术指标、公文用纸幅面尺寸及版面要求、印制装订要求、公文格式各要素编排规则、公文中的横排表格、公文的特定格式与式样等都做了具体规定。这样的格式要求，确保了公文的准确、完整、统一，有利于提高公文处理的效率。

在公文制作、公文发送和公文接受的过程中，必须严格按规范程序办理。为此，《条例》中按照公文办理的工作流程将公文办理工作概括为“拟制、办理、管理”三个相互关联、衔接有序的工作环节，简洁明了。“拟制”包括“起草、审核、签发”三个环节，同时将整理（立卷）、归档划归至公文“办理”范畴。

《条例》为公文规定了发文办理程序和收文办理程序。发文的办理，要经过复核、登记、印制等程序；收文的办理，从签收到归卷，要经过签收、登记、初审、承办、传阅、催办、答复等程序。这些程序化规定，任何单位都得严格遵守，不得违背或颠倒程序，以保证公文程序的合法性。

三、公文的作用

根据《条例》规定，党政机关公文“是党政机关实施领导、履行职能、处理公务的具有特定效力和规范体式的文书，是传达贯彻党和国家的方针政策，公布法规和规章，指导、布置和商洽工作，请示和答复问题，报告、通报和交流情况等的重要工具。”这既揭示了公文的性质，也指明了公文的作用。值得注意的是，公文的作用和公文的种类有关，不同的公文有着不同的作用。我们只能从其总体作用中，概括出如下几点：

（一）领导与指导作用

党和国家的方针、政策、各项指令甚至领导人的重要讲话精神等，都是通过公文进行传达并组织贯彻执行的。这就体现了公文的领导作用。另一方面，下级机关把工作中出现的新情况、新问题通过公文向上级机关请示，上级机关也将通过公文对下级机关的请示予以批复，提出指导性意见，这就体现了公文的指导作用。

（二）联系沟通作用

公文在开展公务活动中起着重要的联系沟通作用。在日常工作中，无论是上下级机关之间、平行机关和不相隶属机关之间，要想高效地开展工作，都离不开加强联系，互通信息，相互协调，建立互信和良好的工作关系。上级机关及时向下级机关发文进行工作部署，下级机关接文后立即贯彻执行，就确保了上级机关政令畅通，工作高效。例如上级机关针对下级机关的请示及时研究予以批复，就使下级机关在开展工作中有了依据。公文在这方面，起着上情下达、下情上呈的重要作用。另外，公文中的公告、通告、通知、通报等，都是知照性公文，其联系沟通作用是明显的。

（三）宣传教育作用

公文在传达党和国家方针政策时，具有很强的理论性、政策性和指导性。许多上级机关的公文不仅明确了要做什么，还具体阐明了为什么要做、怎样去做以及做的过程中要注意些什么，其中充满了新的思想、新的观念、新的政策、新的办法、新的举措。在传达、执行这些文件的过程中，常常给下级机关的干部和群众以深刻的教育，大大拓宽他们的理论视野，提升了他们的精神境界，增强了他们对事业的责任心和工作能力。即使是下级机关就工作问题向上级机关发文请示，在得到上级机关批复时，也能及时从批复中获得具体的指导，从中受到教育和启发。至于公文中的通报、决定等文种，常用来表彰、嘉奖先进模范人物，批评、惩处犯错误的人，对下级机关的干部和群众也有着较大的教育作用。

（四）依据与凭证作用

公文有法定的权威性，在公务活动中，它是开展各项工作、处理各种问题的依据。在实际工作中，有时遇到某种疑问或产生意见分歧时，人们就找出有关文件做依据，这就是人们常说的“按红头文件办事”。

公文还是各级机关或组织档案的重要来源。公文除了现实作用外，还具有历史档案的作用。有些重要公文，即使现实效用失去以后，也应当立卷归档，成为重要的历史记录和凭证，为后人从事相关研究或者修志、编史留下珍贵的资料。

四、公文的种类

我国现行的党政机关公文，从不同的角度，按不同的标准，可作不同的划分。按其性质、作用划分，主要有决议、决定、命令（令）、公报、公告、通告、意见、通知、通报、报告、请示、批复、议案、函、纪要等15种。这是中共中央办公厅、国务院办公厅2012年4月6日联合发布的《党政机关公文处理工作条例》所规定的。

按其行文方向划分，主要有上行文、下行文、平行文三类。上行文是下级机关向上级机关呈送的公文，主要文种有请示、报告等。下行文是上级机关向下属机关发送的公文，主要文种有决议、决定、命令（令）、公告、通告、通知、通报、批复和意见等。平行文是同级机关或不相隶属机关之间因工作需要相互往来的公文，主要有函、议案、某些通知等。

按公文办理的时限划分，有特急件、加急件。特急件涉及内容重要而紧急，需要以最快的速度形成和办理的文件；加急件涉及重要工作，需要加快形成和办理的文件。

按公文的机密情况划分，主要有秘密公文和非秘密公文两类。秘密公文是指那些内容涉及党和国家安全，需要限制阅读范围的重要公文。其秘密程度又分为绝密、机密、秘密三个等级。

按公文的实际使用范围，可将公文分为通用公文和专用公文两类。通用公文是指党和国家机关、企事业单位普遍使用的公文。专用公文指的是在一定的业务部门和一定的业务范围内根据某些特殊需要而习惯使用的公文，如外交文书、司法文书、军事文书等。

五、党政机关公文的行文规则

为了确保公文迅速而准确地传递，《条例》规定了具体的行文规则。

（1）上行文规则

1. 原则上主送一个上级机关，根据需要同时抄送相关上级机关和同级机关，不抄送下级机关。

2. 党委、政府的部门向上级主管部门请示、报告重大事项，应当经本级党委、政府同意或者授权；属于部门职权范围内的事项应当直接报送上级主管部门。

3. 下级机关的请示事项，如需以本机关名义向上级机关请示，应当提出倾向性意见后上报，不得原文转报上级机关。

4. 请示应当一文一事。不得在报告等非请示性公文中夹带请示事项。

5. 除上级机关负责人直接交办的事项外，不得以本机关名义向上级机关负责人报送公文，不得以本机关负责人名义向上级机关报送公文。

6. 受双重领导的机关向其中一个上级机关行文，必要时抄送另一个上级机关。

（二）下行文规则

1. 主送受理机关，根据需要抄送相关机关。重要行文应当同时抄送发文机关的直接上级机关。

2. 党委、政府的办公厅（室）根据本级党委、政府授权，可以向下级党委、政府行文，其他部门和单位不得向下级党委、政府发布指令性公文或者在公文中向下级党委、政府提出指令性要求。需经政府审批的具体事项，经政府同意后可以由政府职能部门行文，文中须注明已经政府同意。

3. 党委、政府的部门在各自职权范围内可以向下级党委、政府的相关部门行文。

4. 涉及多个部门职权范围内的事务，部门之间未协商一致的，不得向下行文；擅自行文的，上级机关应当责令其纠正或者撤销。

5. 上级机关向受双重领导的下级机关行文，必要时抄送该下级机关的另一个上级机关。

（三）联合行文的规则

1. 同级党政机关、党政机关与其他同级机关必要时可以联合行文。属于党委、政府各自职权范围内的工作，不得联合行文。

2. 党委、政府的部门依据职权可以相互行文。

3. 部门内设机构除办公厅（室）外不得对外正式行文。

六、公文格式各要素及编排规则

（一）公文格式各要素的划分

根据中华人民共和国国家质量监督检验检疫总局、中国国家标准化管理委员会2012年6月29日发布的国家标准《党政机关公文格式》（GB/T 9704—2012）的规定，党政公文版心内的格式由版头、主体、版记三部分组成。公文首页红色分隔线以上的部分称为版头；公文首页红色分隔线（不含）以下、公文末页首条分隔线（不含）以上的部分称为主体；公文末页首条分隔线以下、末条分隔线以上的部分称为版记。页码位于版心外。每个部分又由若干要素组成。

1. 版头

（1）份号。公文份号是将同一个文稿印制成若干份时每份公文的顺序编号。其主要作用是为了便于公文的登记、分发和查找，便于对公文进行统计和管理，通常用于机密、绝密公文。公文如需标识份数序号，一般用6位3号阿拉伯数字，顶格编排在版心左上角第一行。

（2）秘密等级和保密期限。按国家规定，涉及国家秘密的公文应当标明密级和保密期限。公文的密级分为“绝密”“机密”“秘密”三个等级。如需标注密级和保密期限，一般用3号黑体字，顶格编排在版心左上角第二行。保密期限中的数字用阿拉伯数字标注。密级等级和保密期限之间用“★”隔开，如“绝密★3个月”。

（3）紧急程度。紧急程度是对公文送达和办理的时间要求。公文的紧急程度分为“特急”“加急”两种。其中电报又分为“特提”“特急”“加急”“平急”四种。如需标注紧急程度，一般用3号黑体字，顶格编排在版心左上角；如需同时标注份号、密级和保密期限、紧急程度，按照份号、密级和保密期限、紧急程度的顺序自上而下分行排列。

（4）发文机关标志。由发文机关全称或者规范化简称加“文件”二字组成，也可以使用发文机关全称或者规范化简称。

发文机关标志居中排布，上边缘至版心上边缘为35mm，推荐使用小标宋体字，颜色为红色，以醒目、美观、庄重为原则。

联合行文时，如需同时标注联署发文机关名称，一般应当将主办机关名称排列在前；如有“文件”二字，应当置于发文机关名称右侧，以联署发文机关名称为准上下居中排布。

（5）发文字号。发文字号又称发文号、文号、文件号，是由发文机关代字、年份和该年度的发文顺序号构成。如“国办发〔2017〕1号”，“国办”是发文机关“国务院办公厅”的代字，“2017”是发文年份，“1号”是发文序号，合在一起表明这是国务院办公厅在2017年发的第一个文件。这是为了便于发文、收文机关的登记、分类、保存和检索而设置出来的编号方法。

发文字号编排在发文机关标志下空二行位置，居中排布。年份、发文顺序号用阿拉伯数字标注；年份应标全称，用六角括号“〔〕”括入；发文顺序号不加“第”字，不编虚位（即1不编为01），在阿拉伯数字后加“号”字。

上行文的发文字号居左空一字编排，与最后一个签发人姓名处在同一行。

（6）签发人。签发人是指审批、签发公文文稿的主要负责人。上行文如“请示”等应当标注签发人姓名。由“签发人”三字加全角冒号和签发人姓名组成，居右空一字，编排在发文机关标志下空二行位置。“签发人”三字用3号仿宋体字，签发人姓名用3号楷体字。如有多个签发人，签发人姓名按照发文机关的排列顺序从左到右、自上而下依次均匀编排，一般每行排两个姓名，回行时与上一行第一个签发人姓名对齐。

（7）版头中的分隔线。发文字号之下4mm处居中印一条与版心等宽的红色分隔线。

2. 主体

公文的主体是指公文的行文部分，通常是由标题、主送机关、正文、附件、成文日期、印章、附注等内容组成。

（1）标题。公文标题应当准确、简要地概括公文的主要内容。公文标题有完整式和省略式两种类型。完整式公文标题一般由发文机关名称、事由、文种三部分组成，发文机关要写全称或规范化简称、统称；发文事由一般由介词“关于”和一个动宾词组或名词词组构成一个介词短语；文种前一般不加修饰语，特殊情况才加，如“紧急通知”等。如果是联合行文，主办机关应当排列在前。

省略式公文标题有省略发文机关式，如《关于进一步做好稳定物价工作的通知》；省略发文事由，如《中华人民共和国主席令》；省略发文机关和事由式，即只有文种，如《通知》《通告》等。

至于批转和转发公文的标题，一般由批转或转发机关名称、被批转或转发的公文标题、文种三部分组成。如《国务院办公厅转发审计署关于公路建设资金审计情况报告的通知》。在公文标题的写作中还应注意，公文标题中除法规、规章名称加书名号外，一般不用标点符号。标题过长或中间停顿的，可用空格或换行的方式来处理。换行时，不能断开词义，排列要对称，间距要恰当。

有关批准、转发、印发或贯彻上级机关发出的公文的标题，应写清事由，不能以引用文件字号代替主要内容。在写作实践中；人们总结了一些约定俗成的固定用语，如下发行政法规、规章的公文标题用“发布”，下发隶属机关的标题用“批转”，下发上级同级或不相隶属机关的公文标题用“转发”“印发”等。

标题一般用 2 号小标宋体字，编排于红色分隔线下空二行位置，分一行或多行居中排布；回行时，要做到词意完整，排列对称，长短适宜，间距恰当，标题排列应当使用梯形或菱形。

（2）主送机关。主送机关是指公文收受、承办的机关。主送机关应当使用全称或规范化简称、统称。上行文的主送机关只能有一个；下行文如果主送机关较多，则应按其性质、级别和有关规定或惯例依次排列，同一性质或同一级别的机关间用顿号，不同性质或不同级别的机关之间用逗号。如“各省、自治区、直辖市人民政府，国务院各部委、各直属机构”。公开发布的公文通常不写主送机关。如果发送机关过多，可采用“各有关部门和单位”等办法概写。

主送机关编排于标题下空一行位置，居左顶格，回行时仍顶格，最后一个机关名称后标全角冒号。如主送机关名称过多导致公文首页不能显示正文时，应当将主送机关名称移至版记。标注办法如同“抄送机关”，一般用 4 号仿宋体字，在印发机关和印发日期之上一行、左右各空一字编排。“主送”二字后加全角冒号和主送机关名称，回行时与冒号后的首字对齐，最后一个主送机关名称后标句号。

（3）正文。公文首页必须显示正文。一般用 3 号仿宋体字，编排于主送机关名称下一行，每个自然段左空二字，回行顶格。文中结构层次序数依次可以用“一、”“（一）”“1.”“（1）”标注；一般第一层用黑体字，第二层用楷体字，第三层和第四层用仿宋体字标注。

正文是公文的主体部分。其结构由开头、主体、结尾三部分组成。

开头。公文正文的开头一般要写明发文的原因、目的、依据等，要求用简洁明了的语言，开门见山，点明行文的主旨。具体写法可依据公文的内容和行文目的而定。

主体。主体是公文最主要的部分，用来阐明公文的主要事项，其写作内容及写作要求因文而异。如果是向上级写报告反映情况，就要简明扼要地叙述事情的经过；如果是向上级机关写请示或提出本单位的意见，需要上级机关答复的，就要陈述充足的理由；如果是对下级机关发指示，就必须写明指示的依据并提出处理问题的办法；如果是平行机关商洽工作的，就必须依据有关的政策法令和规章制度，并结合具体情况提出处理意见。在正文写作过程中，要处处围绕行文的主旨，注意行文的内在逻辑性，做到条理清晰，表意明确。为此，常常可以采用条文式、项目式写法。

结尾。根据不同的文种和行文关系总结全文，对收文单位提出希望或要求。结尾用语要与行文目的一致，与行文机关的地位相适应。要求语言精练明了，能准确体现发文机关的思想和工作意图。

正文写作还应当注意：引用的人名、地名、数字、引文应当准确可靠。引用公文应当先引标题，后引发文字号；引用外文应当注明其中含义；公文中的数字，除部分结构层次数及词组、成语、惯用语等用汉字外，一般应当使用阿拉伯数字；行政规章视需要按章、节、条、款、项标明层次。

（4）附件。附件是正文的附属部分，是补充公文正文内容的其他公文或材料（包括图表）。常见的附件有两种：一是公文的正文内容很短，只起批准、发布、印发、转发、批转作用，公文的主要内容是附件；另一种只是补充说明正文某一方面内容的事件、图表、统计数字等。

如有附件，在正文下空一行左空二字编排“附件”二字，后标全角冒号和附件名称。如有多个附件，使用阿拉伯数字标注附件顺序号（如“附件：1. ×××××”）；附件名称后不加标点符号。附件名称较长需回行时，应当与上一行附件名称的首字对齐。

附件在公文成文日期之后，另起一页与正文一起装订，并在附件左上角第一行顶格标志“附件”，有序号时还要标志序号。附件的序号和名称应与公文之下的附件说明一致。如果附件与公文正文不能一起装订，应在附件左上角第一行顶格标志公文的发文字号并在其后标志附件（或带序号）。

附件并非每份公文必有。是否另加附件，应根据具体情况和工作需要来定。

公文的附件和公文正文具有同等效力。有的公文附件很重要，甚至是公文的主要内容。

（5）发文机关署名、成文日期和印章。

① 加盖印章的公文。成文日期一般右空四字编排，印章用红色，不得出现空白印章。

单一机关行文时，一般在成文日期之上、以成文日期为准居中编排发文机关署名，印章端正、居中下压发文机关署名和成文日期，使发文机关署名和成文日期居印章中心偏下位置，印章顶端应当上距正文（或附件说明）一行之内。

联合行文时，一般将各发文机关署名按照发文机关顺序整齐排列在相应位置，并将印章一一对应、端正、居中下压发文机关署名，最后一个印章端正、居中下压发文机关署名和成文日期，印章之间排列整齐、互不相交或相切，每排印章两端不得超出版心，首排印章顶端应当上距正文（或附件说明）一行之内。

② 不加盖印章的公文。单一机关行文时，在正文（或附件说明）下空一行右空二字编排发文机关署名，在发文机关署名下一行编排成文日期，首字比发文机关署名首字右移二字，如成文日期长于发文机关署名，应当使成文日期右空二字编排，并相应增加发文机关署名右空字数。

联合行文时，应当先编排主办机关署名，其余发文机关署名依次向下编排。

③ 加盖签发人签名章的公文。单一机关制发的公文加盖签发人签名章时，在正文（或附件说明）下空二行右空四字加盖签发人签名章，签名章左空二字标注签发人职务，以签名章为准上下居中排布。在签发人签名章下空一行右空四字编排成文日期。

联合行文时，应当先编排主办机关签发人职务、签名章，其余机关签发人职务、签名章依次向下编排，与主办机关签发人职务、签名章上下对齐；每行只编排一个机关的签发人职务、签名章；签发人职务应当标注全称。

签名章一般用红色。

④ 成文日期中的数字。成文日期是公文生效的时间，是公文的一项重要内容。成文日期一般以负责人签发的日期为准；联合行文以最后签发机关负责人的签发日期为准；凡属会议通过的公文，应以会议通过日期为准；法规性公文，其生效日期以成文日期为准，或以专门规定的具体生效、开始执行的日期为准；电报以发出时间为准。

成文日期用阿拉伯数字将年、月、日标全，年份应标全称，月、日不编虚位（即1不编为01）。

⑤ 特殊情况说明。当公文排版后所剩空白处不能容下印章或签发人签名章、成文日期时，可以采取调整行距、字距的措施解决。

⑥ 附注。附注是指与文件有关的简要说明。一般是对公文的发放范围、使用时需注意事项等所作的说明，如“此件发至县团级”“此件可见报”等。公文如有附注，用3号仿宋体字居左空二字加圆括号编排在成文日期下一行。

⑦ 附件。附件应当另面编排，并在版记之前，与公文正文一起装订。“附件”二字及附件顺序号用3号黑体字顶格编排在版心左上角第一行。附件标题居中编排在版心第三行。附件顺序号和附件标题应当与附件说明的表述一致。附件格式要求同正文。

如附件与正文不能一起装订，应当在附件左上角第一行顶格编排公文的发文字号并在其后标注“附件”二字及附件顺序号。

3. 版记

版记是公文格式结构的第三部分，其位置在首条分隔线以下、末条分隔线以上，包括分隔线、抄送机关、印发机关和印发日期、页码等要素。

（1）版记中的分隔线。版记中的分隔线与版心等宽，首条分隔线和末条分隔线用粗线（推荐高度为0.35mm），中间的分隔线用细线（推荐高度为0.25mm）。首条分隔线位于版记中第一个要素之上，末条分隔线与公文最后一面的版心下边缘重合。

（2）抄送机关。是指除主送机关外需要知晓公文内容或协助完成工作的有关机关。如有抄送机关，一般用 4 号仿宋体字，在印发机关和印发日期之上一行、左右各空一字编排。“抄送”二字后加全角冒号和抄送机关名称，回行时与冒号后的首字对齐，最后一个抄送机关名称后标句号。

如需把主送机关移至版记，除将“抄送”二字改为“主送”外，编排方法同抄送机关。既有主送机关又有抄送机关时，应当将主送机关置于抄送机关之上一行，之间不加分隔线。

（3）印发机关和印发日期。印发机关和印发日期一般用 4 号仿宋体字，编排在末条分隔线之上，印发机关左空一字，印发日期右空一字，用阿拉伯数字将年、月、日标全，年份应标全称，月、日不编虚位（即 1 不编为 01），后加“印发”二字。

版记中如有其他要素，应当将其与印发机关和印发日期用一条细分隔线隔开。

（4）页码。一般用 4 号半角宋体阿拉伯数字，编排在公文版心下边缘之下，数字左右各放一条一字线；一字线上距版心下边缘 7mm。单页码居右空一字，双页码居左空一字。公文的版记页前有空白页的，空白页和版记页均不编排页码。公文的附件与正文一起装订时，页码应当连续编排。

（二）公文用纸幅面尺寸及版面要求

1. 幅面尺寸

公文用纸采用 GB/T 148 中规定的 A4 型纸，其成品幅面尺寸为：210mm×297mm。

2. 版面

（1）页边与版心尺寸

公文用纸天头（上白边）为 37mm±1mm，公文用纸订口（左白边）为 28mm±1mm，版心尺寸为 156mm×225mm。

（2）字体和字号

如无特殊说明，公文格式各要素一般用 3 号仿宋体字。特定情况可以作适当调整。

（3）行数和字数

一般每面排 22 行，每行排 28 个字，并撑满版心。特定情况可以作适当调整。

（4）文字的颜色

如无特殊说明，公文中文字的颜色均为黑色。

（三）公文的印制装订要求

1. 制版要求

版面干净无底灰，字迹清楚无断划，尺寸标准，版心不斜，误差不超过 1mm。

2. 印刷要求

双面印刷；页码套正，两面误差不超过 2mm。黑色油墨应当达到色谱所标 BL100%，红色油墨应当达到色谱所标 Y80%，M80%。印品着墨实、均匀；字面不花、不白、无断划。

3. 装订要求

公文应当左侧装订，不掉页，两页页码之间误差不超过 4mm，裁切后的成品尺寸允许误差±2mm，四角成 90o，无毛茬或缺损。

骑马订或平订的公文应当：

（1）订位为两钉外订眼距版面上下边缘各 70mm 处，允许误差±4mm；

（2）无坏钉、漏钉、重钉，钉脚平伏牢固；

（3）骑马订钉距均订在折缝线上，平订钉距与书脊间的距离为3mm～5mm；

（4）包本装订公文的封皮（封面、书脊、封底）与书心应吻合、包紧、包平、不脱落。

（四）公文的特定格式

1. 信函格式

发文机关标志使用发文机关全称或者规范化简称，居中排布，上边缘至上页边为30mm，推荐使用红色小标宋体字。联合行文时，使用主办机关标志。

发文机关标志下4mm处印一条红色双线（上粗下细），距下页边20mm处印一条红色双线（上细下粗），线长均为170mm，居中排布。

如需标注份号、密级和保密期限、紧急程度，应当顶格居版心左边缘编排在第一条红色双线下，按照份号、密级和保密期限、紧急程度的顺序自上而下分行排列，第一个要素与该线的距离为3号汉字高度的7/8。

发文字号顶格居版心右边缘编排在第一条红色双线下，与该线的距离为3号汉字高度的7/8。

标题居中编排，与其上最后一个要素相距二行。

第二条红色双线上一行如有文字，与该线的距离为3号汉字高度的7/8。

首页不显示页码。

版记不加印发机关和印发日期、分隔线，位于公文最后一面版心内最下方。

2. 命令（令）格式

用命令形式发布的公文要用命令格式行文。命令标志由发文机关名称加“命令”或“令”组成，用红色小标仿宋字体，字号由发文机关酌定。命令标志上边缘距版心上边缘20mm，下边缘空二行居中标志令号；令号下空二行标志正文；正文下一行左空4字标志签发人签名章，签名章左空2字标志签发人职务；联合发布的命令或令的签发人职务应标志全称。在签发人签名章下一行右空2字标志成文时间。分送机关标志同抄送机关。其他要素从本标准相关要素说明。

3. 纪要格式

纪要标志由“×××××纪要”组成，居中排布，上边缘至版心上边缘为35mm，推荐使用红色小标宋体字。

标注出席人员名单，一般用3号黑体字，在正文或附件说明下空一行左空二字编排“出席”二字，后标全角冒号，冒号后用3号仿宋体字标注出席人单位、姓名，回行时与冒号后的首字对齐。

标注请假和列席人员名单，除依次另起一行并将“出席”二字改为“请假”或“列席”外，编排方法同出席人员名单。

纪要格式可以根据实际制定。

（五）公文版式

公文版式的排列，可参看图1至图11所示。

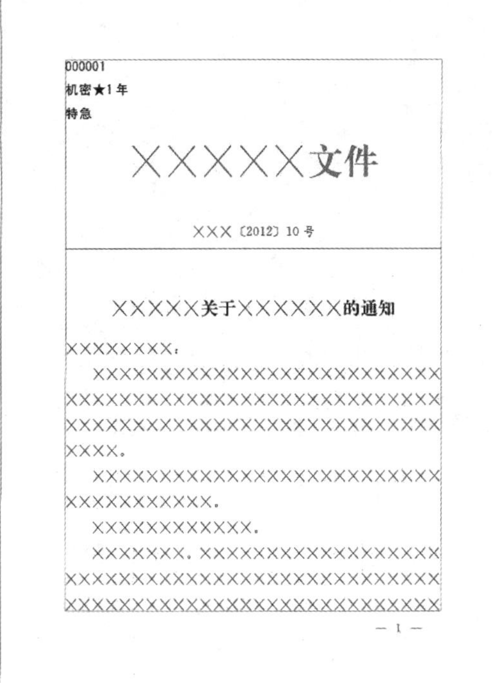

图1　公文首页版式

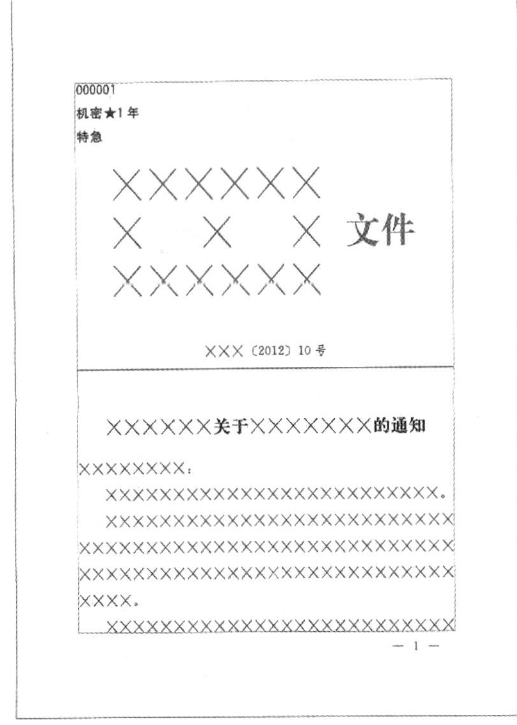

图2　联合行文公文首页版式1

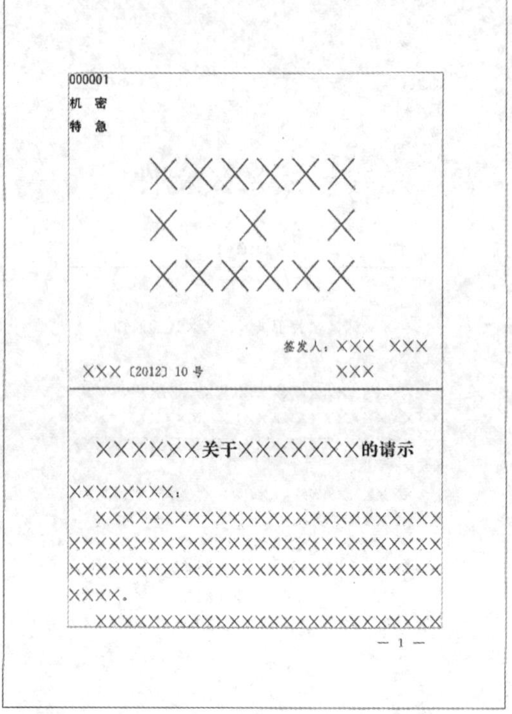
000001
机 密
特 急

××××××
×　×　×
××××××

签发人：×××　×××
×××〔2012〕10号　×××

××××××关于×××××××的请示

××××××××：
　××××××××××××××××××××××××××
××××××××××××××××××××××××××××
××××××××××××××××××××××××××××
××××。
　××××××××××××××××××××××××××

— 1 —

图3　联合行文公文首页版式2

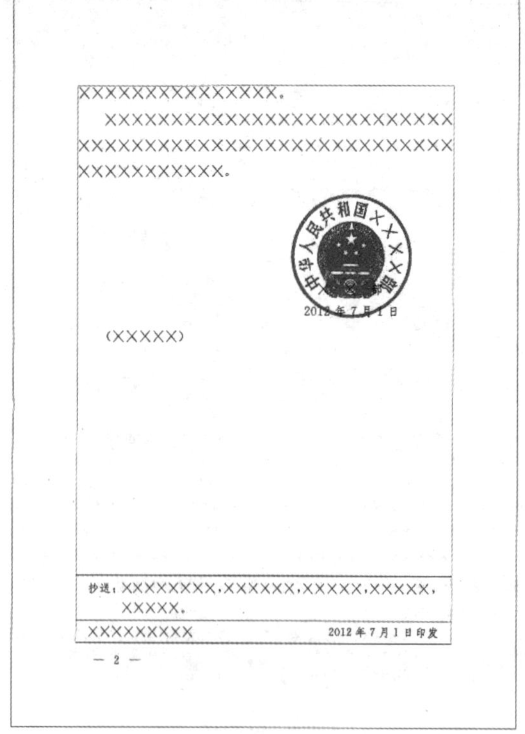
××××××××××××××。
　××××××××××××××××××××××××××
××××××××××××××××××××××××××××
××××××××××。

2012年7月1日

（×××××）

抄送：××××××××，××××××，×××××，×××××，
×××××。

×××××××××　2012年7月1日印发

— 2 —

图4　公文末页版式1

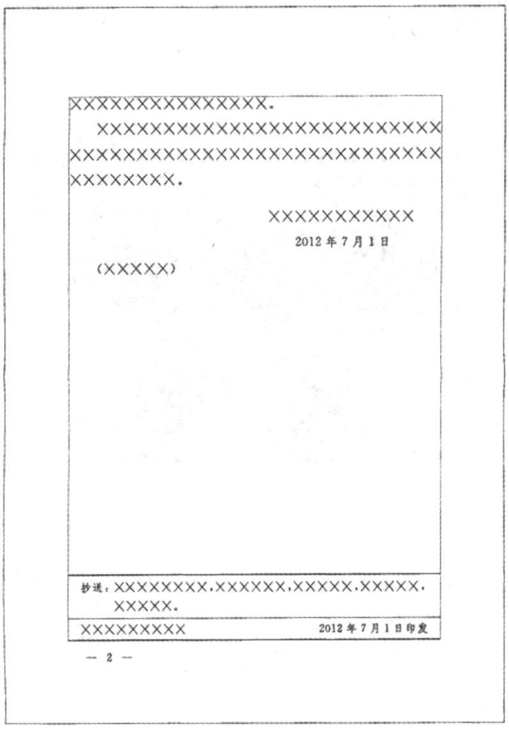

XXXXXXXXXXXXXXX。

XXXXXXXXXXXXXXXXXXXXXXXXXXXXXXXXXXXXXXXXXXXXXXXXXXXXXXXXXXXXXXX。

XXXXXXXXXXX

2012年7月1日

(XXXXX)

抄送：XXXXXXXX，XXXXXX，XXXXX，XXXXX，XXXXX。

XXXXXXXXX　2012年7月1日印发

— 2 —

图5　公文末页版式2

XXXXXXXXXXXXXXX。

XXXXXXXXXXXXXXXXXXXXXXXXXXXXXXXXXXXXXXXXXXXXXXXXXXXXXXXXXXXXXXXXXXX。

2012年7月1日

(XXXXX)

抄送：XXXXXXXX，XXXXXX，XXXXX，XXXXX，XXXXX。

XXXXXXXXX　2012年7月1日印发

— 2 —

图6　联合行文公文末页版式1

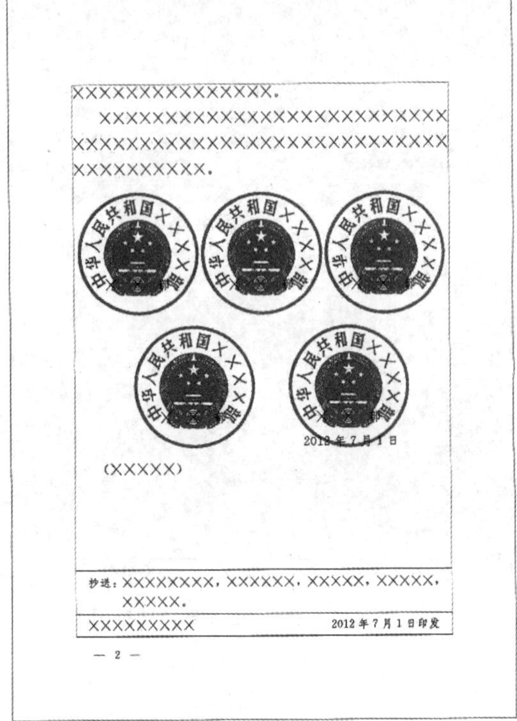
XXXXXXXXXXXXXXX。

XXXXXXXXXXXXXXXXXXXXXXXXXXXXXXXXXXXXXXXXXXXXXXXXXXXXXXXXXXXXXXXXX。

2012年7月1日

（XXXXX）

抄送：XXXXXXXX，XXXXXX，XXXXX，XXXXX，XXXXX。

XXXXXXXXX　2012年7月1日印发

— 2 —

图7　联合行文公文末页版式2

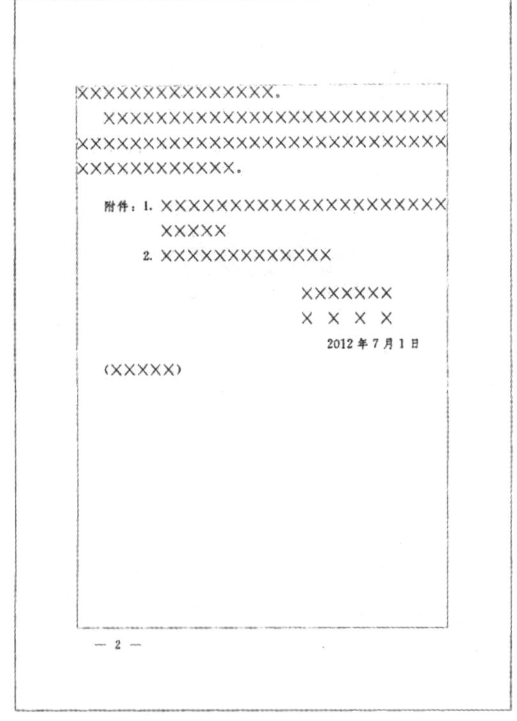
XXXXXXXXXXXXXXX。

XXXXXXXXXXXXXXXXXXXXXXXXXXXXXXXXXXXXXXXXXXXXXXXXXXXXXXXXXXXXXXXXXXX。

附件：1. XXXXXXXXXXXXXXXXXXXXXXXXXX
2. XXXXXXXXXXXXX

XXXXXXX
X X X X
2012年7月1日

（XXXXX）

— 2 —

图8　附件说明页版式

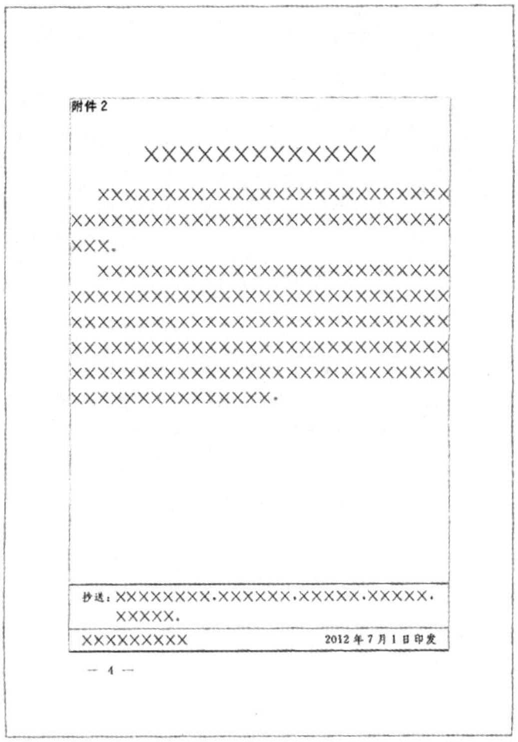

附件 2

XXXXXXXXXXXXXX

XXXXXXXXXXXXXXXXXXXXXXXXXXX XXXXXXXXXXXXXXXXXXXXXXXXXXXXX XXX。

XXXXXXXXXXXXXXXXXXXXXXXXXXX XXXXXXXXXXXXXXXXXXXXXXXXXXXXX XXXXXXXXXXXXXXXXXXXXXXXXXXXXX XXXXXXXXXXXXXXXXXXXXXXXXXXXXX XXXXXXXXXXXXXXXXXXXXXXXXXXXXX XXXXXXXXXXXXXXX。

抄送：XXXXXXXX，XXXXXX，XXXXX，XXXXX，XXXXX。

XXXXXXXXX　　2012 年 7 月 1 日印发

— 4 —

图 9　带附件公文末页版式

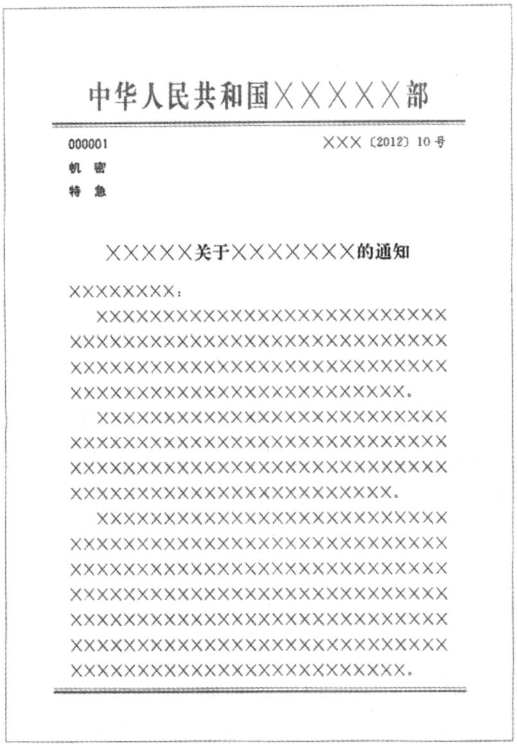

中华人民共和国XXXXX部

000001　　XXX〔2012〕10 号

机　密

特　急

XXXXX关于XXXXXXX的通知

XXXXXXXX：

XXXXXXXXXXXXXXXXXXXXXXXXXXX XXXXXXXXXXXXXXXXXXXXXXXXXXXXX XXXXXXXXXXXXXXXXXXXXXXXXXXXXX XXXXXXXXXXXXXXXXXXXXXXXXXX。

XXXXXXXXXXXXXXXXXXXXXXXXXXX XXXXXXXXXXXXXXXXXXXXXXXXXXXXX XXXXXXXXXXXXXXXXXXXXXXXXXXXXX XXXXXXXXXXXXXXXXXXXXXXXXX。

XXXXXXXXXXXXXXXXXXXXXXXXXXX XXXXXXXXXXXXXXXXXXXXXXXXXXXXX XXXXXXXXXXXXXXXXXXXXXXXXXXXXX XXXXXXXXXXXXXXXXXXXXXXXXXXXXX XXXXXXXXXXXXXXXXXXXXXXXXXXXXX XXXXXXXXXXXXXXXXXXXXXXXXXXXXX XXXXXXXXXXXXXXXXXXXXXXXXXX。

图 10　信函格式首页版式

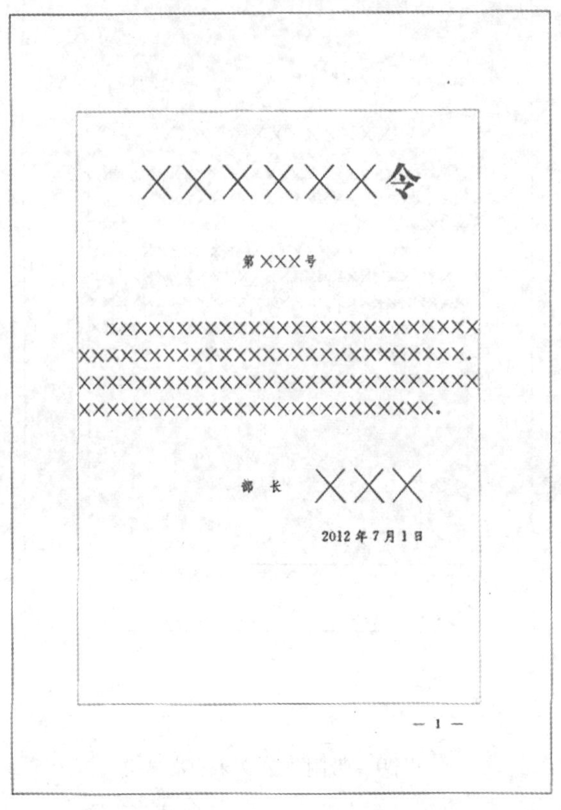
XXXXXX令

第XXX号

XXXXXXXXXXXXXXXXXXXXXXXXXXX XXXXXXXXXXXXXXXXXXXXXXXXXXXXX. XXXXXXXXXXXXXXXXXXXXXXXXXXXXX XXXXXXXXXXXXXXXXXXXXXXXXXX.

部长 XXX

2012年7月1日

— 1 —

图11 命令（令）格式首页版式

第二节 决 议

一、决议的内涵

决议是指党政领导机关就某些重要事项或重大问题，按照法定程序，经过会议讨论、表决通过其决策，并要求进行贯彻执行的指导性公文。决议适用于会议讨论通过的重大决策事项，它是党政领导机关针对重要事项或重大行动做出决策、安排和规定，用来指导贯彻执行的公务文书。

决议通常用于如下三个方面：一是对会议讨论通过的议案、报告、法规等文件表明态度，通过评价，要求有关方面在执行中必须遵守的基本原则、基本精神使用决议；二是对会议整个过程中议决的事项进行全面概括形成的指导性结论使用决议；三是会议多项议程一一形成意见后就单项问题形成决议，称为单向决议和专题决议。

二、决议的特点与种类

（一）决议的特点

1. 权威性

决议是经过党政领导机关的会议讨论通过，并由党政领导机关发布之后生效的，是党政领导机关意志的体现。决议的内容事关重要决策事项，一经公布，全党、全国上下都必须坚决执行。

2. 指导性

决议所形成的观点和对各种事项的评价、决策都具有指导意义，对党政领导机关和政府部门在以后具体工作中如何决策、如何执行都具有很强的指导作用。

3. 程序性

党政领导机关的会议要严格按照法定程序召开，进行讨论和表决。决议是经过会议讨论并经表决通过后才形成的，有严格的程序性。

（二）决议的种类

根据决议内容与功能的不同，决议可以分为审批性决议、专门事项决议和方针政策决议三种。

1. 审批性决议

审批性决议主要用于反映会议审议批准文件、机构设置、财务预决算等事项，是对报批的下级机关或具有领属关系的机关发出的。如《中国共产党第十八次全国代表大会关于〈中国共产党章程（修正案）〉的决议》。

2. 专门事项决性议

专门事项性决议主要用于公布会议针对有关专门问题讨论后形成的决策事项，是对负责此事项的机关发出的。如《中共四川省委关于认真学习、坚决贯彻〈中共中央关于加强党同人民群众联系的决定〉的决议》。

3. 方针政策性决议

方针政策性决议主要用于从宏观的角度反映会议结果，特别用在路线、方针、政策上要统一思想认识，以确定大政方针的重要事项，是对所有党政机关和政府机关发出的。如《中国共产党中央委员会关于建国以来党的若干历史问题的决议》《中共中央关于加强社会主义精神文明建设若干问题的决议》等。

三、决议的写作

决议的写作主要包括标题、成文日期和正文三个部分。

（一）标题

决议的标题由“发文机关（或会议名称）+事由+文种”构成，如：《中国共产党第十八次全国代表大会关于〈中国共产党章程（修正案）〉的决议》。

（二）成文日期

成文日期是指决议正式通过的日期，一般放在标题下，在小括号内注明会议名称及通过时间，也可只写日期，不标注会议名称。

（三）正文

正文由开头、主体和结语三个部分组成。

1. 开头。写决议缘由，简要说明会议审议决议涉及事项的情况，陈述做出决议的原因、根据、背景、目的或意义等。一般要写明会议听取了什么、学习讨论了什么、审议了什么、批准或通过了什么以及自何时生效等。其中各项要根据会议的内容而定，不必面面俱到。

2. 主体。具体写明经过会议讨论通过的决议事项，或会议对有关文件、事项做出的评价、决定，或对有关工作做出部署和安排，提出实施举措和要求等。

决议是经过党政领导机关的会议对某一议题进行集体讨论，由法定多数表决通过后形成的，并以会议的名义公布的指导性文件。在行文语体上能体现出权威性、指导性即可，不宜突出强制性。

主体部分内容比较复杂，写法也比较灵活多样。如果是审批性决议、专门事项性决议，这部分一般写得比较简要，先写何种会议审议通过了何种议案，再写对被审议案的具体评价，最后以“会议认为”“会议要求”之语引出号召和要求。如果是方针政策性决议，这部分除写明指导指令性意见外，还要有较多的议论，即对决议事项本身的有关问题做若干必要的论述或说明，常采用夹叙夹议的写法，往往写得比较概括，原则性条文多，以便下级机关在贯彻执行时可以根据决议和地方的实际情况制定相应的办法或实施措施。

如果决议是安排工作的，要写明工作的内容、措施和实施要求。内容复杂时，要明确分出层次并列出各层次的小标题，或者以逐条叙述的方式列出。

在语言运用方面，要体现决议的权威性、指令性，要多使用具有指导性的语言，如“要组织×××学习传达×××精神”“全会要求×××”等。

决议的语言，要体现出庄重性和严肃性。要注重运用专业术语，充分体现理论水准和思想高度。不要使用感情化、修辞化、口语化的语言。

3. 结语。这部分可有可无。有时主体结束，全文也就自然结束了，不必再专门撰写结语。有时需要写一个结语，多是针对决议事项有指向性地提出希望、号召和执行要求等。

四、决议的写作要求

（一）决议必须是按照法定程序，经过一定会议议定的事项才能称之为“决议”，否则不能称之为决议，这是它与其他公文显著的区别。同时，从公文处理的工作实践来看，并不是所有会议决定的事项都可以形成决议。原则上讲，只有经过法定程序选举与会人员或经过其他组织严格按照一定程序组织召开会议，就某些重要事项或重大问题进行讨论通过才能形成决议。一般性的工作会议、专题会议或其他临时性会议决定的事项，都不能使用决议的形式行文，而应采用会议纪要的形式行文。

（二）决议一般是针对重要事项或重大问题，按照法定程序，经过会议讨论、表决通过做出的重要决策，事关重大，具有很强的权威性和执行力。如全国人大及其常委会通过的一些决议本身就是法律。因此，在行文表述上要严谨慎重，做到概括准确、条理分明、逻辑严密、用语得当。决议经常用“会议认为”“会议号召”作为段首语。

（三）决议应在标题之下、正文之前标明决议通过的时间和会议全称。一般形式为：（××××年××月××日第××次全国代表大会第××次会议通过）。

（四）决议无落款、无印章、无发送单位，决议在会议确定的管辖范围内有效。决议除可见报、张贴外，作为公文，其行文形式可由会议的常务委员会、日常办事机构印发。印发时还可由印发机关下发关于印发的通知等。

（五）决议一般应是会议讨论通过的重大事项，有些一般性单项事项，即使会议讨论通过，往往也不以决议的名义发布，而由会议的常设机构以决定的形式下发。

（六）决议的制发主体是会议，行文时要避免把会议与会议的常设机构委员会、大会主席团等相混淆。决议每段开头语常用“会议认为”“会议强调”“会议号召”等，与其他公文有明显不同。

五、决议的写作例文

关于召开党的第十九次全国代表大会的决议

2016 年 10 月 27 日，中国共产党第十八届中央委员会第六次全体会议全会听取和讨论了习近平受中央政治局委托作的工作报告，审议通过了《关于新形势下党内政治生活的若干准则》和《中国共产党党内监督条例》，审议通过了《关于召开党的第十九次全国代表大会的决议》。习近平就《准则（讨论稿）》和《条例（讨论稿）》向全会作了说明。

第三节　决　定

一、决定的内涵

决定是一种适用于党政机关对重要事项作出决策和部署、奖惩有关单位和人员、变更或者撤销下级机关不适当的决定事项的公文。

二、决定的特点与种类

（一）决定的特点

决定事关全局，政策性强，具有如下特点：

1. 行文的权威性

决定是上级机关做出的，它所涉及的事项一般比较重大，下级机关和个人必须贯彻执行。因此决定虽然没有命令那样强烈的强制色彩，但也具有很强的权威性和约束力，属于比较严肃、庄重的文种。有些决定还具有一定程度的法规作用，具有较强的行政约束力。

2. 内容的具体性

由于决定是对具体事项和重大行动做出的安排，所以必须写得具体明确，不模棱两可，不空洞抽象，便于下级机关贯彻执行。

3. 执行的长效性

决定对重要事项做出的决策，一般在相当长的时间内都发挥作用，是各级部门之间的指导方针，下级机关在较长的时间内，都要严格执行。

（二）决定的种类

根据决定的内容和具体用途，决定可分为以下几类：

1. 法规性决定

法规性决定一般由国家立法机构或权力机关制定的法规性文件，有较强的权威性和约束力。如《全国人大常委会关于修改〈中华人民共和国教育法〉的决定》就是属于法规性的决定。

2. 部署性决定

部署性决定，就是对重要工作、重要行动，提出实施意见、办法和步骤。如《中共中央关于全面深化改革若干重大问题的决定》。

3. 奖惩性决定

奖惩性决定用于表彰或惩处有关单位和个人。这种决定从内容上分，有表彰性决定和惩处性决定两种。表彰性决定用来表彰先进集体或先进个人，给先进集体或个人授予称号或奖章，如《教育部关于追授孟瑞鹏同学“全国优秀大学生”荣誉称号的决定》。惩罚性决定用来对重大事件、严重渎职人员或部门进行处理，如《教育部关于给予刘军谊开除处分的决定》。

4. 任免性决定

任免性决定用于人事安排的变动。决定、命令、公告、通知都具有任免功能，区别在于任免对象职务之高低。通知用来任免机关一般干部和基层领导干部；决定用来任免副部长以下各级机关领导干部；命令用来任命国务院正、副总理及部长以上的干部；公告用来任免国家主席、副主席。

三、决定的写作

决定由标题、主送机关、正文、发文机关和成文日期组成。

（一）标题

决定的标题由发文机关（或通过决定的会议名称）、事由和文种三部分组成。会议通过的决定，要在标题下方居中以括号注明批准、通过该决定的会议名称和通过的日期。如《全国人民代表大会常务委员会关于修改〈中华人民共和国民办教育促进法〉的决定》。有发文字号的要写在标题之下。有些决定，标题还可以由事由和文种两部分组成。

（二）主送机关

决定的主送机关是决定的受文单位，其名称要写全称或规范化简称、统称。如属普发性决定则可不写主送机关，只有逐级向下行文才写明主送机关。

（三）正文

决定的正文一般由决定的缘由、决定的事项和执行要求、结语三部分组成。

决定的缘由要写明发布决定的背景、依据、目的或意义，行文要求简短明确。

决定事项因决定的种类不同写法有所不同。用于部署性的决定，这部分要写明工作任务、措施、方案、要求等。内容复杂的要用小标题或条款显示出不同层次，各层次之间可以是并列关系，也可以是递进关系，无论何种关系，都一定要形成完整、严谨、清晰的整体；用于批准性的决定，要写明批准意见，必要时，还可以写明批准事项的根据和意义；用于表彰的决定，要写明受表彰者的先进事迹、评价、表彰决定、号召向其学习等内容；用于处分的决定，要写明受处分者的基本情况、所犯错误的主要事实、分析错误的根源、受处分者的态度、处理决定等。

无论是哪类决定，决定事项都要求写得具体准确，便于执行。表彰、处分等决定对人和事的评价要实事求是，恰如其分。

结语部分一般用于提出要求、发出号召或说明有关事项，如“本决定自发布之日起施行”。如果事项部分已经交代清楚，结语也可以省略。

（四）发文机关和成文日期

在正文右下方写明发文机关名称。在发文机关名称下一行写上成文日期，再加盖印章。

决定的成文日期有两种写法：一种是属于会议通过的决定，一般写在标题下面，用圆括号括起来，要标明是什么会议通过的；另一种是属于领导机关的决定，一般是在发文机关名称下面用阿拉伯数字写明发文的年月日，距右空出四个字符。

四、决定的写作要求

（一）交代原因要简短明确。决定是权威性、约束性较强的公文，要求下级机关无条件执行。行文时对做出决定的原因应写得简短明确，不要长篇大论。

（二）事项具体可行。决定是要求下级机关无条件执行的，因此决定的事项要写得具体明确，具有可行性，便于下级机关贯彻执行。

（三）文字要准确，层次要分明，条理要清楚。

五、决议与决定的区别

（一）从制作程序上区分

决议必须是由党政机关组织的法定会议就某些重要事项或重大问题，按照法定程序进行集体讨论，由法定多数表决通过，然后形成正式文件，并以会议的名义公布。而决定却不一定经过法定会议讨论通过的程序。它既可以是某一会议讨论研究的成果，形成正式文件予以公布，也可由各级领导机关直接制作并予以公布。因此，凡未经有关法定会议讨论通过这一程序，而是以领导机关的名义发布的议决性文件，就只能使用决定这一文种。

（二）从作用上区分

决议一律要求下级机关执行。而决定只有部署性决定才要求下级机关执行，宣告性决定只起知照性作用，一般不要求下级机关执行。

（三）从内容上区分

1. 在会议讨论通过的前提下，凡做出了具体的规定和要求，履行法定的权力，强制有关部门贯彻执行的，用决定。若只是简要地表示肯定或否定的意见，履行法律程序，指导有关部门遵照办理的，用决议。

2. 由会议或领导机关直接制定发布行政法规，用决定。由会议审议批准某项议案、重要报告、法规，用决议，所审议批准的条文作为决议的附件。

3. 表彰或惩处有关单位和个人，用决定。审议机构成立或撤销，用决议。

（四）从写法上区分

审批性决议、专门事项性决议一般写得比较简要。如果是方针政策性决议，除写明指导指令性意见外，还要对决议事项本身的有关问题做些必要的阐述或说明。

决定的写法与决议大不相同，它不多说道理，往往着重提出开展某项工作的步骤、措施、要求等。决定要求写得明确、具体，措施也落实得更到位，行政约束力强，可以直接成为下级机关行动的准则。而决议往往写得比较概括，原则性条文多，下级机关在贯彻执行时，还可以根据决议结合实际情况制定相应的具体办法和实施措施。

六、决定的写作例文

【例文一】

全国人大常委会关于修改《中华人民共和国教育法》的决定

（2015 年 12 月 27 日第十二届全国人民代表大会常务委员会第十八次会议通过）

第十二届全国人民代表大会常务委员会第十八次会议决定对《中华人民共和国教育法》作如下修改：

一、将第五条修改为："教育必须为社会主义现代化建设服务、为人民服务，必须与生产劳动和社会实践相结合，培养德、智、体、美等方面全面发展的社会主义建设者和接班人。"

二、将第六条修改为："教育应当坚持立德树人，对受教育者加强社会主义核心价值观教育，增强受教育者的社会责任感、创新精神和实践能力。"

"国家在受教育者中进行爱国主义、集体主义、中国特色社会主义的教育，进行理想、道德、纪律、法治、国防和民族团结的教育。"

三、将第十一条第一款修改为："国家适应社会主义市场经济发展和社会进步的需要，推进教育改革，推动各级各类教育协调发展、衔接融通，完善现代国民教育体系，健全终身教育体系，提高教育现代化水平。"

增加一款，作为第二款："国家采取措施促进教育公平，推动教育均衡发展。"

（略）

十二、将第八十条改为第八十二条，修改为："学校或者其他教育机构违反本法规定，颁发学位证书、学历证书或者其他学业证书的，由教育行政部门或者其他有关行政部门宣布证书无效，责令收回或者予以没收；有违法所得的，没收违法所得；情节严重的，责令停止相关招生资格一年以上三年以下，直至撤销招生资格、颁发证书资格；对直接负责的主管人员和其他直接责任人员，依法给予处分。"

"前款规定以外的任何组织或者个人制造、销售、颁发假冒学位证书、学历证书或者其他学业证书，构成违反治安管理行为的，由公安机关依法给予治安管理处罚；构成犯罪的，依法追究刑事责任。"

"以作弊、剽窃、抄袭等欺诈行为或者其他不正当手段获得学位证书、学历证书或者其他学业证书的，由颁发机构撤销相关证书。购买、使用假冒学位证书、学历证书或者其他学业证书，构成违反治安管理行为的，由公安机关依法给予治安管理处罚。"

十三、将第七十一条、第七十四条、第七十五条、第七十七条、第七十八条中的"行政处分"修改为"处分"，将第七十五条、第七十七条、第七十八条中的"教育行政部门"修改为"教育行政部门或者其他有关行政部门"。

本决定自2016年6月1日起施行。

《中华人民共和国教育法》根据本决定作相应修改，重新公布。

【例文二】

国务院关于取消一批职业资格许可和认定事项的决定

国发〔2016〕68号

各省、自治区、直辖市人民政府，国务院各部委、各直属机构：

经研究论证，国务院决定取消114项职业资格许可和认定事项，现予公布。同时，建议取消1项依据有关法律设立的职业资格许可和认定事项，国务院将依照法定程序提请全国人民代表大会常务委员会修订相关法律规定。

减少职业资格许可和认定事项是推进简政放权、放管结合、优化服务改革的重要内容，也是深化人才发展体制机制改革和推动大众创业、万众创新的重要举措。各地区、各部门要从全面深化改革特别是供给侧结构性改革的大局出发，进一步转变职能、转变观念、提高认识，加大职业资格许可和认定事项清理力度，不断降低人才负担和制度成本，持续激发市场和社会活力，促进就业创业。对已经取消的职业资格许可和认定事项，人力资源社会保障部要会同有关部门加强跟踪督查，及时组织“回头看”，确保清理到位，防止反弹。要抓紧公布实施国家职业资格目录清单，清单之外一律不得许可和认定职业资格，清单之内除准入类职业资格外一律不得与就业创业挂钩。要加强对职业资格设置、实施的监管和服务，对违法违规设置、实施的职业资格事项，发现一起、查处一起。要推动职业资格信息共享，提高信息化服务水平，逐步建立持证人员信用管理体系，严肃查处证书挂靠、寻租等行为。要妥善处理职业资格许可和认定事项取消后续工作，研究制定职业标准和评价规范，搞好政策衔接，确保人才队伍稳定。

附件：国务院决定取消的职业资格许可和认定事项目录（共计114项）

国务院

2016年12月1日

【例文三】

教育部关于追授孟瑞鹏同学“全国优秀大学生”荣誉称号的决定

教思政〔2015〕2号

孟瑞鹏，男，汉族，华北水利水电大学国际教育学院2012级学生。2015年2月26日，两名儿童不慎落入河南省濮阳市清丰县韩村乡西赵楼村一处人工湖中，来此看望朋友的孟瑞鹏不顾个人安危，跳入水中，将两名儿童成功救起，自己却体力不支，不幸光荣牺牲，年仅23岁。

孟瑞鹏同学在少年儿童生命受到严重威胁的紧急关头，不怕牺牲，挺身而出，用宝贵生命诠释了当代青年学生的价值追求和崇高使命，展示了当代青年学生良好的综合素质和精神风貌，体现了当代青年学生高度的社会责任感和敢于担当的精神。孟瑞鹏同学是践行社会主义核心价值观的典型模范，是全国大学生的优秀代表。为表彰孟瑞鹏同学的先进事迹，教育部决定追授孟瑞鹏同学“全国优秀大学生”荣誉称号。

各地教育部门和各高等学校要组织广大学生向孟瑞鹏同学学习，学习他挺身而出、见义勇为的优秀美德，学习他奋不顾身、不怕牺牲的英雄气概，学习他乐于奉献、甘于献身的高尚情操。坚持立德树人基本导向，充分发挥先进典型的示范引领作用，教育引导广大青年学生以身边的榜样为标杆，积极培育和践行社会主义核心价值观，努力成为信念坚定、品德优良、知识丰富、本领过硬的中国特色社会主义事业的合格建设者和可靠接班人。

教育部

2015 年 3 月 25 日

【例文四】

教育部关于给予刘军谊开除处分的决定

教人〔2015〕11 号

刘军谊，男，1957 年 9 月出生，本科学历，1975 年 9 月参加工作，1988 年 1 月加入中国共产党。2011 年 7 月任考试中心（自考办）党委书记。2014 年 8 月被免去考试中心（自考办）党委书记等相关职务。

经查，2007 年至 2012 年，刘军谊利用职务便利在企业经营合作等方面为他人提供帮助，收受他人财物，共计折合人民币 12.82 万元，严重违反廉洁纪律并涉嫌受贿犯罪。

2015 年 11 月 16 日，刘军谊因受贿罪被北京市第二中级人民法院判处有期徒刑 3 年，并处罚金人民币 3 万元；受贿所得人民币 12.82 万元予以没收上缴国库。一审判决后，刘军谊未提起上诉。

刘军谊身为党员领导干部，利用职务便利，非法收受和索取他人财物，为他人谋取利益，影响恶劣，被依法判处刑罚。根据《事业单位工作人员处分暂行规定》（人力资源和社会保障部、监察部令第 18 号）第二十二条“行政机关任命的事业单位工作人员，被依法判处刑罚的，给予开除处分”的规定，经研究，决定给予刘军谊开除处分。

本决定自 2015 年 12 月 19 日起生效。如刘军谊本人对本决定不服，可自收到本决定之日起 30 日内按照有关规定申请复核。

教育部

2015 年 12 月 19 日

【例文五】

关于徐瑞成任命的决定

2015 年 3 月 12 日北京市通州区第五届人民代表大会常务委员会第 25 次会议决定，任命：

徐瑞成为北京市通州区人民法院副院长。

北京市通州区人大常委会

2015 年 3 月 12 日

第四节　命令（令）

一、命令（令）的内涵

命令，简称“令”，是上级机关对下级机关发布的带有强制性、规定无条件执行的一种公文。

命令适用于依照有关法律发布行政法规和规章；宣布施行重大强制性行政措施；批准授予和晋级衔级、嘉奖有关单位及人员。

命令直接体现国家和某些行政领导机关的意志，具有很强的权威性和约束力。

二、命令（令）的特点与种类

（一）命令（令）的特点

与其他公文相比，命令具有如下鲜明的特点：

1. 内容的重要性

命令（令）所涉及的事项，无论是发布行政法规和规章，还是宣布施行重大强制性行政措施，内容都是非常重要的。用命令嘉奖有关单位和人员，也是因其贡献突出，影响较大。

2. 作者的限定性

根据《中华人民共和国宪法》和《中华人民共和国地方各级人民代表大会和地方各级人民政府组织法》的有关规定，全国人民代表大会常务委员会委员长、中华人民共和国国家主席、国务院总理、国务院各部部长、各地方人民政府及其首长，可以根据法律规定的权限发布命令（令）。党的各级领导机关一般不单独使用命令，确实需要时，可与人大或政府机关联合发布命令。此外，任何国家机关和个人，例如地方政府的各个职能部门、各群众团体、各企事业单位都不能发布命令。从形式上看，命令（令）往往以领导人个人的名义签发，但所体现的不是个人的要求，而是权力机关的意志。命令一旦发布，任何组织和个人都必须无条件地服从。

3. 执行的强制性

命令（令）是宪法和法律赋予国家机关或负责人对重要工作进行决策指挥的权力，具有强制性地统一人们行为准则的功能。凡是上级机关发布的命令，下级机关和相关人员都必须无条件地不折不扣地执行。任何违反命令、抗拒或延误执行命令，都要受到严肃处理甚至严厉惩罚。在所有国家机关行政公文中，命令是最具有强制性的。

（二）命令（令）的种类

命令按适用范围可分为发布令、行政令、嘉奖令、任免令等。

1. 发布令。主要用于依照有关法律发布重要的行政法令、法规、规章和条例的命令。

常见的有中华人民共和国主席令，国务院总理签署国务院令，国务院各部委颁布行政法规和规章、条例。

2. 行政令。主要用于发布重大的强制性行政措施，要求有关方面采取重大约束性行动。

3. 嘉奖令。主要是用于嘉奖有突出贡献的单位和人员。普通表彰不用嘉奖令，用“通报”。

4. 任免令。主要是用于任免国家高级官员。

三、命令（令）的写作

命令（令）一般由标题、发文字号、正文、署名和日期组成。

（一）标题

命令（令）的标题有以下四种写法：

1. 由“发文机关+事由+文种”三部分组成。如《中华人民共和国国务院关于发布新版人民币的命令》。

2. 由“发布者（机关或个人）+文种”两部分组成。如《中华人民共和国国务院令》《中华人民共和国主席令》等。

3. 由“事由+文种”组成。如《抗洪抢险的命令》。

4. 只写文种“命令（令）、嘉奖令”。

值得注意的是，命令（令）标题中的发布者名称应使用全称或规范化简称。事由的概括要准确简要。奖惩人员时多用“令”，而不用“命令”。

（二）发文字号

命令的发文字号通常有两种形式：其一是以发文机关的发令顺序按年度编流水号；其二是按领导人任期的发令顺序编流水号。如“第一号”“第二号”等。以领导人名义发布命令使用的编号，从其任职开始到卸任为止，依次排列。下任领导人发布命令再另行编号。

（三）正文

命令（令）的正文一般要写明发布命令（令）的根据、命令（令）事项与执行要求。不同性质的命令（令）因作用的不同有着不同的写法。

发布令是用来发布行政法规和规章的命令，大都带有附件。正文常采用单层次写法，一般只要写明在什么时间、什么会议上通过什么法规，何时开始实行就行了。

行政令是用来宣布采取重大强制性行政措施的，多采用两层次或三层次式写法。第一层次写明发布该命令的原因、目的或依据，第二层次写明命令的事项，所采取的措施，便于执行。如需采用三层次，则写明施行要求。如《中国人民解放军驻澳门部队进驻澳门特别行政区的命令》。

任免令正文只要写明依据、被任免者的姓名和职务即可。用命令任免人员，仅限于任免部长级以上的官员，而一般官员不用命令任免，用“通知”即可。

嘉奖令是在授予荣誉称号、表彰功勋业绩时使用的公文。其正文写作多采用三层次式写法，第一层次写嘉奖缘由，即简介被嘉奖对象的主要事迹和意义，注意突出重点，实事求是，必要时做出中肯评价；第二层次写嘉奖的目的和内容，即授予的荣誉称号或奖励措施；第三层次是对受奖者提出勉励与要求，向有关人员提出希望。如《国务院、中央军委关于授予钱学森同志“国家杰出贡献科学家”荣誉称号的命令》。

（四）署名和日期

命令（令）最后必须签署，署名可以是发文机关，也可以是发文机关的领导。如果是个人署名，在姓名前应注明职务。例如“中华人民共和国主席　习近平”。命令（令）的日期有两种标法，一种是标在标题之下；另一种是标在文尾署名的下方。

四、命令（令）的写作例文

中华人民共和国主席令

第七十一号

《全国人民代表大会常务委员会关于修改〈中华人民共和国民事诉讼法〉和〈中华人民共和国行政诉讼法〉的决定》已由中华人民共和国第十二届全国人民代表大会常务委员会第二十八次会议于2017年6月27日通过，现予公布，自2017年7月1日起施行。

中华人民共和国主席　习近平

2017年6月27日

第五节　公　报

一、公报的内涵

公报是党政机关或者人民团体用于公布重要决定或者重大事项的报道性公文，是党和国家机关经常使用的重要文种。

二、公报的特点与种类

（一）公报的特点

1. 权威性

公报是由党政机关或人民团体发出的，其内容涉及对一些重大事项的决策或者重要问题的决定。这些决策和决定都具有权威性和执行力，下级机关和其辖区所有的人都必须贯彻执行，不能违抗。

2. 指导性

公报就某些原则问题所表明的观点，或者针对某些事项所作出的评价、所提出的要求等，都对其行文对象，包括下级机关及其工作人员开展实际工作具有指导作用。

3. 新闻性

公报的内容与文体形式都具有很强的新闻价值，都会引起广泛的关注。因此公报具有新闻性。

（二）公报的种类

1. 根据发文机关分类

根据发文机关的不同，公报可分为如下两种：

（1）新闻公报。即以新闻的形式将重大事件向党内外、国内外公布的文件。其写法与新闻文体中的消息有些类似。例如《上海合作组织成员国元首理事会会议新闻公报》等。

（2）联合公报。联合公报是政党之间、国家之间、政府之间就某些重大事项或问题经过会谈、协商取得一致意见和达成谅解后，双方联合签署发布的公文。这类公报中有一些双方认可、联合签署的条文，比一般的新闻公报有更多的务实性内容。但联合公报和新闻公报之间的界限是很模糊的，有时甚至还可以合为一体。例如《中美联合公报》《“一带一路”国际合作高峰论坛圆桌峰会联合公报》等。

2. 根据公报的内容性质分类

根据内容性质的不同，公报可分为如下两种：

（1）会议公报。会议公报是党政机关或人民团体用以发布重要会议或会谈所作决定的公文。这种公报通常用于党中央召开的会议。例如《中国共产党第十八届中央委员会第六次全体会议公报》等。这类公报的发布，对统一人们的思想和行动，有着重要的指导作用。

（2）事项公报。事项公报是党的高级领导机关用以发布重大情况、重要事件的公文。高层行政机关、部门向人民群众公布重大决策、重要事项或重大措施时有时也沿用此类公告。如《2016 中国环境状况公报》。

三、公报的写作

公报一般由首部、正文和尾部三个部分组成。

（一）首部

公报的首部包括标题和成文时间两项内容。

1. 标题。公报的标题一般有四种写法：第一种是只写文种，例如《新闻公报》等；第二种是由“会议名称+文种”构成，例如《中国共产党第十八届中央委员会第六次全体会议公报》等；第三种是由“发文机关+文种”构成，例如《全国人民代表大会常务委员会公告》；第四种是联合公报，由“发表公报的双方或多方国家名称+事由+文种”构成，例如《中华人民共和国和巴拿马共和国关于建立外交关系的联合公报》等。

2. 成文时间。成文时间用圆括号在标题之下正中位置注明，包括公报发布的年、月、日。

（二）正文

公报正文包括开头、主体两个部分。

1. 开头。不同的公报，其开头的写作有所不同：新闻公报，开头要以极其简洁的文字概述最重要、最引人关注的新闻事实，接近消息的“导语”部分；联合公报要用最得体的语言概述公报的由来，也就是何时、何地、通过何种会谈做出何种决定等；会议公报要用最精炼的语言概述会议的名称、时间、地点、参加人员等；事项公报要用最简明的语言概述事项的关键内容，也就是何时、何地、发生了什么样的重大事件等。

2. 主体。主体是公报的核心内容，要求完整、系统、有序地表达清楚需要公知的事件。其写法也因公报的种类不同而有所区别：新闻公报的主体要紧扣其“导语”式的开头，具体写明事件的过程以及与此相关的立场、观点、举措、评价等，可以按时间顺序和逻辑顺序来安排层次，类似消息的主体；联合公报的主体要紧承开头，具体写明双方或多方国家就某些重大事项或问题经过会谈、协商取得一致意见后所形成的共识和决定等；会议公报的主体要用准确精炼的语言，层次分明、逻辑严谨地写明会议讨论的内容、作出的评价、形成的决定、提出的要求、发出的号召等，常用“会议听取和讨论了”“会议总结了”“会议认为”“会议提出”“会议决定”“会议强调”“会议号召”等为领起句；事项公报的主体要用准确简明的语言概述有关事项的具体内容，包括取得的成绩、存在的问题、解决问题的思路与举措等，写作中要坚持以事实说话的原则，注重引用具体数据，增强说服力。

在写作形式上，主体常采用三种写作方式：第一，分段式，即每段说明一层意思或一项决定，其间的关联可采用并列式或递进式行文；第二，序号式，即每一个序号后面表达一个意思，依次排列序号来行文，内容复杂、问题头绪较多的公报经常使用这种方式；第三，条款式，即把会议讨论或者决策的事项条分缕析地罗列出来。联合公报多用这种方式来行文。

（三）尾部

尾部并不是所有公报都需要。事项公报和会议公报一般没有尾部；但联合公报要有尾部，即在正文之后还要写明双方签署人的身份、姓名、日期和签署地点。

四、公报的写作例文

中国共产党第十八届中央委员会第六次全体会议公报

（2016年10月27日中国共产党第十八届中央委员会第六次全体会议通过）

中国共产党第十八届中央委员会第六次全体会议，于2016年10月24日至27日在北京举行。

出席这次全会的有，中央委员197人，候补中央委员151人。中央纪律检查委员会委员和有关方面负责同志列席会议。党的十八大代表中部分基层同志和专家学者也列席会议。

全会由中央政治局主持。中央委员会总书记习近平作了重要讲话。

全会听取和讨论了习近平受中央政治局委托作的工作报告，审议通过了《关于新形势下党内政治生活的若干准则》和《中国共产党党内监督条例》，审议通过了《关于召开党的第十九次全国代表大会的决议》。习近平就《准则（讨论稿）》和《条例（讨论稿）》向全会作了说明。

全会充分肯定党的十八届五中全会以来中央政治局的工作。……

全会高度评价全面从严治党取得的成就……

全会总结了我们党开展党内政治生活的历史经验……

……

全会强调，新形势下加强和规范党内政治生活……

全会提出，共产主义远大理想和中国特色社会主义共同理想，是中国共产党人的精神支柱和政治灵魂，也是保持党的团结统一的思想基础。……

全会提出，党在社会主义初级阶段的基本路线是党和国家的生命线、人民的幸福线，也是党内政治生活正常开展的根本保证。……

全会提出，坚决维护党中央权威、保证全党令行禁止，是党和国家前途命运所系，是全国各族人民根本利益所在，也是加强和规范党内政治生活的重要目的。……

全会提出，纪律严明是全党统一意志、统一行动、步调一致前进的重要保障，是党内政治生活的重要内容。……

全会提出，我们党来自人民，失去人民拥护和支持，党就会失去根基。必须把坚持全心全意为人民服务的根本宗旨、保持党同人民群众的血肉联系作为加强和规范党内政治生活的根本要求。……

全会提出，民主集中制是党的根本组织原则，是党内政治生活正常开展的重要制度保障。……

全会提出，党内民主是党的生命，是党内政治生活积极健康的重要基础。……

全会提出，坚持正确选人用人导向，是严肃党内政治生活的组织保证。……

全会提出，党的组织生活是党内政治生活的重要内容和载体，是党组织对党员进行教育管理监督的重要形式。……

全会提出，批评和自我批评是我们党强身治病、保持肌体健康的锐利武器，也是加强和规范党内政治生活的重要手段，必须坚持不懈把批评和自我批评这个武器用好。……

全会提出，监督是权力正确运行的根本保证，是加强和规范党内政治生活的重要举措。……

全会提出，建设廉洁政治，坚决反对腐败，是加强和规范党内政治生活的重要任务。……

全会强调，党内监督要以马克思列宁主义、毛泽东思想、邓小平理论、“三个代表”

重要思想、科学发展观为指导，深入贯彻习近平总书记系列重要讲话精神，围绕统筹推进“五位一体”总体布局和协调推进“四个全面”战略布局，尊崇党章，依规治党，坚持党内监督和人民群众监督相结合，增强党在长期执政条件下自我净化、自我完善、自我革新、自我提高能力。

全会指出，党内监督没有禁区、没有例外。……

全会强调，党内监督的任务是确保党章党规党纪在全党有效执行，维护党的团结统一，重点解决党的领导弱化、党的建设缺失、全面从严治党不力，党的观念淡漠、组织涣散、纪律松弛，管党治党宽松软问题，保证党的组织充分履行职能、发挥核心作用，保证全体党员发挥先锋模范作用，保证党的领导干部忠诚干净担当。党内监督的主要内容是遵守党章党规和国家宪法法律，维护党中央集中统一领导，坚持民主集中制，落实全面从严治党责任，落实中央八项规定精神，坚持党的干部标准，廉洁自律、秉公用权，完成党中央和上级党组织部署的任务等情况。

全会指出，党内监督的重点对象是党的领导机关和领导干部特别是主要领导干部。要建立健全党中央统一领导，党委（党组）全面监督，纪律检查机关专责监督，党的工作部门职能监督，党的基层组织日常监督，党员民主监督的党内监督体系。

全会强调，党的中央委员会、中央政治局、中央政治局常务委员会全面领导党内监督工作。党委（党组）在党内监督中负主体责任，书记是第一责任人，党委常委会委员（党组成员）和党委委员在职责范围内履行监督职责。党的各级纪律检查委员会要履行监督执纪问责职责。党的工作部门要加强职责范围内党内监督工作。党的基层组织要监督党员切实履行义务，维护和执行党的纪律。党员要积极行使党员权利，加强对党的领导干部的民主监督。

全会强调，各级党委应当支持和保证同级人大、政府、监察机关、司法机关等对国家机关及公职人员依法进行监督，人民政协依章程进行民主监督，审计机关依法进行审计监督。要支持民主党派履行监督职能，重视民主党派和无党派人士提出的意见、批评、建议。要认真对待、自觉接受社会监督。

全会强调，加强和规范党内政治生活、加强党内监督是全党的共同任务，必须全党一起动手。各级党委（党组）要全面履行领导责任，着力解决突出问题，把加强和规范党内政治生活、加强党内监督各项任务落到实处。

全会决定，中国共产党第十九次全国代表大会于2017年下半年在北京召开。……

全会按照党章规定，决定递补中央委员会候补委员赵宪庚、咸辉为中央委员会委员。……

全会号召，全党同志紧密团结在以习近平同志为核心的党中央周围，全面深入贯彻本次全会精神，牢固树立政治意识、大局意识、核心意识、看齐意识，坚定不移维护党中央权威和党中央集中统一领导，继续推进全面从严治党，共同营造风清气正的政治生态，确保党团结带领人民不断开创中国特色社会主义事业新局面。

第六节　公　告

一、公告的内涵

公告是向国内外宣布重要事项或法定事项的公文。公告一般以国家和各级领导机关的名义发布。涉及国家重大事项的公告有时也授权新华社发布。

二、公告的特点与种类

（一）公告的特点

1. 内容的权威性

公告告知的事件重大，有高度的庄严性和权威性。如公布有关国家领导人的选举结果、国家领导人的重大外事活动、颁布重要法规和规章等重大事项等，用公告。

2. 范围的广泛性

公告告知的范围广泛，不仅要让全国人民知晓，还要通过报纸、电台、电视台等媒体，向全世界宣布。

3. 使用的限定性

公告是较高级别的国家行政机关、法定机关才能发布，如全国人民代表大会、国务院、各省市、自治区、直辖市行政领导机关，某些法定机关，如法院、检察院、税务局、海关、人民银行等，也可以用公告的形式宣布有关规定或决定的事项。地方行政机关和企事业单位对一些具体事项不宜使用公告行文。

（二）公告的种类

根据适用范围的不同，公告可分为以下两类：

1. 重要事项公告

由级别较高的党政机关向国内外宣布重要事项的公告。这类公告通常用来宣布有关国家的政治、经济、外交、军事、科技、教育、人事等方面的重要事项。

2. 法定事项公告

即通过法定程序决定的规范性事项及行政机关根据法律、法规制定的法规性事项，必须以公告的方式向全民公布，这类公告具有法律约束力，要求人们必须遵守。

三、公告的写作

公告由标题、正文、发文机关和成文日期等几个部分组成。

（一）标题

公告的标题有如下四种形式：

1. 由发文机关、事由和文种组成，如《新华社2016年度招考应届高校毕业生及留学回国人员公告》。

2. 由发文机关和文种组成，如《全国人民代表大会常务委员会公告》。

3. 由事由和文种组成，如《房屋拆迁公告》。

4. 标题只用文种名称，如《公告》。

如果是连续发布的公告，要在标题下方标明发文编号，如“第×号”，也可用圆括号括住。

（二）正文

公告的正文一般由公告依据或缘由、公告事项和公告结语三部分组成。公告的依据和缘由常要说明法律依据或者职权依据，以示公告的权威性；公告事项即公告的具体内容，有时还提出一些要求。如果事项内容较多，可采用分条列项的形式；公告结语常用“现予公告”“特此公告”等规范性语言组成。

（三）发文单位署名、日期

在正文的右下方写上发布公告机关全称与发布日期。有的公告在标题中已经写出发文机关的名称，可不再写。公告的日期有两种写法，一是写在标题下面，用圆括号括起来，二是写在发文机关的下面，右空四字。在新闻媒体上发布的公告，发布日期一般写在标题之下。

四、公告的写作要求

（一）公告是将重要的事情公之于众，行文要做到严肃庄重，具体明了，语言要准确、规范、简练，便于理解和把握内涵。

（二）结构安排上，可根据公布的具体内容，依据其主次先后，采用并列方式依次排列，也可用数码表明；如公告的事项内容上有从属关系的，可采用总分式或递进式阐述。

五、公告的写作例文

【例文一】

全国人民代表大会常务委员会公告

〔十二届〕第二十三号

天津市人大常委会决定罢免黄兴国的第十二届全国人民代表大会代表职务。辽宁省人大常委会决定罢免李峰的第十二届全国人民代表大会代表职务。湖南省人大常委会决定罢免刘平建、周建雄的第十二届全国人民代表大会代表职务。辽宁省人大常委会决定接受吴野松辞去第十二届全国人民代表大会代表职务。江苏省人大常委会决定接受徐长江、缪协兴辞去第十二届全国人民代表大会代表职务。河南省人大常委会决定接受孙立坤、赵海燕辞去第十二届全国人民代表大会代表职务。四川省人大常委会决定接受杨松柏辞去第十二届全国人民代表大会代表职务。中央军委国防动员部选举委员会决定接受王东辞去第十二届全国人民代表大会代表职务。依照代表法的有关规定，黄兴国、李峰、刘平建、周建雄、吴野松、徐长江、缪协兴、孙立坤、赵海燕、杨松柏、王东的代表资格终止。

第十二届全国人民代表大会代表史书娥因病去世。全国人民代表大会常务委员会对史书娥代表的去世表示哀悼。第十二届全国人民代表大会代表陈杰因故死亡。史书娥、陈杰的代表资格自然终止。

截至目前，第十二届全国人民代表大会实有代表2879人。

特此公告。

全国人民代表大会常务委员会

2016年12月25日

【例文二】

中央机关及其直属机构2017年度考试录用公务员公告

为满足中央机关及其直属机构录用公务员的需要，根据公务员法和公务员录用的有关规定，中共中央组织部、人力资源和社会保障部、国家公务员局将组织实施2017年度中央机关及其直属机构考试录用主任科员以下及其他相当职务层次非领导职务公务员工作。现将有关事项公告如下：

一、报考条件（略）

二、报考程序（略）

三、考试内容、时间和地点（略）

（一）笔试（略）

（二）面试和专业能力测试（略）

四、体检和考察

面试和专业能力测试结束后，将按照综合成绩从高到低的顺序确定进入体检和考察的人选。考生可到考录专题网站查询本人面试成绩。

五、公示拟录用人员名单

拟录用人员由招录机关按规定的程序和标准从考试成绩、考察情况和体检结果合格的人员中综合考虑，择优确定，并在考录专题网站上公示。公示内容包括录用职位名称、录用人员姓名、性别、准考证号、学历、所在工作单位（应届生填毕业院校）等，同时公布举报电话，接受社会监督，公示期为5个工作日。

特别提示：

本次考试不指定考试辅导用书，不举办也不委托任何机构举办考试辅导培训班。目前社会上出现的假借公务员考试命题组、考试教材编委会、中央公务员主管部门授权等名义举办的有关公务员考试辅导班、辅导网站或发行的出版物等，均与本次考试无关，敬请广大报考者提高警惕，切勿上当受骗。

2016 年 10 月

【例文三】

住房城乡建设部关于公布2017年第七批造价工程师初始注册人员名单的公告

中华人民共和国住房和城乡建设部公告第 1623 号

根据《注册造价工程师管理办法》（建设部令第 150 号）及有关规定，经审核，白春艳等 3712 人符合造价工程师初始注册条件，准予注册。

特此公告。

附件：2017 年第七批造价工程师初始注册人员名单

住房城乡建设部

2017 年 8 月 1 日

【例文四】

中华人民共和国司法部公告

第 79 号

根据《香港、澳门特别行政区律师事务所驻内地代表机构管理办法》（司法部第 104 号令），以下 61 家香港律师事务所驻内地代表机构通过 2007 年度检验，获准在内地执业，提供香港特别行政区及境外法律服务。现公告如下：

（具体机构略）

第七节　通　告

一、通告的内涵

通告是一种适用于在一定范围内公布社会各有关方面应当遵守或者周知事项的公文。

通告的使用频率很高，使用范文很广，从国家机关、社会团体到基层企事业单位均可使用。通告虽有明确的传达对象，但这些对象往往是分散的，不是集中在一个单位或一个处所，因此，多通过新闻媒体或张贴的形式公布。

二、通告的特点和种类

（一）通告的特点

1. 内容的针对性

通告的内容往往是某一部门就相关问题在一定范围内让公众知道或遵守的事项，具有很强的针对性。

2. 使用的广泛性

通告除党政军及公安、司法等机关适用之外，社会团体、企事业单位也可以使用。通告可以用于公布国家法令、政策，也可以用于公布社会生活中的具体事务。如房屋拆迁、道路维修、停水停电等。

3. 法定的约束性

通告所公布的事项往往由各级权力机关、行政机关以及司法机关发布的，其周知的事项带有较强的法律效力或行政效力，有些通告还具有强制执行的效用，各有关单位和个人都必须严格遵照执行。

4. 发布的独特性

通告所涉及的内容都是在一定地域范围需要公众知晓的，不涉及保密内容，所以常通过报纸、电视、广播或公开张贴的形式发布，可以不用红头文件印发。

（二）通告的种类

按通告的内容，可分为两类：

1. 法规性通告

是指在一定范围内公布社会各有关方面应遵守的带有法规性质的事项，它具有告知性和法规性双重意义，有一定的约束力甚至具有法律效力。如《关于禁止燃放烟花爆竹的通告》。

2. 周知性通告

主要是公布在一定范围内需要周知的事项，强制性不强。如调整存贷款利率、报刊年检、企业注册等。如《首届全国特价商品物资调节交易会通告》。

三、通告与公告的区别

通告与公告在行文实践中，有时造成混淆。实际上，二者除具有告知性的相同点外，还有如下几点区别：

（一）制发主体的不同。二者制发的主体有受限与不受限的区别。公告是向国内外宣布重要事项或法定事项的公文，其制发主体是有资格限制的，一般由国家权力机关、行政机关制发，而通告则是在一定范围内公布有关事项，任何机关、团体和单位都可以制发。

中央国家机关很少制发在全国范围内普遍遵守和周知的通告，主要是省级以下政府部门制发通告。

（二）内容要求的不同。公告是向国内外宣布特别重大的事项，一般没有需要普遍遵守的内容；而通告在内容上通常包含需要普遍遵守的事项。

（三）发布的范围不同。公告是向国内外宣告，范围大，常通过《人民日报》、中央人民广播电视台、中央电视台等新闻媒体发布；通告是向国内或某一地区、某一系统内与其有关的公众公布，其范围小，常通过地方报纸、电台、电视台公布，有的是以张贴方式公布。

（四）语言表达的不同。公告简明扼要，常数十字成文；通告突出普遍遵守事项，条文较为详尽，便于理解和遵守。

（五）生效标志不同。公告、通告常以机关名义发布。通告必须鉴印，而公告则不鉴印。

四、通告的写作

通告一般由标题、正文、发文机关和成文日期等几个部分组成。

（一）标题

通告标题与公告标题形式基本相同，有如下四种写法：

1. 由发文机关、事由和文种组成。如《中华人民共和国公安部关于在全国实施居民身份证使用和查验制度的通告》。

2. 由发文机关和文种组成。如《中华人民共和国国家安全部通告》。

3. 由事由和文种组成。如《关于维护学校秩序的通告》。

4. 只用文种名称。如《通告》。

（二）正文

通告的正文一般由依据和缘由、事项、结语等部分组成。

依据和缘由常用“为了……”或“根据……”的句式说明发布通告的目的、依据和原因，然后用“现通告如下”“特通告如下”等过渡语导入下文。

事项是正文的主体，要写得具体明确，简洁明了。如果内容较多，又具规定性，可采用分条列项的写法，使之条理清晰。

结语一般是简要提出执行要求或希望，说明有关规定的生效期限等，通常采用“特此通告”的惯用语作结。如果开头已有“特通告如下”的用语，结语也可省略。

（三）发文机关和成文日期

在正文的右下方写上发文机关的全称。有的通告在标题中已经写出发文机关的名称，可不再写。

在发文机关的下方写明成文日期，右空四字。

五、通告的写作要求

（一）通告的内容具体，事项要明确，还要符合党和国家的方针、政策和法规，注意实事求是地解决问题。

（二）通告的文字表达要求准确、严密、庄严，语言要通俗易懂，便于理解和实施。

（三）通告要中心突出，做到一文一事。

六、通告的写作例文

【例文一】

关于禁止燃放烟花爆竹的通告

为切实保障社会公共安全和人民群众人身财产安全，减少环境污染，促进精神文明建设，根据国务院《烟花爆竹安全管理条例》和《芜湖市烟花爆竹安全管理办法》有关规定，通告如下：

一、芜湖市市区行政区域范围内禁止燃放烟花爆竹，全年禁止任何单位和个人销售、燃放烟花爆竹。

二、全市范围内下列地点及其周边100米范围以内禁止燃放烟花爆竹：

（一）文物保护单位；

（二）车站、码头以及泊港的船只；

（三）油气罐、站等易燃、易爆危险物品储存场所和其他重点消防单位；

（四）居民住宅小区；

（五）输、变电设施；

（六）医疗机构、幼儿园、学校、敬老院；

（七）军事设施；

（八）机关、团体和企、事业单位；

（九）山林、公园、苗圃等重点防火区。

三、对违规销售、储存、运输、携带、燃放烟花爆竹的，公安、安监、质监、工商、交通运输、城管等部门将根据违法情节及后果依法依规作出处罚。

四、广大市民应当严格遵守禁止燃放烟花爆竹规定，自觉抵制和积极举报违规燃放、经营烟花爆竹的行为。国家工作人员应当模范遵守法律法规和本市有关烟花爆竹安全管理的规定。

对群众举报查证属实的，给予奖励（举报电话：“12350”、“110”）。

本通告自发布之日起施行。

特此通告

芜湖市人民政府

2017年1月10日

【例文二】

“六月廿四”商品交易会通告

2017年7月17日，我们又将迎来传统的“六月廿四”商品交易会，为保证整个商品交易会安全有序地进行，现将注意事项通告如下；

一、"六月廿四"主会场设于贺村镇中心南街（镇南农贸市场）。

二、举办时间为2017年7月16日晚6：00至2017年7月19日。

三、除指定区域（贺村镇中心南街、贺石路、贺康广场）外，其他任何街道未经贺村镇人民政府许可一律不得摆设临时摊点，对违反规定的摊贩，贺村镇人民政府将会同相关执法部门进行依法严肃处理。

四、农历六月廿四（2017年7月17日）早上6：30至中午12：00贺村镇中心街、中心南街、贺康路实行限制交通通行措施。希广大公民自觉遵守。

五、举报投诉电话：0570-4551979

贺村镇人民政府

2017年7月11日

七、通告的写作训练

阅读以下通告，指出其问题，提出修改意见。

严禁赌博的通告

为了搞好我市的精神文明建设，维护社会治安秩序，根据×政发［2000］××号《关于严肃社会风气的通知》精神，现将有关事宜通告如下：

一、通告的必要性：赌博是一种危害社会治安的违法行为，能导致家庭失和，诱发犯罪。因此，必须坚决取缔。

二、凡是以任何方式参与任何形式的赌博者，均应在本《通告》公布之日起10日内进行登记。

三、自本《通告》公布之日起，凡继续赌博且赌资超过10000元以上者，将处以5年以下、3年以上有期徒刑。

四、凡为赌徒提供赌资、赌具、窝点者，将处以5000元以上罚金。

五、凡变相赌博者，如利用扑克机、老虎机进行赌博，将予以拘留。

六、因赌博形成的债务，经公安机关核实后，一律废除。

特此通告

××县公安局

××××年10月11日

第八节　意　见

一、意见的内涵

意见是适用于对重要问题提出见解和处理办法的公文。

二、意见的特点与分类

（一）意见的特点

1. 行文的多向性

从行文方向上看，意见可以作为下行文，向下级机关提出工作的原则、方法等指导性意见；可以作为上行文，用于下级机关就具体工作向上级机关提出建设性意见，有时也可以要求上级机关批转或转发；可以用于平行文，主要用来向平行或不相隶属机关就某项工作提出看法或参考性意见，带有商榷和建议性质。

2. 内容的针对性

意见是针对工作中出现的问题而提出的指导性意义、建设性意见或参考性意见，无论是哪种行文方式，都要针对具体问题，提出切实可行、便于操作的办法和措施，以利于解决工作中的问题。

3. 时间的特定性

意见常常是针对当前工作中存在的重要或普遍问题而发布的，有时是针对局部性的问题发布的，所以意见往往在特定的时间内发生效力。

（二）意见的种类

按内容可分为如下三类：

1. 指导性意见。主要是上级机关向下级机关布署某项工作或解决某个问题时提出的具体意见和要求，这些意见和要求，对下级机关开展工作具有明显的指导性。这类意见一经下发，就产生一定的权威性和法定效力，下级机关必须遵照执行。如《教育部　国家发展改革委　财政部关于引导部分地方普通本科高校向应用型转变的指导意见》。

2. 建议性意见。主要是下级机关就某项工作或某个问题向上级机关提出的建议性意见或请求上级机关批转执行的意见，供上级机关决策时参考。其中请求批转执行的意见一经上级机关批准后就代表上级机关的意志。如《市政府办公室关于加快推进无锡休闲观光农业建设的意见》。

3. 参考性意见。主要是用来向平行机关或不相隶属机关就处理某项工作或解决某个问题提出看法、主张和建议，供对方参考。

三、意见的写作

意见主要由标题、主送机关、正文、发文机关和成文日期等部分组成。

（一）标题

意见的标题有两种写法：

1. 由发文机关、事由和文种组成。如《国务院办公厅关于加快推进农业供给侧结构性改革大力发展粮食产业经济的意见》。

2. 由事由和文种组成。如《关于对各种基金进行清理登记的意见》。

（二）主送机关

意见的主送机关分为两种情况：其一是作为上行文，常为一个主送机关，多为呈送上级机关要求批转的，主送机关只能是一个。但批转给哪些机关，则由上级机关确定主送对象；其二是作为下行文，通常会涉及多个地区、机关和部门，因而主送机关常为多个。

（三）正文

意见的正文由前言、主体和结尾组成。

1. 前言。主要写明行文的原因和理由，包括背景、依据、目的、意义等。文字要简明扼要，主要交代为什么提出意见或为什么要发布实施意见，然后用“现对……提出如下意见”或“现就有关事项提出如下实施意见”等引出下文。

2. 主体。这是意见的核心部分，主要就处理有关事项或解决有关问题表明态度、阐明观点，提出见解、建议、解决办法和具体要求。意见内容涉及层面较多时，可列出小标题，在小标题下再分条表述。如果意见内容较单纯集中，则可采用直接列条的方式进行表述，使之条理清晰、层次分明、重点突出，便于贯彻执行。

3. 结尾。有些意见最后一个条款写完了就自然结束，不必再添加结尾。有些内容较多的意见可写结尾，交代主体未竟事项。如说明意见自何时起实施，解释权归属、原有意见的废止等。结尾有时还要根据不同的行文，使用不同的结尾用语。如果是报请上级批转或转发的意见，结尾要另起一行，用“以上意见如无不妥，请批转各地区、各部门执行”作结；如果是平行文意见，结尾用“以上意见供参考”“以上意见供选用”等作结。

（四）发文机关和成文日期

直接下发的意见，要在正文的右下方写上发文机关的全称，并在在发文机关的下方写明成文日期，右空四字。由上级机关用通知等公文批转和转发（或印发）的意见，发文机关和发文日期已在通知中标明，意见本身无需再写发文机关和成文日期。

四、意见的写作要求

（一）意见的行文方向有多向性，要根据行文对象的不同，选好意见的种类。同时要注意将其与近似的请示、通知、函等区别开来。

意见作为上行文，是下级机关就工作中的重要问题提出见解和处理办法，向上级机关行文，其文件制发按请示性公文的程序和要求办理，是一种带有请示特征但又与请示有区别的公文。意见与请示的适用范围不能混淆，其区别有以下三个方面：

一是行文目的不同。请示行文目的是说服上级机关批准本机关的某些请示事项，或说明原因与情况以使上级机关指示活动的原则方法；而意见是提出见解和处理办法，为上级机关献计献策，供上级机关参考。

二是行文动机不同。请示是下级机关遇到的无权或无力但又必须做的工作而向上级机关请求指示或批准，基本上是被动行文；而意见作为上行文，重点在于对工作中的重要问题或是涉及其他部门职权范围内的事项提出见解和处理办法，不一定是在遇到工作困境时行文，多数情况下是下级机关主动向上级机关行文。

三是行文内容结构不同。请示缘由在前，提出请求事项在后；意见则多以总分结构为主，分条列项，表明对重要问题的看法与建议。

上行的意见应该分为两种情况：一是呈报的意见，一是呈转的意见。呈报的意见，重点在于就工作中重要问题提出自己的见解和处理办法，供上级机关决策参考；呈转的意见，主要适用于当下级机关的工作或拟采取的行政措施超出了本机关的职权范围，或在实施时需要其他机关给予协助支持时，主办部门为开展、推动工作而提出见解和处理办法，并报请上级机关批准转发。在报请前，主办部门应事先与其他有关部门协商取得一致意见后行文，若不能取得一致时，主办部门应列明各方理据，提出建设性意见，并与有关部门会签后才能报请上级机关。上级机关接到这种意见以后，应当像对待请示一样，及时做出处理或给予答复。

下行文的意见，如同其他的下行文一样，对下级机关具有规范作用和行政约束力。从写作内容来看，常见的有三种类型：规划性意见；实施意见；具体工作意见。

平行文的意见，既不像下行文那样带有强制性和指挥性，也不像“函”那样商请、询问、请批或答复事项，它的用途主要是提出意见供对方参考，参考性比较明显。作为平行文的意见，为平级机关和不相隶属机关之间的协作交流提供了一条新的途径。

总体来说，如是向上行文的意见，一般都是要政策、要办法等，凡属要钱、要物、要编制等，一般不用意见，而用请示。如是向下行文，虽涉及工作中的重要问题，但不需要做较多理论分析，且对下级规定性较强、要求很具体的，不宜用意见，而应用指示性通知。如是平行文，对涉及的重要问题所提出的见解和处理办法，若仅供对方参考不需要对方回复的，就用意见，如需要对方回复的，则要用函。

（二）意见具有针对性和指导性。意见的提出要针对实际中的问题及解决问题的现实需要，做到有的放矢。写作前，要注意深入调查研究，提出科学合理、切实可行的意见和建议，用于指导工作、解决实际问题。同时，要熟悉党和国家的方针、政策和法规，使所写意见与之相符。

（三）注意安排好结构，使之条理清晰，重点突出。一般来说，意见的写作，可先提出问题，再阐述解决问题的办法，重点要把解决问题的办法写具体，内容较多时可分条列项进行阐述。

（四）语言要得体。意见的语言要通俗易懂，便于理解和执行。同时，还要根据不同的行文，注意用词有所区别。指导性意见，用词及语气突出指导性，弱化强制性表述；建议性意见，多是建议性的，如果还希望上级批转下发，结尾用语及语气要体现出祈请态度；参考性意见结尾用语要体现出供其参考、选用的态度。

此外，还要根据意见行文方向的不同，选用不同的行文语气。其中上行的“意见”，要使用下级对上级汇报见解、陈述办法的语气，诸如“我们考虑”“我们认为”“我们建议”“我们要求”“我们意见”以及“请”“敬”“望”“应××”“可××”等期请和建议性词语，用语比较婉转诚恳，结尾常用“以上意见供参考”“以上意见如无不妥，请批转……贯彻执行”等，意在体现对上级机关的尊重。下行的“意见”，较多使用一些带有祈使语气表示肯定或带有禁止语气以示否定的指令性语气。意在对所提出的问题及解决办法予以强调，常用“要××”等用语，有的在引言中用“提出如下贯彻要求”等过渡语，表明发文机关的态度。平行的意见，则要较多使用委婉、谦虚、平和的语气，以体现对对方的平等相待。

五、意见的写作例文

【例文一】

教育部　国家发展改革委　财政部关于引导部分地方普通本科高校向应用型转变的指导意见

教发〔2015〕7号

各省、自治区、直辖市教育厅（教委）、发展改革委、财政厅（局），新疆生产建设兵团教育局、发展改革委、财务局：

为贯彻落实党中央、国务院关于引导部分地方普通本科高校向应用型转变（以下简称转型发展）的决策部署，推动高校转型发展，现提出如下意见。

一、重要意义

当前，我国已经建成了世界上最大规模的高等教育体系，为现代化建设作出了巨大贡献。但随着经济发展进入新常态，人才供给与需求关系深刻变化，面对经济结构深刻调整、产业升级加快步伐、社会文化建设不断推进特别是创新驱动发展战略的实施，高等教育结构性矛盾更加突出，同质化倾向严重，毕业生就业难和就业质量低的问题仍未有效缓解，生产服务一线紧缺的应用型、复合型、创新型人才培养机制尚未完全建立，人才培养结构和质量尚不适应经济结构调整和产业升级的要求。

积极推进转型发展，必须采取有力举措破解转型发展改革中顶层设计不够、改革动力不足、体制束缚太多等突出问题。特别是紧紧围绕创新驱动发展、中国制造2025、互联网+、大众创业万众创新、“一带一路”等国家重大战略，找准转型发展的着力点、突破口，真正增强地方高校为区域经济社会发展服务的能力，为行业企业技术进步服务的能力，为学习者创造价值的能力。各地各高校要从适应和引领经济发展新常态、服务创新驱动发展的大局出发，切实增强对转型发展工作重要性、紧迫性的认识，摆在当前工作的重要位置，以改革创新的精神，推动部分普通本科高校转型发展。

二、指导思想和基本思路

1. 指导思想

贯彻党中央、国务院重大决策，主动适应我国经济发展新常态，主动融入产业转型升级和创新驱动发展，坚持试点引领、示范推动，转变发展理念，增强改革动力，强化评价引导，推动转型发展高校把办学思路真正转到服务地方经济社会发展上来，转到产教融合校企合作上来，转到培养应用型技术技能型人才上来，转到增强学生就业创业能力上来，全面提高学校服务区域经济社会发展和创新驱动发展的能力。

2. 基本思路

——坚持顶层设计、综合改革。系统总结近年来高等教育和职业教育改革的成功经验，增强改革的系统性、整体性和协调性。不断完善促进转型发展的政策体系，推动院校设置、招生计划、拨款制度、学校治理结构、学科专业设置、人才培养模式、师资队伍建设、招生考试制度等重点难点领域的改革。充分发挥评估评价制度的导向作用，以评促建、以评促转，使转型高校的教育目标和质量标准更加对接社会需求、更加符合应用型高校的办学定位。

——坚持需求导向、服务地方。（略）

——坚持试点先行、示范引领。（略）

——坚持省级统筹、协同推进。（略）

三、转型发展的主要任务

3. 明确类型定位和转型路径。（略）

4. 加快融入区域经济社会发展。（略）

5. 抓住新产业、新业态和新技术发展机遇。（略）

6. 建立行业企业合作发展平台。（略）

7. 建立紧密对接产业链、创新链的专业体系。（略）

8. 创新应用型技术技能型人才培养模式。（略）

9. 深化人才培养方案和课程体系改革。（略）

10. 加强实验实训实习基地建设。（略）

11. 促进与中职、专科层次高职有机衔接。（略）

12. 广泛开展面向一线技术技能人才的继续教育。（略）

13. 深化考试招生制度改革。（略）

14. 加强“双师双能型”教师队伍建设。（略）

15. 提升以应用为驱动的创新能力。（略）

16. 完善校内评价制度和信息公开制度。（略）

四、配套政策和推进机制

17. 落实省级政府统筹责任。（略）

18. 加快推进配套制度改革。（略）

19. 加大对试点高校的政策支持。（略）

20. 加大改革试点的经费支持。（略）

21. 总结推广改革试点典型经验。（略）

22. 营造良好改革氛围和舆论环境。（略）

根据本意见精神，教育部、发展改革委、财政部建立协调工作机制，加强对转型发展工作的指导。

教育部　国家发展改革委　财政部

2015 年 10 月 21 日

【例文二】

市政府办公室关于加快推进无锡休闲观光农业建设的意见

锡政办发〔2017〕4号

各市（县）、区人民政府，市各委办局，市各直属单位：

休闲农业是利用田园景观、自然生态及环境资源，结合农业生产经营、农村文化及农家生活，为人们提供休闲娱乐、旅游、体验“三农”的新型农业经营业态。为全面贯彻中央、省、市委关于农业农村工作的决策部署，进一步推进休闲观光农业持续健康发展，推进农村一二三产业融合，推进农民收入持续增长，加快农业现代化和“强富美高”新农村建设，现就无锡休闲观光农业建设提出如下意见。

一、指导思想

深入贯彻中央和省委一号文件精神，坚持“政府引导、社会参与、以农为本、以旅富农”的发展思路，紧紧围绕农业调结构、转方式主线，以促进农业增效、农民增收和农村发展为目标，坚持区域化集聚发展和特色化示范创建两轮驱动，充分发挥农业生产、生活、生态功能，兼顾经济、社会和生态效益，进一步做大产业规模，提升产业素质，完善产业链条，突出产业特色，着力把休闲观光农业培育成现代产业强市的新增长点。

二、工作原则

一是以农为本、互惠共赢。坚持以农业为基础，农民为主体，农村为载体，突出农业生产功能，增强农民自主发展意识，激发农民创业创新活力，促进农民就业增收。正确处理农民主体和社会参与的关系，在坚持农民主体地位的前提下，积极探索建立多方参与、互惠共赢机制，创新发展方式，在突出保障农民利益的同时促进休闲农业提档升级和可持续发展。

二是农旅结合、以旅强农。以农业为旅游产品，以农村田园景观、农业生产活动和特色农产品为旅游对象，完善基础设施，提高人员素质，鼓励开发休闲农庄、特色民宿、户外运动等休闲观光旅游产品，满足游客体验农业、回归自然的心理需求。

三是因地制宜、彰显特色。结合资源禀赋、区位交通、自然生态、民俗文化等因素，突出地方特色，注重文化品位，探索建立具有地域特色的发展模式和类型。

四是多方融合、协调发展。按照一二三产业融合发展的要求，以休闲农业经营主体为载体，着力推进农业产业化经营，打造特色休闲农业产品，完善产业功能，促进农村三产协调发展。

五是典型示范、营造氛围。培育一批产业优势大、示范带动能力强的休闲农业知名品牌，以典型示范带动休闲观光农业发展，开展休闲观光农业推介活动，形成全社会关心、支持休闲观光农业发展的良好氛围。

六是强化服务、规范管理。完善公共服务，加强行业管理，强化规划引导，合理进行产业布局，实现休闲农业标准化、规范化发展，形成“数量提升、质量提档、效益提高”的良好发展态势。

三、发展目标

总体目标：到2020年，力争使全市休闲观光农业成为农业供给侧结构调整的重要产业、促进农民持续增收的战略产业和繁荣农业农村经济的支柱产业，实现现代农业强市目标。

具体目标：通过5年努力，创建一批全国休闲农业与乡村旅游示范县（点）及星级示范企业、中国最美休闲乡村、中国美丽田园、全国十佳农庄、休闲农业精品线路等全国品牌，力争使我市休闲观光农业产业规模和综合效益居全省领先水平。重点培育美丽乡村休闲旅游示范村30个、休闲观光农业示范点（园区、企业）30个，休闲农业精品线路10条，力争使全市休闲农业与乡村旅游接待游客人数和营业收入分别实现年增长10%以上。

四、主要任务

（一）做强一批休闲观光农业特色产业集群。在现有江阴“新农村文化”、宜兴“阳美茶文化”、锡山“水乡渔文化”、惠山“阳山桃文化”、滨湖“瓜果采摘文化”、新区“鸿山葡萄文化”六大休闲农业产业集群的基础上，进一步借鉴先进经验，加强规划引导，调整产业结构，优化发展布局，补农村短板，扬农村长处，形成串点成线、连片成带、集群成圈的发展格局。集中连片、集约高效地发展特色农业，力争镇有支柱产业、村有主导产品、户有增收项目，打造生产标准化、经营集约化、服务规范化、功能多样化的休闲农业产业。

（二）打造一批具备影响力农事节庆活动。紧密结合区域产业特色，提升农事节庆活动内涵，做大江阴市“爱情文化旅游节”、宜兴市“阳美茶叶节”、锡山区“农博文化节”、惠山区阳山镇“桃文化节”、滨湖区“瓜果采摘节”等特色品牌，以应时鲜果、优质茶叶、绿色蔬菜、花卉苗木及养殖业等农业产业为依托，丰富产品业态，开发休闲农庄、乡村酒店、特色民宿、自驾车房车营地、户外运动等乡村休闲度假产品。按照不同产业和产品的季节差异，打造“一镇一节”等农事节庆活动，提高农事节庆活动的创意水平和实效，做到一年四季季季有节庆活动。

（三）推介一批休闲观光农业精品线路。鼓励各地因地制宜开展多种形式的品牌创建与推介活动，重点组织开展全国休闲农业与乡村旅游精品线路宣传推介活动，培育休闲观光农业品牌体系。在重要节假日，结合自然季节特点，精心编排一批精品线路在农业部“去农庄网”、江苏省农委“旅长APP”集中宣传推介。开展全市“美丽乡村休闲旅游示范村”推介活动，在无锡日报、现代快报等主流媒体宣传推介我市休闲观光农业建设成效，营造创建氛围。充分利用互联网、物联网、微信等移动终端开展农产品电子商务营销、休闲观光农业宣传推介，创新宣传促销活动方式。

（四）创建一批美丽乡村休闲旅游示范村。配合市旅游局在现有休闲农园、休闲农庄、农家乐和农家乐集聚村基础上，进一步拓展空间，丰富内涵，提升休闲观光农业整村发展层次，着力改善开展休闲农业村庄的道路、游客综合服务中心、休闲辅助设施等基础服务设施，改善休闲农业基地的种养条件，实现特色农业加速发展、村容环境净化美化和休闲服务能力同步提升。不断加强传统村落、传统民居的保护力度，注重农村文化资源挖掘，加强乡村生态环境保护和文化遗存保护活化，发展具有历史记忆、地域特点、民族风情的特色小镇，建设一村一品、一村一景、一村一韵的美丽村庄和宜游宜养的森林景区。各地要科学布局休闲观光农业精品景点，合理控制数量与规模，避免重复建设和同质化竞争。从2016年起，全市各涉农市（县）、区每年重点培育1个以上休闲观光农业示范村，到2020年，重点培育建成30个以上市级美丽乡村休闲旅游示范村。

（五）培育一批休闲观光农业示范点（园区、企业）。结合全国休闲农业与乡村旅游示范县（示范点）、星级示范企业等示范创建工作，培育一批发展产业化、经营特色化、管理规范化、产品品牌化、服务标准化的休闲农业示范点（园区、企业），拓展农业多种功能，提升休闲观光农业基础设施档次，充分发挥示范带动作用。弘扬优秀农耕文化，鼓励各地统筹利用现有农业资源建设研学旅游示范基地。到2020年，全市培育建成30个以上市级休闲观光农业示范点（园区、企业）。

五、保障措施

（一）加强组织领导。全市各级政府要高度重视休闲农业与乡村旅游的发展，要把加快发展休闲观光农业与乡村旅游作为积极发展现代农业、扎实推进农业供给侧结构改革和农村融合发展的重要内容纳入议事日程，切实抓紧抓好。由市农委牵头，会同市委农办、市发改委、市财政局、市住建局、市国土局、市旅游局等部门分工协作，协调和制定我市关于推进休闲观光农业相关政策，指导推进我市休闲观光农业发展，把休闲观光农业发展纳入本地现代农业发展目标考核内容，提高农业可持续发展能力。

（二）加大扶持力度。建立完善“政府扶持、市场运作、科技支撑、企业组织、股份合作、农户参与”的休闲观光农业发展机制，市国土局、市住建局、市交通局、市规划局、市旅游局、无锡工商局、公安消防支队等部门要深入贯彻《市政府关于进一步创新和培育新型农业经营主体推进农村一二三产业融合发展的意见》（锡政发〔2016〕80号）精神，加大示范创建的政策扶持力度，促进休闲观光农业发展。市级财政每年统筹安排专项资金，对全市休闲观光农业重点产业进行扶持；对获得国家、省级、市级休闲农业示范村、示范点称号的单位、企业给予补助或奖励。各地也要参照省市文件精神，积极研究出台相关扶持政策，为休闲观光农业发展提供配套支持和保障。

（三）完善推进机制。建立典型引路机制，各地要在充分调研的基础上，立足本地优势和特色，不断挖掘、树立和发展典型，发挥示范引领作用。积极探索建立利益共享发展机制，指导休闲创意农业经营主体联合，促进工商资本与农民利益紧密联结，推动农村一二三产业深度融合，实现多主体共赢获益。同时，要建立专业人才培养机制，结合新型职业农民培育、农村电商培训等培训项目，加快培养休闲农业管理与服务人才，提升休闲创意农业发展层次和档次。

（四）强化服务指导。各地要在工商注册、治安消防、餐饮卫生、服务质量、环保排放、垃圾处理等方面，认真做好乡村旅游经营单位的业务指导和配套服务工作，促进乡村旅游经营者依法经营、诚实守信、公平竞争。引导成立休闲农业和乡村旅游行业协会，建立行业自律公约，不断提高乡村旅游管理和服务水平。坚持以农为本、农民受益，增强农民参与意识，引导劳动人力、农村资源、土地民宅等要素参与休闲农业和乡村旅游的发展。

无锡市人民政府办公室

2017 年 1 月 10 日

第九节　通　知

一、通知的内涵

通知适用于发布、传达要求下级机关执行和有关单位周知或者执行的事项，批转、转发公文。

通知是公文中使用频率最高的文种，它起着承上启下、联系内外等多方面的作用。通知一般为下行文或平行文。

二、通知的特点与种类

（一）通知的特点

1. 适用的广泛性

在公文中，通知的适用范围最广、使用频率最高。它不受机关级别限制，任何行政机关、社会团体、企事业单位都可使用。特别是能够向平行或不相隶属机关行文。有时由于工作需要，两个以上机关还可以联合向各自的下属单位发“联合通知”；有些事项紧急而重大，还可以经过批准，在报纸、电视、广播、因特网上发布。

2. 种类的多样性

通知按照不同的标准有不同的分类。如按形式分，有联合通知、紧急通知、补充通知等；按内容和作用分，有指导性通知、批示性通知、事项性通知、知照性通知、会议性通知等。

3. 功能的多样性

通知可以用来布置工作，传达指示，批准和转发文件、发布规章、任免干部等。通知多用于下行文，其内容常要求受文单位执行和办理，因而也有一定的权威性。

4. 时间的有效性

通知有明显的时间要求。有些通知要求受文单位立即执行和办理，不能拖延；有些通知只能在一定时间内产生效力，过时就会失去效力。

（二）通知的种类

根据通知的性质和适用范围，通知可以分为以下几类：

1. 发布性通知

主要用于向所属下级机关发布有关行政法规、制度、办法、措施的通知。如《中共中

央办公厅　国务院办公厅关于印发〈党政机关公文处理工作条例〉的通知》。

2. 批转性通知

批转性通知用于批转下级机关的公文，即上级机关对下级机关的来文加以批示后，再转发给下属各单位参考执行。其制发主体必须是上级机关，转发后下级机关的意见即具有上级机关的效力。如《国务院批转国家发展改革委关于2017年深化经济体制改革重点工作意见的通知》。

3. 转发性通知

转发性通知主要用于转发上级机关、同级机关和不相隶属机关的公文。如《关于转发教育部等四部门2016年规范教育收费治理教育乱收费工作的实施意见的通知》《国务院办公厅转发国家旅游局等部门关于进一步发展假日旅游若干意见的通知》。

4. 指示性通知

主要用于对下级机关布置工作，要求贯彻执行。如《国务院办公厅关于2017年部分节假日安排的通知》。

5. 告知性通知

主要用于告知下级机关或不相隶属机关办理或知晓某些事项的通知。一般只有告知性，没有指导性。这类通知用途较广，如机构调整、机构名称变更、公章的启用或作废、办公地点迁移、停水停电等。如《关于启用公司工作内网的通知》。

6. 会议性通知

主要用于上级机关或有关部门为保证会议如期召开就有关事项提出具体要求，使与会人员按规定出席会议。如《中共安徽省委教育工委关于召开专题学习报告会的通知》。

7. 任免性通知

主要用于任命或免去有关人员职务。如《教育部关于李斌等职务任免的通知》。

三、通知的写作

通知一般由标题、主送单位、正文、发文机关和日期几个部分组成。

（一）标题

通知的标题有两种形式：

1. 由发文机关、事由和文种组成。如《中共中央办公厅、国务院办公厅关于严用公款变相出国（境）旅游的通知》。

值得注意的是，批转、转发性通知也是由三部分组成的，其“事由”就是所批转和转发公文的名称。如《国务院批转国家发展改革委关于2017年深化经济体制改革重点工作意见的通知》。这个标题的事由部分为“国家发展改革委关于2017年深化经济体制改革重点工作意见”，即所批转的公文的名称。

另外，如果转发通知的事由本身为一个“通知”时，标题就会出现“通知的通知”这样重复的句式。遇到这样的标题，应将后面的“通知”及“转发”字样前的“关于”略去，只留下转发文件中与“关于”相关联的“通知”，并去掉被转发通知的书名号。如原题为《广东省人民政府关于转发国务院〈关于调整机关、事业单位工作人员工龄津贴的通知〉的通知》，应该为《广东省人民政府转发国务院关于调整机关、事业单位工作人员工龄津贴的通知》。

如果被批转、转发的公文是法规性文件，其通知标题须在法规性文件名称上加上书名号；如果是会议通知，标题要概括会议的名称；如果是任免通知，标题要用“关于”领出职务任免人员的姓名。如《教育部关于李斌等职务任免的通知》。

2. 由事由和文种组成。如《关于做好期中教学检查工作的通知》。

3. 有些只用文种名“通知”二字为标题。

（二）主送机关

通知的主送机关是发文机关的下属单位，其名称要写全称或规范性简称、统称，在标题下、正文前顶格书写。在写作实践中，主送机关有三种写法：其一是将若干主送机关的名称全部写上。由于各机关的级别、名称不同，写作时要注意排列合理、行文规范。其二是标注同类机关的统称。其三是属于公开发布的普发性通知，则不写主送机关。

（三）正文

通知的正文一般由通知缘由、通知事项、通知要求三部分组成。由于通知种类的不同，写法也有所不同。

1. 发布性通知。一般由文件的由来、文件的名称、发布文件的作用和意义、提出执行要求等部分组成。

2. 批转性通知。一般由表明态度、阐明意义、提出执行要求等部分组成。

3. 转发性通知。转发性通知写法与批转性通知基本相同。但转发机关有时在转发通知中不仅要表明本机关的态度，还要结合本地区、本单位的实际情况提出指示性意见和执行要求，便于下级机关贯彻执行。转发性通知通常写成：“现将《……》转发给你们，请遵照执行。”或用“请参照执行”“希研究执行”“请认真贯彻执行”等合适词语。

4. 指示性通知。指示性通知带有强制性、指挥性、决策性等特点，下级机关必须贯彻执行。正文写作时一般包括通知缘由、通知事项和执行要求三部分。有的只有前两部分。通知缘由一般写明发文的的原因、依据和目的，然后用“特作如下通知”或“特通知如下”转入通知事项。通知事项包括布署工作任务、规定政策界限等，要求写得具体明确。写作时，可采用分条列项法，用序号标出；执行要求，则是对如何执行本通知提出希望和要求。有的通知也可以没有这部分内容。至于结尾可写可不写，有的用“特此通知”这样的惯用语作结。

5. 告知性通知。一般要写明有关事项的前因后果，便于相关人员了解情况，做出相应安排。如《关于停水的通知》就要写明停水的原因、停水时间、停水范围等。

6. 会议性通知。会议性通知的正文一般包括召开会议的机关、会议名称、会议依据、会议目的、会议时间、会议内容、会议要求等。一般在开头写明会议依据、会议时间、会议宗旨，然后以“现将会议有关事项通知如下”为过渡，转入对会议事项的具体交代，如会议内容、起止时间、会议地点、与会人员、会议要求、报到时间和地点、会议费用、行车路线、联系方法、注意事项等。结尾可以用“特此通知”作结，也可自然收尾。

7. 任免性通知。任免性通知正文，要写明决定任免的时间、机关、会议名称或依据文件以及任免人员的具体职务。任免名单中如有多人，则分段或分条列出。

（四）发文机关和成文日期

在正文右下方写上发文机关全称。有的通知标题中已经写出发文机关的全称，可以不再写。

在发文机关的下方写明成文日期，右空四字。

四、通知的写作要求

通知使用广泛，种类较多，写法也不尽相同。具体写作时要做到如下几点：

（一）行文要规范。要根据本机关的行政职权以及通知的内容，正确选择何种通知，掌握不同类型通知的写法，做到行文规范。

（二）内容要具体。要根据不同种类通知的写作要求，将通知的内容写得明确具体，便于理解和实施。如指示性通知，要求下级机关做什么，怎么做，应当交代清楚；批转、转发性通知，批准、转发机关的态度、意见和要求要明确；会议性通知，有关会议的具体事项要考虑周全，表述要具体。

（三）文字要精炼。通知要求把事项及要求表述清楚即可，文字要精练，行文要概括，用词要准确，不能语言啰嗦，行文拖沓，用词产生歧义。

五、通知的写作例文

【例文一】

中共中央办公厅　国务院办公厅
关于印发《党政机关公文处理工作条例》的通知

中办发〔2012〕14号

各省、自治区、直辖市党委和人民政府，中央和国家机关各部委，解放军各总部、各大单位，各人民团体：

《党政机关公文处理工作条例》已经党中央、国务院同意，现印发给你们，请遵照执行。

中央中央办公厅

国务院办公厅

2012年4月16日

【例文二】

国务院批转国家发展改革委关于2017年
深化经济体制改革重点工作意见的通知

国发〔2017〕27号

各省、自治区、直辖市人民政府，国务院各部委、各直属机构：

国务院同意国家发展改革委《关于2017年深化经济体制改革重点工作的意见》，现转发给你们，请认真贯彻执行。

国务院

2017年4月13日

【例文三】

国务院办公厅关于转发国家发展改革委等部门
推进“互联网+政务服务”开展信息惠民试点实施方案的通知

国办发〔2016〕23号

各省、自治区、直辖市人民政府，国务院各部委、各直属机构：

国家发展改革委、财政部、教育部、公安部、民政部、人力资源社会保障部、住房城乡建设部、国家卫生计生委、国务院法制办、国家标准委《推进“互联网+政务服务”开展信息惠民试点实施方案》已经国务院同意，现转发给你们，请结合实际，认真贯彻执行。

国务院办公厅

2016年4月14日

【例文四】

国务院办公厅关于2017年部分节假日安排的通知

国办发明电〔2016〕17号

各省、自治区、直辖市人民政府，国务院各部委、各直属机构：

经国务院批准，现将2017年元旦、春节、清明节、劳动节、端午节、中秋节和国庆节放假调休日期的具体安排通知如下。

一、元旦：1月1日放假，1月2日（星期一）补休。

二、春节：1月27日至2月2日放假调休，共7天。1月22日（星期日）、2月4日

（星期六）上班。

三、清明节：4 月 2 日至 4 日放假调休，共 3 天。4 月 1 日（星期六）上班。

四、劳动节：5 月 1 日放假，与周末连休。

五、端午节：5 月 28 日至 30 日放假调休，共 3 天。5 月 27 日（星期六）上班。

六、中秋节、国庆节：10 月 1 日至 8 日放假调休，共 8 天。9 月 30 日（星期六）上班。

节假日期间，各地区、各部门要妥善安排好值班和安全、保卫等工作，遇有重大突发事件，要按规定及时报告并妥善处置，确保人民群众祥和平安度过节日假期。

国务院办公厅

2016 年 12 月 1 日

【例文五】

国务院关于发布第九批国家级风景名胜区名单的通知

国函〔2017〕40 号

各省、自治区、直辖市人民政府，国务院各部委、各直属机构：

第九批国家级风景名胜区名单已经国务院审定，现予发布。

风景名胜资源是中华民族珍贵的、不可再生的自然文化遗产。各有关方面要加强组织领导和协调配合，按照科学规划、统一管理、严格保护、永续利用的原则，切实做好风景名胜资源的保护和管理工作，促进风景名胜区可持续发展。

国 务 院

2017 年 3 月 21 日

【例文六】

中共安徽省委教育工委关于召开专题学习报告会的通知

委厅机关各处室、厅直属各事业单位：

根据委厅《“讲看齐、转作风、树形象”专项行动方案》要求，经研究，定于 2 月 5 日召开委厅“讲看齐、转作风、树形象”专题学习报告会，现将有关事项通知如下：

一、会议内容

1. 邀请上海市委党校教授王公龙同志做“《共产党宣言》及其当代价值”专题报告；

2. 邀请中央党校教授董振华同志做“习近平总书记治国理政的新理念新思想新战略”专题报告。

二、会议时间

1. “《共产党宣言》及其当代价值”：2 月 5 日上午 8 ：30；

2. “习近平总书记治国理政的新理念新思想新战略”：2 月 5 日下午 2 ：00。

三、会议地点

委厅教科大楼二楼第六会议室。

四、参加人员

委厅机关全体干部、厅直属事业单位处级以上干部。

五、参会要求

1. 请委厅领导提前安排好工作，原则上全部参加，不安排其他会务活动。

2. 各处室、厅直属事业单位参会人员若不能参会，须向人事处履行书面请假手续。

3. 参会人员提前十分钟要进入会场，将手机调为振动或静音状态，保持会场良好秩序。

中共安徽省委教育工委
2017 年 2 月 3 日

【例文七】

教育部关于李斌等职务任免的通知

教任〔2017〕35 号

东北林业大学：

2017 年 4 月 28 日研究决定：

任命李斌为东北林业大学校长（试用期一年），周宏力为东北林业大学副校长；免去杨传平的东北林业大学校长职务。

教 育 部
2017 年 5 月 10 日

六、通知的写作训练

（一）在公文的行文实践中，不规范行文的现象时有发生。如《中共晓街乡委员会 2008 年晓街乡社会综合治理的工作要点》《中共后箐彝族乡委会二 00 八年依法治乡的工作计划》，请指出问题所在，并进行修改，使之规范。

（二）分析以下通知标题有何不当之处，同时根据标题内容，改写成正确的通知标题。

1. ××大学关于李××同志等任免决定的通知
2. 关于切实做好接受安置灾民的通知
3. ××省机构编制委员会办公室关于机构改革中有关问题的解释
4. 关于组织青少年支援甘肃采集树种的通知
5. 关于召开××省第×届党员代表大会有关事宜的通知
6. 中共中央整党工作指导委员会边整边改方针的通知
7. 关于转发《×××省财政厅转发“财政部关于修改国家工作人员出差补助标准暂行规

定的通知”的通知》的通知

8. ××县经委关于转发《市经委关于转发〈省经委关于转发《国家经委办公厅关于批转〈《经济日报》发行工作座谈会纪要〉的通知》的通知〉的通知》

（三）阅读下面公文，指出其存在的问题，并提出修改意见。

县人民政府转发省人民政府关于
学习宣传《中华人民共和国森林法》的通知

各乡、镇人民政府，县各直属单位：

现将《省人民政府关于学习宣传〈中华人民共和国森林法〉的通知》印发你们，请即贯彻执行。

今年以来，我县连续发生多起森林火灾，是由于生产用火造成的。各乡、镇要从中吸取教训，严格生产用火。如再发生类似事情，要追究主要领导的责任。

××县人民政府

××××年×月×日

（四）下例是某高校办公室人员拟写的一份放假通知，分析这份通知存在的问题及原因，并进行改写。

关于中秋节、国庆节学院放假的通知

各系：

根据国务院中秋节、国庆节放假通知，今年中秋节放假时间为9月22日至24日（22日为中秋节），9月25日、26日（双休日）正常上班；国庆节放假时间为10月1日至7日，10月8日、9日正常上班。

结合学院即将面临教学工作评价实际，中秋节全院教职员工放假时间为9月22日，9月23日、24日教学计划不变，25日、26日正常休息。国庆节教职工、学生放假时间为10月1日至3日。放假期间学生可以请假外出，但是一定要按级请假。

××学院

××××年×月×日

（五）阅读以下会议通知，分析其存在的问题，理清修改思路，提出具体修改意见。

关于召开布置开展公共机构节能工作会议的通知

各县（区）公共机构节能主管部门，市直各单位，直属部门党支部：

为贯彻上级精神，经研究决定在全市范围内广泛开展公共机构节能活动。现在把会议有关问题通知如下：

一、会议时间：10月13日。

二、会议地点：凤凰酒店。

三、参会人员：各县（区）公共机构节能主管部门、市直各单位分管节能的负责同志、工会主席等。

四、请各单位准备好本单位开展公共机构节能活动的经验材料，限5000字，报到时交给会务组。并请参会人员于10月13日前来报到。

××市机关事务管理局

二〇一六年六月六日

（六）从《××大学图书馆关于开展“大学生读书月”活动的通知》《××学院关于举办第×届心理健康月征文比赛的通知》《××学院学生会关于举办寝室美化大赛的通知》《××学院关于举办三七女生节活动的通知》等题目中任选一个，按题构思、策划通知内容，撰写一份通知。

（七）联系实际，根据某项工作需要，自拟标题，撰写一份通知。

第十节　通　报

一、通报的内涵

通报是一种适用于表彰先进、批评错误、传达重要精神和告知重要情况的公文。

二、通报的特点与种类

（一）通报的特点

1. 题材的典型性

无论是表彰性通报，还是批评性通报，所涉及的人物或事例都具有极大的典型性。发文机关通过表彰性通报，宣传先进人物、先进事迹，对人们产生正面引导作用；通过批评性通报，可以教育人们引以为戒，防止类似事件再发生。

2. 内容的真实性

无论是哪一类通报，都要坚持真实性原则。在写作中，对被通报的人和事或工作情况都要认真调查核实，做到准确无误，力求通过事实和数据来表达观点。

3. 制发的时效性

通报所涉及的人事或工作情况一般比较具体，和当前现实工作有着密切联系，因而其写作和传播都有较强的时效性，要求及时制发，以便尽快发挥其作用，推进当前工作。

（二）通报的种类

根据通报的作用和适用范围的不同，通报可分为以下三类：

1. 表彰性通报

主要用来表彰先进集体和个人，树立典型，目的在于总结他们的先进经验，宣传他们的先进思想，号召大家向他们学习。

2. 批评性通报

主要用来批评犯了错误的个人或集体，公布其错误事实，分析其错误原因，目的在于教育和引导人们从中吸取教训，防止类似情况再次发生。

3. 情况通报

主要用来传达当前某一重要精神和重要情况，使受文单位了解全局，掌握情况，领会精神，明确形势和任务，以便统一思想，和上级机关保持步调一致，积极推动当前工作。

三、通报与通知的区别

通报与通知都有沟通情况、交流信息的作用。但两者也有明显区别：

（一）内容不同。通知主要是发布法规，批转、转发文件，传达指示，安排工作，任免干部等；而通报则是表彰先进，批评错误，传达重要情况。

（二）要求不同。通知要求下级贯彻执行；通报则侧重让下级了解有关情况。

（三）时间不同。通知是在事前制发；通报则是在事后制发。

（四）表述不同。通知一般用概述性语言；通报在具体叙述的基础上，还要有分析评议。

四、通报的写作

通报一般由标题、主送机关、正文、发文机关和日期组成。

（一）标题

通报的标题有两种写法：

1. 由发文机关、事由和文种组成。如《湖州市商务局关于对第 120 届广交会违规企业的情况通报》。

2. 由事由和文种两部分组成。如《关于表彰优秀员工的通报》。

（二）主送机关

通报的主送机关为发文机关的所有下属单位。普发性或在单位内部公开张贴的通报可不写主送机关。

（三）正文

通报正文根据类型的不同，其写法有所不同。

1. 表彰性通报。正文一般由三个层次组成：第一层概述被通报单位或个人的先进事迹，要写明时间、地点、事件过程、人物表现，说明表彰缘由，表述要简洁，语言要平实；第二层采用议论的方式，对先进事迹进行简要分析，揭示其精神实质和思想意义，提出表彰决定；第三层是提出希望和要求，号召大家学习。有些表彰性通报的写作，也可以按表彰目的、表彰依据、表彰决定、提出希望和要求等层次构成。

2. 批评性通报。正文一般由四个层次组成：第一层概述被通报单位或个人的错误事实，包括错误发生的时间、涉及人物、事件经过、性质及后果；第二层分析错误产生的原因、指明造成的危害性；第三层是根据有关规章制度，提出处理意见和决定；第四层是对受文单位或个人提出告诫性要求，希望吸取教训、引以为戒，防患于未然。如果是针对一些严重违纪现象进行通报，这部分措辞还可以更严厉一些，强调若继续违纪，将予以严惩，公开曝光等。

3. 情况通报。正文一般由两个层次组成：第一层是概述所通报的情况，包括背景介绍、事情经过等；第二层次是进行分析，得出结论，提出希望和要求。在写作实践中，有的先介绍情况，然后进行分析得出结论；有的先通过简要分析得出结论，然后再列举情况，进行说明。可根据具体内容和需要，灵活掌握。在结构上，如果是情况不复杂的通报，写作时可以按照事情发展过程自然分段，如会议通报；如果是情况较复杂的通报，写作时可以对其进行分类，每类采用小标题标明，逐项进行概述、分析和评议。

（四）发文机关和日期

在正文右下方写上发文机关全称。在发文机关的下方写明成文日期，右空四字。通报标题中已写明发文机关名称的，可略去不写。

五、通报的写作要求

（一）通报的内容要真实可靠，具有一定的典型性、代表性。写作时对所涉及的人物、事件、细节、数据等，都要逐一查实，不能有误。

（二）通报的观点要鲜明，提倡什么，反对什么，要立场明确，是非分明，切忌含糊其辞。

（三）通报的分析评价要客观公正，恰如其分，表彰时不能随意拔高，批评时也不能任意贬抑。

（四）通报的行文要及时。因为通报的时效性较强，错过时机，就不能对当前的工作产生切实的指导作用。

（五）语言要把握分寸，叙述事件语言要精炼平实，评议事件语言要准确、庄重，切忌夸大其辞，言过其实。

六、通报的写作例文

【例文一】

国务院办公厅关于对2016年落实有关重大政策措施真抓实干成效明显地方予以表扬激励的通报

国办发〔2017〕34号

各省、自治区、直辖市人民政府，国务院各部委、各直属机构：

为充分发挥中央和地方两个积极性，进一步健全正向激励机制，鼓励地方因地制宜、大胆探索，竞相推动科学发展，根据《国务院办公厅关于对真抓实干成效明显地方加大激励支持力度的通知》（国办发〔2016〕82号），经国务院同意，对2016年落实推进供给侧结构性改革、适度扩大总需求、促进创新驱动发展、保障和改善民生等有关重大政策措施真抓实干、取得明显成效的26个省（区、市）、90个市（地、州、盟）、127个县（市、区）予以通报表扬，并采取相应措施予以激励支持。希望受到表扬激励的地方珍惜荣誉，发扬成绩，再接再厉，作出新的更大贡献。

2017年是实施“十三五”规划的重要一年，是供给侧结构性改革的深化之年。各地区、各部门要更加紧密地团结在以习近平同志为核心的党中央周围，认真贯彻落实党中央、国务院决策部署，坚持稳中求进工作总基调，牢固树立和贯彻落实新发展理念，适应把握引领经济发展新常态，敢于担当、主动作为，勇于创新、狠抓落实，扎实做好稳增长、促改革、调结构、惠民生、防风险各项工作，促进经济平稳健康发展和社会和谐稳定，以优异成绩迎接党的十九大胜利召开。

附件：2016年落实有关重大政策措施真抓实干成效明显的地方名单及激励措施

国务院办公厅

2017年4月24日

【例文二】

关于全省4A级旅游景区服务质量暗访情况的通报

各市旅游景区质量等级评定委员会：

为进一步优化旅游环境，提升旅游景区服务质量，打造核心旅游产品，推进旅游强身建设，结合国家旅游局工作部署，省景评委组织专家检查组近期对全省范围内4A级旅游景区开展了服务质量暗访。现将有关情况通报如下。

一、基本情况

经检查，去年以来，在全省A级景区整治行动中，大多数4A级旅游景区都能够保持国家标准和评定细则规定的旅游服务软硬件要求，创新、优化、提升旅游管理和服务，加快景区旅游厕所提档升级，加强日常保洁管理，增添人性化设施，注重细节服务，受到了游客好评。有不少景区还以市场需求为导向，以游客满意为目标，完善游客中心服务功能、增设旅游标识标牌、加强旅游停车场建设、推进智慧景区服务、改善景区游步道等，取得了显著成效。但也有少数景区仍然存在环境卫生脏乱差、厕所改造提升不够、标识系统不完善、停车场建设与景区不协调等突出问题。少数在去年整治行动中受到警告的景区对标整改不力。

二、处理意见

根据专家组检查情况，依据《旅游景区质量等级的划分与评定》国家标准，经研究，决定对此次检查中严重不达标或存在严重问题的4A级旅游景区给予以下处理：

（一）撤销安庆市桐城黄梅酒业文化园4A级旅游景区质量等级。

（二）对去年景区整治行动中受到警告处分且整改不积极的马鞍山市含山县褒禅山景区、池州市齐山—平天湖2家景区由4A等级降为3A。

（三）对合肥市元一双凤国际度假区、滁州市凤阳县狼巷迷谷景区、肥西老母鸡家园景区、淮南市焦岗湖影视城给予严重警告。

（四）对检查中发现其他一些景区存在的局部细节问题，同时下发整改清单，限期1个月整改。

（五）对此次检查中发现4A级旅游景区管理存在问题较多的合肥市、淮南市、池州市、马鞍山市、安庆市旅游局（委）主要领导和分管领导开展约谈。

三、下一阶段工作

各市、各景区要加强整改工作。各市景评委要建立旅游景区服务质量督查检查的长效机制，加强动态管理，健全退出机制，做到举一反三，促进景区品质品牌维护管理的常态化。要充分发挥专家队伍和社会力量的监督作用，强化旅游景区主体责任，坚持服务质量常抓不懈，确保为游客营造安全整洁、舒适便捷、周到温馨的旅游环境。

特此通报。

安徽省旅游景区质量等级评定委员会

2017年8月8日

【例文三】

广州市教育局　广州市财政局关于2014年全市教育经费统计情况的通报

穗教发〔2016〕15

各区教育局、财政局：

一、全市教育经费统计情况

2014年，全市地方教育经费总投入为361.51亿元，占全省教育经费总投入的13.21%，比上年的372.83亿元减少3.04%，增幅低于全国11.08个百分点、低于全省13.46个百分点。其中，财政性教育经费（主要包括公共财政预算教育经费，各级政府征收用于教育的税费，企业办学中的企业拨款，校办产业和社会服务收入用于教育的经费等）为267.63亿元，占全省财政性教育经费的13.24%，比上年的285.99亿元减少6.42%，增幅低于全国增幅14.31个百分点，低于全省增幅15.68个百分点。

二、落实《教育法》规定的“三个增长”情况

（一）全市公共财政教育支出（包括教育事业费，基建经费和教育费附加）为228.53亿元，比上年的252.48亿元减少9.48%，对比全市财政经常性收入增长10.34%，低于19.82个百分点。越秀、原黄埔、番禺等3个区公共财政教育支出增长低于财政经常性收入增长。

（二）2014年全市普通小学、普通初中、普通高中、中等职业学校、普通高等学校生均公共财政预算教育事业费支出情况是：

1. 全市普通小学为12，048.05元，高于全国和全省平均水平，在全省21个地级以上市中排第2位；比上年的12，523.57元减少3.80%，增幅在全省排第21位。海珠、天河、番禺等3个区出现负增长，其余9个区均实现增长，其中增城区增长最快（15.94%）。

2. 全市普通初中为16，210.27元，高于全国和全省平均水平，在全省排第3位，比上年的15，718.83元增长3.13%，增幅在全省排第21位。越秀、海珠、天河等3个区出现负增长，其余9个区均实现增长，其中增城区增长最快（31.31%）。

3. 全市普通高中为16，720.26元，高于全国和全省平均水平，在全省排第3位，比上年的17，168.14元减少2.61%，增幅在全省排第21位。海珠、天河、从化等3个区出现负增长，其余9个区均实现增长，其中越秀区增长最快（13.84%）。

4. 全市中等职业学校为7，574.80元，低于全国和全省平均水平，在全省排第9位，比上年的7，643.80元减少0.90%，增幅在全省排第16位。越秀、海珠、从化等3个区出现负增长，其余9个区均实现增长，其中天河区增长最快（192.20%）。

5. 全市普通高等学校为13，471.97元，低于全国和全省平均水平，在全省排第7位，比上年的21，545.14元减少37.47%，增幅在全省排第17位。

（三）2014年全市普通小学、普通初中、普通高中、中等职业学校、普通高等学校生均公共财政预算公用经费支出情况是：

1. 全市普通小学为2，103.29元，低于全国平均水平，高于全省平均水平，在全省排第7位，比上年的1，883.15元增长11.69%，增幅在全省排第16位。天河、番禺等2个区出现负增长，其余10个区均实现增长，其中白云区增长最快（77.21%）。

2. 全市普通初中为2，403.41元，低于全国平均水平，高于全省平均水平，在全省排第10位，比上年的2，198.63元增长9.31%，增幅在全省排第17位。越秀、天河、番禺等3个区出现负增长，其余9个区均实现增长，其中白云区增长最快（80.99%）。

3. 全市普通高中为2，416.11元，低于全国平均水平，高于全省平均水平，在全省排第8位，比上年的2，939.23元减少17.80%，增幅在全省排第20位。天河、番禺、从化等3个区出现负增长，其余9个区均实现增长，其中花都区增长最快（84.35%）。

4. 全市中等职业学校为2，153.01元，低于全国和全省平均水平，在全省排第15位，比上年的2，310.57元减少6.82%，增幅在全省排第15位。番禺、从化等2个区出现负增长，其余10个区均实现增长，其中增城区增长最快（88.84%）。

5. 全市普通高等学校为6，342.14元，低于全国平均水平，高于全省平均水平，在全省排第5位，比上年的14，401.18元减少55.95%，增幅在全省排第16位。

三、公共财政教育支出占公共财政支出比例情况

2014年，全市公共财政教育支出占公共财政支出1，434.27亿元的比例为15.93%，高于全国平均占比14.87%达1.06个百分点，低于全省平均占比19.44%达3.51个百分点，在全省排第20位，比上年的18.21%下降了2.28个百分点。

全市12个区的公共财政教育支出占公共财政支出比例，排在前三位的依次是：海珠区（31.49%）、荔湾区（30.33%）、白云区（25.21%）；排在后三位的依次是：原萝岗区（9.81%）、南沙区（12.18%）、增城区（17.03%）。

附件：2014年全市教育经费执行情况统计表

广州市教育局　广州市财政局

2016年2月16日

七、通报的写作训练

（一）阅读下则通报，指出其存在的问题，并在原文基础上进行改写。

××市人民政府关于给予××化工厂嘉奖的通报

××××××：

多年以来，市××化工厂采取有力措施，切实贯彻《安全生产条例》，建立安全生产岗位责任制，去年实现全年无生产事故，成为我市第一个安全生产企业。为此，市人民政府决定给予××化工厂通报嘉奖。

××市人民政府

××××年×月×日

（二）下面是某篇表彰通报在介绍人物先进事迹时所写的一段文字，请从公文语言要求的角度，谈谈这段文字叙述有何不足，并进行改写，使之合乎公文写作要求。

×××在科学研究上走的是一条不平凡的路，他全心扑在科研上，而忘记了个人的事。有一次孩子病了，他妻子在家里忙着护理，打电话到×××单位叫他赶回家把孩子送医院治疗。×××接了电话答应后，电话筒一放他又埋进了实验。他妻子在家中左等右等等不到他回家，急得像热锅上的蚂蚁，又往×××单位打电话，这时×××正潜心做实验，电话铃声都没听见了。他妻子又急又气只好打120急救中心的电话，才把孩子送往医院治疗。他的小孩高烧退后，还在问他妈妈："爸爸又出差了吗？或者还没下班……"

（三）下面是一篇由哈尔滨市公安局官方微博"平安哈尔滨"对外发布的事故通报，从写作视角和写作立场去分析，该通报写作存在何种问题？应当如何纠正？

哈尔滨市道外区太古街727号库房火灾基本情况

2015年1月2日13时14分，哈尔滨市道外区太古街727号一日杂品仓库发生火灾，该仓库系非消防安全重点单位，钢筋混凝土结构，使用性质为批发零售小商品。

火灾发生后，黑龙江省委、省政府和哈尔滨市委、高度重视。省委书记王宪魁赴现场指挥；省长陆昊做出批示，要求省直有关部门要迅速调动力量进行救援救治，迅速查明被埋有关消防人员情况，迅速查明火灾原因；省委常委、省委秘书长李海涛和省政府秘书长李显刚到现场组织灭火、救援、救治；市委书记陈海波第一时间做出部署，市长宋希斌，市委常委、常务副市长聂云凌，市委常委、宣传部长张丽欣，副市长任锐忱等市领导现场指挥灭火、救援、救治工作；省委办公厅、省政府办公厅、省安监局、省公安厅、省卫计委、省公安消防总队等部门的负责人现场协助指挥。

火灾发生后，哈尔滨市公安消防支队第一时间组织集中警力，于13时23分赶到现场，开展灭火救援，及时疏散了群众，哈尔滨市公安消防支队共出动17个消防中队、110

台消防车、指战员480人。消防部队到达后，发现靠太古街一侧二层中部起火，火势猛烈，该仓储情况复杂，给灭火救援带来相当大的难度，消防官兵英勇奋战，及时疏散、保护了群众。21时37分，大楼突然坍塌，造成消防队员伤亡，截至目前，有两名消防战士当场牺牲；15名消防战士及一名保安人员被送到医院救治，其中1名战士经抢救无效牺牲；另有两名消防战士失联；群众全部撤离无伤亡；火灾原因正在调查中。

第十一节　报　告

一、报告的内涵

报告是适用于向上级机关汇报工作、反映情况，回复上级机关询问的公文。报告是陈述性的上行文，主要是用于向上级机关陈述下情，供上级机关了解情况、处理问题、指导工作。报告还可以用于向上级机关报送物件或有关材料。它是上下级机关进行沟通的重要工具。

二、报告的特点与种类

（一）报告的特点

1. 内容的真实性

报告无论是汇报工作还是反映情况，都要坚持实事求是，本着对上级负责的精神，不文过饰非，更不能弄虚作假，以便上级机关了解真实的情况，做出科学的判断和决策。

2. 表达的陈述性

报告在写作上以陈述事实为主，这就需要选取典型事例，分清主次进行概括性的陈述。表达方式上，多以叙述和说明为主，适当运用议论，表达报告单位的意见。

3. 行文的单一性

报告的行文方向是单一的，都是下级机关向上级机关行文，以便下情上达，让上级机关及时了解和掌握工作情况。报告一般不需要上级机关答复。

（二）报告的种类

报告的种类较多，按性质分，可分为专题报告、综合报告。专题报告，就是针对某一专项内容而写的报告，其特点是内容专一，一事一报，篇幅短小；综合报告，是向上级机关较全面地反映本单位某一时期、某一阶段工作情况的报告，其特点是内容广泛，一文多事，篇幅较长。

通常按内容的不同，可将报告分为如下几种：

1. 工作报告

主要用来向上级机关汇报本单位一段时期的工作情况，或是汇报上级交办的某项任务完成情况。如《凉山州安全生产监督管理局关于2016年工作总结及2017年工作安排建议的报告》。

2. 情况报告

主要用来向上级机关反映工作中的重大情况、特殊情况和新动态。如《关于人员流失情况的报告》《关于整改情况的报告》。

3. 答复报告

主要用来答复上级机关的询问。如《顺平县人民政府关于对环保部强化督查发现问题整改情况的报告》。

4. 呈送报告

主要用来向上级报送文件、物件。被呈送的文件和物件则作为该报告的附件。如《关于发布政府规章的备案报告》。

三、报告的写作

报告一般由标题、主送机关、正文和成文日期四部分组成。

（一）标题

报告标题常见形式有两种：

1. 由发文机关、事由和文种组成。如《铁道部关于193次旅客快车发生重大颠覆事故的报告》。

2. 由事由和文种组成。如《政府工作报告》。

（二）主送机关

在标题的下面左起顶格写上受文单位名称。报告的主送机关为直属的上级机关。主送机关一般只写一个。如果报告的内容需要其他领导部门阅知，可用抄送形式。

（三）正文

报告正文一般由开头、主体、结语三部分组成。

1. 开头。主要简明交代写作报告的缘由、依据和目的，然后用过渡语“现将……情况报告如下”“现将……处理情况汇报如下”等转入报告的内容。开头要落笔入题，上承标题中的事由，下启正文主体的内容。

2. 主体。主体是报告的具体内容，用来陈述报告的事项，可因报告类型的不同有所侧重。如果是工作报告，就要先概述工作的基本情况，介绍主要做法，产生的效果，取得的成绩等，然后说明存在的问题，重点提出下一步工作打算和安排；如果是情况报告，重点应放在反映情况和问题上，一般按基本情况、原因分析、解决的办法或建议逐层安排报告内容；如果是答复报告，先简要说明上级机关询问的事项或交办的任务，然后按上级要求陈述本单位所采取的做法及其结果，同时征求上级机关对结果的意见；如果是呈送报告，只需写明报送的文件、物品的名称、数量即可。

3. 结语。报告的结语一般在正文末尾用程式化用语作结。因报告种类的不同，结尾用语也有所不同。工作报告和情况报告的结语常用“特此报告”；答复报告多用“专此报告”；呈送报告则用“请审阅”“请收阅”等。

（四）发文机关和成文日期

在正文的右下方写上发文机关的全称。如果标题中已有发文机关的全称，此处可以省略。

在发文机关的下方写明成文日期，右空四字。

四、报告的写作要求

（一）内容要真实。报告是向上级机关汇报工作、反映情况的，写作时要本着实事求是的精神，对事实进行认真核实，做到客观、全面、真实的反映，对所写的成绩和存在的问题，都要做到不夸大、不缩小，更不能虚构，以便上级掌握真实的情况。

（二）重点要突出。报告的内容一般涉及的面宽且复杂，容易写得很长又重点不突出。这就要求作者对材料进行认真梳理，妥当安排，做到主旨明确，重点突出，点面结合，详略得当。

（三）结构要合理。报告以陈述为主，在结构上可按时间顺序、工作进展或内在逻辑分设几个小标题，有层次地进行概括叙述。

（四）行文要规范。报告不能与请示混用，报告中不能夹带请示事项，如“请示报告”等。

五、报告的写作例文

【例文一】

凉山州安全生产监督管理局
关于2016年工作总结及2017年工作安排建议的报告

凉安监〔2016〕108号

州人民政府：

按照州政府办《关于报送工作总结的通知》要求，现将相关情况报告如下。

一、2012—2016年工作总结

（一）工作主要成效。

2012—2016年，全州安全生产形势持续稳定向好，连续5年安全生产事故起数和死亡人数双下降，连续5年未发生重大以上事故，各项控制指标均在省下基数范围内。安全生产组织领导全面加强，“党政同责、一岗双责、齐抓共管”的安全生产工作体系全面落实，安全生产监督管理、绩效考核、警示约谈等制度不断完善；全州573个乡镇全部建立安监站（所）和交管办，村组一级建立安委会、明确安全信息员和协管员，实现州、县市、乡镇、村、组安全监管“四级机构五级网络”全覆盖；2012—2015年，州、县两级累计投入资金6.25余亿元推进道路交通安保工程建设，在危险路段安装波形防护栏2500多公里。全州共建成4个省级安全社区，在国家、省、州共备案安全社区25个；推进“科技强安”，对煤矿、非煤矿山、危险化学品、烟花爆竹等600余家高危企业实行全覆盖网格化监管，全州三等以上尾矿库全部安装在线监测系统；煤炭行业化解产能工作取得明显成效，全州4个煤矿企业主动退出，煤矿企业总量下降至9家，产能缩减至144万吨/年，小煤矿关闭比例达55%；深入开展“百日安全生产宣传”、安全法治“七进”等活动，不断增强企业、群众安全生产意识；认真落实生产经营单位安全生产责任“五落实五到位”，全州配备注册安全工程师424人，规上企业覆盖率达85.9%；

（二）存在的主要问题和困难。

一是一些地方和部门安全发展理念和红线意识贯彻不彻底，安全生产“三同时”制度落实不力，致使一些带病企业和项目盲目上马，造成安全工作被动。二是企业主体责任落实不力。规模以下小型企业经营者安全责任意识薄弱，更有个别中央企业所属单位拒绝和逃避地方监管。三是安全监管执法不严。一些地方和部门缺乏担当和进取精神，履职尽责不力，落实“四个一律”惩戒措施不够严格，一些隐患和违法行为屡禁不止。四是基层安全基础薄弱。贫困县安全生产投入不足，特别车改后个别县市取消公用车，给安监工作造成较大被动；基层乡镇安监站（安办）和交管办体制机制不完善，发挥作用不明显。五是道路交通事故居高不下，建筑行业事故呈上升趋势，是制约全州安全生产形势的瓶颈。

二、2016年工作总结

（一）工作主要措施及成效

2016年，全州安全生产总体稳定，事故总量继续下降，死亡人数继续减少，四项相对指标持续降低，全州安全生产形势持续稳定向好，实现安全生产事故起数和死亡人数连续9年双下降，连续9年未发生重大以上事故。截至目前，全州共发生各类生产经营性事故106起，死亡92人；煤矿整顿关闭和遏制煤矿较大以上事故攻坚行动初见成效，迄今为止已86个月没有发生生产安全事故；非煤矿山、水上交通、铁路交通、危险化学品、烟花爆竹、特种设备、农业机械等行业领域未发生生产经营性安全事故；生产安全事故死亡人数和较大事故起数均在省下基数范围内。

1. 责任体系不断完善。严格落实“党政同责，一岗双责，失职追责”安全生产责任制，把安全生产工作纳入综合目标考核内容，层层签订责任书，实现“五个全覆盖”和企业安全生产主体责任“五落实五到位”，安全监管触角向乡镇、村组基层一线延伸；强化督查落实，全年召开2次州委常委会、2次州政府常委会、5次全州安全生产工作电视电话会议暨州政府安委会2016全体成员会议专题研究部署安全生产工作。州级先后开展两次安全生产大检查，接受国家、省上督查4次，确保各项工作落实落地。

2. 监管工作有力有效。加强道路和水上交通、煤矿、非煤矿山、危险化学品、烟花爆竹、旅游、消防、水电和建筑施工、寄递物流等行业领域安全检查，严防安全事故。排查整治一般隐患4477起；排查并整改完毕重大隐患1起（省挂牌督办）；完成11个关闭煤矿矿井水患普查；道路交通设置各类“双超”联合执勤点627处次，查处违法违规车辆9500余台次。

3. 基层基础不断夯实。全州建成4个省级安全社区，在国家、省、州共备案安全社区25个，基层安全基础得到夯实；推进“科技兴安”，完成600余家高危行业网格化监管，建立非煤矿山安全生产信息数据库、信息档案和三维激光扫描；“三级机构五级网络”安全生产预警预控体系正加快推进。

4. 宣教培训不断深入。深入开展安全生产“大讲堂”、安全生产月、安全法治“七进”、安全社区创建等活动，送安全法规、知识下基层；投入5万元，印发法律法规和安全常识手册、传单3万余份和文化用品1万余件；加强高危行业“三岗人员”和班组长、农民工安全培训，培训各类人员4606人次。推进“全国中小学安全及保障教育普及工程”，选定西昌等安宁河流域6县市中、小学各1所进行试点。

5. 依法治安纵深推进。以新《安全生产法》宣贯为重点，进一步深化安全监管领域改革，推进行权公开，依法依规开展专项监察执法，依法查出违法违规行为，开展安全生产行政执法监督检查和案件评查工作，纵深推进安全生产法治建设。

6. 职业健康稳步推进。贯彻落实《用人单位职业病危害防治八条规定》，加强建设项目职业卫生“三同时”监管工作。深入开展职业卫生执法和职业病危害项目申报，监督检查用人单位416家，备案企业中接触职业病危害的人数为30781人。开展职业卫生监管人员培训18期，296人；企业培训29期，1877人。

（二）存在的问题和困难

落实“党政同责、一岗双责、失职追责”的安全生产工作责任机制有待加强；基层安全监管力量薄弱，基层乡镇特别是贫困县的安全监管人、财、物不足问题突出；道路交通事故居高不下；水上交通安全形势严峻；建筑行业事故呈上升趋势等。这些问题，需要在今后的工作中进一步增添措施，逐步推动解决。

三、今后五年及2017年工作安排

（一）总体思路和主要目标

安全发展进入新的历史阶段，我们将抓住这些难得的机遇，凝心聚力、改革创新、奋力拼搏，紧紧抓住国家、省扶持建设安全生产风险预警体系和应急救援基地以及凉山州“十三五”规划重大机遇，坚持“安全第一，预防为主，综合治理”的方针，追责修订完善凉山州安全生产“十三五”总体规划，按照“一年打基础、两年上台阶、三年出成效”的工作步骤，安全监管重心前置，变被动安全为主动安全，以风险管理为主线，建立一个平台（凉山州安全生产综合预警平台），完善六个体系（安全生产责任体系、风险预警预控体系、综合监管业务体系、安全文化宣教体系、应急救援体系、安全诚信激励考核体系），倾力打造法治安监、数字安监、凉山安监品牌，构建齐抓共管工作格局，实现全州安全生产形势持续稳定向好的总体目标发展，为推动凉山改革发展营造良好的安全环境。

（二）工作重点

1. 坚持科学和安全发展理念，深化落实“党政同责，一岗双责，失职追责”安全生产责体制，完善配套考核激励奖惩机制，把安全生产工作纳入州委目督办、州政府办目督办内容，强力督促工作落地见效。

2. 加大安全投入，加快建设以辨识管控安全风险为重点的安全生产风险分级管理体系，探索建立安全生产预警预控体系。力争3年内建成上联省、下接县市乡镇的专业安全监管信息化工作平台。

3. 坚持“安全第一，预防为主，综合治理”方针，进一步加大重点行业领域安全监管力度。

4. 加强基层基础工作，强化乡镇安办和交管办监管职能，完善“三级机构五级网络”，切实提升全州本质安全水平。

5. 加强安全生产宣教工作，着力构建安全生产宣教工作机制，创新活动载体，提升宣传实效。

6. 加快推动安全生产区域性综合救援示范基地（凉山基地）、安全生产应急救援指挥中心和救护支队建设步伐，提升应急救援能力。

凉山州安全生产监督管理局

2016 年 11 月 17 日

【例文二】

南平市城乡规划局关于对群众反映问题办理及回复工作的自查自纠及整改情况报告

南规综〔2015〕11 号

市效能办：

根据省机关效能建设领导小组《关于认真做好群众反映问题办理工作的通知》（闽效综〔2014〕2 号）文件精神，根据贵办要求，我局对 2014 年以来群众反映问题办理及回复工作进行全面梳理，对责任落实、办理时效及回复情况、诉求对象满意度等情况进行自查自纠，具体情况报告如下：

一、明确责任主体，及时跟踪督办

建立群众来信来访接待处理制度和群众投诉制度，对群众的来信来访，及有关部门的转办、上级领导的批办件，由局办公室统一登记受理后，将根据群众反映问题的类别和办理时限进行分类，由局长签批意见到分管领导，再由分管领导落实到具体的科室及经办人，监察室对信访件进行跟踪督办。责任科室应在规定期限内对相应诉求进行调查、核实、答复，确实难以在规定时间把问题办结或提出答复意见的，也要在办结期限内向分管领导报告情况、向监察室回复办理情况，说明原因和办结时间。对经核查确实不属实，或不在本单位职责范围内、不符合政策要求无法办理的问题，要向分管领导、主要领导及监察室说明原因和政策依据，并向诉求人做出解释。

二、规范办理程序，畅通诉求渠道

1. 端正接访态度。对 5 人以上上访的事项，由分管领导和有关科室负责人进行接待，做好现场答复和调解工作。面对群众“上访”，从局领导到机关工作人员都能不回避，不推诿，主动接访，坚持做到“一张笑脸，一把椅子，一杯热水”，热情接待，耐心听反映，能协调解决的尽可能当场解决，需要宣传解释的就做好宣传解释，遇到情绪激动的、冲动的，我们工作人员都能忍耐委屈，克制情绪，做好接访工作。

2. 畅通群众反映问题渠道。在市信访接待日时，由业务分管领导及科室负责人到现场参与接待来访群众。同时进一步拓宽群众诉求渠道，通过局门户网站（南平规划网）听取群众呼声，长期开设领导信箱、信访信箱和网上咨询平台，办公室由专人每日上线查收、登记、管理，确保群众话有处说、怨有处诉、难有处解、事有处办。主要领导带队走进南平电视台“政风行风热线”直播间，与市民互动，倾听市民的呼声和意见，并针对市民关注的南平中心城市近期建设规划、交通拥堵、电梯增设、绿道建设等问题予以一一解答，耐心为听众解疑释惑，增进广大市民对规划工作的理解支持。

3. 建立民意征集制度。建立定期上街宣传规划的工作制度，由局分管领导带队于每季度的第一周，在市文化广场组织开展大型规划宣传活动，通过规划图板、规划简介、规划法规宣传册等，宣传我市近期规划编制成果和规划相关的法律法规，向市民发送法规资料、规划简介等，同时广泛征求广大市民对城乡规划工作的意见和建议。同时，重视让社会各界人士广泛参与重大规划项目编制过程，重要编制项目反复征求专家和部门意见。在编制四贤公园修规划时，为充分发掘“四贤”文化精髓，邀请市李侗杨时文化研究会、市民俗学会等单位的专家，畅谈延平“四贤”的历史典故和理学思想，丰富规划编制素材。东岭和文田规划也曾多次反复征求村民、土总公司、建设集团等单位意见，确保规划落到实处。

4. 开展矛盾纠纷排查调处工作。加强对街道、社区、乡镇政府的沟通交流，按照《挂点联系重点企业及街道办事处服务制度》及《局领导班子成员挂点联系县（市、区）开展服务工作的通知》，局班子成员经常带领业务科室深入基层了解情况。一方面广泛宣传城乡规划工作，另一方面通过沟通联系、上门服务，及时了解民情、掌握民意，排查信访事项，对搜集到的意见、建议及信访苗头详细记录，并限期反馈，及时排除矛盾，对重大的苗头事件领导班子集体研究，做好工作部署，尽可能把工作做在前面，把矛盾化解在当地，把问题解决在萌芽状态。

三、注重办理质量，提高群众满意度

对涉及面广、群众反映强烈、社会关注度高的信访突出问题，如中心城区公建配套不足、中心城区棚户区改造进展缓慢等问题，我们充分发挥规划职能优势，主动介入、积极协调解决。一是服务“完整社区”建设。为解决城区梅园新村、怡景嘉园等社区缺乏配套的农贸市场问题，局主要领导、分管领导都先后带队到街道办、社区现场办公，帮助协调有关开发商和相关业主，并由市城乡规划院帮助设计农贸市场的改造方案。二是服务配套完善城区体育设施。完成了南平中心城市社区体育公园规划选点，选定南平水东大家厂莲花山路北侧地块、老城区环城路金山苗圃地块、水南八仙南庄污水处理厂南侧地块、水南新城中心（世华小区）南侧地块等 4 个地点建设社区体育公园。建设内容包含综合馆、室外篮球场、网球场、气排球场等设施，每个公园用地面积在 15—20 亩之间。社区体育公园的建成将进一步完善社区体育设施配套，拓展居民活动空间。三是助推城区棚户区改造。局主要领导带队多次到慈阴二巷、北门岭与慈阴一巷、超骧路等七个棚户区现场踏勘，从规划职能角度提出改造的对策及建议，按照“原则上只拆不建或少建，主要采取异地安置或货币安置等方式，改善居民人居环境，提升区域品位”的总体思路，统筹考虑地块的功能用途，腾出空间作为绿地、停车场、公园、社区活动中心、公交换乘点等公建设施用地。目前七个棚改地块详细规划已提交方案并向市政府领导作了汇报。根据市政府安排，我局又委托规划院编制了梅山五中周边A和B地块改造行动规划。目前慈阴二巷地块、梅山五中周边A和B地块改造正由相关部门组织实施。四是理顺村民建房工作。研究制定了《南平市（延平区）城市规划区村民建房规划管理暂行规定》，并经市政府办审阅通过并印发至延平区政府、市直有关部门，将村民建房的审批权移交延平区，市局负责农民新村和旧村整治规划的审批和规划指导工作。

四、如实回复反馈，强化问责处理

对受理的各类群众反映问题的咨询、投诉件，我局都严格按照有关法律、法规、规章及相关规定，将受理调查情况、处理结果在规定期限内，采取书面、电话或面谈等方式反馈、答复信访人；部分信访人的姓名、联系方式不清的，我们都及时向转办单位做好书面反馈。所有答复件均在局门户网站（南平规划网）的回音壁栏目予以公开，接受广大市民监督。2014年，共受理各类转办、批办投诉和信访件、网络咨询和投诉件（省长信箱、市长信箱、12345网、南平规划网等）共计129件（存在一件多投、反复投的情况），实际办结103件，办结率80%。共收到市人大代表建议9件、市政协委员提案11件。20件承办件在规定时间内全部办结，办复率100%，办结结果的满意和基本满意率100%。

建立群众来信来访办理工作问责机制，对群众的正常上访和合理诉求不重视、不用心，对情绪激动的群众反映情况倾听不耐心、解释不细心、处置不力，无正当理由未按规定期限办结、回复的，按照组织谈话、通报批评、行政处分等三级问责方式予以处理。组织谈话由纪检组长、局主要领导对责任领导、责任科室负责人及具体经办进行约谈；通报批评由局办公室、监察室核实情况后采取正式发文、大会点名批评等形式；行政处分指情节特别严重的，报请纪委等相关部门后给予相应处分。经自查，目前未发现存在敷衍推诿、玩文字游戏、乱回复、假反馈等问题。

五、存在不足及努力方向

在处理群众反映问题办理及回复工作方面，我们虽然做了大量工作，但仍存在许多不足：一是未设置信访机构和专职人员。由于受机构设置和人员编制的限制，单位内一般存在无信访机构和专职人员的情况，大多由办公室人员兼职或根据不同信访事项领导指定相关人员进行接待处理，导致有时处理信访事项不够规范。二是信访相关制度不够完善。特别是隐患排查、督查督办、信访档案管理、责任考核追究等工作虽然有开展，具体的工作还是按照老办法、老套路，相应制度还不够健全。三是重复接访情况相当严重。部分群众对一些法规、规定、政策不了解、不理解，不合法、不合理诉求得不到满足，就反复向我局、向相关部门、向上级政府党委反映情况。如目前我局负责办理的既有住宅加装电梯审批事项，中心区范围内有一部分居民有需求，但是因占道、消防安全、邻里纠纷等情况不能满足申报条件，我局不予审批，这一小部分群众无视我局的解释与答复，通过各种渠道、各种形式反映问题，甚至长期聚众到我局吵闹，导致我局相关业务科室工作人员耗费大量人力物力接待此类上访群众，严重影响工作效率。

为了进一步做好群众反映问题办理及回复工作，提升信访工作质量和群众满意度，今后我们的努力方向：一是进一步健全完善信访有关工作制度，将完善工作制度作为一项基础性工作来抓，在推进信访工作科学化、制度化、规范化上不断创新；二是严格实行考核、责任追究机制，重点落实领导干部在信访工作中的领导责任，强化问责，维护社会和谐稳定；三是强化软硬件，夯实工作基础，争取资金改善接待场所，争取配备一名专职信访人员，进一步规范接访、信访办理和档案管理工作。

南平市城乡规划局

2015 年 2 月 13 日

【例文三】

关于对市委常委意见建议函答复的报告

黄城规〔2014〕73 号

市委教育实践活动办公室：

根据对市委常委意见建议函的要求，现将我局答复情况报告如下：

一、关于“改徽工程”让基层投入了大量财力、物力，加重负担；“千万亩森林增长工程”需要和黄山实际更好地结合的意见建议（协办）答复：实施“改徽”工程是市委、市政府为进一步传承和弘扬徽派建筑文化，展示黄山对外良好形象，建设具有浓郁地方特色的现代国际旅游城市而作出的决策部署，2012 和 2013 年全市共完成了 1.83 万幢非徽建筑的整改。在工作推进过程中已有区县和乡镇反映资金紧、任务重，针对这种情况，作为责任单位的市城乡规划局高度重视，在 2014 年改徽工作开始时已有针对性地提出了五条改进措施：

一是调整改徽任务。2012 年和 2013 年改徽工作分别完成了 9788 幢和 8561 幢非徽建筑整改，2014 年根据实际情况，一些整改难度太大的欧式建筑等暂未列入整改范围，土墙房也可以不改。今年全市共摸排出改徽任务 2215 幢。改徽资金以及改徽工作压力较前两年大幅下降，

二是区别对待非徽建筑。景区景点及其周边建筑，按照徽派建筑形态、体量、色彩、材质及细部等要求，努力做到修旧如旧、原汁原味，展现个体徽派特征；省、市边界等重点村镇，要按照打造亮点要求，建筑形态、体量、色彩等要符合徽派特征，构筑整体风貌；其余区域内的非徽建筑，根据实际情况，以调整色彩、改造平屋顶为主，不做过大的改造，从而降低改徽资金和改徽工作压力。

三是多方面降低改徽成本。改徽设计方面，原来要求“一户一方案”，现在则可改为“一类一方案”，即同一类型的非徽建筑只设计一个方案即可，从而降低设计费用；施工方面通过统一采购原材料、统一施工等方式努力降低成本。

四是做好与其他工作的结合。将改徽工作与正在进行的美好乡村建设、绿色质量提升行动、新安江流域治理等工作相结合，形成工作合力，减少压力、提升成效。同时通过各种渠道对上争取资金，缓解改徽资金压力。

五是动员改徽户投工投劳。以往改徽工作基本上是政府一方出资出力，改徽户绝大部分是被动接受整改，在今后的工作中要通过典型示范带动，鼓励受益农户投资投劳，变

“要我干”为“我要干”，逐步形成改徽工作政府引导、群众参与的运作机制。

二、关于徽文化保护不能搞形式主义，外边溪建设维修成本过高意见建议（协办）的答复：阳湖外边溪地段作为城市传统街区与黎阳老街、屯溪老街隔江相望，三镇鼎立，是屯溪老街历史发展的有机组成部分，三者共同构成屯溪山、城、街、水的空间格局，是城市历史与文化传承的重要载体，具有较高的历史文化保护价值，已纳入《屯溪老街保护整治更新规划》，并被确定为保护范围。随着屯溪老街旅游的迅猛发展、黎阳老街的开发利用，其社会各界关于阳湖外边溪整治与保护、开发工作的呼声较高，为此屯溪区政府为加快外边溪的保护与开发工作，对外边溪建筑按照修旧如旧的原则，进行了整体抢救性维修，为下一步外边溪整体开发、招商引资和商业业态的引入打下良好基础。由于是按照传统徽派建筑进行修缮，涉及修缮材料、工艺要求较高，其维修成本与新建现代建筑造价有所区别。下一步，随着外边溪招商引资和开发运营，其经济、社会效益必将凸显。

三、关于南京广夏集团在休宁开发区投资的徽煌府第工程，规划修改了 11 次仍未能通过意见建议（协办）的答复：徽煌府第项目位于市经开区，合铜黄高速公路下口以东、太申山庄项目以西的齐云大道北侧山体，占地 36 亩，由休宁县政府 2008 年公开挂牌出让，用地性质为商服用地，南京广厦公司依法摘牌。

在新一轮总体规划《2008—2030 年》修编中，该地块规划为生态防护绿化用地，另，随着 2009 年齐云大道拓宽改造工程的实施，对这一区域的规划建设提出更高的要求。业主多轮方案，兼顾自身的开发等因素，与规划要求有一定差异，难以满足齐云大道两侧建设及山体保护的要求。

鉴于上述因素，该土地出让的规划条件要符合新的城市总体规划及开发区规划的要求，需休宁县政府与市开发区协商初步意见报市规委会审议。

四、关于利用好徽州区在《安徽省主体功能区规划》中被列为省重点开发区的机遇，进一步完善城市总规和土地利用规划，争取开发利用缓坡地，拓展工业发展空间意见建议（协办）的答复：编制城市规划区规划，拓展城市发展空间。按照全市城镇化建设工作会议精神和市委市政府深化改革的总体部署，在积极推进城市建设用地存量发展的基础上，科学确定城市增长边界，控制生态河湖生态红线，合理布局城市空间增量。对省政府批复确定的 588 平方公里城市规划区范围进行全域规划，从法定层面为城市拓展争取发展空间。科学划定生态、农业、安全设施用地，优化生产、生活和生态空间布局，将稀缺的建设用地资源进一步向城区、镇区和功能建设区集中，营造生产空间集约高效、生活空间宜居适度、生态空间山清水秀的城市整体空间布局。目前这项工作已纳入今年的规划编制计划。完成时限：2014 年底前完成。

五、关于高起点规划、高强度投入、高水平建设黄山现代服务业产业园，指导、协调好屯溪区、休宁县土地征收工作意见建议意见建议（协办）的答复：黄山现代服务业产业园作为我省唯一的以现代服务业为主导产业，比照享受省级开发区各项政策，设立运作的园区。为真正把高水准、专业能力强的规划编制单位和设计团队引入，高水平编制园区规划，实现园区规划的高起点、大手笔。我们通过遴选、邀标、竞争性谈判等多种方式组合，最后确定由中国城市规划设计研究院（产业策划团队：上海前滩新兴产业研究中心）

承担园区规划编制和产业研究工作。规划设计单位自 2013 年 11 月开展调研和规划编制，方案编制期间与市发改委、市国土局、市文投公司、屯溪区政府和休宁县政府等单位进行了多轮讨论，广泛听取各方面意见，目前已形成了园区规划第四轮方案，待近期将向市委市政府汇报并进一步修改完善后，上报省政府有关部门审查批准实施。

六、关于重视农村空心村问题意见建议（主办）的答复：农村空心村问题是随着国家经济社会发展，特别是城镇化发展而产生的新问题，在全国具有普遍性。究其原因，一是部分农民在城市购房就业并落户；二是部分农民进城打工，但农忙或春节则会返乡；三是子女在城市学校就读，父母随行陪读。农忙季节村庄中青壮年多外出，留守的大多是老人和小孩。空心村问题形成并非一朝一夕，需要社会各界重视并协同努力。经与市农委、民政局研究，提出如下办理意见：

1. 在村镇建设规划和美好乡村建设规划中，充分考虑空心村问题，在充分尊重村民意愿的前提下，可以对条件成熟的空心村进行迁村并点，可以是几个空心村并成一个大村，也可以迁入附近较大的村庄，便于集中配套建设公共服务设施和基础设施，使并村后的村民能享受到就业、医疗、教育、文化、交通等多方面的服务。

2. 对于暂时不能迁并的中心村，一方面地方政府要组织村民进行村庄治理，对脏乱差进行整治，改善居住条件；另一方面，按照美好乡村建设的要求，配套一部分服务设施（健身活动场所、便民超市和垃圾收集点），使他们能享受到正常的生活。

3. 可以利用环境优美、历史悠久、古建筑较多的空心村的空置房开办农家旅店和农家乐，开展乡村旅游。

4. 建议国土部门对空心村进行土地置换和整理，将空闲的房屋调剂给需要新建住房的人，可以减少新建住房占用土地，同时尝试拆除多余的空置房，恢复耕种。

5. 基层要在社会治安方面加强管理，在医疗、留守儿童教育、娱乐、通信等方面提供保障，防止被“边缘化”。

6. 做好户籍在本村、但人不在本村的选民的登记工作，确保他们的选举权利。

七、关于着力解决中心城区公共交通、停车难、基础设施落后等突出问题意见建议（协办）的答复：积极会同市交通局、市住建委、市公安交管等部门编制有关城市专项规划，着力破解中心城区公共交通、停车难、基础设施落后等突出问题，并加强相关设施用地规划控制，为城市公共服务和基础设施建设提供保障。一是编制黄山市中心城区公共交通发展规划（2012—2030），进一步建立健全中心城区屯溪组团、新城组团、岩寺组团的公共交通发展体系，着重对公交线网和站场设施进行布局规划。目前，该项规划已经市规委会 2014 年第一次全体委员会议审议通过，下一步，按照会议审议意见进一步修改完善后，报请市政府批复实施。二是组织编制黄山市城市道路交通专项规划（2013—2030），进一步完善城市道路交通系统，加强停车场等静态交通设施规划，对当前存在问题的交通节点区域进行重点研究，编制节点交通改善规划方案，提出近期城市道路等基础设施建设计划建议，建立健全停车管理体制机制等，解决中心城区停车难和道路交通等问题。该项规划计划在 5 月份组织专家评审后，报请市委市政府审议。完成时限：2014 年 12 月底前完成。

八、关于临江一楼拆迁后，原址建设工程公示图比较奢华，应简洁实用减少花钱意见建议（主办）的答复：针对所提出的意见，目前方案正在进一步优化调整，近期将明确方案。

九、关于建议从屯光转盘到市经济开发区规划建设一条高速通道意见建议（主办）的答复：根据黄山市城市总体规划，连接中心城区至高铁新区和经开区的主干道路有两条：一是经徽州区至高铁新区的东区快速路，二是从篁墩穿过绿核直接到高铁新区的快速路。市政府组织相关单位和设计部门多次勘察现场，论证方案，进行专题调研，选线分析，并征求市人大、政协、及相关部门意见。考虑到徽州区人大政协代表多年的提案建议意见，以及带动道路两侧地块开发和绿核的保护等因素，最终确定了先行修建东区快速路的方案。东区快速路南起屯光大道，向北绕过徽州文化园后跨越皖赣铁路，至徽州区接永佳大道，向西连高铁新区新城大道，道路全长约 12.3 公里，双向六车道，这条路的建成将形成中心城区到市经济开发区的一条高速通道，篁墩穿过绿核直接到高铁新区的快速路近期暂不实施。

十、关于：合理规划中心城区洗车、物流行业布局，明确审批、管理主体，制定具体管理办法意见建议（主办）的答复：（1）关于物流行业布局，我市 2008 版总体规划确定的市级物流园区（梅林物流园区）位于齐云大道的合铜黄高速下站口南侧地块，园区规划面积约 1000 亩。区级物流园区（帅鑫物流园）园区规划面积约 200 亩，则是利用徽杭高速公路路的交通条件，布局在徽杭高速公路国防路下站口。上述布局基本满足城市功能和发展要求，下一步是进行基础设施建设和项目实施工作。（2）关于中心城区洗车行业管理涉及环保局、行政执法局、交警支队、工商局、建委等单位，需要有关部门联合建立起管理机制，对加强对前期经营许可和后期经营管理的控制。

十一、关于尽早启动市医院新建病房楼南侧矮旧群房（丰华大市场对面）的拆除和新园西路打通改造工作，同时对市医院周边交通环境进行专项整治意见建议（协办）的答复：（1）新园西路的建设市建委已列入今年道路建设计划。（2）新建病房楼南侧矮旧裙房地块已列入旧城改造计划，但因建设时序、资金筹措和安置问题，具体实施时间未定。

十二、关于支持在黄山北大门耿城镇选址建设换乘中心意见建议（协办）的答复：随着自驾游的快速发展，为解决黄山北大门区域双休日、节假日旅游高峰期交通拥堵问题，需在黄山北大门区域规划建设换乘中心。一是结合黄山北大门旅游以及周边城镇建设需要，修编黄山北大门所在地耿城镇总体规划，已于 4 月初委托安徽省城乡规划设计研究院进行调整设计，估计 7 月底完成修编工作。二是根据耿城镇总体规划修编成果，及时编制黄山北大门区域协调发展规划（暂定名）工作，进一步明确功能分区、用地规模以及相关旅游服务设施，并统筹考虑黄山北大门换乘中心建设事宜。

十三、关于将原二院门诊部地块以公开出让方式，重点支持民营医院发展意见建议（主办）的答复：现二院已搬迁至黎阳高山大道，原戴震路北侧二院门诊部地块紧邻昌仁医院，用地面积约 6 亩，现状地块内有两幢二院宿舍楼（约 40 余户），要取得该地块，需对地块内的住户进行安置。从盘活国有资产和完善城市功能出发，我局将意见转告市二院，以便促成资产转让事宜。

黄山市城乡规划局

2014 年 4 月 30 日

六、报告的写作训练

（一）判断与改写题

审视以下公文标题，指出其不当之处，同时根据标题内容，改写成正确的公文标题。

1.《上报“合资组建”“新桂实业发展有限公司”的可行性报告》

2.《××省科技厅关于申请“八五”国家重点科技攻关项目试验工程补助费的报告》

（二）阅读以下报告，指出其存在的问题，提出修改意见。

2012年度江苏省文化厅关于公开招聘正式聘用××等35名同志的报告

省人力资源和社会保障厅：

在省人力资源和社会保障厅的大力支持下，2012年度省文化厅直属单位面向社会公开招聘37名正式工作人员（其中：南京图书馆20名，南京博物院17名）。按事业单位招聘的有关规定，我厅在人社厅相关业务处室的具体帮助指导下，经在省人事人才服务网上发布公告、现场组织资格审查，省高校就业联盟统一命题笔试、面试、考核、体检，在省人事人才服务网上发布拟聘用人员公示等程序，最终共有35名同志被确定为正式聘用对象，其中：南京图书馆18名，南京博物院17名，聘用人员基本情况附后。

专此报告。

附件1. 南京图书馆聘用人员材料（共18人，各3份）

2. 南京博物院聘用人员材料（共17人，各3份）

江苏省文化厅

2013年3月28日

（三）阅读以下报告，指出其存在的问题，并做出修改。

关于确定××管理局出席中国共产党××省第×次代表大会代表候选人预备人选情况的报告

中共××省委：

按照《中共××省委关于中国共产党××省第×次代表大会代表选举工作的通知》（×委〔××××〕××号）要求，我局于××××年×月××日召开了党委全体会议，经过充分酝酿讨论，以无记名投票方式，确定了×××、×××2名同志为管理局出席中国共产党××省第×次代表大会代表候选人预备人选，现呈上，请审批。

××管理局出席中国共产党××省第×次代表大会代表候选人的酝酿提名，是以局属基层单位党委（党总支）为单位进行的。各基层单位党委（党总支）对代表候选人采取自下而上的方式提名，根据多数党员的意见，由各单位党委（党总支）酝酿确定。在各单位酝酿提名的基础上，局党委根据各单位推荐情况对推荐人进行了筛选，提出代表候选人初步人选。经考察，代表候选人初步人选符合省委规定的代表条件，比较符合××管理局的实际。最后局党委召开全体会议，以无记名投票方式确定代表候选人预备人选。

我们拟×月初召开党员代表大会，拟采用记名投票方式，实行差额选举办法，正是选举产生××管理局出席中国共产党××省第×次代表大会代表。

妥否，请批示。

附件：1. ××管理局出席中国共产党××省第×次代表大会代表候选人预备人选名册

2. ××管理局出席中国共产党××省第×次代表大会代表候选人预备人选登记表

中共××管理局

××××年×月×日

第十二节　请　示

一、请示的内涵

请示是适用于向上级机关请求指示、批准的公文。请示属于上行文，上级机关必须予以回复。

下级机关在职权范围内的工作一般不需要请示，只有在工作中遇到新情况、新问题而又权限不够、能力不足、认识不清楚等情况下才需要请示。上级机关在收到下级机关的请示后，要予以及时回复，对所请示的事项作出明确表态。

二、请示的特点与分类

（一）请示的特点

1. 内容的单一性

请示必须按照“一事一请”“一事一文”的原则行文，不能“一文多事”。

2. 时间的超前性

凡是需要上级批准的事项，都要事前请示，等上级批复后才能付之实施，不能边干边请示，先干后请示。

3. 要求的可行性

在请示中向上级机关提出的要求，应当是切实可行的，不能超出上级机关权限或者提出不切实际、无法实行的要求。

（二）请示的分类

按照性质和内容的不同，请示可分为以下三种：

1. 请求指示的请示

下级机关在工作中遇到新情况、新问题，政策上缺乏依据，难以决断，需要请求上级机关予以指示。

2. 请求批准的请示

因事项重大或情况特殊，需要上级机关批准才能实施。如机构调整、编制变动、干部任免等。

3. 请求批转的请示

对本单位无权或无力解决，需要其他部门协助解决的问题，不仅需请求上级批准，还应要求上级把“请示”批转给有关部门，并要求有关部门协助解决。

三、请示与报告的区别

请示与报告都是上行文，在实际使用中，要明确二者的区别，以免混用。其区别主要有：

（一）文种性质不同。请示是请批性公文，侧重提出问题，说明理由和要求；报告是陈述性公文，侧重汇报工作，陈述情况与意见。

（二）行文目的不同。请示是发文机关请求上级机关就某项工作或某个问题给予指示、批准或批转，要求上级机关给予答复；报告是为了让上级机关了解有关情况，不需要上级机关回复。

（三）行文时间不同。请示在工作之前行文，因为请示的事项必须获得上级机关明确指示或批准后方可付诸行动，不能先斩后奏，未经批准擅自决定；报告的写作比较灵活，事前、事中、事后均可行文，因为报告是为了让上级机关随时了解和掌握下级机关的工作部署、工作进展和工作结果等。

（四）写作方式不同。请示内容单一，一文一事，一事一请示，侧重陈述理由，说明原因，篇幅一般较短；报告内容可多可少，侧重陈述情况，形式多样，表达自由。

（五）结尾用语不同。请示结尾常用“以上请示当否，请指示”“以上请示如无不当，请批准”等惯用语作结；报告的结尾常用“特此报告”“以上报告，请审阅”等，有时也可省略不写。

四、请示的写作

请示由标题、主送机关、正文、发文机关和成文日期组成。

（一）标题

请示的标题一般由两种形式组成。

1. 由发文机关名称、事由和文种组成。如《太谷县人民政府关于申请设立省级太谷经济技术开发区的请示》。

2. 由事由和文种构成。如《关于要求追加有关工作经费的请示》。

（二）主送机关

请示的主送机关只能写直属的上级机关。每份请示只能写一个主送机关，不能多头请示。如果需要报送其他上级机关，可用“抄送”形式并在文后注明。

（三）正文

请示的正文，一般由请示的缘由、请示的具体事项和结语三部分组成。

1. 请示缘由。即在开头说明请示的起因、缘由、理由和依据，让上级机关了解情况。说明缘由后可用“特请示如下”或“请示事项如下”等过渡语句，以领出下面请示事项。

2. 请示事项。即向上级机关提出的具体请求。这部分内容要写得具体明确，便于上级机关研究和批准。如内容较多，可采用分条列项的方法。如果是请求指示的，要写明在哪些事项或问题上需要上级机关解释或作指示；如果是请求批准的请示，要在请示事项中提出本机关对问题处理的方案或建议，供上级机关参考。

3. 结语。要根据不同的请示使用不同的结语。请求指示的请示，一般用“请指示”“请批复”“当否，请批复”“以上请示当否，请批示”等习惯语作结；请求批准的请示，一般用“以上请示如无不当，请批准”等习惯语作结；请求批转的请示，一般用“以上请示如无不妥，请批转有关单位执行”等习惯语作结。

（四）发文机关和成文日期

在正文的右下方写上发文机关的全称。在发文机关的下方写明成文日期，右空四字。

五、请示的写作要求

（一）请示只向直属的上级机关行文，一般不得越级请示，如因特殊情况必须超越时，要同时抄送越过的机关。两个以上单位联合向上级请示时，要明确主办单位，协商一致后才能会签、印发。

（二）请示只能一文一事，一事一请，不能一文多事，否则会影响上级机关及时批复。因为“一文多事”涉及的单位就多，不同的单位有不同的政策，上级机关难以及时答复。

（三）请示只能送给一个直属的上级领导机关或上级主管部门，不能送给两个以上机关，更不送给领导个人。

（四）提出请示事项时，应根据本地区、本机关的实际情况，对请示的事项或有关问题提出解决的意见和方案，供上级机关批复时参考。同时，要充分考虑这些意见与方案的合理性，做到理由充分，切实可行。

（五）请示不能与报告混用，不能将请示写成报告，也不能写成“请示报告”。

（六）请示是请求上级给予指示或批准的，行文语气要谦恭，带有诚恳的祈请件，语言要平实、准确、简明、得体。

六、请示的写作例文

【例文一】

关于《会计人员职权条例》中“总会计师”是行政职务或是技术职称的请示

财政部：

国务院颁发的《会计人员职权条例》规定，会计人员技术职称分为总会计师、会计师、助理会计师、会计员四种；其中“总会计师”既是行政职务，又作为技术职称。

在执行中，工厂总会计师按《条例》规定，负责全工厂的财务会计事宜；可是每个工厂，尤其大工厂，授予总会计职师称的人员有四五人，究竟由哪一位负责全厂的财务会计事宜，执行总会计师的职责与权限呢？我们认为应将行政职务与技术职称分开。总会计师为行政职务，不再作为技术职称。比照最近国务院颁发的《工程技术干部技术职称暂行规定》，将《条例》第五章规定的会计人员职称中的“总会计师”改为“高级会计师”。

以上认识是否妥当，请迅速指示。

××省财政厅

××××年×月×日

【例文二】

太谷县人民政府关于申请设立省级太谷经济技术开发区的请示

晋中市人民政府：

为响应省委、省政府提出的“大力推进开发区科学发展”的号召，紧紧抓住“转型跨越发展”和“转型综改试验区建设”的历史机遇，根据《山西省经济技术开发区设立升级扩区和退出管理办法》（晋政办发〔2015〕34号）和《山西省人民政府关于大力推进开发区科学发展的意见》（晋政发〔2011〕32号）精神，太谷县拟设立省级太谷经济技术开发区。该区紧邻太原都市区，位于太原城镇密集区，属于太原盆地经济区的核心地带，具有先天的地域优势，是承接太原产业转移和开展产业合作的重要区域。

开发区结构为：“一区两园”，规划占地面积35.36km^2，其中：水秀新型工贸园，规划占地面积32.03km^2，其东西长6km，南北宽6.5km，包括水秀乡所辖13个行政村；玛钢铸造园，规划占地面积约3.33km^2，规划范围：韩胡路以东、兴胡路以南、108国道以西，成“三角形”状。开发区以水秀新型工贸园为核心，玛钢铸造园为辐射带动。目前，太谷县设立省级经济技术开发区前期准备工作已基本就绪，委托山西协力城建技术咨询有限公司编制了《设立太谷经济技术开发区可行性研究报告》，并已向市商务粮食局提出申请报告。现根据山西省商务厅《关于组织开展经济技术开发区设立和扩区工作的通知》（〔2015〕晋商开便字第22号），特申请市政府组织相关部门和专家进行论证，尽早实现省级太谷经济技术开发区落地成立。

妥否，请批复。

太谷县人民政府

2016年10月20日

【例文三】

关于请求批转西湖区进一步明确安全生产工作职责规定的请示

区政府：

为深入贯彻落实习近平总书记关于安全生产“党政同责、一岗双责、齐抓共管”和“管行业必须管安全、管业务必须管安全、管生产经营必须管安全”的总体要求，根据《中华人民共和国安全生产法》等法律法规和《国务院安全生产委员会成员单位安全生产工作职责分工》（安委〔2015〕5号），我局结合实际，在征求各镇街、相关部门意见基础上，就建立我区“1+X”专业安委会体系、进一步明确安全生产责任起草了《西湖区进一步明确安全生产工作职责规定（送审稿）》，按照“分级负责，属地管理”的原则，进一步明确了各镇街和涉及安全生产监管的28个部门（单位）的具体安全生产职责和分工，以适应安全生产监管新形势的需要，促进安全生产责任落到实处。

特此请示，望予批复。

附件：西湖区进一步明确安全生产工作职责规定（送审稿）

西湖区安监局

2017年2月20日

七、请示的写作训练

（一）指出下面标题的错误，并予以改正。

1. 关于元旦文艺联欢会所需经费的请示报告
2. 关于申请2017年公费医疗补助费的报告

（二）阅读以下请示，指出其存在的问题，并予以改写。

关于购买轿车的请示

县主管物资控购办公室：

因工作需要，我县急需购买小轿车一辆，请批准调拨经费××万元。

另：我县尚缺专业技术人员16名，请在制定明年人员编制时一并考虑。

上述意见与要求如不妥，请批复。

此致

敬礼！

××县人民政府（章）

2016年6月15日

（三）阅读以下请示，指出其存在的问题，并予以改写。

关于要求解决我市发展有机蔬菜生产资金的请示

×××省人民政府：

近三年来，我市有机蔬菜生产产量徘徊不前。究其原因，主要是资金投入不足。2015年，我市决定扩大有机蔬菜种植规模，计划种植×××亩，总投资需要×××万元。

我市在财力非常紧张的情况下，决心千方百计筹措×××万元，尚差万元。恳请省人民政府给予解决。

以上请示，请速审批。

××市人民政府（章）

（四）阅读下文，组织讨论，指出这篇请示存在的问题，理清修改思路，做出具体修改。

关于转报《关于调整××县中小河流治理工程建设处人员的请示》的请示

××省水利厅、××市公务员局并报××副市长：

因单位人事变动，××县水利局申请调整××县中小河流治理工程建设处人员组成，现转报《关于调整××县中小河流治理工程建设处人员的请示》（×水字［2016］36号）至你处。另外，申请追加办公经费100万元。

专此请示，请速回复。

××市水利局

2016年6月6日

（五）自拟单位和事由，向上级机关写一篇请示。要求内容表述得当，形式规范。

第十三节　批　复

一、批复的内涵

批复是适用于答复下级机关的请示事项所使用的公文。批复是下行文，是针对下级机关报来的请示而制发的，专指性强。在公文的运行过程中，总是请示在先，批复在后，因而批复和请示是相互配合使用的文种。

二、批复的特点与分类

（一）批复的特点

1. 内容的针对性

批复是针对下级机关在请示中所陈述的有关情况、所提出的具体要求而作出的答复，因而具有很强的针对性。

2. 意见的明确性

对于下级的请示事项，批复要态度鲜明，意见明确，同意的，给予明确表态，不同意的，也要简要说明理由，不能含糊其辞。

3. 答复的权威性

批复是上级机关对下级的请示作出的指示，代表着上级机关意志和权威。批复一旦下达，下级机关就要无条件地贯彻执行。

4. 表述的简明性

批复是针对下级机关的请示事项所作的答复，语言表述要简洁明确，一般只需写明原则性、结论性的意见或指示，无需作具体分析和阐述。

（二）批复的种类

根据批复内容的不同，可将批复分为如下两种：

1. 审批性批复

即下级机关就有关事项用请示要求上级机关批准时，上级机关用这类批复给予同意与否的明确答复。

2. 解答性批复

即下级机关在工作中遇到疑难问题或新的情况，用请示向上级机机关寻求解释或指示时，上级机关用这类批复给予解答。

三、批复的写作

批复一般由标题、主送机关、正文、发文机关和成文日期四部分组成。

（一）标题

常见的有三种：

1. 由发文机关、事由和文种组成。如《国务院关于太原市城市总体规划的批复》。

2. 由事由和文种组成。如《关于河南省陕县人民政府驻地迁移的批复》。

3. 由发文机关、原件标题和文种组成。如《××市人民政府〈关于做好接受国家开发办验收我市综合开发项目准备工作的请示〉的批复》。

（二）主送机关

批复的主送机关一般只有一个，即报送请示的下级机关。

（三）正文

批复的正文由批复依据、批复内容和结尾三部分组成。

1. 批复依据。就是在批复的开头引述来文的日期、文号和事由作为批复的依据。常见的引述有如下几种：第一种，引述来文日期、标题和文号。如“你校××××年×月×日关于《请求扩建实验室的请示》（××发〔××××〕××号）已收悉”；第二种，引述来文日期和文件名。如“×年×月×日关于……问题的请示收悉”；第三种，引述请示的日期。如“×年×月×日来文收悉”；第四种，引述来文的日期和发文字号。如“×年×月×日×号文收悉”。引述后一般用“经研究批复如下”“经××会议决定批复如下”“现批复如下”“先就有关问题批复如下”等惯用语导入下文。

2. 批复内容。这是批复的主体，要针对下级请示的内容给予具体而明确的答复。如果同意，就明确表态；如果不同意，就应当简要说明理由和原因；如果原则上同意，但对某些具体问题有不同的处理意见，就要明确提出。批复内容较多时，可采用分条列项方式逐一写明。

3. 结尾。批复结尾通常有：用“特此批复”“此复”等惯用语作结；以提出希望和要求、便于下级机关贯彻执行的方式作结；请示事项答复完毕后自然结束，省略结束语。

（四）发文机关和成文日期

在正文的右下方写上发文机关的全称。在发文机关的下方写明成文日期，右空四字。

四、批复的写作要求

（1）对下级机关的请示，上级机关要及时批复，以免贻误下级机关的工作。

（2）要核实请示事项的真实性，研究其可行性，有针对性地答复下级机关的请求，无论肯定还是否定，都要态度鲜明，意见明确，切忌含糊其辞，模棱两可。

（3）要求语言简明，文字凝练，用词准确，表意清晰，便于下级机关理解和执行。

五、批复的写作例文

【例文一】

国务院关于同意设立“中国品牌日”的批复

国函〔2017〕51号

国家发展改革委：

你委《关于设立“中国品牌日”的请示》（发改产业〔2016〕2484号）收悉。同意自2017年起，将每年5月10日设立为“中国品牌日”。具体工作由你委商有关部门组织实施。

国务院

2017年4月24日

【例文二】

司法部关于基层法律服务工作者诉讼代理执业区域问题的批复

司复〔2015〕4号

四川省司法厅：

你厅《关于基层法律服务工作者执业区域及出庭提交材料的请示》（川司法［2015］26号）收悉。经研究，批复如下：

《乡镇法律服务业务工作细则》（司法部令第19号）第二十四条第（四）项“当事人一方位于本辖区内”的“本辖区”，是指基层法律服务工作者执业的基层法律服务所所在的县级行政区划和直辖市的区（县）行政区划辖区。

此复。

司法部

2015年6月25日

六、批复的写作训练

（一）阅读以下批复，指出其存在的问题，提出修改方案。

关于免征产品税的批复

××厂：

××县税务局转来你厂有关请示已经收悉。根据你厂由于受3号强台风袭击，部分车间倒塌，使一些设备不能继续使用，影响了厂的企业生产，造成不能上交有关税款，申请减免销售产品税5万元，以抢修厂房恢复生产。经研究，同意××税务所的意见。希望××税务所帮助该厂积极采取有效措施，抢修厂房，修复增置设备，迅速恢复生产，尽快恢复征税，待正常生产后不能再申请减免照顾。

特此回复

××税务局

××××年6月25日

（二）自拟单位和事由，向上级机关写一篇请示。再以上级机关的名义写一篇批复。均要求表述得当，形式规范。

第十四节　议　案

一、议案的内涵

议案是各级人民政府按照法律程序向同级人民代表大会或人民代表大会常务委员会提

请审议事项的文件。

议案是一种特殊的公文，它只有在各级人民代表大会或它的常务委员会开会期间才使用，它的效能也只局限于会议期间。

二、议案的特点与分类

（一）议案的特点

1. 行文的定向性

议案的法定制发者是各级人民政府，议案受文单位只能是同级人民代表大会或代表大会常务委员会，不能向其他部门或单位行文。任何个人或其他部门都无权提出议案。

2. 内容的重要性

只有各级人民政府就有关特别重要的事宜才提交人民代表大会讨论决定，一般事务不用议案，可由国家的权力机构的执行机关去解决。

3. 使用的法定性

议案提请审议时必须按照法律程序进行。议案的内容，只有被人代会或人大常委会通过才能生效。

（二）议案的种类

按议案的作用可分为立法性议案、重大事项的议案、任免性议案和建议性议案。

三、议案的写作

议案由标题、主送机关、正文、签署及成文日期几个部分组成。

（一）标题

议案的标题要写明要求解决的问题。一般有两种写法：

1. 由发文机关、事由和文种三部分组成。如《国务院关于提请审议兴建长江三峡工程的议案》。

2. 由事由和文种组成。如《关于提请审议拟与××国××市缔结友好城市关系的议案》。

（二）主送机关

议案的主送机关，只能是同级人民代表大会或人民代表大会常务委员会，不能有其他并列机关。要采用全称或规范化简称。

（三）正文

议案的正文由缘由、事项和结语三部分组成。

1. 缘由。即提请此案的依据、意义或目的。

2. 事项。即在议案中提出要求审议的具体事项。一般来说，要求审议的事项在文中只有其名目，而真正审议的对象是在议案之后的文件。

3. 结语。主要用于提出审议请求。常用“现提请审议，并请做出批准的决定”“请予审议”“请审议决定”“请审议”等惯用语。

（四）签署及成文日期

议案签署必须是同级政府行政首长签署，姓名前要写清签署人的职务全称，不能盖政府机关的印章。成文时间即政府行政首长签发的日期。

四、议案的写作要求

（一）所提的议案要符合职权，不能超越负责审议议案的国家权力机关的职权，也不能超越提出议案的行政机关的职权。

（二）议案的写作须坚持一案一事，即一份提案只阐述一个事项，解决一个问题，不能一事几案，或者一案几事，影响审议。

（三）议案应具有可行性，经过有关部门的努力能够做到。

（四）需要审议的法规草案或重大事项草案，要将其草案列为附件，以供审议。

（五）议案具有较强的法律约束力，行文要简洁，主题要集中，所提事项要清楚，避免过多的铺叙和议论。

（六）语言要庄重，准确，规范，不要使用口头语或过多的修饰语。

五、议案的写作例文

【例文】

上海市人民政府关于提请审议本市2015年地方政府债务限额的议案

沪府函〔2015〕142号

上海市人民代表大会常务委员会：

按照新预算法和《国务院关于加强地方政府性债务管理的意见》（国发〔2014〕43号）规定，对地方政府债务实行限额管理是规范地方政府债务管理的重要内容。近日，财政部《关于做好2015年地方政府债务限额管理工作的通知》（财预〔2015〕159号）明确，经国务院批准，财政部核定本市2015年地方政府债务限额为6018.5亿元（其中，一般债务3267.9亿元，专项债务2750.6亿元）。根据财政部要求，各地财政部门应在国务院批准的限额内，提出本市2015年地方政府债务限额，报经市政府同意后报市人大常委会批准，并按照要求向社会公开。

财政部核定本市的债务限额6018.5亿元包括：2014年末本市地方政府债务余额5812.5亿元，2015年本市新增政府债券206亿元。鉴于该债务限额总体规模适中，风险可控，为最大限度地保障本市建设资金需求，建议本市2015年地方政府债务限额为6018.5亿元。同时，根据市本级和区县的存量债务、后续建设资金需求等情况，建议市本级2015年地方政府债务限额为1932.1亿元。根据新预算法的规定，现提请市人大常委会审议。

上海市人民政府

2015年11月9日

第十五节　函

一、函的内涵

函是适用于不相隶属机关之间商洽工作、询问和答复问题，请求批准和答复审批事项的公文。

二、函的特点与种类

（一）函的特点

1. 使用的广泛性

函主要用于平行机关或不相隶属机关之间，无论是商洽工作、告知情况，还是询问答复问题、请求批准和答复审批事项，都可用函。有时也可用于上行或下行，如上级机关向下级机关询问一般性的问题，下级机关答复上级机关询问的一般性问题。

2. 写作的灵活性

函不受发文机关的权限大小和级别限制，也不受内容繁简轻重的制约，使用和写作都没有严格的限制，具有较大的灵活性。如果不是用正式文件的版头，函可以不编文号，有时甚至可以不拟标题。与下行公文相比，函的功能主要是商洽工作、询问或答复有关问题，不具备指挥、指令的功能。函与上行文比较，行文也比较灵活。

3. 内容的事务性

函主要用于解决具体事务，内容比较单纯、实在，一般开门见山，直陈其事，很少说大道理。

（二）函的种类

按行文方向划分，函可分为发函和复函；按性质划分，有公函、便函；按使用范围分，有告知函、商洽函、询问函、答复函、请批函、审批函。

值得指出的是，公函具有较完整的公文格式，用于商洽、询问、答复工作中较为重要的问题或请求上级机关批准某些事项。一般都要编号归档，按公文程序处理。便函多用于一般事务性工作，不属于正式公文，格式可以比较随意，没有文件头，没有发文字号，甚至可以没有标题，不存入档案。但正文之后，要有发文机关、日期和公章。

三、函的写作

函一般由标题、主送机关、正文、发文机关和成文日期四部分组成。

（一）标题

函的标题有三种写法

1. 由发文机关、事由和文种组成。如《国务院办公厅关于悬挂国徽等问题给湖北省人民政府办公厅的复函》。

2. 由事由和文种组成。如《关于商洽代培高级管理人员的函》。

3. 由单位名称和文种组成。如《中共中央办公厅秘书函》。

（二）主送机关

函的主送机关一般只有一个，即受文并办理来函事项的机关单位，于文首顶格写明全称或者规范化简称，其后用冒号。函的行文对象一般情况下是明确、单一的，所以多数函的主送机关只有一个。但有时内容涉及的部门较多，也有排列多个主送机关的情况，如《国务院办公厅关于羊毛产销和质量等问题的函》（国办函〔1993〕2号）的主送机关，有七个之多："国家计委、经贸办、农业部、商业部、经贸部、纺织部、技术监督局"。

（三）正文

正文一般由开头、主体、结语等部分组成。

1. 开头。主要说明发函的缘由、背景和依据。一般要求概括交代发函的目的、根据、原因等内容，然后用"现将有关问题说明如下："或"现将有关事项函复如下："等过渡语转入下文。如果是复函，其缘由部分，一般首先引述来文的标题、发文字号，然后再交代根据，以说明发文的缘由。

一般来说，去函的开头或说明根据上级的有关指示精神，或简要叙述本地区、本单位的实际需要、疑惑和困难。复函的开头引用对方来文的标题及发文字号，有的复函还简述来函的主题。这与批复的写法基本相同。有的复函以"现将有关问题复函如下"一类文种承启语引出主体事项，即答复意见。

2. 主体。这是函的核心内容部分，主要说明致函事项。主要是写明需要商洽、询问、答复、联系、请求批准、答复审批及告知的事项。函的事项部分内容单一，一函一事，行文要直陈其事。无论是商洽工作，询问和答复问题，还是向有关主管部门请求批准事项等，都要用简洁得体的语言把需要告诉对方的问题、意见写清楚。如果是复函，要针对来函内容，对有关事项作出明确的具体答复。

去函和复函的事项一般都较单一，可与行文缘由合为一段；如果事项比较复杂，则分条列项书写。一般用礼貌性语言向对方提出希望，或请对方协助解决某一问题，或请对方及时复函，或请对方提出意见或请主管部门批准等。

3. 结语。结语或向对方提出希望或请求，或希望对方给予支持和帮助，或希望对方给予合作，或请求对方提供情况，或请求对方给予批准等等。

最后，另起一行以"特此函商""请即复函"等惯用语收束。

通常应根据函询、函告、函商或函复的事项，选择运用不同的结束语。不同类型的函结语有别。如果行文只是告知对方事项而不必对方回复，则结语常用"特此函告"，如"特此函询（商）""特此函达"等；若是要求对方复函的，则用"盼复""望函复""请即复函"等语；请批函多以"请批准""请大力协助为盼""望能同意""望准予××是荷"等习惯用语收束。复函的结语常用"特此复函""特此回复""此复"等惯用语。有的函可以不写结语，自然结尾。

如属便函，可以像普通信件一样，使用"此致""敬礼"。

（四）发文机关和成文日期

在正文的右下方写上发文机关的全称。在发文机关的下方写明成文日期，右空四字。

四、函的写作要求

（一）内容要单一、集中，一函一事，不要一函多事。

（二）行文要简短明快，开门见山，直陈其事。发函陈述事项要具体，复函答复要明确，具有针对性。

（三）措辞要得体，语气要委婉恳切，尊重对方，不要强人所难，不用指令性语言。在写作上要注意与批复、请示、通知等文种有所区别。

五、函的写作例文

【例文一】

教育部关于同意设立茅台学院的函

教发函〔2017〕73号

贵州省人民政府：

《贵州省人民政府关于申请设立茅台学院的函》（黔府函〔2017〕74号）收悉。

根据《高等教育法》《民办教育促进法》《民办教育促进法实施条例》《普通高等学校设置暂行条例》《普通本科学校设置暂行规定》有关规定和全国高等学校设置评议委员会考察评议结果，经研究，同意设立茅台学院，学校标识码为4152014625。现将有关事项通知如下：

一、茅台学院系本科层次非营利性民办普通高校，由你省领导和管理。

二、学校定位于应用型高等学校，主要培养区域经济社会发展所需要的应用型、技术技能型人才。

三、学校全日制在校生规模暂定为5000人。

四、学校本科专业的增设问题，按我部有关规定办理。同意首批设置本科专业5个，即酿酒工程、葡萄与葡萄酒工程、食品质量与安全、资源循环科学与工程、市场营销。

五、我部将适时对学校办学定位、教学质量和人才培养情况进行评估。

望你省加强对该校的指导和支持力度，督促举办者进一步加大投入力度、加强学校师资队伍建设、完善学校法人治理、健全资产管理和财务会计制度、规范学校办学行为、落实安全管理责任，结合优化区域高等教育结构布局的需要，引导学校按照办学定位，强化学校发展战略规划研究，全面加强内涵建设，创新人才培养模式，不断提高教育教学质量和办学效益，促进学校办出特色，办出水平，更好地为贵州省经济社会发展服务。

附件：1. 茅台学院办学许可证信息
　　　2. 茅台学院章程

教 育 部
2017 年 5 月 23 日

【例文二】

××省体育运动委员会关于询问举办全省农民运动会有关项目比赛的函

××市体委：

全省农民运动会各项目的比赛，分散在各地举行，拟让你市承办篮球、田径两项目的比赛。能否承办，希于八月三日前答复。

××省体育运动委员会（章）
××××年×月×日

【例文三】

关于市公共资源交易中心服务收费问题的复函

市公共资源交易中心：

你中心关于收费问题的请示悉。为规范我市公共资源交易服务收费行为，促进公共资源交易健康发展，根据《广东省经营服务性收费管理规定》《广东省定价目录》等政策规定，结合我市实际，现就公共资源交易服务收费有关问题函复如下：

一、建设工程交易服务费

根据原省物价局《关于省建设工程交易中心服务收费问题的复函》（粤价〔1999〕122 号）规定，我市建设工程交易服务收费按本通知调整的项目和标准执行（附件 1）。

二、产权交易服务费

按原省物价局《关于规范产权交易服务收费标准的通知》（粤价〔2004〕155 号）和《关于产权交易服务收费标准有关问题的通知》（粤价〔2006〕508 号）的规定执行（附件 1）。

三、土地使用权交易服务费

按原省物价局《关于土地交易机构收取土地使用权交易服务费的通知》（粤价〔1999〕122 号）和《关于土地交易机构收取土地使用权交易服务费有关问题的通知》（粤价〔2004〕345 号）的规定执行（附件 2）。

四、矿业权交易服务费

根据原省物价局《关于矿业权交易服务收费标准的复函》（粤价函〔2012〕1487 号）规定，矿业权交易服务收费项目和标准按本通知规定执行（附件 3）。

五、政府采购招标代理服务费

根据原省物价局《关于政府采购中心招标采购代理服务收费问题的复函》（粤价

〔2013〕1233 号）和《广东省发展改革委转发国家发展改革委关于进一步放开建设项目专业服务价格的通知》（粤发改价格函〔2015〕941 号）规定，属政府集中采购招标代理服务费，按粤价〔2013〕1233 号文件规定执行（附件 4、5）；属建设项目招标代理服务费，按粤发改价格函〔2015〕941 号文件规定，实行市场调节。

六、上述收费按《广东省经营服务性收费管理规定》进行管理。收费单位应公布各项服务工作规程，实行收费公示，按文件的规定收费，接受有关部门和社会监督。

七、以上收费规定自 2015 年 5 月 1 日起执行。原汕尾市物价局《关于建设工程交易中心收取服务费的补充通知》（汕价字〔1999〕5 号）、《关于明确我市建设工程交易中心服务收费问题的通知》（汕价字〔1999〕76 号）同时废止。各县（市、区）公共资源交易中心（建设工程交易中心）收费，按本通知规定执行。

附件：1. 建设工程交易服务收费和产权交易服务收费标准表

2. 土地使用权交易服务收费标准表

3. 矿业权交易服务收费标准表

4. 政府采购招标代理服务收费标准表

5. 其他项目招标代理服务收费标准表

汕尾市发展和改革局

2015 年 4 月 24 日

六、函的写作训练

（一）以下函中哪些语言运用不当？为什么？请予以修改。

××厂：

贵厂女工孙××与鄙厂宣传干事金××，是一对恩爱伴侣，两人苦于相隔两地、鸳鸯纷飞。双方感情受煎熬不说，还加重了家庭负担，年迈双亲随女方缺人照料而苦不堪言，幼弱女儿随男方缺少母爱而目不忍睹。这实在是现代生活的一幕大悲剧！

鉴于以上实际情况，双方都曾多次提出，希望把两人调在一起，结束这种牛郎织女的生活，以使一家团聚，合家欢乐。我们是社会主义国家，工人是国家的主人，工人的疾苦就是我们的疾苦。从革命人道主义出发，我们决定同意金××调往贵厂，或请你们同意孙××调往鄙厂。两者任选其一，你们意下如何？

××××厂

××××年××月××日

（二）阅读以下函，指出其存在的问题，并进行修改。

××职业学技术学院关于安排学生到报社实习的函

××日报：

大学生实习是高校教学体系中的重要组成部分，对于提高大学生的社会实践能力和职业技能，检验在校期间的学习成效，特别是对于贯彻落实党的教育方针，执行省教育厅有关文件的指示精神，具有重要意义。为此，根据我院与贵报长达十年的合作惯例，我院决定今年暑假期间安排10名学生到贵报实习，请予接受。希望你们选派优秀记者和编辑，对学生进行严格管理和悉心指导，帮助他们迅速掌握新闻采编的专业技能。谢谢！

此致

敬礼

××职业技术学院新闻传播学系

2014年5月20日

（三）阅读以下函，指出其存在的问题，提出修改意见。

关于做好企业科技帮扶工作的函

为进一步做好企业科技帮扶工作，市科技局组织了一批高校专家、教授来我市担任企业科技指导员。现将专家、教授的基本情况予以公布。请企业根据实际需求，选择相应的专家教授，填好报名表，于12月5日前送或传真至市科技局高新科。

联系人：高××

联系电话：83××××、138××××

××市科技局（章）

2015年10月28日

附件1：专家教授基本情况表

附件2：报名表

（四）阅读以下函，指出其存在的问题，并进行修改。

××市教育局关于选派暑期去北戴河疗养教师的函

××中学：

今年暑假，我市拟选派一百名中小学教师去北戴河疗养，你校有一个名额。请你校在六月十五日前将这一名额落实到人并报我局。

××市教育局

20××年×月×日

（五）××厂为了提高技术人员的业务水平和科研能力，决定选派×××、×××两位同志到××大学××系××专业进修一年，请以××厂与××大学进行商洽为内容，撰写一份发函，再以××大学同意接受进修为内容，撰写一份复函。其具体内容要根据双方发函需求进行设计，要求内容表述得当，形式规范。

第十六节　纪　要

一、纪要的内涵

纪要是适用于记载会议主要情况和议定事项的公文。“纪”是综合、整理的意思，“要”是要点，纪要就是把会议的主要信息和精神整理出来，较全面地反映会议宗旨、会议基本情况、会议所决定的具体事项等。纪要一经领导人审核签发，就成了正式文件，具备法定效力，下级机关必须贯彻执行。纪要的适用范围较广，任何一级组织的会议都可以做纪要。纪要常同有关文种搭配组合使用。若作上行文，需要同报告或请示相搭配，若作下行文，则需要同通知相搭配。

纪要与会议记录不同。第一，文体性质不同。纪要用以传达会议精神，布置工作，对下级机关的工作起规范和指导作用；而会议记录则是“有闻必录”，它要把会议的时间、地点、内容、出席会议人员程序、发言、决议等详细记录下来，不属于正式公文。第二，形成方式不同。会议记录是当场记录每个人的发言，是记录的原始材料，而纪要则是集中、综合地反映会议的主要精神和议定的具体事项。会议纪录记载的是会议过程，纪要记载的是会议精神和结论。

二、纪要的特点与种类

（一）会议纪要的特点

1. 内容的纪实性

纪要有两项功能，一项是“记载”，一项是“传达”，并且通过“记载”去“传达”。纪要如实地反映会议的主要议题、与会者的观点、会议所决定的具体事项等，不能脱离会议的实际进行主观加工，否则便违背内容的客观真实性，违反纪实的要求。一些会议纪要具有备考性，主要是向上汇报或向下通报情况，必要时可作查阅之用。

2. 表述的纪要性

纪要是根据会议情况进行整理、提炼、概括而成的，关键是要在“要”字上下功夫。要对会议内容进行分析研究，有所选择、有所强调地将会议的主要精神、主要决定事项综合概括出来，重点应放在介绍会议成果，而不是叙述会议的过程，切忌记流水账。纪要是在对会议中各种材料、与会人员的发言以及会议简报等进行综合分析和概括提炼的基础上形成的。纪要必须精其髓，概其要，以极为简洁精炼的文字高度概括会议的内容和结论。既要反映与会者的一致意见，又可兼顾个别同志有价值的看法。有的纪要，还要有一定的分析说理。纪要要对会议精神和议定事项分类别、分层次予以归纳、概括，使之眉目清晰、条理清楚。

3. 称谓的特殊性

纪要一般采用第三人称写作。因为纪要反映的是与会人员的集体意志和意向，所以常以“会议”作为表述主体，如“会议讨论了”“会议认为”“会议指出”“会议决定”“会议号召”“会议要求”“会议确定”“会议建议”“会议强调”“会议希望”“会议号召”等就是称谓特殊性的表现。

4. 作用的限定性

它只对与会单位和人员有约束力，若在更大范围发挥作用，则要由领导机关用通知下发执行。这一特性包含两层含义：一是会议本身的权威性；二是纪要集中反映了会议的主要精神和决定事项。因而纪要一经下发，将对有关单位和人员产生约束力，起着类似于指示、决定或决议等指挥性公文的作用。纪要还可以作为与会同志向单位领导汇报、向群众传达的文字依据。

（二）纪要的种类

根据写作形式和作用划分，纪要主要有三种：

1. 办公性会议纪要

在日常工作中，常用办公会议形式讨论、研究工作，与会人员经过研究商议，对某些事项或问题形成一致决定，便采用会议性纪要形式文件，向下级机关传达会议精神要求下级贯彻执行。办公会议纪要一般有例行办公会议纪要、现场办公会议纪要。例行办公会议纪要就是记述例行办公会议情况及其议决事项的会议纪要。现场办公会议纪要，就是为解决某重大问题而召集有关方面和有关单位在现场研究、议决或协商的办公会议纪要。

2. 专题性会议纪要

这是围绕某个会议宗旨，如交流经验、研究问题、学术研讨、传递信息等，召开专题会议。会议结束后，采用专题性会议纪要形式，把会议情况通报给那些未参加会议的有关的人员，以便了解情况。

3. 座谈性会议纪要

就是记录座谈会情况的纪要。会议组织者为了解决某一问题而专门召开座谈会，以便了解情况，听取意见，集思广益，找到解决问题的思路与举措。

三、纪要的写作

会议纪要一般由标题、正文、发文机关和成文日期三部分组成。

（一）标题

纪要标题有两种写法：

1. 由会议名称和文种组成。如《山东省与毗邻四省土地详查接边会议纪要》。

2. 由正标题和副标题组成。正标题揭示会议主旨，副标题标示会议名称和文种。如《抓住机遇　扩大开放——沿长江五市对外开放研讨会纪要》。

（二）正文

纪要的正文一般由会议概况、会议内容和结尾三部分组成。

1. 会议概况。用简要文字介绍会议召开的目的、指导思想、会议的时间、地点、会议名称、主持单位、与会人员、主要议题等。

2. 会议内容。这是纪要的主体部分。要侧重写会议的主要精神和结论。如会议讨论的主要问题、会上的主要观点、达成的共识、做出的决定等。

不同类型的会议纪要，会议内容的写法也有不同。例如：例会和办公会议、常务会议的纪要，重点将会议所研究的问题和决定事项逐条归纳，做到条理清楚，简明扼要。决议型会议纪要，主要根据中心议题，着重把会议形成的决定、决议的具体内容一一表述清楚。综合性会议纪要，主体内容则侧重于突出会议的指导思想，全面介绍会议的基本情况。

常见的有三种写法：

（1）条文式。就是将会议的主要内容分成几个大问题，用分条列项的方式写出。侧重于横向分析阐述，内容相对全面，问题也说得比较细，常常包括对目的、意义、现状的分析，以及对目标、任务、政策、措施的阐述等。大中型会议或议题较多的会议，宜采用此种写法。

（2）综述式。就是把会议的基本情况、会议讨论的主要问题、与会人员的认识、会议议定的有关事项（包括解决问题的措施、办法和要求等），用概括叙述的方法，进行整体的阐述和说明。常用“会议讨论了”“会议认为”“会议指出”“会议提出”等惯用语作为各层意见的开头语。小型会议、议题单一集中的会议，宜采用此种写法。

（3）记录式。就是根据会上发言顺序，把会上具有典型性、代表性的发言加以整理，提炼出内容要点和精神实质，然后按照发言顺序或不同内容，分别加以阐述说明，如实反映与会人员的意见。一些重要的座谈会纪要，常用这种写法。

3. 结尾。一般是提出希望和要求、发出号召等。有时也可省略结尾。

（三）发文机关和成文日期

办公性会议纪要需要写明发文机关和成文日期。一般会议纪要不需要写发文机关，不加盖印章，成文时间也可在标题之下注明。

四、纪要的写作要求

（一）概括全面，如实反映。要真实准确地概括会议情况、会议讨论的问题、会议的主要观点、会议做出的决定等，不能随意取舍会议内容，不得以偏概全，不能是自己赞同的就多写，不赞同的就略写或不写。

（二）领会实质，把握基调。撰写纪要前一定要研析会议记录，分析每一位发言者的发言，归纳会议决议，全面领会会议精神实质，把握住会议基调。这样在落笔行文时才能够“统筹全局驾驭全篇”，体现“要旨”，确保所要传达的会议精神和部署的事项不“失真”不“跑调”。

（三）删繁就简，重点突出。“纪要”，顾名思义就是“纪其主要”，因此，要对会议记录进行详细地分析、归纳和提炼，删繁就简，突出其“要”，抓住重点，具体写出会议研究的主要问题、决定的主要事项、提出的主要意见和要求等，做到条理清晰，文字简练，切忌把会议纪要写成会议记录。

（四）用“会议”做主语。即“会议听取了”“会议讨论了”“会议认为”“会议指出”“会议强调”“会议决定”“会议确定”“会议希望”“会议号召”等。

（五）讲究语言技巧。切忌对语言不加整理，说什么记什么。对于不宜公开或有不好影响的观点言辞可以删除不记；对于言辞激烈的观点可以以较温和的词句替代表达；对于难以量化或精确表述的事项、意见要善于运用模糊语言。如不能确定完成日期的决议事项可以以“近期完成”或“尽快完成”来表达。又如对于参与某项工作的人员范围、人数等难以表述可以以“相关人员”或“有关人员”来表达。对于难于集中在同一段或同一个标题下体现的意见观点可以以“会议指出”“会议认为”等为导语引出。

（六）具有着较强的时效性。会后要尽快成文，及时送有关会议组织者或单位主要负责人审核签发。

五、纪要的写作例文

【例文一】

教育部网络安全和信息化领导小组
第二次会议会议纪要

2017 年 1 月 24 日（星期二）上午，经陈宝生同意，杜占元主持召开教育部网络安全和信息化领导小组（以下简称网信领导小组）第二次会议（成员扩大会），明确各成员单位职责分工，审议《2017 年教育信息化工作要点》，通报部内司局和直属单位信息系统定级备案工作。网信领导小组成员单位以及语用司、语信司、国际司、教科文、教科院、国家汉办、开放大学、电视台、装备中心、民族教育中心、报刊社、就业指导中心、人教社相关负责同志出席会议。

会议听取了科技司（网信领导小组办公室）关于 2016 年教育信息化重要工作进展、网信领导小组成员单位职责分工、2017 年教育信息化工作要点及信息系统定级备案工作情况的汇报，并就《2017 年教育信息化工作要点》进行了审议。

会议指出，近年来教育信息化工作取得了显著的进展和优异的成绩，主要体现在三个方面：一是实施成效总体上超过预期，二是初步探索了具有中国特色的教育信息化发展路子，三是国际影响力不断地增强。2016 年，教育信息化各项重点工作扎实推进，为“十三五”工作目标的实现奠定了坚实的基础，会后要将 2016 年工作进展情况整理印发。

针对下一步工作，会议强调：

一是加快推进网络安全等级保护工作。2017 年将迎来党的十九大胜利召开，工作的总基调是稳中求进，中央高度重视并要求切实做好网络安全工作。网络安全等级保护制度是我国网络安全的基本制度，《网络安全法》已对此作出明确规定。各单位要落实网络安全责任，尽快完成信息系统等级保护定级备案工作，科技司、信息中心要加强技术支撑服务。

二是明确网信领导小组成员单位职责分工。分工是为了明确权责，加强协作。各单位要按照分工，主动作为、勇于担当，结合各自业务领域，创造性地推动工作，提高网信工作的整体性、系统性和协调性。

三是尽快印发2017年教育信息化工作要点。2017年，教育信息化工作要坚持力度不减、抓手不软、培训不松，做到强化示范、突出效果、加强宣传。科技司要结合各单位的意见，修改完善《2017年教育信息化工作要点》，尽快报批印发。各单位要按照工作安排，分解细化任务，围绕深化应用，加强试点示范，确保各项任务落地实施。

附件：2016年教育信息化工作进展情况

【例文二】

关于全县公务用车改革等工作的会议纪要

（2016年3月5日）

2月22日下午，县长毕道丽主持召开县政府2016年第五次常务会议，听取全县公务用车改革等工作汇报，讨论决定有关事项。现纪要如下：

一、关于全县公务用车改革有关情况

会议听取了县机关事务管理局、县人社局、县财政局关于全市公务用车改革会议精神及我县公务用车改革有关情况的汇报。

会议认为：公务用车改革是中央、省、市推进全面改革的一项重要举措，势在必行。各地各部门必须统一思想，提高认识，按照《随州市公务用车制度改革实施办法》要求，做好各方面工作，确保改革顺利进行。

会议议定：

1. 关于组建专班问题，原则同意县机关事务管理局提出的专班组建方案，提交县委常委会研究通过后实施。

2. 关于机构组建问题，原则同意组建跨部门综合执法执勤用车平台，由县编办参考其他地方做法尽快提出我县平台组建方案，报县编委会审定。

3. 关于改革中的几个具体问题：一是关于车辆处置，县公车改革专班组建到位后，迅速对参与改革的83个单位的车辆统一摸底登记，对确定保留、处置的车辆明确到每一辆车的户头上；二是关于司乘人员安置，由县人社局、编办参考市里方案，结合随县实际，提出人员安置具体办法；三是关于补贴发放，由县财政局对各单位情况分类摸底、测算，拿出具体方案，待单位完成车改任务后发放。

4. 关于确定公车拍卖、评估机构问题，由县机关事务管理局按相关政策规定及程序进行。

5. 关于车辆封存时间，按照市里统一要求执行。

6. 关于改革后的问题：一是正常的公车使用，由县机关事务管理局、县公车改革办牵头，制定公车使用、管理具体办法。二是关于干部上下班问题，随县机关事业单位住房交付使用后，要倡导县直机关干部在随县住读；当前，原则上同意继续保留现有通勤车，不足车辆由县机关事务管理局、县交通局与市公交公司商定交通保障方案，具体办法提交县委常委会研究后确定。

二、关于农发专项建设基金申报有关情况

会议听取了县城投公司关于随县城市棚户区（厉山老镇）等四个项目申报农发专项建设基金有关情况的汇报。

会议认为：农发专项建设基金是国家发改委应对经济下行，支持地方建设，解决地方重大项目建设资本金不足推出的一项专项基金，是国家精准施策、滴水灌溉的重要举措。做好专项基金申报工作，对于撬动社会资本，拓宽融资渠道，发挥投资在稳增长中的关键作用具有重要意义。

会议议定：原则同意随县城市棚户区（厉山老镇）改造、随县姜水河及淮河源湿地水生态环境治理、玉皇硒谷生态农业三产融合开发、随县职业技术教育中心建设等四个项目申报中国农发重点建设基金，由随县大成建设开发有限公司作为融资平台对随州市农业发展银行进行申报。

会议要求：

1. 随县城投公司作为大成建设开发有限公司的母公司，对民营企业申报的国家发改委专项建设基金项目资金投放要加强监管。民营企业必须做到“配套资本金，固定资产抵押，行业主管部门担保、监管，资金使用审批手续”四个到位后，大成公司才能投放项目资金。县发改局、县国资局等部门要配合做好资金监管工作，确保资金安全风险控制在最小范围。

2. 县城投公司要对下一步发改委专项建设基金申报项目加强审核管理，项目上报省发改委前必须通过县发改局、县国资局、县城投公司等相关部门共同会审。要建立拟申报项目可行性专家评审论证机制，严防虚假项目申报、项目过度包装、项目只投不建等现象发生。

3. 县城投公司要做好政府主导投资的建设项目专项基金申报工作，加强项目策划、包装，努力为县政府主导的各类基础设施建设争取更多专项基金支持。

随县人民政府办公室

2016 年 3 月 5 日印发

第三章　事务应用文

□学习目标与要求

1. 掌握计划、总结、述职报告、调查报告、演讲稿等文种的内涵、特点、分类、行文规则及使用范围。

2. 重点掌握计划、总结、述职报告、调查报告、演讲稿的结构、写法和写作要求。

3. 具备撰写计划、总结、述职报告、调查报告、演讲稿等事务应用文的能力。

第一节　计划

一、计划的内涵

计划是党政机关、社会团体、企事业单位和个人，对未来一定时期内的工作目标、任务、措施和实现步骤等作出预测和设想的事务文书。它是对未来一定时期内的工作或任务作出的预想性安排。

“计划”是计划类文书的统称。写作时，往往根据内容的差别、成熟程度的不同以及期限的长短等，还有不同的名称。

规划——是为实现总体目标而作出的长远战略部署的一种计划。

方案——是对某项工作从目的、要求、方法到具体进度都作出较为全面的部署与安排的计划。

意见——是政策性和原则性较强、内容较完整的计划。

安排——是对短期内工作进行具体布置的计划。

设想——是初步的、尚未成熟的粗线条计划。

打算——是短期内工作的要点式计划。

要点——是对一定时期内的全局工作或中心工作所作的简要安排。要点重在原则性指导。

计划的作用体现在诸多方面：其一：为实现目标提供保证。合理地制订计划，工作就有了明确的目标和具体的步骤，就能使整个组织的活动有序、和谐地开展，有助于合理使用与控制资源，提高工作效率。同时还可以协调大家的行动，增强工作的主动性，减少盲目性，使工作有条不紊地进行，立于不败之地。其二，为控制活动提供依据。计划与管理控制活动紧密相联。它不仅为各种复杂的管理活动确定了数据、尺度和标准，而且还为控制管理活动提供了依据。在当今社会，经济政策、科学技术和人的观念都处于变化之中，面对层出不穷的变量，计划承担着预测变化并设法消除这种变化对管理活动产生不良后果的任务。其三，为协调组织提供准则。现代社会的各行各业的组织以及它们内部的各个组成部分之间，分工越来越精细，过程越来越复杂，协调关系更趋严密。有了一个具有组织目标和行动方案的计划，往往能使整个组织的工作协调一致、相互配合，以发挥整体优势，可避免盲动和不协调带来的损失。

二、计划的特点与种类

（一）计划的特点

1. 准确的预见性

预见性是计划最显著的特点之一。计划是在行动之前制订的，它是对未来工作的设想。制订计划时要对可能遇到的新情况、计划实施步骤、完成时间等，都带有预想性。但这种预想不是盲目的、空想的，而是以上级部门的规定和指示为指导，以本单位的内部条件和外部环境实际条件为基础，以过去的成绩和问题为依据，来确定工作目标、具体做法及实施步骤等。可以说，预见的准确与否，关乎到计划写作的成与败。

2. 明确的针对性

计划是要针对本单位的工作任务、主客观条件以及相应能力而制订的。它不是千篇一律的，即便同样是工作计划，也有单位和个人之分，而且同一单位内部，不同部门的工作计划也不一样。因此从实际出发制订出来的计划，才是有意义、有价值的。

3. 实施的可行性

有了准确的预见性和明确的针对性作为基础，计划在现实中才真正切实可行。制订计划要从实际出发，工作方法、措施和步骤应该是具体、可操作的。如果目标定得过高，措施难以实施，这个计划就是一纸空文；相反，目标定得过低，虽然很容易实现，但并不能因此而取得有价值的成就，那也算不上有可行性。

4. 较强的约束性

计划一经制订并公布，在其所指向的范围内就具有一定的约束性。工作的开展、时间的安排等，都必须按计划严格执行。所以在执行中，无论是集体还是个人，都必须要按计划的内容开展工作和活动。局部必须服从全局，各部门必须按计划的方案行动，并最终达到目标，完成任务。不得随意更改，不得违背和拖延。

（二）计划的种类

根据不同的分类标准，可以把计划分成不同的种类：

按性质划分，可分为专题性计划和综合性计划两种。

按作用划分，可分为指令性计划、指导性计划。

按内容划分，可分为工作计划、学习计划、销售计划、科研计划等。

按范围划分，可分为个人计划、部门计划、单位计划、国家计划等。

按时间划分，可分为周计划、月份计划、季度计划、年度计划等。

按形式分，可分为条文式计划、表格式计划、条文表格综合式计划。

三、计划的写作

计划的基本内容包括：总的指导思想和基本情况、目标和任务、措施和办法、进度安排和基本要求等。当然，在编制具体计划时，还要具体情况具体对待，不可千篇一律。

（一）表格式计划

即通篇都用图表来表述信息。制作表格式计划时，可以按照计划的需要，绘成表格，设若干栏目，再把制订好的各项具体计划内容填写进栏目中，形成表格。以表格方式撰写计划，适用于时间短、范围窄、变化小、内容单一、项目固定数目较多的具体安排，如销售计划、月计划、周计划等。可以周而复始地使用。

这种计划形式制作简单，文字简明，便于对照和检查，一目了然。

（二）文表结合式计划

即表格式和条文式相结合的计划。一般是将各项目的内容填进表格后，再用简短文字作解释说明。这种形式，要根据实际情况来确定文和表的作用。一般来说，需要解释和申说的内容，如背景、依据、目标以及措施方法等，以文字表述为宜；而具体的任务、数字、完成期限等，则以表格表述，既清楚、简省，又便于查找、比较。需要注意的是，文表之间要互为补充，不可重复。

（三）条文式计划

条文式计划，包括标题、正文、署名和成文日期。

1. 标题

即计划的名称。完整的计划标题一般是由四个要素组成：单位名称、适用时限、计划内容和文种构成。如《××学院 2017 年招生工作计划》。

有时可根据具体情况酌情省略标题中的某些要素。

或者省略时限，如《××市政府关于下岗工人再就业的计划》。

或者省略单位名称，如《2017 年第三季度工作计划》。

或者省略单位和时限，如《科研工作计划》。

如果计划需要讨论修改的，应在标题后或下一行用括号注明“草案”“讨论稿”等字样。

不论用哪一种标题形式，都要求做到准确、简明、扼要。

2. 正文

正文是计划的主体部分，一般包括前言、主体和结尾三个方面。

（1）前言。要求以简洁的文字介绍计划的背景、依据和基本情况，说明制订计划的目的、指导思想以及落实计划的重要性。这部分主要回答“为什么”和“凭什么”的问题，即“为什么要制订这个计划”和“依据什么来制订了这个计划”。需要注意的是，这部分的篇幅不宜太长，应该高度概括，简单明了。如果是个人的短期小型计划，这部分还可以省略。

（2）主体。这部分是计划的核心，一般包括目标、措施和步骤三个内容。其中“目标”是指明确要完成的任务和要达到的指标。即回答“做什么”的问题，可以是总体目标，也可以是具体任务或指标。确定目标要慎重。目标制定对计划的撰写乃至计划的实施至关重要，目标过高或过低都不合适。这一部分务必写得具体明确。措施和步骤是完成目标的保证。措施即回答“如何做”的问题，包括组织分工、进程安排、物质保证、方式方法等。措施部分应写明为完成计划所应该采取的主要方法等内容。步骤即回答“做得怎样”“如何做完”之类的问题，主要是质量、数量、时间上的要求。步骤部分则应写出实现计划的程序和安排，特别是对时间进度，如何分工合作等重要阶段、重要节点的安排。要有针对性、可操作性，便于执行。

（3）结尾。这部分一般用简洁的语言对整个计划进行展望。或简要地发出号召和提出希望，或描述计划实施后的前景，或简要强调任务的重点和工作的主要环节等。需要说明的是，结语应简洁，不宜过长。这部分在格式上不是必须的，也可以随着计划条文的终结而自然结束全文。是否有结语，可根据需要决定。

3. 署名和成文日期

即在正文右下方署上制订计划的单位或个人名称，在署名的下行写上成文日期。如果是以文件形式下发的计划，还需要加盖公章。

四、计划的写作要求

为了保证计划的实行，在制订计划时要注意以下几点：

（一）实事求是，统筹兼顾

制订计划不能靠主观愿望和臆想，必须从实际情况出发，通过深入地调查研究，准确地把握客观实际和事物发展的规律。走群众路线，集思广益，把计划变成群体的共同意志。在执行计划中就能更好地发挥群众的积极性，减少阻力。对于事关全局性计划，既要服从全局，处理好多种关系，又要体现本单位工作的特点。还应该把方方面面的问题考虑周全，处理好整体与局部的关系，做到统筹兼顾。

（二）措施具体，表述准确

为了使计划得到较好的实施，在整体设计上要注意措施的具体可行，并将实现目标的措施和办法一条一条地列出来。语言表述必须准确精当，不宜用“大概、左右”等模糊词语，避免空话、套话。计划的指标常常定量化，所以要恰当使用量词来表达数量的增减变化情况，不可模棱两可。

（三）灵活变动，防患未然

计划是根据客观情况制订的，客观情况在不断地变化，所以计划还要有灵活性，要留有余地，要有偶发事件的准备。在执行计划的过程中，需要定期检查，如遇到新情况、新问题，应及时进行修正、补充、调整，防患于未然，使计划不至于成为形式上的一纸空文。

五、计划的写作例文

××学校××××年德育工作计划

根据《中小学德育大纲》、以及上级领导机关对学校德育工作的总体要求、制订我校××××年德育工作计划。具体内容如下：

一、指导思想

以邓小平理论和三个代表重要思想为指导，深入贯彻省民族教育工作会议和市基础教育工作会议精神，以“行为养成教育”为核心，以弘扬和培育民族精神为重点，切实加强学校思想道德建设。……

二、工作目标及要求

学生违法犯罪率为0；重大安全事故发案率为0；学生操行评定合格率为98%；优秀班集体为50%；学额巩固率为100%（正常转、入学除外）。

1. 加强德育工作常规管理，促进德育常规管理制度化、规范化和有序化。
2. 大力加强德育队伍建设，开展德育科研活动，规范德育档案。
3. 继续认真学习和宣传《纲要》基本内容。
4. 强化值周工作。
5. 开展家长教育活动。
6. 开展丰富多彩的德育活动，丰富校园文化生活，陶冶学生情操。
7. 继续开展法制教育、安全教育、心理健康教育、感恩教育、生命教育、爱国主义教育和民族教育。
8. 组织德育工作经验交流活动。
9. 全面实施和谐教育。

三、具体措施

（一）加强德育队伍建设，全面提高德育队伍素质（略）

（二）加强学生干部的培养，促进学生全面发展（略）

（三）切实抓好常规管理，落实到位

1. 根据学校实际进一步修改和完善各项管理制度（略）
2. 做好后进生的转化工作（略）
3. 抓好班级文化建设，落实班级公物管理（略）

（四）通过主题教育活动对学生进行全面教育

1. 确实落实养成教育（略）
2. 积极探索“责任教育”（略）
3. 高度重视安全教育（略）
4. 认真进行法制教育（略）
5. 通过举行学习、宣传、纪念日活动加强民族团结教育（略）

四、工作安排

1. 三月份：开学典礼，学雷锋活动，爱国卫生月活动。

2. 四月份：安全教育月（开展健康上网，校园安全，远离毒品、珍爱生命等教育活动）。

3. 五月份：班主任培训。纪念“五·四”活动。开展的“寻根问里、美丽人生”为主题的班队会。

4. 六月份庆“六一”活动。

5. 七月份：庆祝党的生日纪念活动。毕业典礼。

（选自第一范文网 http：//www. diyifanwen. com）

六、计划的写作训练

（一）修改以下计划的标题

1. ××公司八月份政治学习纲要

2. ××市二〇一五年至二〇二〇年教育事业规划草案

3. ××学校二〇一七年开展职工体育活动的初步要点

（二）某校团委拟举办“五四”青年节庆祝活动，届时将举行多种纪念活动，包括举行篮球比赛、读书报告会、文艺联欢会、电影专场、青年书画展等。请拟一个表格式活动计划，计划名称、计划表及说明均要求具体明确，有关内容如时间、地点、负责人等可以虚拟。

（三）根据实际情况，任选下列一个题目制订计划。

学习计划；课外阅读计划；年度写作计划；暑假实践计划。

第二节　总结

一、总结的内涵

总结是国家机关、社会团体、企事业单位或个人对过去一段时期内的工作或任务加以回顾、分析、研究，从中找出经验和教训，引出规律性的认识，并把这些内容系统化、条理化，用以指导今后工作的一种文书。

总结的过程是由感性认识上升到理性认识的过程。常用的小结、体会实际上也是总结，只是反映的内容比较简单，时间较短，范围较小而已。

总结与计划互相依赖又互相作用。计划是在工作之前制订的，解决“做什么”与“怎么做”的问题；总结则是在工作到一定阶段或计划完成后进行的，回答“做了什么”“做得怎样”和“为什么这样”等问题。没有对以前工作做系统、深刻的总结，就很难制订出未来切实可行的计划。

总结的作用主要表现在：其一，总结经验，寻找规律。任何一种事物，都有它自身的发展、运动规律。遵循这些规律办事就能顺利达到预期的目的，否则就会招致失败。而要找寻、发现客观规律，就需要总结。其二，培养能力，提高自我。通过总结，可以养成理论联系实际的作风，培养观察事物、分析事物的能力，培养与锻炼自己的思维方法、分析能力、辩证观点，提高思想认识水平和业务工作能力。其三，汇报工作，互通信息。总结还可以用来汇报工作，互通有无。通过总结，上级部门可以了解下属单位的情况，使他们知道这个单位做了哪些工作，是如何做的，从而也较好地起到了沟通交流的作用。

二、总结的特点与种类

（一）总结的特点

1. 客观性

总结要对已经过去的实践活动进行回顾、分析。总结的内容材料，都应当是客观存在的实际情况，不能随意地夸大或缩小，更不能虚构一些没有做过的事情。所以客观的实际情况，尤其是典型事例和确凿数据是一篇总结得出正确结论的基础。即使是分析经验教训，也要以事实为基础，言之有理，不能主观臆测。

2. 理论性

写总结，要陈述事实，但事实只是基础。总结的过程，就是把平时积累的零散的、表面的、肤浅的对事实的感性认识，上升为全面的、深刻的、本质的理性认识的过程，从实践中总结出带有规律性的认识，以便对今后的工作起指导、借鉴作用。因此写总结不能局限于就事论事。要既有事实，又有理性分析。要站在一定的高度透过现象看本质，反映事物的发展规律。

3. 指导性

总结的目的是通过回顾过去而指导未来。它既要肯定成绩，又要分析经验教训。就是把在过去实践中的成功经验归纳出来，把教训分解出来，从而对工作做出正确估计，得出科学结论，以便更好地指导未来的工作。所以说，写总结不但是为了过去而总结，更是为了将来而总结。

（二）总结的种类

总结根据不同的分类标准，可以分成不同的类型。

按内容分，有工作总结、生产总结、学习总结、思想总结、销售总结等。

按工作范围分，有部门总结、单位总结、个人总结等。

按时间分，有年度总结、季度总结、月份总结、阶段总结等。

按性质分，有专题总结和综合总结。

三、总结的写作

总结包括标题、正文、署名和成文日期。

（一）标题

常见的总结标题可以归纳为以下几种：

一种是公文式标题。由单位名称、时限、内容和文种四要素组成，如《××公司关于××年度的工作总结》。其中的单位名称、时限、内容，可根据具体情况酌情省略。

二是文章式标题。用简练的语言概括总结的主要内容或主旨，标题中不出现文种“总结”的字样。如《股份制使企业走上成功之路》《我们是怎样在市场经济条件下坚持党管干部的》等。

三是正副标题。正标题概括总结的内容或揭示主旨，副标题补充说明单位、时限和工作内容。如《招商引资加快了经济的发展——××市 2017 年经济发展的经验总结》。

（二）正文

总结的正文由前言、主体和结尾三个部分组成。

1. 前言，也叫导语。一般是概述基本情况、交代工作背景或说明工作的指导思想和成果等，先给读者一个总体认识。这一部分写法比较灵活。常见的写法有两种：一是概述式，即概括工作的基本情况和成效，如什么单位，什么时间，做了哪些工作，采取了哪些措施，基本过程如何和工作成绩有哪些等；二是结论式，即对工作中取得的经验和成果下个定论。但不论采用何种形式，前言都要开门见山，言简意赅，统领全文。

2. 主体。主体部分要具体、细致地介绍基本做法、成绩和经验，重在分析取得的成绩以及取得成绩的原因和做法，总结出带有规律性的经验。并通过分析，找出在工作中还有哪些问题没有解决，没有解决的主要原因是什么，有哪些教训要吸取。问题和教训要写得具体，以便在今后工作中更好地改进。要写好这部分的内容，一定要注意点面结合，详略结合，叙议结合，而且叙议得当。

3. 结尾。今后的设想和打算。这部分内容主要根据存在的问题，有针对性地提出今后工作的努力方向以及改进的意见。如要发扬什么，克服什么，要采取哪些新的措施和方法，要如何努力，通过努力达到什么目标等。行文要简练有力，具有鼓动性和号召力，且避免空洞。

（三）署名和成文日期

即在正文完成后，在右下方签署总结单位的名称和时间。如果用于上报的总结，在署名处还应加盖单位公章。无论是单位总结还是个人总结，如果标题中已出现单位名称，落款可以不再具名。

四、总结的写作要求

（一）尊重事实，实事求是。

总结的材料一般包括那些能够说明工作效果和规律的数字和事实，如背景材料、典型材料、数据材料、正反面材料等。因此，在动手写作前一定要以客观事实为依据，要在调查大量的材料中认真分析、研究，通过不同形式全面了解客观事实，用事实说话，实事求是，而不能凭空捏造。

（二）突出重点，精心策划。

写作总结时须精心策划，要在系统、全面的回顾分析中，突出重点，选择那些具有代表性的，能反映出主要工作、主要成绩和主要问题的材料来写。抓住工作中的关键问题深入分析研究。切忌主次不分，眉毛胡子一把抓，写成了“流水账”。

（三）叙议结合，揭示规律。

总结虽然以材料和事实为基石，但切忌停留在对表面现象的描述上，泛泛而谈，要叙议结合。一般情况下，在交代工作的过程、列举典型事例时，以叙述为主；在分析经验教训、指明今后的努力方向时则多发议论。总结中对情况的叙述是议论的依据，议论又是对叙述的综合分析和提高，并通过议论，找出其中能够揭示事物本质的带有规律性的东西，以指导今后的工作。但需要注意的是，议论不宜过多，总结主要靠事实说话。

五、总结的写作例文

××县财政局××××年工作总结

××××年以来，县财政局在县党委、政府的正确领导和关心帮助下，认真贯彻落实科学发展观，坚持科学发展、和谐发展、加快发展，围绕全面达小康的宏伟目标，努力转变思想作风和工作作风，树立全心全意为人民服务的宗旨意识，强化资金管理，进一步深化财政改革，认真搞好各项财政财务工作。现将××××年的财政工作总结如下：

一、工作情况

一年来，我们主要抓了如下几项工作：

（一）努力培植财源，确保财政收入稳定增长。

今年以来，在县党委、政府的正确领导下，通过兄弟部门的配合，大力优化经济环境，搞活地方经济，充分利用现有资源，培植新兴财源。积极引进外地技术和资金，新办了化工厂、建材厂等多家民营企业。各企业共计为相关村组安排剩余劳动力××××余人，每年新增利税××多万元。并且在大力培植新兴财源的基础上，还加大对基础财源的建设力度。积极参与农业产业结构调整，多方筹措资金，培植绿色财源，发挥烤烟种植的技术优势，大力发展烤烟生产。同时，积极组织县级非税收入入库，认真分析研究财政收入组织工作中存在的问题，努力保持财政收入稳步增长。截至 11 月份，全县完成财政总收入××亿元，增长××，一般预算收入××亿元，增长××。

（二）规范财政管理，严格控制各项财政支出。（略）

（三）围绕中心工作，全力支持招商引资活动。（略）

（四）加大“三农”投入，推进社会主义新农村建设。（略）

（五）加强财政廉政建设，努力塑造财政良好形象。（略）

二、存在的主要困难和问题

（一）部分乡镇财政运转比较困难，债务负担较重，防范和化解财政风险的任务仍然十分艰巨。

（二）财政监管力度还不够，对一些专项性财政资金的使用还缺乏有力的监督，因此对财政性资金使用的整体效益有待进一步提高。

（三）党风廉政建设的宣传教育工作有待进一步加强。

三、今后努力的方向

（一）更新理财观念，深化财政改革。（略）

（二）严肃财经纪律，强化监督管理。（略）

（三）加强党性修养，树立财政形象。（略）

总之，当前的财政形式仍然十分严峻，我们应踏踏实实干好各项工作，严肃纪律，增强责任感和使命感，切实履行好党和人民赋予的神圣职责，逐步把我县的财政工作推上一个新的台阶。

××××年××月××日

六、总结的写作训练

（一）《××市卫生局××××年工作总结》的开头部分概述了一年来总的工作情况及取得的主要成绩，主体部分并列叙述了以下几个问题：

1. 注重提升各级领导班子的自身素质。
2. 加强管理，落实岗位责任制。
3. 做好基层卫生网点的建设工作。
4. 基层卫生工作出现了新面貌。
5. 存在的问题及今后的打算。

请你分析以上各层次的内容之间，有没有出现界限模糊、表意不清、意思重复的问题？若有，请指出并加以改正。

（二）就某一门课程的学习状况，写一篇学习总结。

第三节　述职报告

一、述职报告的内涵

述职报告是指党政机关、社会团体、企事业单位的领导者或工作人员，向所在单位的主管领导、上级机关或职工群众陈述自己在一定时间内履行工作职责情况的自我评述性的文书。

述职报告既是任职者对自己任职期间所做工作的总结，又是任职者把自己履行职责情况向上级领导和所属群众的汇报。

述职报告的作用主要表现在以下方面：其一，有利于素质的提高。通过撰写述职报告，述职者得以认真全面地总结过去的工作，进而从成功中总结经验，从失误中吸取教训，以便今后更好地改进工作方法。其二，有利于组织的考核。上级机关和群众可以根据述职报告，了解和掌握述职者的工作情况，并对其理论水平、道德品质、文化修养、业务能力进行全面细致的考核，做出客观、公正的评价。减少或避免任用中的主观性和盲目性。其三，有利于群众的监督。通过述职报告的形式向群众汇报履行岗位职责的情况，让群众进行审查和评议，接受群众的监督。

二、述职报告的特点与种类

（一）述职报告的特点

1. 自我的评述性

述职报告是任职者个人向特定对象陈述自己任职期间的德、能、勤、绩诸方面的情况。是自我定性、自我评估和自我鉴定。一般必须使用第一人称，向有关方面报告自己在一定时期内，按照岗位规范的要求，做了些什么事情，完成了什么指标，有哪些成绩和不足等。自我评述性是述职报告的一个很重要的特点。但需要特别强调的是，述职者要本着对个人、对组织负责的态度，所写的内容必须真实准确，要原原本本地反映事物的本来面目。

2. 内容的规定性

述职报告是根据任职者从任职以来或某一阶段本人的德、能、勤、绩等实际的履职标准，着重汇报个人履行某职责的情况。因此，述职报告的内容具有比较严格的规定性。写作时，要侧重写自己履行岗位职责、实现责任目标的有关情况。

3. 表述的谦诚性

述职报告的内容必须客观、准确。不能因为工作平平而垂头丧气；也不能因为取得成绩而沾沾自喜。述职的语言必须得体。述职者要通过谦诚的语气，报告自己履行职责的情况，体现出应有的礼貌、谦逊、诚恳、朴实的态度。

（二）述职报告的种类

按不同的标准可将述职报告分成不同的种类：

按时间分，有年度述职报告、任期述职报告和阶段述职报告。

按内容分，有综合性述职报告、专题性述职报告和单项工作述职报告。

按报告者分，有个人述职报告、集体述职报告。

按形式分，有书面述职报告和口头述职报告。

三、述职报告的写作

述职报告一般由标题、称谓、正文、署名和日期四部分构成。

（一）标题

述职报告的标题有多种写法。可大致概括为公文式标题和复式标题两种模式。

1. 公文式标题。有四种写法：

由述职者、时间、文种构成标题，如《××省教育厅厅长2017年度述职报告》。

由述职者和文种构成标题，如《××银行行长的述职报告》。

由时间和文种构成标题，如《2017 年度述职报告》。

只写文种“述职报告”即可。

2. 复式标题

即正副标题的形式。将内容的侧重点或主旨概括为一句话做正标题，以述职者和文种构成副标题。

如：甘为人梯　做好传帮带——××大学党委书记×××的述职报告

（二）称谓

述职报告的称谓写在正文前一行顶格，它依据现场听述职报告人员的身份而定，一般常用“各位领导、同志们”等。

（三）正文

正文由引言、主体、结尾三部分组成。

1. 引言。概述述职人的基本情况。包括任职时间、岗位职责、工作目标和自我总体评价等内容。这一部分内容要求写得简明扼要。

需要说明的是，上述内容在写作中可以灵活处理，除岗位职责必不可少外，其他方面的内容可以安排在后面的主体部分或者结尾部分中。

2. 主体。是述职报告的核心部分，它包括三方面内容：

一是交代自己任职期间的岗位职责以及所取得的主要成绩，这是述职报告的重点。二是陈述自己在工作中存在的问题、不足。在陈述以上两方面的过程中，述职者要结合自己平时工作中的一些典型事例，讲述自己的成绩和失误，说明自己是否称职。三是个人的体会。即通过论述自己在履行职责期间的经验和教训，而从中找出规律性的东西，上升到一定的理论高度，以便更好地做好今后的各项工作。

3. 结尾。表明今后工作的努力方向、目标或打算；或针对存在的问题提出改进的措施和办法。以表示自己将更加尽职尽责，做好今后的本职工作。

（四）署名和日期

一般在正文右下方署上述职者的单位名称、姓名和述职的具体时间。如果在标题下已有单位和姓名，只署日期就可以了。

四、述职报告的写作要求

（一）内容要真实

述职报告是述职者在讲述自己履行职责的情况，因此，述职的内容必须实事求是、客观实在、真实准确，无论称职与否都要与事实相符。一方面，要实事求是地把成绩写够，不夸大，也不缩小；另一方面，要把存在的问题写透，对工作的失误不讳言，不回避，力求反映工作的真实面貌。只有真实、客观地陈述自己履行职务的情况，才能有助于上级机关和所属单位群众对自己的工作作出全面、准确、客观的评价。

（二）重点要突出

述职报告不要事无巨细、面面俱到，而要重点突出。述职者要依据自己的职责标准，选取典型事例，阐述自己是如何履行职责的。在述职过程中，要抓住带有影响性、全局性的主要工作，对具有创造性、开拓性的工作重点着笔。并且对具有较大影响，能显示自己工作能力和水平的工作成绩，要写得具体透彻。而对一般性工作、常规性工作可尽量少写或一笔带过。应当明确，述职报告必须围绕“职责”二字做文章。它的写作目的就是说明自己是否称职。

（三）语言要朴实

述职报告不必过于追求文字的华美。对情况的交代、过程的叙述以说明问题为宜，不适合运用各种文学手法。述职者要注意选择那些既有表现力又简明朴实的语词来表情达意，这样才能使听众感到亲切可信，才会有更好的说服力。同时也要尽量少用形容词和诸如“大体上”“差不多”之类模棱两可的语词。

（四）态度要谦逊

述职，是述职者向机关和群众汇报自己履行职责的情况。因此，述职时态度应该谦逊诚恳，既不要虚伪地让功揽过，也不要骄狂地争功诿过。述职者应对自己进行认真的全面的反思。对群众意见较大的问题尤其要如实阐述，要以坦诚的胸怀、虚心的态度赢得领导和群众的谅解和支持，接受他们的监督。

五、述职报告的写作例文

××大学办公室主任述职报告

××大学办公室是协助领导办理专门事项、辅助和协调整个日常工作的部门。是沟通上下的咽喉，联系左右的纽带，对外交流的窗口，传递信息的中枢，领导决策的外脑和处理日常事务的手足。办公室的基本任务是参与政务、管理事务、搞好服务，具体地说有：辅助决策、管理事务、起草公文、协调关系、调查研究、收集信息、制定规章制度、管理会议、收发信函、接待来访、招待客人、安排车辆、整理文档、管理印章等。作为办公室主任，基本职责是：承办、参谋、管理、协调、服务。

××××年，我在学校党委和行政领导的正确领导下，在全体同志们的支持配合下，不断加强学习，认真履行职责，全面提高自己的思想素质、业务能力和工作能力，较好地完成了各项目标任务。虽然工作上经历了很多困难，但对我来说工作着都是很好的锻炼，感觉到自己在工作中收获着成长。现将一年来的履行基本职责、完成基本任务情况述职如下：

一、加强学习，提高素质，完善自我

为了适应新形势下工商工作需要，一年来，始终把学习放在重要位置，努力在提高自身综合素质上下功夫。在政治学习方面，通过学习邓小平理论及“三个代表”的重要思想，尤其是校办（机关一支部）严格按照《中共××大学关于开展深入学习实践科学发展观活动实施方案》和机关党总支的要求和总体部署，结合工作实际，认认真真、扎扎实实地开展了学习实践科学发展观活动，取得了一定成效。在活动中，我带领办公室党支部和全体党员干部充分发挥模范带头作用，在开展好办公室支部学习实践活动的同时，为学校学习实践活动的顺利开展做出了积极贡献，出色完成了一系列基础性、创新性、保障性的工作。特别是配合活动办、组织部、宣传部等部门，承担了大量文字材料的起草、修改等工作，切实发挥了文字保障作用；完成了校内外意见、建议的征集整理工作，形成了学院30项整改意见，并督促按时按质完成。通过实践科学发展观学习活动，我进一步增强了党性，提高了自己政治洞察力，牢固树立了全心全意为人民服务的宗旨和正确的世界观、人生观、价值观。

在业务学习方面，繁忙工作之余，能挤出时间自学，系统地学习社会主义市场经济、管理科学、系列法规等业务知识，学中干，干中学，不断更新知识结构，拓宽知识层面，提高理论层次，增强自身领导的才能。

二、立足本职，勤奋努力，做好主角（略）

三、建章立制，强化管理，提高效益（略）

四、严于律己、勤政廉洁、做好表率（略）

五、存在的问题及努力方向

在领导和同志们的关心支持下，工作也取得了一定的成绩，但距领导和同志们的要求还有不少的差距。一句话：就是忙于应付、惰于思考，沟通不足、情感投入需加强。具体表现为：

1. 埋头做事，讲求效率是我对自己的要求。同时，也导致我在工作中对同事缺乏宽容，追求效率，要求过高。

2. 在工作中有时候只知道埋头拉车，顾不得抬头看路，没有更多地反思工作。

3. 做人真诚坦荡，但也过于直率，工作中易动真情，也就易得罪他人，对办公室同仁们的关心支持还显不够。

4. 安排工作的合理性还要加强，创新意识还要加强。在今后的工作还需要合理调整，改革创新，提高效率，不为琐事缠身。

在今后工作中，我将坚持“上为领导分忧、下为部门和师生服务”的原则，通过改造自我，克服缺点和不足，努力提高业务水平，提升个人修养，树立创新意识，竭尽全力，做好自己的工作。

述职人：×××

××××年××月××日

六、述职报告的写作训练

（一）试以班级干部的角色（如班长、支书、宣委、体委等）写一份年度述职报告。

（二）某企业老总用三年时间使该企业扭亏为盈，下面是该企业老总述职报告的主要提纲，请你将其扩充为1000字左右的述职报告。

1. 深入了解市场，找准使企业扭亏为盈的突破口。

2. 结合企业实际，在解决重点和难点问题上下功夫。

3. 注重自身形象，发挥表率作用。

第四节　简　报

一、简报的内涵

简报是党政机关、企事业单位等组织内部用来反映情况、沟通信息、汇报工作、交流经验的一种事务性文书。简报是统称，机关单位内部编发的“××反映”“××动态”“××快报”等，也属于简报的范畴。简报相当于机关单位的内部刊物，上行、下行、平行皆可，发行方向灵活。虽属于非法定公文，但简报因其简便灵活性，及其在传递信息、沟通情况方面的优势，在机关单位内部使用频率极高。

二、简报的特点与种类

（一）简报的特点

简报的特点主要体现在以下几个方面：

1. 内容的新颖性。简报要求反映工作中的新情况、新事物、新问题、新经验，使读者能把握工作动态，获得新的感知，了解趋势和主流。从而对对本机关单位内部信息和问题有个大致认识，否则，便失去了存在的意义。

2. 编发的时效性。为了能及时交流信息、传递情况，迅速上传下达，简报要求快编、快发，快速行文，因而，在长期的工作实践中，逐渐形成了简报时效性的特征。只有及时编发，才能将情况和信息迅速反映出来，它是确保内容新颖性的重要条件。

3. 行文的简洁性。由于前两点的限制，所以简报要求篇幅简短，扼要地叙述事实，忌长篇大论，以免影响新鲜信息的及时传递。为此，一份简报要求主旨单一，要抓关键，扣重点，写典型，少说套话、空话，多用事实说话，以反映基本情况为主，不用苛求全貌。

4. 周期的灵活性。简报可按一月一期、一周一期等方式定期编发；也可根据实际情况不定期编发，以保证新问题的及时传达。

（二）简报的种类

简报的种类可以从以下几个方面来划分：

1. 按内容分，可分为工作简报、动态简报、会议简报等。

2. 按性质分，可分为专题简报、综合简报。

3. 按周期分，可分为定期简报、不定期简报。

三、简报的写作

简报由报头、报身、报尾三部分组成。

（一）报头

报头相当于行政公文的眉首，它位于首页上方，约占三分之一的版面，主要包括简报名称、期数、编发单位、编发日期等几部分。

1. 简报名称

应居于报头中心，大字套红印刷，因此，简报有“红头小报”之称。如《科技简报》《工作简报》《科技动态》等。

2. 期数

一般位于简报名称的正下方，标明“第××期”，通常按年度依次排序，也可用括号注出总期数。

3. 编发单位

在期数左下方顶格标写，如“××（机关名称）办公室”“××大会秘书处”。

4. 编发日期

在期数右下方顶格标写，与编发单位在同一行，要求写明年、月、日，多用阿拉伯数字。

有些还在简报名称左上方标明“内部参考，注意保存”等字样。

编发单位和编发日期下方，用一条等宽于版心的红色间隔线将报头与报身隔开。

（二）报身

这是简报的核心，该部分主要是简报的主文，此外，有些简报根据需要还编有按语和目录。

1. 按语

按语位于间隔线下方，主文之前，主要是说明编写者的目的、意见或强调意义，要求简明扼要，常用“编者按”或“按”等字样。常见的按语包括三种：

（1）说明性按语。主要介绍材料的来源、编发的原因或转发的范围、目的等。

（2）提示性按语。对稿件的主要内容加以提示，便于读者理解稿件精神，主要用于较长的稿。

（3）评价性按语。编写者针对报道的内容加以评论，表明看法。这种按语使用频率很高。

2. 目录

一份简报可以刊载一篇文章，也可以刊载同类主题的数篇文章。对于后者而言，可在主文之前编写目录，标写各文的标题，使读者能总体把握，并选择阅读。

3. 主文

即本文部分，这是简报的重心，包括以下两部分：

（1）标题

简报的标题要求简要地概括正文的主要内容，可采用单标题形式，即用一个标题概括正文的内容，如《××分公司制订出适合本单位实际的改革方案》。也可采用双标题的形式，即先以正题揭示文章主旨，再以副题对正题进行补充说明，如《管理出质量，质量出效益——××分厂强化管理成绩卓著》。

(2) 正文

简报的正文包括开头、主体、结尾三部分。

开头相当于消息的导语，通常用简要的文字概括主要内容、点明中心，或进行必要地说明。也可结合主要事实，将要阐述的道理采用提问的方式提出，以引起读者的注意。此外，还可以在开头说明撰文的目的或评价其意义等。

主体部分主要是对开头所叙事实进行具体阐述和补充。主体部分的结构形式和写作方法可根据材料的实际情况灵活处理。如果报道的是一个事件，可按照其发生、发展的过程展开；如果材料本身有主次、递进、并列、因果等内在关系，可按照其自身的逻辑顺序安排结构；也可采取归类的方式分条列项，如将材料归为几条经验、几个方面或几个部分等。

结尾，即全文的收束部分。结尾的方式包括：一是自然结尾，即主体部分结束之后便收束全文，不再另添加结尾句、段；二是添加式结尾，即用一句话或一小段文字概括全文内容、点明意义、预测趋势，起总括全文的作用。

(三) 报尾

报尾位于简报末页的下端，以两条黑色横线相夹。包括简报的发送范围及编印份数。左侧注明发送范围，如“报：×××”“送：×××”“发：×××”。报，是指简报呈报上级单位；送，是指简报送往同级单位或不相隶属的单位；发，指简报发往下级单位。右侧注明简报编印的份数，以便于登记和管理。

简报的一般格式如下所示：

××简报

第×期

××××编印　　　　××××年×月×日

按语（或目录）

标题

正文

报：

送：

发：　　　　共印××份

四、简报的写作要求

（一）内容要真实可靠。作为机关单位上传下达、交流信息的重要媒介之一，简报的基本要求是内容的真实、准确性，只有先满足了这一要求，简报才具有长存的生命力。

（二）表述要明确清晰。在实际行文过程中，首先要明确报道的重心和主题，在简短的篇幅内突出核心内容，使表述详略得当；此外，要认真构思，深入研究材料性质和特点，采取合理的形式谋篇布局，做到行文条理分明。当然，最基本的一点还是要求语言表达流畅、清晰。

五、简报的写作例文

安徽援疆简报
工作简报

安徽省驻新疆援建指挥部　　　　　　　　　　　　2017 年 10 月 13 日

安徽援疆 10 大重点项目交付使用

10 月 10 日，安徽援疆指挥部在刚投入使用的县公共文化中心举行安徽援建 10 大重点项目交付运营投产仪式，以此向即将召开的党的十九大献礼！和田地委副书记、安徽援疆指挥部临时党委书记、指挥长张明，地委委员、皮山县委书记艾合买提·买买提等领导出席并讲话。皮山县部分干部群众和社会各界代表、安徽第三批援疆干部人才参加仪式。

安徽援疆指挥部此次交付运营的 10 大援建项目是皮山县人民医院、皮山县公共文化中心、皮山县维吾尔医院综合病房楼、新城区黄山幼儿园、新城区客运枢纽站、2 万平米标准化厂房、妇幼保健站业务用房等，项目分布在产业、教育、卫生、文化等多个领域，共投入援疆资金 4. 64 亿元。这一批项目交付运营投产使用，对皮山县经济和社会发展的再推动、再促进，为皮山县社会稳定和长治久安发挥出了积极作用。

去年 12 月份以来，安徽省第三批援疆干部人才一到皮山，就着手谋划 2017 年度援疆项目计划。进疆第 20 天，安徽省援疆指挥部就会同皮山县人民政府召开了 2017 年度安徽省援疆项目实施动员大会，研究落实、推进形成了“一个项目，一个县级领导，一个责任人，一抓到底”的责任机制和“日碰头，周例会，半月通报，月调度，季观摩，半年小结”推进机制。截至目前，安徽省援建皮山县的 42 个援疆项目中全部开工建设，实际拨付援疆资金 1. 73 亿元，项目开工率、资金拨付率均居和田援疆省份前列。

皮山县百达绣丽公司和皮山县人民医院负责人作为受益单位代表在仪式上发言。艾合买提·买买提同志强调：在喜迎党的十九大胜利召开之际举行此次仪式，意义重大。我们要增强感恩意识，发挥好运营投产的援疆项目在推动发展、改善民生、脱贫攻坚等工作中的辐射带动作用，增强“造血”功能，提升自我发展能力。张明在讲话中要求，安徽援疆干部人才要深入贯彻落实第六次全国对口支援新疆工作会议精神，按照省委省政府援疆工作部署，以只争朝夕的精神，对照年度计划，补缺补差，确保完成全年各项援建工作任务，同时，要围绕皮山县县委县政府抓稳定、脱贫攻坚、产业发展、改善民生等重点工作，科学谋划2018年度援疆项目计划和“十三五”援疆规划的中期调整工作。

和田皮山党委政府
“两节”看望慰问安徽援疆干部人才

“两节”期间，和田地委、地区援疆办、地区发改委、和田市委、皮山县委等，分别来到安徽援疆指挥部和田及皮山驻地，看望慰问援疆干部人才，并送来月饼、水果等慰问品，给大家带来节日问候：安徽援疆干部人才不远万里来到和田皮山，倾力倾情援疆，放弃与家人团圆团聚，各项工作卓有成效，特别是在国庆中秋期间，坚守工作岗位，视和田各族群众为亲人家人，一起共度佳节，为促进民族团结、建设美丽和田，做出了积极贡献。

安徽援疆指召开第九次集体学习会

10月8日，安徽援疆指挥部召开第九次全体援疆干部人才集体学习会。与会人员重点学习了中央领导在新疆若干历史问题研究座谈会上的重要讲话精神和安徽省委组织部领导对援疆工作的指示要求，传达了新疆自治区委组织部有关文件精神。二名援疆干部人才代表在学习会上作了交流发言。

和田地委副书记、安徽援疆指挥部临时党委书记、指挥长张明主持学习会并总结讲话，要求全体援疆干部人才要进一步加强思想政治建设、作风建设；要做好组织收看、学习、领会、贯彻党的十九大会议精神工作；要进一步做好2017年度各项援建工作，确保全年工作任务圆满完成；要进一步加强管理、严守纪律，履职尽责、扎实工作，以优异工作成绩迎接党的十九大胜利召开。

安徽援疆指召开支教支医工作座谈会

10月9日，和田地委副书记、安徽援疆指挥部临时党委书记、指挥长张明在皮山县主持召开支教支医工作座谈会，听取新一批支教支医队员工作生活情况汇报。安徽援疆指干部人才组、项目组、皮山工作组、支教支医队负责人和5名教医工作小组组长等参会。

座谈会上，各工作小组组长和支教、支医队负责人分别汇报了进疆一个多月以来学习、工作、生活情况，以及下一步做好支教支医工作打算。张明充分肯定了支教、支医工作队员进疆以来的工作成效，全体支教支医人员认真贯彻落实省委省政府援疆工作部署，思想认识到位、觉悟高，大局意识强，工作适应快，管理严格、成效明显，开局良好，得到了受援地干部群众的肯定。

张明要求安徽72名支教支医队员，一是要进一步深刻领会援疆工作是国家战略、政治任务，要有高度的政治担当和使命感，充分认识到援疆使命光荣、职责神圣。二是要积极落实省委省政府援疆工作部署，进一步加强援疆工作队员思想政治建设，通过集体学习会、小组会等多种形式加强政治理论学习，坚定理想信念，时刻把“三个安全”牢记在心，严格遵守各项法纪及规章制度，树立安徽援疆人的良好形象。三是要履职尽责、主动作为，通过“传帮带”等多种方式，积极向受援地传授先进管理理念和技术，开展工作创新，努力提高受援地教育和医疗水平，让当地各族人民群众受益，为建设美丽和谐皮山作出积极贡献。

报：（略）
送：（略）
发：（略）　　　　共印100份

（选自：http：//www.ahyjw.cn/display.asp？id=2592）

六、简报的写作训练

搜集你身边的材料，编一份反映你所在班级（年级或所在系）动态的简报，要求设计出报头、报身和报尾。

第五节　调查报告

一、调查报告的内涵

调查报告是机关、企事业单位、个人在深入研究社会生活或工作中的某一问题、事件、现象时，根据特定的目标，运用科学的方法，经过深入细致的调查研究，得出结论，进行科学的分析整理，最终将调查的结果和研究的结论撰写成书面报告，这就是调查报告。

调查报告的关键在于对社会生活、工作中的某一具体问题、事件进行调查研究，通过深入分析，透过现象挖掘其本质，找出规律，以利于总结经验，给人以启示、警醒，避免类似错误的再次发生；或者引导人们学习先进，弘扬正能量。

二、调查报告的特点与分类

（一）调查报告的特点

1. 选题的针对性

调查的目的是发现、解决问题，进一步推广和总结经验，为上级领导决策提供依据，所以针对性极强，具有一定的指导意义。

近几年来，随着私家车的数量不断攀升，醉驾事件屡屡发生，引起社会广泛关注。以醉驾现象为调研目标，可以说具有很强的针对性和现实意义。事实证明，发生于2009年5月7日杭州飙车案及其相关事件在媒体上的持续发酵，一定程度上推动了醉驾入刑的法制进程。

2. 材料的典型性

调查报告必须从事实出发，以严谨科学、实事求是的态度，从生活中选取典型材料，以支撑调查结论。调查的对象和材料一定要具有代表性、典型性，通常情况下，以领导、有影响的公众人物的言行为依据，作为调查报告的佐证材料，可大大增强调查研究的普遍意义和指导意义。

3. 结论的指导性

调查报告主要是通过对收集的材料进行分析、归纳，从而揭示事物的真相和本质规律，形成对人们生活的指导性和借鉴意义。因此，它不是简单的材料堆积，或是对事物的简单描述，而是在综述材料的基础上做出的高度概括。调查报告是事与理的高度统一，调查得出的结论应该对解决问题、部署工作有一定的指导意义。

（二）调查报告的分类

在实际运用中，调查报告的表现形式很多，从外在的表现形式上看，根据其名称是否含有“调查报告”等字样，可分为以下几类：其一，直接命名。即以“调查”或“调查报告”冠名的社会调查等。如《大学生暑假三下乡社会实践报告》《农民工返乡创业情况调查报告》。这一类的调查报告从题目上可以很直观地看出其文种性质，也是最为常用的一种命名方式。其二，近似命名。即以“考察报告”“情况汇报”“调查汇报”“情况介绍”“情况反映”冠名的文章。如《湖南农民运动考察报告》《上海市中小学教学楼安全情况调查汇报》。这一类的文章名称很接近调查报告，可视作“调查报告”的近义词。其三，略形重质式命名。即经过调查研究，做出深度思考后的结论性文章。如《信访调查》《关于××的思考》《××附记》等，甚至在命名上根本看不出是调查报告的，但实质上属于此类。如《肥东县店铺镇征地中存在的问题信访实录》《关于合肥市大学城饮食群卫生情况调查附记》《淮河上游的“癌症村”》《“转基因”现象的背后》等。此类调查报告有其实而略其名，一般情况下，更注重对存在问题的总结，有的甚至会上升至很高的高度，引发社会的广泛思考。

通常情况下，调查报告是按照调查的内容和作用进行分类，主要有如下几种：

1. 有关基本情况的调查报告

此类调查报告也称“社会调查”或“考察报告”，内容注重于对某地区、单位、行业或具体某一方面的整体情况做调查研究，具有一定的系统性，站的高度较高，可资借鉴的成分多。如《池州地区大学生宗教信仰情况调查》《兰州地区适龄儿童入学情况考察报告》等。

2. 总结经验的调查报告

此类调查报告是领导机关为了推动某项新的方针政策的贯彻执行，或推动某项新的工作任务的完成，宣传反映现实生活和工作中的典型性经验，对已经做出的成绩、取得的经验进行深入调查分析，而后形成的调查报告。它不仅仅是对一般工作过程和业务的介绍，更加注重于从事物发展的全过程中发现问题、寻找规律、总结经验，对此加以阐述。

3. 揭露问题的调查报告

此类调查报告主要是针对工作中出现的重大问题、重大失误、急需解决的问题、重大事件或恶性事件，以及社会生活中的不良现象，展开调查研究，形成报告。如央视“焦点访谈”栏目中经常报道的事件，对发生在天津市滨海新区的“8·12 天津滨海新区爆炸事故”的调查报告等。

4. 有关新生事物的调查报告

对生活中出现的具有方向性的新人、新事、新发明、新创造、新经验予以调查分析，突出其时代感，通过对新事物的扶植，探索新途径和新方法，从而为新事物的成长提供和创造良好环境，给人们以启示，引领新的发展方向，拒绝错误导向。

例如对民间集资现象的深入调研，结果可为民间理财提供指导，保护好老百姓的钱袋子，引导民间融资朝着合法、安全的方向进行。这一类调查报告侧重于抓住问题的实质，分析其存在的合理性，并提出进一步的意见和解决措施。

5. 澄清事实的调查报告

此类调查报告主要是针对历史上某一重要的、鲜为人知的史实以及历史人物进行调查，以重要、关键的历史资料，还原其本来面目，把错误的、被颠倒的东西重新纠正过来。例如，对 1996 年 4 月 9 日发生在内蒙古呼和浩特市的呼格吉勒图冤杀案的调查研究，通过展示历史资料、证据，当事人的证词等，法院予以重审，纠正冤假错案，尽可能地让人们对此事件有一个真实的认识。

三、调查报告的写作

调查报告一般由标题、导语、主体和结尾几部分组成。

（一）标题

调查报告的标题要求简明、具体，概括主旨，一般有两种形式，即单行标题和双行标题。

单行标题由“关于+事由+文种”组成。这是调查报告单标题的常规形式，如《关于农村土地撂荒的调查与思考》。还有些变通形式，如《××县关于水利建设问题的调查报告》，在“关于”前加调查单位名称；另有省略“关于”的，如《我市农民专业合作组织发展状况的调查报告》；省略事由的，如《兴国调查》；还有只出现事由和基本观点的，如《看，谁在拨打信息台?》《致富路上“怕”字多》等。

双行标题即由主标题、副标题组成。主标题揭示基本观点，副标题标明调查的对象、地点、范围、和内容等。为了点明研究对象、内容、目的等，有时候需要对主标题加以补充说明、解说，如《民主、服务、稳定——济南市提升城市社区建设水平的调查》。

总之，主标题表述作者的观点、讨论的内容，副标题确定研究对象的范围，二者的使用目的很清楚，不可混淆。

（二）导语

也称前言、开头、导言、总提等。前言又称“导语”“引言”，多用简短话语介绍调查报告的基本情况，概括主旨，以提起读者注意，加深对内容的理解。这一部分是主体部分的引导语，主要交代调查报告的写作目的、背景、调查范围、调查时间、调查地点、调查方式等内容，有时也简要交代基本情况或主要观点。写作上要求简明扼要，特别是基本情况介绍不能过于烦琐，否则容易与正文部分相冲突。

（三）主体

主体是调查报告的写作核心，需要用翔实的材料陈述观点，观点要鲜明集中，材料要准确典型。大型的调查报告往往可以将中心观点分解成几个分观点，逐一加以陈述。每个分观点可以用撮要句的形式置于段首，借以突出观点。调查报告的材料是证明观点关键，因此必须精心选择、合理安排。材料应做到有点有面，点面结合，既要描述调查内容的事实情况，又要由事入理，阐述观点，引发认识，多采用叙议结合的方式。在用材料陈述观点的过程中，需对材料作精到的分析，切忌堆砌材料。其结构有递进式、并列式和综合式，沿着提出问题、分析问题、解决问题的层次进行撰写。

主体部分的写作一定要做到条理清楚、层次分明。主体部分一般有两种方式：其一是横式结构，即按问题的性质或围绕基本观点分成几个方面逐一展开；其二是纵式结构，即按照事情发生的时间顺序安排材料，或按照基本情况、问题分析、建议和对策等逻辑顺序层层深入地说明问题。还有一种形式是上述两种形式的综合体，即纵式结构和横式结构相配合，主要用于大型调查报告。

（四）结尾

调查报告的结尾有两种形式：一种是独立结尾；另外一种是和主体连在一起，即它既是主文的最后一段，又是全文的结尾。

从内容来看，有的结尾起概括和总结全文的作用；有的结尾不局限于主体所讲的内容，而提出从主体陈述的事实中可以看出来的其他问题，以引起人们的深思；也有的结尾提出有针对性的建议或对前景进行展望等。一般要做出一些总结性的结论，使调查报告的主题得以升华，给人们以警示或引导。

最后要说明一下调查报告的落款。

调查报告的落款较为灵活。一般有以下几种情况：一种是作者和写作日期均置于标题之下，居中排布，上姓名下日期；第二种是作者置于标题之下，居中排布，写作日期放在文尾右下角；还有一种情况是姓名和日期均置于文尾右下角，姓名在上，日期在下。

调查报告的写作模板如下：

题　目

（简明概括文章的主旨，尽量不要超过20个汉字）

前言

（提出问题，简要介绍调查的目的、对象、方法及相关情况）

正文

一、调查情况统计

二、调查情况分析

三、对调查结果的初步思考

（针对提出的问题进行调查研究，包括简要叙述事情的来龙去脉、调查过程及出现的问题、最终的结果等。在叙述中可附有作者的观点，但须尽可能公正、中立，摒弃个人主观色彩对事物的影响，以消除对读者的误导）

结尾

（得出调查者自己的结论，提出解决问题的意见和建议，尽可能地升华报告的主旨，使其具有指导性和现实意义）

四、调查报告的写作要求

首先，要深入调查，亲自解剖一只麻雀，广泛而深入地占有材料作为有力的佐证；其次，要实事求是，务实求真，力戒弄虚作假，尽量选取典型性材料；最后，语言要准确、简洁，用词准确，拿不准的问题可以存疑，不可妄下结论。具体要求如下：

（一）认真调查，广泛占有材料

调查研究是写好调查报告的第一步。调查研究越深入，占有的材料越丰富，就越有助于得出正确的结论。因此必须深入调查，广泛占有材料。调查之前必须详细制订调查计划，包括调查对象的选择，调查范围的确定，调查方法的安排，以及调查人员、调查时间、调查路线等等都要经过精心筹划，才能保证经济高效。大规模的调查还应该设计一些调查表格，内容包括课题、对象、重点项目等，以更有效地收集调查材料。

调查的方法一般有：典型调查法，即在调查范围内选取有代表性的对象进行调查；抽样调查法，即在调查范围内随机抽取一些对象进行调查；普查法，即在调查范围内尽可能对所有对象进行调查，以获取全面的材料。不同的调查方法适用于不同的调查目的。调查的手段主要有开调查会、个别访问、实地考察、调阅档案等书面材料、利用调查表收集材料和利用计算机等现代化手段展开调查等。

（二）认真分析，得出科学准确的结论

分析研究的过程即是得出调查结论的过程。实际上，有时在调查的过程中，结论就已经在头脑中渐渐有了雏形。这就需要我们在调查的过程中边调查边思考。在占有了全面的材料后更应该站在全局的角度，运用马克思主义的立场、观点和方法对所有材料进行比较、分析和鉴别，通过“去粗取精、去伪存真、由此及彼、由表及里”功夫，得出合乎客观规律的结论。

（三）认真构思，做到观点和材料有机统一

调查报告的写作过程是用材料陈述观点的过程。在这一过程中一定要注意做到观点和材料的统一。观点是从材料中来的，反过来又影响着材料的取舍。我们要紧紧围绕观点选择那些典型的、充分的、有说服力的材料来加以陈述。大型的调查报告可以将总观点分解成几个分观点，然后按照先观点后材料的模式逐一加以陈述。陈述观点的过程中要做到叙议结合，既要防止堆砌材料，又要防止空发议论。因此，在陈述事实的过程中一定要对事实作精要的分析，揭示事实所蕴藏的意义。材料要做到点面结合，这样才能做到既具有说服力，又可避免挂一漏万，以偏概全。

五、调查报告的写作例文

大学生手机使用情况调查报告

作为新时代大学生的生活新方式，网络、手机自媒体生活必备品正变得普及。我们置身于信息的海洋，随时都能够参与社会的变迁。大学生是手机使用的一个不可忽略的重要群体，了解大学生的手机使用状况对于更加准确把握高校学生群体的发展方向十分重要。

为此，我们将其列为实践报告的主题，调查了在校大学生的手机购买、使用情况。现将此次实践活动的有关情况报告如下：

一、关于手机购买情况的调查

调查显示，大多数大学生在入学伊始就会购买手机，有的甚至在入校前已经购置。还有一部分学生在中学甚至小学阶段已经购置手机，但一般情况下，这部分学生在读大学之前会淘汰原来的旧手机，重新购买一部更好一点的手机，如苹果、华为、OPPO、小米等。据有关资料显示：前者的比率较高，分别占到78%；而上大学之前没有手机的学生仅占22%，其中，后者还包括一部分学生间断使用过父母淘汰的旧手机，统计意义不大，在此略去。

二、关于手机的价位与品牌

调查显示，大学生作为新新人群，对新生事物敏感度高，属于高消费或超前消费人群，因此，在手机的选购上更加注意品牌，而不太关注它的价格。在以新生班级为样本的抽样调查中发现，近35%的学生会选择苹果手机，26%的学生愿意选择华为手机，17%的学生愿意选择OPPO、小米、VIVO、三星等，仅有12%左右的学生表示无所谓。在以上手机品牌中，价格在5000～7000元的占14%；价格在4000～5000元的占15%；价格在2000～4000元的占34%；价格在2000元及其以下的占27%。

从以上统计情况来看，当前大学生普遍对手机的品牌要求较高，而他们的父母都是70后居多，收入状况尚可，能够满足孩子在大学阶段的这些消费需求。

三、关于手机的使用情况

在调查的大学生中，男女生的手机使用情况又有所不同，仅仅从时间和用途上来看，那女生存在较大的差异。以下是详细数据：

表1　男生女生手机使用人数情况百分率差异表（人,%）

项目	1	2	2-3	3-4	4-5	≥5	了解信息	娱乐	学习	联络
男生	0	17.65	43.14	23.53	1.96	0.127	68.63	80.39	13.73	49.02
女生	0	5.80	47.10	42.75	10.14	3.62	68.12	87.68	28.99	74.01
平均	0	8.99	46.03	37.57	7.94	1.874	68.25	85.71	24.87	64.55

从表1中我们可以看出，男生上网的频率普遍比女生频繁，而在用途方面，了解信息两者大体相同，虽然女生在娱乐方面比男生还多1.29%，但在学习方面却比男生高

15.26%，这似乎体现了女生的自律性更高些，而在联络方面，女生的频次高是众所周知的，因此，百分率比男生高24.99%也在意料之中。在用途方面，据首位的不是获取信息，也不是学习，而是娱乐。这也难怪，在这个充斥着诱惑的花花世界里，有太多吸引人的东西，大学生所拥有的阅历还不能够使我们在诱惑面前有张有弛，有时宁愿选择娱乐，满足一时的身心放松。

四、调查结论

本次调查为真实了解当代大学生手机消费水平、使用状况，把握大学生奢侈品消费的心理特征和行为导向，培养大学生形成科学、理性、文明、责任的新消费理念有一定的积极意义。手机已成为现代大学生与人交流的重要方式，但是，手机并不是单为娱乐而发明的，始终要明确其存在的意义是方便生活，方便信息交流。

随着经济社会的发展，在大众传媒影响力日益扩展的背景下，当代大学生作为社会中一个比较特殊的消费群体，具有比较特殊的消费心理。他们既是当前消费主体之一，有着独立的消费意识和消费特点，也是未来中国消费的主力和消费潮流的引导者，一方面，他们在占用社会资源方面居于劣势，经济能力尚未独立，消费受到很大的制约；另一方面，又有着旺盛的消费需求和相对超前的消费观念。这两方面的矛盾使得他们的消费行为存在不少问题。大学生的奢侈品消费状况、消费观念与消费模式，对未来我国经济的发展、奢侈品消费文化的构建都会产生极其重要的影响。

六、调查报告的写作训练

（一）判断是非

1. 调查报告可以分为“调查”与“报告”两个部分，这二者之间可以相互独立存在，关联性不大。

2. 鼓励调查报告使用副标题。

3. 央视的“焦点访谈”“今日说法”等栏目主要强调故事的曲折性，只要能够吸引人即达到了目的。

（二）能力测试

下面是一份大学生暑期社会实践调查报告概要，认真阅读后分析其中存在的问题。

调查报告

在暑假期间我前往××省××市××乡××村进行了暑期社会实践调查活动，真正感受到农村人种田的不容易。

一、农民受教育的基本状况：受过义务教育的为45%、受到过高等教育的为零。大多数村民渴望自己的孩子能够考试大学，实现“城里人”的梦想，所以愿意勒紧裤腰带，省吃俭用送孩子去学校读书。

二、农民的生活状况：村民的粮食、蔬菜基本上自给，只有油盐酱醋等生活必需品到集市上购买。许多村民在农闲时进城务工，家里只剩下老弱残幼，生活十分困难。

经过调查，我认为农村对教育的重视程度十分低下，教育观念严重滞后。农村生活水平极端低下，应该引起国家和政府的重视，落实一些补助政策，在经济上多进行救助。

（三）实战训练

1. 每年的九、十月份大学开学，多数新入学的大学生都会在进校后购置电脑以方便学习以及和家人的联系。请你结合自己的经历和身边的事实，做出一份所在院校关于新生电脑购置和使用情况的调查报告（提示：调查内容应包括电脑的品牌、价位、基本功能、使用情况等，并针对使用人群加以分析，得出自己的结论），字数不少于1500字。

2. 以你所在城市为样本，针对目前中小学学生课余上补习班、请家教比较普遍的现象，展开调查。要求能够在调查对象的年龄分布、所在学校及其等级、家庭收入情况、父母受教育程度、补课费用支出、学生及家长态度等方面，予以合理分类，给出令人信服的调查数据，科学分析，得出自己的真实结论，以供教育管理者参考。

第六节 演讲稿

一、演讲稿的内涵

演讲稿又称演说词、演讲词，是演讲者在集会或某些公众场合发表讲话的文稿。它是进行演讲的依据，对演讲的内容和形式、目的和效果产生直接的影响，可以说，没有好的演讲稿，就无法产生声情并茂、具有极大的鼓舞性和感召力的演讲。

演讲是社会实践的产物，在社会的政治活动、经济活动、文化活动、学术交流、社交活动中有着广泛的应用和特殊的作用。而演讲稿的写作，与其他应用文写作又有着明显的不同。这首先要求我们了解演讲的本质属性和特点。演讲是在特定的场合，演讲者借助有声语言、态势语言、主体形象等，围绕某个话题公开向听众传递信息，介绍学生和工作的情况、经验、阐明事理，发表见解和主张，表达自己的感受，抒发强烈情感，从而达到感召听众、产生强烈共鸣的效果。作为整个演讲活动，必须由演讲者（主体）、听众（客体）、时境（主、客观同处的时间和环境）三者组成，缺一不可；演讲者还要注意以"讲"为主，以"演"为辅。

二、演讲稿的特点与种类

（一）演讲稿的特点

1. 针对性和现场性

演讲稿的写作，从如何确定演讲主题开始，到如何选材，如何构思，如何寻求切入角度，如何运用合适的表达方式，如何找到最佳的开头和结尾，如何造成行文的波澜，如何运用语言等，都要突破一般文章写作的思维定势，始终要从听众的角度来思考讲什么、如何讲，并注意从寻找现场感觉入手来把握运思行文的分寸，使之具有明确的针对性和具体的现场感。

针对性要求演讲稿的作者要了解听众，有的放矢。毛泽东同志曾说过："射箭要看靶子，弹琴要看听众，写文章作演说倒可以不看读者不看听众吗？"在演讲稿写作之前，首先要了解听众的基本状况，他们的身份、职业、文化，他们想什么，关心什么，有什么问题需要讨论和解答等，只有了解对象，才能决定采取什么方式来吸引听众、说服听众、取得最佳的演讲效果。其次，我们还要根据不同的听众，掌握他们的心理特征和认识事物的能力，以决定写作时恰当地选择材料、安排内容，合适地选择表达方式、行文艺术，有针对性地使用不同风格的语言，以增强演讲的艺术魅力。反之，如果不顾及演讲对象，演讲就会失败。丁玲的长篇小说《太阳照在桑干河上》里面有个叫文采的知识分子，面对闹翻身的农民群众作了六个小时内容丰富的演讲，却没人愿听，弄得洋相百出，无法收场，其根本原因就是因为他没有顾及演讲对象，对那些刚闹土改、缺少文化的农民高谈阔论，讲的都是大道理，使用的语言也多是书本里的话，也没有顾及农民的心理、农民的切身利益，其演讲的失败自然是难免的。

现场性要求演讲稿的作者在构思和下笔时内心要预想着"现场"，要对未来现场的气氛和效果有所预感地把握。这样，无论在开头形式、事理和细节的选择、名言的引用、悬念的设置、"闲话"的点缀，还是音调的轻重、语言的停顿、感情的起伏、高潮的安排等方面，都要心中装着"现场"，包括写作时还要考虑到如何配合演讲者的眼神、面部表情、手势等态势语言，使"讲""演"结合，相得益彰。总之，所有的写作都要指向一个目标：有利于现场发挥，有利于取得演讲的最佳效果。如中国台湾国民党主席连站访问大陆在北京大学作演讲时，其演讲稿的开头就切入北大的现场："我的母亲三十年代在这里念书，所以今天来到这里可以说是倍感亲切。""看到实草、实木、实事、实人，想到我母亲在这儿年轻的岁月，在这个校园接受教育、进修成长，心里面实在是非常亲切。她老人家今年已经 96 岁了，我告诉她我要到这边来，她还是笑眯眯的很高兴。台湾的媒体说我今天回母校，母亲的学校。这是一个非常正确的报道。"这个贴进现场的开头，把北大和他母亲紧密联系起来，把北大的一草一木与他母亲学习的岁月联系起来，并巧妙地把自己来北大说成"回母校"，非常富有人情味，一下子拉近了他与北大的距离，也拉近了台湾与大陆的距离，使演讲一开场就具有浓郁的抒情意味而扣人心扉。

2. 可讲性和可听性

演讲稿的写作要以易说能讲、便于听众接受为前提。具体要做到如下几个方面：第一，用通俗易懂的语言表达演讲内容。无论演讲内容多么丰富深刻，都要尽量多用大众口语，少用书面语言。演讲语言是经过精心锤炼的口语，是生活化的语言，它的语汇、句式和语气都有浓厚的口语色彩，通晓流畅，没有雕琢的痕迹，适合口头表达。当然，我们在强调语言通俗易懂的同时，也要注意用语的规范化，防止滥用方言土语。对一些听众生疏的行业语、专业名词也要少用，即使非用不可，也要进行解释。第二，多用形象化的语言。形象化的语言能化抽象为具体，变深奥为浅显，便于听众接受和理解，这就要多用比喻、拟人、夸张等修辞手法增强语言的形象色彩。第三，适当运用幽默、风趣的语言，增强演讲的表现力，使演讲的气氛变得轻松和谐，既可以调整演讲的节奏，又可使听众消除疲劳。第四，注意句式的变化。演讲稿以短句为主，长短参差，整散结合，用词上尽量把单音词换成双音词，既便于“上口”，又便于“入耳”。第五，发挥语言音乐性的特点，多用叠词、反复、排比、顶真，注意声调的和谐和节奏的变化。第六，适当运用名言、格言、警句、民谣、谚语、成语等，增强演讲的可信性和说服力。

3. 宣传性和鼓动性

演讲的目的就是通过典型感人的事例和深刻独到的分析，运用情理交融、极富感染力、震撼力的语言向听众发表自己的见解和主张，使听众心为之跳，血为之涌，情感为之燃烧，思想为之升华，在强烈的共鸣中受到巨大的鼓舞，产生一种积极向上的力量。可见，演讲具有明显的宣传性和鼓动性。演讲稿的写作，就要通过多种途径，采取多种方法来体现这一特点。第一，选定一个明确、单一的有现实意义的主题贯穿演讲稿的始终。演讲稿的主题不像文学作品那样追求含蓄，重在暗示，它的主题必须是明确的，同时也是单一的，既是来自现实生活的真实感受，又具有强烈的时代精神，既是独立思考的结晶，又能切中当前的“热点”和听众的心理期待，并且观点鲜明，态度明朗，赞成什么，反对什么，让人一听就明，这样才能起到宣传鼓动的效果。反之，那种吞吞吐吐、模棱两可，或者海阔天空，东扯西拉、没有明确主题的表述，只能导致演讲的失败。第二，要选取生动感人的事例和细节。演讲的宣传性和鼓动性不是靠抽象的说理就能取得的，这就决定了演讲稿的写作要把感性和理性结合起来，具体说，就是要把叙述和议论很好地结合起来，通过精心选取生动感人的事例和细节来生发、阐述独到的见解和主张。这些事例和细节可以是演讲者的亲身经历，也可以是他人的先进事例。在演讲中，一个典型的事例，一个感人的细节，常常产生出人意外、震撼人心甚至催人泪下的效果，有着极强的感化作用。在此基础上，演讲者发表能画龙点睛的议论才具有可信性、说服力，才能起到“过耳不忘”、引人深思的效果。第三，要融入强烈真挚的感情。演讲的成功，离不开以情动人，只有发自肺腑的真情像泉水喷涌而出，才能打动人，感染人，产生强烈的鼓动性。这就要求演讲稿在写作时要融入演讲者强烈真挚的感情，使行文激情四射，哲理横生，既有冷静的分析，又有热情的鼓动，真正起到晓之以理、动之以情的作用。第四，要对演讲的开头、过渡、哲理句、抒情句、提问句、高潮句、结尾等，进行精心设计和安排，还要考虑到便于演讲者口语表达，配合以相应的眼神、表情和手势，以便综合发挥演讲效力，产生最佳的宣传效果和鼓动效果。

（二）演讲稿的种类

从不同的角度，演讲稿可划分为不同的类型。

1. 从演讲方式上划分

（1）命题演讲稿。命题演讲稿，就是依据他人事前定好了的演讲题或者演讲范围而写的演讲稿。如一些单位常常组织的各类主题演讲等。

（2）论辩演讲稿。论辩演讲稿，就是为参与某个问题的论辩而提前策划、认真准备各种答案的演讲稿。论辩演讲是由两方或两方以上的人们，就某个或多个有争议的问题，展开面对面的语言交锋，如法庭论辩、外交论辩等。这类演讲稿的写作，事前要做大量的调研和准备工作。

2. 按演讲内容划分

（1）政治演讲稿。政治演讲稿，就是演讲者为了一定的政治目的发表自己政治观点和主张的演讲稿。政治演讲包括竞选演讲、就职演讲、政治宣传演讲、军事演讲、外交演讲等。其演讲的目的是争取听众理解和支持演讲者的政治立场与政治主张。

（2）生活演讲稿。生活演讲稿，是演讲者针对生活中出现的各种问题发表自己看法的演讲稿。这些问题都是社会生活中普遍存在、又和人们的切身利益密切相关的。如物价问题、医改问题、住房问题、就业问题、诚信问题等，一些涉及亲情、友谊、交往、恋爱、健康等话题的演讲，也属此类。

（3）学术演讲稿。学术演讲稿，就是围绕某些系统的、专门的知识和学问发表演讲的文稿。如专题讲座、学术报告、学术发言、学术评论等。

（4）礼仪演讲稿。礼仪演讲稿，就是在各种社交仪式上发表演讲的文稿。如喜庆迎送演讲稿、答谢与告别演讲稿、凭吊演讲稿等。

（5）宗教演讲稿。宗教演讲稿，是指在各种宗教宣传、宗教仪式上发表演讲的文稿，如布道演讲稿、宗教会议演讲稿等。

三、演讲稿的写作

演讲稿的写作是供人“讲”而非供人“读”的，它是直接诉诸人们的听觉而产生现场效果的，因此，演讲稿的写作要精心构思，巧妙布局，认真设计好全篇的每一个环节，以取得最佳的演讲效果。这里，只能择要提出如下几点：

（一）围绕一个主题，选取典型的材料

演讲稿的写作，必须有一个明确的主题，这个主题就是演讲者要向听众发表的观点和主张，其演讲的目的，就是要听众理解、赞成和支持他的观点和主张，进而在行动上也能积极响应，有所作为。如果演讲稿没有主题，演讲者就不能给人明确的主张，听众将不知所云，无法把握演讲者的精神要领；演讲稿没有主题，就不能围绕一个中心选择材料、安排结构、理顺脉络、巧妙布局，就无法整合各个要素，取得演讲效果。值得强调的是，一篇演讲稿只需要明确一个主题，不能贪多或者走题。正如德国著名的演讲学家海茵兹·雷德曼在《演讲内容的要素》一文中所指出的那样：“在一次演讲中不要期待得到太多。宁可只有一个给人印象深刻的思想，也不要五十个让人前听后忘的思想。宁可牢牢地敲进一个钉子，也不要松松地按上几十个一拔即出的图钉。”例如温家宝总理于2007年4月12日在日本国会发表演讲时，一开头就明确了主题：“我希望我的这次访问能成为一次融冰之旅。为友谊与合作而来，是我此次访日的目的，也是今天演讲的主题。”这无疑给日本人发出了明确的信息，也传递了中日政府、中日人民对中日关系的美好期待。再如一个学生在学生会竞选演讲的开头，除介绍自己的班级、姓名以及“性格活泼开朗，处事沉着、果断，能顾全大局”后，就直奔主题：“今天我很荣幸地站在这里表达自己由来已久的愿望：‘我要竞选学生会主席。’”其主题单一、明确，不含糊，不啰嗦。

有了一个明确的主题之后，演讲稿的写作就要处处围绕主题，选择典型的材料，进行具体的阐述，充分地论证，这样才能使主题真实可信，深入人心。例如上面举到的温家宝

总理在日本国会的演讲，在明确主题之后，就列举了大量的历史人物、历史事件来说明中日两国友好交往的历史。他特别举到即使日本发动的侵华战争给中国人民带来了巨大的灾难，中国人民也对日本人民宽容大量，真诚相助。他举了三个典型事例，第一件是聂荣臻元帅在战场上救助日本孤儿美穗子，亲自精心照料，并设法把她送回到亲人身边。1980年，美穗子携家人专程去中国看望聂帅，其故事感动过许多人。第二件是中国政府想方设法寻求日本遗孤，如今已有2513名日本遗孤返回日本定居，他们回去后自发成立了诸如“中国养父母谢恩会”等民间团体。第三件是战后不久，在中国人民极度困难的情况下，在中国北方的港口城市葫芦岛，中国人民帮助105万日本侨民平安返回家园。这三个典型材料，充分说明中国人民宽厚慈爱，具有强烈的人道主义精神，也足以说明中国政府和中国人民重视与日本的关系，珍惜两国人民之间的情谊。温总理在讲到这些事例时，也赢得了国会议员的阵阵掌声。

（二）切入独特视角，掀起情感的波澜

演讲稿的写作离不开以事感人、以情动人。对事件的叙述不能平铺直叙，而要注意选取独特的视角，对准核心事件、关键细节，突显其感人效果；对于抒情，要注意融入事件的叙述，在事件叙述的关键处，调转笔锋，以火焰般的抒情语言掀起情感的波澜，撞击听众的心灵，取得震撼人心的效果。总之，一篇成功的演讲稿，一定要有独特的视角，独特的事件和细节，还注意通过一波三折的叙述形成最佳的动情点，才能便于演讲者的现场发挥。

例如一位演讲者在宣讲银行系统模范刘玲英先进事迹时，特别注意把视角对准她与歹徒搏斗，誓死捍卫国家金库的关键场面。

“刀，一把明晃晃的三角刮刀已经逼近了刘玲英的眼睛，穷凶极恶的歹徒丧心病狂的嚎叫：‘你交不交钥匙？不交就让你变成瞎子。’面对威吓，刘玲英毫不畏惧，回答的是三个字：‘不知道！’凶手手中的刺刀刺进了刘玲英的眼睛。可刘玲英回答的仍是三个字：‘不知道！’歹徒用三角刮刀在刘玲英的身上。脸上捅了二十多刀，鲜血染红了地面，刘玲英还是那三个字：‘不——知——道！’朋友们，这就是我们的英雄，面对凶暴脸不改色心不跳，用生命和鲜血捍卫着人民的财产。在这里我要用我全部的热情来赞一赞这位女豪杰，女英雄！”

不难看出，这是一个充满紧张、恐怖的场面，也是一个在生死考验面前尽显英雄气概的场面。作者采用特写镜头式的描写，展现了过程，突出了细节，其中歹徒的残忍，英雄的坚强，形成了鲜明的对比；英雄的鲜血和英雄的回答又极易刺激听众的视觉和听觉，形成最佳动情点。毫无疑问，这样的演讲稿十分有利于演讲者的现场发挥，能强烈地震撼听众的心灵，产生巨大的感召作用。

（三）精心安排结构，优化整体效果

为了确保演讲的整体效果，演讲稿的写作还要在结构上巧妙布局，精心安排使各个环节既别具一格，又衔接自然。因为演讲稿的写作，在结构的任何环节上出现失误，都会影响演讲的效果。例如一个闪烁其辞的开头，一个令人扫兴的结尾，一段生硬的过渡，一段多余的插曲等，都可以损害甚至完全败坏演讲的效果。演讲稿的结构，主要包括开头、主体、结尾三个部分写作时，要根据其自身的特点和要求，进行整体构思和具体安排。

1. 开头

演讲稿的开头，也叫开场白。它在演讲稿的结构中处于显要地位，有着打开场面、引入正题的重要作用。好的演讲稿一开头，就应当采用最有效的方式，用最简洁的语言，在最短的时间内，把听众的注意力和兴奋点吸引过来。好的开头会立即创造出一种特殊的氛围或情境，引起听众的关注和思考，博得听众的信任和好感，产生出奇制胜的效果。常见的开头方式有如下几种：

（1）开门见山式

开门见山式，就是演讲的开头直奔主题。如美国第40任总统里根在《怀念挑战者号宇航员》的演讲中，开头就直入主题：“今天，我们聚集在一起，沉痛悼念七位美国勇士，共同分担内心的悲痛；也许，我们可以化悲痛为力量，并从中寻找新的希望。”美国著名的篮球运动员迈克尔·乔丹在其《退役演讲》的开头也是直接点题：“我在这里宣布从篮球比赛中退役，而且今后不会再去从事棒球或其他体育活动。”

（2）故事引入式

以讲一个与演讲主题有关的故事作为演讲的开头，吸引听众，使听众由此产生联想，引发思考，更加关注下面的演讲。如白岩松的演讲《人格是最高的学位》，开头就用了故事引入法：

“很多年前，有一位学大提琴的年轻人向本世纪最伟大的大提琴家卡萨尔斯讨教：我怎样才能成为一名优秀的大提琴家？

卡萨尔斯面对雄心勃勃的年轻人，意味深长地回答：先成为优秀而大写的人，然后成为一名优秀和大写的音乐人，再然后就会成为一名优秀的大提琴家。”

另外一篇有关交通安全主题的演讲《它能让车轮带走幸福》，其开头也是故事引入：

“在我演讲前先给大家讲个小故事，那是发生在纽约街头的一幕：一位中国留学生与美国女友正想横穿马路，这时红灯亮了，但我们这位留学生不由分说拉起女友就往前一冲。事后女友同他分开了，理由就是连交通规则都不遵守的男人，修养太差！

4年后，这位先生回国了，与其中国女友在过马路时又遇到红灯，这次，虽然50米以内没有任何机动车辆，他还是绿灯亮时才走。事后，这位女友也提出要分手，理由竟是：连红灯不敢闯的男人算什么男子汉！

在座的各位朋友们，这令人遗憾的反差，足以反映国人交通安全意识淡薄的程度。”

（3）幽默风趣式

幽默风趣式，就是以幽默、风趣的语言作为演讲的开头，创造一种轻松愉快的氛围，使听众对演讲者及其演讲发生浓厚的兴趣。美国作家兼演员约翰·沃尔夫说过：“使用幽默力量的一个重要目的，是让听众喜欢演讲人及其演讲。要是他们喜欢演讲人，必定会喜欢他所讲的内容。”如周总理特意在上海展览会大厅为美国友人安娜·路易斯·斯特朗女士举行80大寿祝寿宴会，在祝寿会的演讲中，总理就用了幽默风趣式开头：

“今天，我们为我们的好朋友，美国女作家，安娜·路易斯·斯特朗女士庆贺‘40公岁’诞辰。

在中国，‘公’字是紧跟随它的量词的两倍。40公斤等于80斤，40公岁就等于80岁。”

总理的开场白及其随后巧妙的解释，在祝寿者中引发了一阵欢笑。

（4）悬念切入式

就是在演讲的开头，故意设置一个悬念，激发听众的好奇心和急于知道谜底的欲望，然后再破解悬念，顺势切入演讲主题。

如联想集团总裁柳传志在一次演讲的开头，就采用了这种方式：

“联想集团培养人的第一个方法叫做‘缝鞋垫’与‘做西服’。什么意思呢？”

任士奎的演讲《让爱永驻人间》是这样切入的：

“世界上有这么一种东西，它能使你在浩瀚无垠的戈壁沙漠中看见希望的绿洲；它能使你在千年不化的冰山雪岭中领略温暖的春意；它能使你在雾海苍茫的人生旅途拨正偏离的航向；它能使你在荒凉凄冷的孤寂心里收获快乐的果实……它是无形的，却有着巨大而有形的力量；它是无声的，却鸣着神奇如春雷一般的回响！也许有人会问：‘是什么这么伟大？这么神奇？’我要说，它就是——爱，是人类美好生活，对自己同胞的真诚的爱心！”

（5）对话导入式

对话导入式，就是在演讲的开头，引用一段对话来轻松而巧妙地导入正题。如1962年，82岁的道格拉斯·麦克阿瑟上将回到曾担任过校长的西点军校，他在授勋仪式上发表了《责任·荣誉·国家》的演讲，其开头就是采用了对话导入式：

“今天早晨当我走出酒店的时候，门童问我：‘将军，您去哪里？’当听说我要去西点军校时，他说：‘那是个好地方，您从前去过吗？’”

（6）引用名言式

引用名言式，就是在演讲的开头，引用与演讲主题有关的名言作为切入点，增加演讲的哲理性，提升演讲的精神境界。如：

“雨果曾经说过：‘世界上最广阔的是海洋，比海洋更广阔的是天空，比天空还要广阔的是人的心灵。’

幼儿教师，正是塑造人的心灵的工程师。她们用真、善、美启迪了无数幼稚的童心，帮助一代又一代人树立起生命的第一块里程碑。年复一年，青丝堆雪，可她们的青春却在千千万万个孩子的身上得到延续。这，就是生命的价值；这，就是生活的真谛。

为了报答老师对我的爱，更为了所有需要爱的孩子，我的心促使我作出了这样的选择——报考幼儿师范学校。”

（7）惊人事例式

这种开头方式就是在演讲的开头，先用简洁的语言，介绍让人难以想象但是客观存在的惊人事例，使听众感到震惊，引起关注和思考。如《教育与民族振兴》演讲稿的开头就是：

世界上有这样一个国家，它曾参与掀起一场罪恶的战争而惨遭失败。在战后的那些凄凉的悲惨的日子里，铺天盖地的笼罩着它的是寂寞和黑暗。

那时它的人均国民收入每年只有200美元，它资源贫乏而人口密集，似乎它的唯一出路只有拿起讨饭碗和打狗棍。

但就是这样一个当年被舆论一致加以嘲弄的民族，竟在大洋中的那一群小岛屿上创造了举世瞩目的经济奇迹。……日本民族振兴的秘诀在哪里？

（8）抒发情感式

抒发情感式，就是在演讲的开头，从真切的感受出发，以抒情的方式营造浓郁的情境，迅速吸引和打动听众，产生强烈的共鸣。这种抒情可以即景抒情，也可直抒胸臆。如1863年，美国葛底斯堡国家烈士公墓竣工，落成典礼那天，国务卿埃弗雷特在演讲时，就采用了即景抒情的方式开头：

“站在明净的长天之下，从这片经过人们终年耕耘而今已安静憩息的辽阔田野放眼望去，那雄伟的阿勒格尼山隐隐约约地耸立在我们的前方，兄弟们的坟墓就在我们脚下，我真不敢用我这微不足道的声音打破上帝和大自然所安排的这意味无穷的平静。但是我必须完成你们交给我的责任，我祈求你们，祈求你们的宽容和同情……”

（9）故意设问式

故意设问式，就是在演讲开头故意提出问题，引起听众的注意和思考，更想知道问题的答案。如一篇演讲稿《我们的后代喝什么?》的开头，便采用了故意设问式：

“北宋词人李之仪在《卜算子·我住长江头》一词中，用‘我住长江头，君住长江尾。日日思君不见君，共饮长江水’的词句来表达思念之情。如果是现在，李之仪绝不会再写出‘共饮长江水’的词句了，为什么呢?”

（10）反向思维式

反向思维式，就是在演讲的的开头，针对人们对某个问题已形成的思维定势和固有认识，有意从反向思考，提出新的观点，以激活听众思维，令人耳目一新，产生心灵共鸣。例如有一篇演讲稿的开头：

“有人曾预言，中国是一头睡狮，就这样我们被人家当了一百年睡狮，我们也把自己当睡狮自我陶醉了一百年。狮子是百兽之王，但一头酣睡的狮子能称得上是百兽之王吗?一只睡而不醒的狮子，一个名义上的百兽之王，并不值得我们为之骄傲。如果我们为这样一个预言而陶醉，就好比陶醉于‘人家说我们祖上也曾阔过’一样，真是脆弱而又可怜。我们不要伟大的预言，我们只要强大的实力，我们不要做睡狮，只要我们觉醒着、前进着，就比做睡着的什么都强！”

演讲稿的开头方式还有很多，例如交代缘由式、闲聊切入式、形势入题式、议论生发式，等等。

2. 主体

这是演讲稿的主要部分。在行文过程中，既要采用适当的结构模式，又要注意处理好层次、节奏和衔接等问题。

演讲稿常见的结构模式有以下几种：

（1）递进式

递进式，就是围绕演讲主题，依据事物或事理的内在逻辑，采用层层推进，一环扣一环地展开，最后达到演讲的高潮。由于这种结构方式，内在逻辑性强，且层层深入，容易激活听众思考，从情感和逻辑上都能抓住听众，因而受到演讲者的青睐，中外很多优秀的演讲，都采用了这种结构方式。如美国黑人运动领袖马丁·路德·金《在林肯纪念堂前的讲话》就是。一开头，他就揭露和抨击民族压迫和民族歧视的丑恶现实，接着分析反抗种族主义歧视的必要性和迫切性；而采用何种反抗方式呢？他又深入阐述自己的立场和主张，那就是反对暴力对抗和流血冲突，呼吁采取非暴力方式抵抗，最后以五句“我梦想”，饱含深情地表达了自己和广大黑人及少数民族对平等自由生活的向往，从而将演讲推向高潮。

（2）并列式

并列式，就是围绕演讲主题，从不同角度、不同侧面进行表现，每一个侧面都能有效地阐明演讲主题。如张海迪的《是颗流星，就要把光留给人间》，就是围绕主题从四个层面展开的：“虽然我不能像健康的青年一样，可我一定要用双手为祖国描绘美好的图画”；“我的腿虽然失去了功能，也要在人生的道路上勇敢地走下去”；“只有在为他人服务时，我才真正懂得了生命的意义，发现了人生的价值”；“对知识和生命渴求的热望，使我不甘于落伍。”

（3）抑扬式

抑扬式，就是采用“先抑后扬”或“先扬后抑”的方式来组织材料，安排内容，使演讲跌宕起伏，富于变化，增加吸引力。

（4）对比式

对比式，就是围绕演讲主题，从正反或者更多不同的层面进行对比阐述，造成强烈反差，增强说服力。如孙中山在一次演讲中就运用了对比：

南洋爪哇有一个财产超过千万的华侨富翁。一次他外出访友，因未带夜间通行证怕被荷兰巡捕查获，只得花钱请一个日本妓女送自己回家。

日本妓女虽然很穷，但是她的祖国很强盛。所以她的地位高，行动也自由。这个中国人虽然很富，但他的祖国却不强盛，所以他的地位还不如日本的一个妓女。“如果国家灭亡了，我们到处都要受气，不但自己受气，子子孙孙都要受气啊！”

除了选用恰当的结构模式外，主体写作还要注意如下几个问题：

（1）层次。层次是演讲稿思想内容的表现次序，它体现着演讲者思路展开的步骤，也反映了演讲者对事物认识的过程。由于演讲时直接面对听众的活动，其层次安排与一般的文章写作应有所不同，其基本方法是在写作中要注意安排有利于现场清晰表达的语言标志，以诉诸听众的听觉，获得层次清晰的效果。如在稿中反复设问，再根据设问来阐述观点，形成环环相扣、层层深入的表达效果。还可以用“首先”“其次”“然后”这样的过渡词或者过渡段来区分层次，给听众以明确清晰的感觉。

（2）节奏。节奏是指演讲内容在结构安排上要有张有弛、富于变化，适合听众的接受心理。从演讲稿写作的角度来说，这主要是通过内容的变换来进行调节。例如在符合演讲主题的前提下，适当地穿插一些幽默故事、诙谐语言、诗文、轶事等，使听众注意力既保持高度集中而又不因此产生兴奋性抑制。当然，这些插入的内容要为演讲目的服务，不能变换过于频繁，以免分散听众注意力。同时，从演讲者的角度来说，节奏还可以由语速的快慢进行调节，写作演讲稿时也要顾及这一点，在段落句式、用词、标点符号使用等方面，要尽量照顾到演讲者对节奏的把握。

（3）衔接。衔接是指把演讲中各个内容层次连接起来，给人浑然一体的整体感，以保证演讲的整体效果。因为演讲为了吸引听众，要适时变换演讲内容，如果不注意自然、巧妙的衔接，演讲稿的结构就会显得松散零乱。在写作中，衔接的主要方法是根据上下段之间的关系和表达的需要，精心设计好过渡句或过渡段。

（4）结尾，结尾是演讲稿的收束部分。它的好坏，对演讲能否成功起着至关重要的作用。有时，即使前面内容有些不足之处，一个异常出色的结尾也是一种补救，一种增色。好的结尾应当是自然收束，言简意赅，余音绕梁，给人以极大的回味和思考的空间。

常见的结尾方式有如下几种：

① 高潮式

高潮式，就是在演讲结束时，用强劲的笔力，充满激情的语调，对演讲的主题思想进行升华，起到加深印象、启迪心灵、振奋精神的作用。如演讲稿《竞争万岁》的开头：

睁眼看吧！朋友们，竞争它来了，那么生动而威仪地来了。竞争是风，疾风吹过，坚实的枝条上硕果累累，生机勃勃；竞争是雨，暴雨扫过，留下来的是岩石般的坚韧和无畏的忠诚；竞争是激越的战鼓，进取者豪情万丈，更加斗志昂扬；竞争是崎岖的山路，攀登者在一个又一个险峰上领略无限风光。竞争，我要大声地为你叫好：竞争万岁！

这个结尾围绕演讲中心，对竞争的内涵及其作用作了形象化的揭示，一连串的排比造成非凡的气势，诗一般的语言抒发了满腔豪情，如骤起的巨浪猛烈撞击着听众的心灵，使人猛醒之余对演讲主题产生强烈的心理认同。

② 点题式

点题式，就是在演讲的结尾，用精炼的语言画龙点睛式地揭示演讲的主题，给听众留下深刻难忘的印象。如美国独立战争时期的自由主义者、政治家帕特里克·亨利《在弗吉尼亚州议会的演讲》的结尾：

我们的同胞已奔赴战场！我们还有什么理由在此袖手旁观呢？先生们还在幻想着什么？他们将会得到什么？难道生命值得你们如此珍惜，竟值得以枷锁和被奴役作为代价？

万能的上帝啊，禁止他们继续下去吧！我不知道别人将采取何种行动，至于我，不自由，毋宁死！

③ 概括式

概括式，就是在演讲的结尾，用精炼的语言对演讲的内容作出概括，揭示演讲的主要内涵，使听众对问题有更加明确的认识。如浩云《论男子汉》的结尾：

所以，真正的男子汉，不仅须博大、精深，有理性，有头脑，能开创一番事业；不仅须刚毅、坚强，有无畏的精神，敢蔑视一切困难，他须能宽容，具善意，有爱心，正所谓“无情未必真豪杰，怜子如何不丈夫”也。

但愿我们的世界，因为会有更多的男子汉的出现，而充满男性的美，男性的力度，男性的清醒与坚定，也充满了男子汉深厚宽广的爱。

④ 憧憬式

憧憬式，就是在演讲的结尾，用饱含深情的语言，引领听众憧憬美好的未来，以起到鼓舞人心、振奋精神的作用。如美国黑人民权领袖马丁·路德·金的著名演讲《我有一个梦想》的结尾：

当我们让自由之声轰响，当我们让自由之声响彻每一个大村小庄，每一个州府城镇，我们就能加速这一天的到来。那时，上帝的所有孩子，黑人和白人，犹太教徒和非犹太教徒、耶稣教徒和天主教徒，将能携手同唱那首古老的黑人灵歌：“终于自由了！终于自由了！感谢全能的上帝，我们终于自由了！”

⑤ 激励式

激励式，就是在演讲结尾处，用热情洋溢的话语给听众以赞扬和肯定，激励他们再接再厉，再创佳绩。如拿破仑的演讲《开进米兰》的结尾：

士兵们，不朽的荣誉将属于你们，因为你们使欧洲最美丽的部分恢复了容颜。自由的、全世界尊敬的法国人民将给欧洲带来光荣和平，这将弥补过去的六年来它所忍受的痛苦。那时，回到自己的家乡，你们的同胞将会欣羡地指着你们说：“他曾在意大利战场上战斗过！”

此外，演讲稿的结尾还有祝愿式、号召式、警句式、祝贺式、抒情式等。

四、演讲稿的写作例文

【例文一】

做自己尊重的人

饶毅

在祝福裹着告诫呼啸而来的毕业季，请原谅我不敢祝愿每一位毕业生都成功、都幸福；因为历史不幸地记载着：有人的成功代价是丧失良知；有人的幸福代价是损害他人。

从物理学来说，无机的原子逆热力学第二定律出现生物是奇迹；从生物学来说，按进化规律产生遗传信息指导组装人类是奇迹。

超越化学反应结果的每一位毕业生都是值得珍惜的奇迹；超越动物欲望总和的每一位毕业生都应做自己尊重的人。

过去、现在、将来，能够完全知道个人行为和思想的只有自己；世界上很多文化借助宗教信仰来指导人们生活的信念和世俗行为；而对于无神论者——也就是大多数中国人——来说，自我尊重是重要的正道。

在你们加入社会后看到各种离奇现象，知道自己更多弱点和缺陷，可能还遇到小难大灾后，如何在诱惑和艰难中保持人性的尊严、赢得自己的尊重并非易事，却很值得。这不是：自恋、自大、自负、自夸、自欺、自闭、自怜；而是：自信、自豪、自量、自知、自省、自赎、自勉、自强。

自尊支撑自由的精神、自主的工作、自在的生活。

我祝愿：

退休之日，你觉得职业中的自己值得尊重；

迟暮之年，你感到生活中的自己值得尊重。

不要问我如何做到，50 年后返校时告诉母校你如何做到：在你所含全部原子再度按热力学第二定律回归自然之前，它们既经历过物性的神奇，也产生过人性的可爱。

（饶毅，北京大学生命科学学院前院长，北京生命科学研究所资深研究员、学术副所长，美国西北大学神经内科学 Elsa Swanson 讲席教授、Feinberg 临床神经科学研究所研究主任。来源：http：//edu. cnr. cn/list/20170609/t20170609_ 523793835. shtml）

【例文二】

如何不负此生

沈祖尧

今天早上我翻阅了毕业礼的典礼程序。当我见到毕业生名册上你们的名字，我按手其上，低头为你们每一位祷告。我祈求你们离校后，都能过着“不负此生”的生活。你们或会问，怎样才算是“不负此生”的生活呢？

首先，我希望你们能俭朴地生活。在过去的三至五年间，大家完成了大学各项课程，以真才实学和专业知识好好地装备了自己。我肯定大家都能学以致用，前程锦绣。但容我提醒各位一句：快乐与金钱和物质的丰盛并无必然关系。一个温馨的家、简单的衣着、健康的饮食，就是乐之所在。漫无止境地追求奢华，远不如俭朴生活那样能带给你幸福和快乐。

其次，我希望你们能过高尚的生活。我们的社会有很多阴暗面：不公、剥削、诈骗等等。我吁请大家为了母校的声誉，无比庄敬自强，公平待人，不可欺负弱势的人，也不可以做损及他人或自己的事。高尚的生活是对一己的良知无悔，维护公义，事事均以道德为依归。这样高尚地过活，你们必有所得。

其三，是我希望你们能过谦卑的生活。我们要有服务他人的谦卑心怀，时刻不忘为社会、国家以至全人类出力。一个谦卑的人并不固执己见，而是会虚怀若谷地聆听他人的言论。伟大的人物也不整天仰望山巅，他亦会蹲下来为他的弟兄濯足。

假如你拥有高尚的情操、过着俭朴的生活、并且存谦卑的心，那么你的生活必会非常充实。你会是个爱家庭、重朋友，而且是关心自己健康的人。你不会着意社会能给你什么，但会十分重视你能为社会出什么力。

我相信一所大学的价值，不能用毕业生的工资来判断。更不能以他们开的汽车、住的房子来作准，而是应以它的学生在毕业后对社会、对人类的影响为依归。所以诸位毕业会成为我校的代表。做个令我们骄傲的“中大人”罢！

在21世纪，全球的大学都有如处身于十字路口，因为在历史中，大专院校从来没有增长与膨胀得像现在那么快，而又像现在一般，忘其所以、失其导向。正当全球大专学生数目不断增加的时候，人们也前所未有地对大学教育的真正意义作出了重大的质疑。

正当在某些国家，大学被誉为推动科技与经济建设的火车头的时候，在另一些地方，大学却被诋为纵容精英主义和放任不羁的地方。那么大学教育，所为何事?

纽曼枢机曾经这样说：“若大学课程一定要有一个实际的目的，我认为就是培养良好的社会公民……这种教育能给人以对自己的观点与判断的真理，给人以倡导这种观点与判断的力量。它教他客观地对待事物，教他开门见山直奔要害，教他理清混乱的思想，教他弄清复杂的而摒弃无关的。”

认清大学的价值和本质

我相信一所大学的价值，不能用毕业生的工资来判断。更不能以他们开的汽车、住的房子来作准，而是应以它的学生在毕业后对社会、对人类的影响为依归。

我们也要弄清楚大学的本质：它并非纯粹是一座知识宝库，也并非单单是创意和创新的推动者。大学绝非一所职业训练学校，更万万不可沦为培育贪婪、自私、毫无道德和社会责任可言的人才的机构。大学不可能是排名榜的盲目追随者，更不可以被视为推动生产总值的引擎。

认识并带领你的时代

今天你们毕业了，我送你钱穆老师的一番话：“认识你的时代，带领你的时代”。

你们一个人怎么样做人，怎么样做学问，怎么做事业，我认为应该有一个共同的基本条件，就是我们一定先要认识我们的时代。我们生在今天这个时代，我们就应该在今天的时代中来做人、做学问、做事业。

大部分的人不能认识时代，只能追随时代，跟着这个时代跑。这一种追随时代，跟着时代往前跑的，这是一般的群众。依照中国人的话来讲，即是一种流俗。每一个时代应该有它一个理想，由一批理想所需要的人物，来研究理想所需要的学术，干出理想所需要的事业，来领导此社会，此社会才能有进步。

否则不认识这个时代，不能朝向这个理想的标准来向前，此即是流俗。流俗又如何能来领导此社会？所以每一个时代，不愁没有追随此时代的流俗，而时代所需要的，则是能领导此时代的人物、学术与事业。

这是一个怎样的时代？

这是一个个人主义抬头的时代：个人利益凌驾于群体福祉，个人意见往往成为唯一能接受的意见。但海纳百川，有容乃大。我们不应只顾自己的利益，不要过于自以为是，而要学会多听别人意见，考虑各方看法，协力实现梦想。

这是一个资讯爆炸、是非难辨的时代：每日在网上流传的资讯，媒体发放的消息，为我们带来不少冲击。但事情往往不是表面看来那么简单，是非黑白往往需要仔细分析，深入了解。大学教育的目的，是培养独立思考。同学毕业后更需终身学习，有慎思明辨的能力。

这是一个利益在前，道德在后的时代：金钱、地位、权力，已经成为世人追逐的唯一之物，道德和价值观的培育，却渐渐被人遗忘。壁立千仞，无欲则刚。但愿你们不要让利益掩盖良心，以厚德载物自许。我们所追求的，理应是较名与利更能持久的东西。

我盼望中大毕业生能虚怀若谷，以远大眼光，包容态度，带领我们的时代。我盼望中大毕业生能恪守道德，做好本分，不要为了个人利益，埋没良知。我盼望中大毕业生能认识时代，引领潮流，不流俗、不盲从，做个对社会有贡献的人。

知道满足，懂得感恩，贡献更多

面前放着半杯水，你看到的杯子是半满，而非半空。你会明白世界上没有什么事是理所当然的，无论是健康、家人、爱人或者机会。你在这个年纪所拥有的一切，所获得的成就，是这个世界上许多人想也无法想象的。知道满足便会快乐。懂得感恩，你心中所念兹在兹的，就不是还想获得更多，而是贡献更多。你应努力回报社会，用你的时间、你的知识，或许有一天，是你的财富。到那时你会发现，奉献愈多，就愈富足。

“不要问香港可以为你做些什么，而是你可以为香港做些什么。”为自己和别人创造更多机会，献上更多关怀，你的烦恼反而减少。懂得感恩，你大概也是个包容的人。

一天当父母开始双鬓斑白，记忆衰退，步履蹒跚时，你不会对他们抱怨挑剔，你会不离不弃地照顾双亲，为他们做饭洗脚。

一天你有了更大的成就、更高的收入，或更高荣誉时，你也不会瞧不起老师，你会饮水思源，告诉别人他是我脚前的灯、路上的光。

有一天我们的社会无论面对多大的困难、多少的挑战，你也不会离弃香港，不顾而去。你会尽你的责任为香港创造未来。各位，今天是值得我们庆祝并为之欣喜的大好日子，但不要忘记……这还是个应当感恩的日子。

各位毕业同学，在我的心目中大家都是我的儿女。当我诵念你们的名字时，我默祷你们都能不负此生。

（沈祖尧，中国工程院院士，欧亚科学院院士，港科院创院院士，香港中文大学校长；莫庆尧医学讲座教授。来源：http：//www. sohu. com/a/223471103_ 99932982）

五、演讲稿的写作训练

（一）阅读以下演讲稿，对其写作特点进行评析。

人格是最高的学位

白岩松

很多很多年前，有一位学大提琴的年轻人去向本世纪最伟大提琴家卡萨尔斯讨教，我怎样才能成为一名优秀的大提琴家？卡萨尔斯面对雄心勃勃的年轻人，意味深长地回答：先成为优秀而大写的人，然后成为一名优秀和大写的音乐人，再然后就会成为一名优秀的大提琴家。

听到这个故事的时候，我还年少，老人回答时所透露出的含义我还理解不多，然而随着采访中接触的人越来越多，这个回答就在我脑海中越印越深。

在采访北大教授季羡林的时候，我听到一个关于他的真实故事。有一个秋天，北大新学期开始了，一个外地来的学子背着大包小包走进了校园，实在太累了，就把包放在路边。这时正好一位老人走来，年轻学子就拜托老人替自己看一下包，而自己则轻装去办理手续。老人爽快地答应了。近一个小时过去了，学子归来，老人还在尽职尽守地看守，谢过老人，两人分别。几日后是北大的开学典礼，这位年轻的学子惊讶地发现，主席台上就座的北大副校长季羡林正是那一天替自己看行李的老人。

我不知道这位学子当时是一种怎样的心情，但在我听过这个故事之后却强烈地感到：人格才是最高的学位。

这之后我又在医院采访了世纪老人冰心。我问先生，你现在最关心的是什么？老人的回答简单而感人：是年老病人的状况。

当时的冰心已接近自己人生的终点，而这位在80年前“五四”爆发那一天开始走上文学创作之路的老人心中对芸芸众生的关爱之情历经近80年的岁月而仍然未老。这又该是怎样的一种传统！冰心的身躯并不强壮，即使年轻时也少有飒爽英姿的模样，然而她这一生却用自己当笔，拿岁月当稿纸，写下了一篇关于爱是一种力量的文章，然后在离去之后给我们留下了一个伟大的背影。

今天我们纪念“五四”，80年前那场运动中的呐喊、呼号、血泪都已变成一种文字停留在典籍中，每当我们这些后人翻阅的时候，历史都是平静地看着我们，这个时候，我们觉得80年前的事已经距今太久了。然而，当你有机会和经过“五四”或受过“五四”影响的老人接触后，你就知道，历史和传统其实一直离我们很近。

世纪老人在陆续地离去，他们留下的爱国心和高深的学问却一直在我们心中不老。但在今天，我还想加上一条，这些世纪老人所独具的人格魅力是不是也该作为一种传统被我们向后延续？

前几天我在北大听到一个新故事，清新而感人。

一批刚走进校园的年轻人，相约去看季羡林先生，走到门口，却开始犹豫，他们怕冒失地打扰了先生。最后决定，每人用竹子在季老家门口的土地上留下问候的话语，然后才满意地离去。

这该是怎样美丽的一幅画面！在季老家不远，是北大的伯雅塔在未名湖中留下的投影．而在季老家门口的问候语中，是不是也有先生的人格魅力在学子心中留下的投影呢？只是在生活中，这样的人格投影在我们的心中还是太少。

听多了这样的故事，便常常觉得自己是只气球，仿佛飞得很高，仔细一看却是被浮云托着，外表看上去也还饱满，但肚子里却是空空。这样想着就有些担心啦，怎么能走更长的路呢？于是，“渴望年老”四个字对于我就不再是幻想中的白发苍苍或身份证上改成60岁，而是如何在自己还年轻的时候，便能吸取优秀老人身上所具有的种种优秀品质。于是，我也更加知道了卡萨尔斯回答中所具有的深义。怎样才能成为一个优秀的主持人呢？心中有个声音在回答：先成为一个优秀的人，然后成为一个优秀的新闻人，再然后是自然地成为一名优秀的节目主持人。

我知道，这条路很长，但我将执著地前行。

（本篇荣获“演讲与口才杯”全国新闻界“做文与做人”演讲比赛特等奖）

（二）自选一个演讲题目，写一篇演讲稿，要求紧扣演讲主旨，选取典型材料，注意合理布局，增强演讲效果。

第七节　会议记录

一、会议记录的内涵

会议记录是指在会议过程中，由记录人员把会议的组织情况和具体内容记录下来，就形成了会议记录。有详记与略记，略记是记会议大要，会议上的重要或主要言论。

会议记录有笔录、音录和影像录几种，对会议记录而言，音录、像录通常只是辅助手段，最主要的还是要将录下的内容还原成文字。笔录也常常要借助音录、影像录加以佐证，以之作为记录内容的最大限度地再现会议情境的保证。

二、会议记录的特点与种类

（一）会议记录的特点

1. 真实性

会议记录的记录者只有记录权没有改造权，与会者发言时说了些什么就记下什么，记录者不能进行加工、提炼，不能增添、删减，不能移花接木，不能张冠李戴。

2. 原始形态性

就是未经整理，未经综合。在这一点上，它跟会议简报、会议纪要有着很大不同，在存在形态上，会议记录跟会议简报和会议纪要的差异甚大。

3. 完整性

会议记录对会议的时间、地点、出席人员、主持人、议程等基本情况，对领导讲话、与会者的发言、讨论和争议、形成的决议和决定等内容，都要记录下来，一般没有太多的选择性。

4. 指导性

一是会议本身的权威性；二是会议记录集中反映了会议的主要精神和决定事项。因而会议纪录一经下发，将对有关单位和人员产生约束力，起着类似于指示、决定或决议等指挥性公文的作用。会议记录还可以作为与会同志向单位领导汇报、向群众传达的文字依据。

在这一点上，与会议纪要有相通之处，只不过会议纪要更加正规、严肃，带有规章制度的某些性质。

5. 备考性

一些会议记录主要不是为了贯彻执行，而是向上汇报或向下通报情况，必要时可作查阅之用，具有资料性质，一般要求归档保管。

（二）会议记录的种类

一般来说，按照会议性质来分，会议记录大致有办公会议记录、专题会议记录、联席（协调）会议记录、座谈会议记录等。按照举办单位性质划分不同，可将会议分为三大类：公司类会议、协会类会议和其他组织会议。

三、会议记录的写作

一般会议记录的格式包括两部分：一部分是会议的组织情况，要求写明会议名称、时间、地点、出席人员情况及人数、缺席人数、列席人数、会议主持人、记录人等；另一部分是会议的内容，要求写明发言、决议、问题，这是会议记录的核心部分。

会议发言的内容要详细、具体地记录，尽量记录原话，主要用于比较重要的会议和重要的发言；二是摘要性记录，只记录会议要点和中心内容，多用于一般性会议。

会议结束，记录完毕，要另起一行写“散会”二字，如中途休会，要写明“休会”字样。

四、会议记录的写作要求

（一）准确标明会议名称（要写全称），开会时间、地点，会议性质。

（二）详细记下会议主持人、出席会议应到和实到人数，缺席、迟到或早退人数及其姓名、职务，记录者姓名。如果是群众性大会，只要记下参加的对象和总人数，以及出席会议的较重要的领导成员即可。如果是重要的会议，出席对象来自不同单位，还可以设签名簿，请出席者签署姓名、单位、职务等。

（三）忠实记录会议上的发言和有关动态。会议发言的内容是记录的重点，其他会议动态如发言中插话、临时中断以及别的重要的会场情况等，也应适当予以记录。记录发言可分摘要与全文两种。多数会议只要记录发言要点，即把发言者讲了哪几个问题，每一个问题的基本观点与主要事实、结论，对别人发言的态度等，作摘要式的记录，不必“有闻必录”。某些特别重要的会议或特别重要人物的发言，需要记下全部内容。可先录音，会后再整理出全文；没有录音条件，应由速记人员担任记录，或多配几个记得快的人担任记录，以便会后互相校对补充。

（四）记录会议的结果，如会议的决定、决议或表决等情况。会议记录要求忠于事实，不能夹杂记录者的任何个人情感，更不允许有意增删发言内容。

（五）会议记录一般不宜公开发表，如需发表，应征得发言者的审阅同意。

五、会议记录的写作例文

××学院2017年学生宿舍改造安全工作会议记录

2017年5月16日，在第一会议室召开了施工安全专题会议，会议要求施工单位、学校各部门、院系的每一个管理人员对学校安全予以高度重视，认真做好宿舍改造施工的安全工作。会议由后勤集团总经理兼安全总监张静哲主持，项目经理、总工、相关部门及人员参加了会议（详见会议签到表），现将会议内容记录如下。

会议内容：

一、项目经理在会上强调以下几个问题

1. 认真学习和贯彻落实业主下发关于临建工程中的不足，逐一落实和整改。

2. 做好施工现场的“五牌一图”安全宣传牌和其他安全警示牌设置及高边坡安全防护。

3. 做好项目管理人员的安全培训、教育及作业人员的安全培训教育工作，对新进场的施工人员进行安全培训和考核，做好施工现场安全交底。

4. 安检部门对临建工程安全加强巡视，对重点安全地点进行旁站，切实消除临建工程中的安全隐患。

5. 最后强调，所有管理人员掌握各自职责范围的要求，严格现场管理，严格劳动纪律，杜绝违章违纪现象发生，同时要做好施工现场的周密布置，并做好安全相关内业资料，为项目部以后的工作打下一个好基础。

二、副经理兼安全总监对其他安全进行强调

1. 拌合站及工点、施工便道的修建要保证混凝土运输车等施工车辆在晴天和雨天都能顺畅通行。

2. 场地硬化按照四周低、中心高的原则进行，做到雨天场地不积水、不泥泞，晴天不扬尘。

3. 拌合站安装避雷设施。

4. 高知公寓生活区及现场驻地必须在明显位置设有相应的灭火器材。

5. 施工临时用电应注意几点：

（1）应编制临时用电施工组织设计，确定电源进线、总配电箱、分配电箱的位置及线路定向，制定安全用电技术措和电气防火措施。经项目部相关部门审核批准后实施。

(2) 应严格按照施工用电的专项组织设计与施工现场平面布置进行架设和管理电力线，动力和照明线必须分开架设。

(3) 配电房（室）、变压器等固定电力设备均设安全防护屏障或网栅网栏，高度不低于2.5m，应设置明显的禁止、警告标志。

(4) 施工现场临时用电应符合现行《施工现场临时用电安全技术规范》（JGJ46—2005）的规定。必须采用TN-S接零保护系统。

(5) 电力作业人员必须持证上岗，按规定正确穿戴、使用劳动保护用品。

(6) 所有电器设备必须完整，无破损，性能良好。必须使用安装带有触电保护器的插座。确保性能可靠，严禁在一个开关上连接多台电动设备。

(7) 夜间施工时，现场应设有满足施工安全要求的照明设施。

6. 作业人员进入施工现场必须佩戴安全帽，高空作业人员佩戴安全带，特种作业人员应持证上岗，并佩戴相应的防护备品，严禁无证上岗或带病作业。

三、后勤集团总经理总结

1. 项目施工部门高度重视学生安全工作，考虑到暑假期间学校仍会滞留部分学生，应有别于在校外施工，尤其是夜间施工以及对施工人员的安全教育。

2. 各部门通力配合，学生处、团委、办公室积极做好各种预案，应对可能发生的安全问题。

3. 学校第一食堂做好暑假期间的部分窗口正常营业工作。

六、会议记录的写作训练

(一) 判断

1. 会议记录和会议纪要能够互相替代使用。

2. 会议记录可以随意公开，还可以在报刊上发表。

(二) 实战训练

参加学生社团的某一次会议，撰写会议记录。对照要求，查找自己的会议记录是否存在缺项，是否符合基本要求。

第八节　传　真

一、传真的内涵

传真是机关、企事业单位、社会团体将记录在纸质文档上的文字、数据、内容图表、照片等内容通过技术处理，变换为电信号，经由通讯线路远距离传送，使接收方获得与原件完全相同的记录内容的一种通信方式。

二、传真的特点与种类

（一）传真的特点

1. 真实性

传真传送的是文字、数据、内容图表、照片等真实的内容信息，在传送的过程中不会出现失真、变形。

一般情况下，传真是一种远程复印的过程，因而带有原始的证据性质，可以作为今后核查甚至是产生纠纷诉讼过程中的物证资料。

2. 便捷性

传真操作方便快捷，瞬时即可实现，对于发送方和接收方都十分简单。

近几年来，随着网络技术的发展，许多传真的内容也可以通过扫描进而由网络（如QQ、E-mail 等）实现远距离传递。但它还不能完全取代传真，相比之下，毕竟传真更为正规、简洁，在政府机关行政办公领域仍然广为应用。它可以在极短的时间内实现传送到接收的全部过程。

3. 安全性

与网络容易受到黑客、病毒攻击而信息泄露相比，传真更加安全，直接实现两点一线的信息传递，第三者无法涉入，避免了在互联网上传递产生的泄密可能。

其缺陷在于，传真的打印纸张为感光物质，久放则容易字迹模糊甚至消失，出现信息丢失。相对于激光打印而言，其存放不易。如果热敏纸的涂层不均匀，会导致打印时，有的地方颜色深，有的地方颜色浅，打印质量明显降低，如果热敏涂层的化学配方不合理，会导致打印纸保存时间变得很短，好的打印纸打印后可以保存（在常温、避免阳光直射的条件下）5 年，现在更有可以保存 10 年的长效热敏纸，但是如果热敏涂层的配方不合理，可能只能保存几个月。

（二）传真的种类

传真的种类有：其一，文字材料传真。如宣传材料、文件等。其二，图像材料传真。如照片、美术图样等。其三，工程图纸传真。如机械工程设计、绘制的图纸等。

三、传真的写作

传真由标题和正文两部分组成。

（一）标题

标题一般由“单位名称+传真”构成。

（二）正文

内容包括：收件人姓名、单位、传真号，发件人姓名、日期、总页数、传真号、电话、主题、紧急程度及回复要求等。正文的主体即所需传递的信息具体内容。

传真的形式可参见文后的模板。

四、传真的写作要求

传真的总页数尽量要少，所以内容要简洁、准确，格式要规范以避免引起歧义。

传真纸最好统一印制，把单位、传真号、姓名、地址、电话、电子邮箱甚至单位标志图案等内容尽可能印制全，在使用时直接填入相关信息即可。

传真发出后，要及时询问对方是否收到。

五、传真的写作模板

题目（简明概括文章的主旨，尽量不要超过 20 个汉字）

首部

收件人：

单　位：

抄　送：（使某些单位或个人同时知晓）

传真号：如“（010）12345678”

发件人：

日　期：

传真号：如“（025）87654321”

电　话：

总页数：（共××页）

主　题：（标明具体事项，如联系加工事宜等）

□紧急　□请阅读　□请批注　□请答复　□请传阅（在相应的方框里画勾）

正文（以文字信息为例）

××（单位名称）：

因××事宜，请速与我们联系。

为盼。

××（单位名称，签公章）

六、传真的写作训练

（一）能力测试

下面是一份传真，认真阅读后改正其中的错误。

收件人：张晓明

单　位：深圳市天赋集团

传真号：12345678

发件人：李子豪

日　期：即日
传真号：87654321
电　话：同上
主　题：联系代理商
□紧急　□请阅读　□请批注　□请答复　□请传阅（在相应的方框里画勾）

深圳天赋集团：

因公司发展需要，我公司拟请贵单位协助，在深圳及其下辖地区设置若干产品代理商，请速与我们联系。

为盼。

合肥蓝天工贸责任有限公司

（二）实战训练

1. 假设你是室内装饰专业的大学生，此前接受了北京天地装潢公司的请求，为其设计10套复合型居室的室内装潢图纸。现已完成，按规定须将草图传真至该公司设计部李明先生处，并同时索取事先约定的部分设计费用（总额2000元的30%）。请你完成此传真的设计。

2. 有条件的同学，可以联系亲友中能够接收传真的，亲自动手进行一份传真的传递，熟悉传真的发送操作流程。

第九节　备忘录

一、备忘录的内涵

备忘录最初是不同国家政府之间及外交代表机构之间经常使用的一种外交文书，用以把某些事项的概括告知对方，表明自己的立场或决定。它可以是某一问题的具体说明、政策依据的交代或司法解释，也可以是外交会谈后，为了避免误解而提供的书面纪要。

备忘录是一种提示性或记事性的文书，目前已超出了外交的范畴在经济、外贸、商务活动等领域得到广泛应用。

二、备忘录的特点与种类

（一）备忘录的特点

1. 真实性

备忘录要求如实记录事件或过程，不允许任何虚构、夸张、增饰。它要求绝对的实录，一般情况下双方会相互交换存档。

2. 资料性

备忘录可作为一种历史资料的记载存档，以备查证之需。在这一点上，它既有历史证据的作用，又有资料备考的性质，带有合同、协议那种要求双方必须执行的某些色彩。

例如，《国情备忘录》是中央电视台财经频道制作的一部大型电视纪录片，就当下中国的人口、三农、耕地保护、资源环境、社会保障以及创新能力等我国国情中最基本、最核心的问题，进行描述。它第一次全方位展示中国的基本国情，满足了群众的知情权需求。教材上介绍的备忘录多为双方或多方达成的协议或事实、意向记录，而《国情备忘录》则是以历史资料的视角向读者介绍中国基本国情，类似于历史档案再现。

（二）备忘录的种类

1. 个人备忘录

用于记录个人的有关事务。这种情况一般使用很少，备忘录一般使用于国家、单位记载重大事件层面上。

2. 交往式备忘录

记录人际交往的各种情况，如外交谈判备忘录、商务谈判备忘录、谅解备忘录。

例如中美之间的商贸会谈，一般使用备忘录的形式。美国国家公共电台当地时间 2018 年 3 月 21 日报道称，白宫方面称，特朗普将在当地时间 22 日下午 12：30（北京时间周五 00：30）针对中国贸易签署备忘录。

3. 计划式备忘录

用以提醒将来需要做的事情。

三、备忘录的写作

备忘录写法比较灵活，不拘常法。一般来说，其结构包括标题、前言、正文和结尾。

标题：一般可分为公文式标题，如“关于××的备忘录”。

前言：对参加者、时间、地点、事项及相关情况进行简要的介绍。

正文：包括事实叙述和观点说明。首先交代基本背景和内容事项，然后做出恰当的表述和简单、公正的评析。

结尾：签署备忘录的双方代表签字，注明国家、单位全称和日期。

四、备忘录的写作要求

格式规范：外交官直接面交的备忘录不编号、不写抬头，落款处注明时间、地点但不盖章；而派人送达的备忘录则要编号、书写抬头，在落款处注明时间、地点并加盖公章。

内容要翔实、完备，措辞精准。

五、备忘录的写作模板

题 目

[××（单位）与××（单位）会谈备忘录]

前言

（简要介绍参加者、时间、地点、事项及相关情况）

正文

（列出所达成的意向：

一、××

二、××

三、××）

结尾

××国××（单位） ××国××（单位）

代表：××（签章） 代表：××（签章）

××××年××月××日

六、备忘录的写作训练

实战训练

以下为胜利计算机技术有限公司（甲方）与后来者软件开发公司（乙方）举行的一次商业会谈的记录，请将其改写为备忘录的形式。

时间：2016 年 9 月 12 日 14：00～16：00

地点：投资大厦 16 楼第一会议室

主持人：张明

参会人员：李俊（甲方代表）、王思琪、李大胜、张志远（乙方代表）、罗莉、苏文明

记录人：刘瑾

会议内容：

一、经过前期的协商，已决定胜利计算机技术有限公司（甲方）从后来者软件开发公司（乙方）购买 CPPWM 软件系统以研发 W 项目，此次会议是双方就 CPPWM 软件系统最后的价格和设计、改造方案进行磋商。

二、甲方代表认为现有方案与原有方案相比变化不大，应结合我公司的实际情况，对

CPPWM 软件系统研发 W 项目的方案加以调整，对所采用的标识作了统一的规定。

三、价格由原来的 230 万人民币下降为 200 万人民币。

四、乙方只允许 CPPWM 软件系统用于特定的 W 项目开发，不得他用。

五、售后服务：乙方负责提供密码并首次上门安装、调试，两年保修，人为损坏不在属保修范围内。

参会人员签字：

×××　×××　×××

×××　×××　×××

××××年××月××日

第四章　财经应用文

□学习目标与要求

1. 了解财经应用文的内涵、作用、分类和特点。
2. 掌握各类财经应用文的写作要领与写作要求。
3. 能根据所给材料进行各类财经应用文的写作。

第一节　合同

一、合同的内涵

合同，旧称契约，是当事人各方为实现某种目的经协商同意后订立的明确有关权利义务关系的文书。《中华人民共和国合同法》（1999 年）规定："合同是平等主体的自然人、法人、其他组织之间设立、变更、终止民事权利义务关系的协议。"自然人，是指有血肉之躯的，能够思考问题，有欲望，能够从事劳动等活动的人。法人，是指有独立的财产，具有民事权利和民事行为能力，依法独立享受民事权利和承担民事义务的组织。其他组织，是指虽没有取得法人资格，但却有一定经费和财产的组织。

合同是商品经济的产物。合同的作用主要有：第一，合同有利于保护当事人的合法权益。通过签订合同，可以明确当事人之间的权利义务关系。第二，合同有利于规范市场交易活动，维护社会经济秩序。第三，合同有利于促进经济效益的提高。合同的签定，以法律形式确定了当事人的权利和义务，这就有利于促进当事人加强经济核算，搞好经营管理，提高质量，降低消耗，增强竞争力，以取得较高经济效益。

二、合同特点与种类

（一）合同的特点

合同不仅是一种经济文书，而且还是一种体现商品交换关系的法律文书。合同主要有以下特点：

1. 合法性

合同内容要按国家法律、行政法规签订，是一种合法的法律行为，一经签订，则具有法律效力，受到国家法律的承认和保护。合法的合同必须具备以下几个要求：其一，签订合同的当事人必须具备国家法律许可范围内的一定的权利能力和行为能力；其二，合同的内容及形式必须符合有关法律法规；其三，合同订立的程序也必须合法，任何以隐瞒、欺诈、胁迫等手段和方式订立的合同都是不合法的合同。

2. 制约性

合同是制约性的文书，合同关系一旦成立，双方当事人就都受到法律的约束，不得违反，否则就要承担法律责任。

3. 平等性

合同当事人，不论其职务高低、单位大小、经济实力如何，合同必须在平等自愿的原则下协商签订；当事人是平等的，在承担法律责任时，法律地位也是平等的，任何一方不得把自己的意志强加给对方；当事人双方都要按合同的规定享受权利、履行义务，任何一方有违约行为的都要受到法律制裁。

4. 一致性

合同的条款，必须在协商中取得一致认可后才能写入合同中，未取得一致意见的内容不能写入合同中，更不允许一方把自己的意志强加给另一方。

5. 双向性

即权利与义务互转的双向性。合同当事人都享有要求对方的权利，同时也应承担保证对方权利实现的义务，即甲方的权利就是乙方的义务，乙方的权利就是甲方的义务。

合同的这些特点决定着签订合同必须遵循一定的原则。一是平等原则。当事人之间的法律地位平等，不能把自己的意志强加给对方，不能强迫对方接受不公平的条款。二是自愿原则。当事人依法享有自愿订立合同的权利，任何单位和个人不得非法干预。当事人订不订合同，与谁订合同，以什么形式订合同，合同规定什么内容等都取决于他的自愿。即“合同自由”。三是公平原则。当事人之间确定的权利与义务要公平，双方当事人在利害关系上大体平衡。根据公平原则合理分配合同风险，确定违约责任。四是诚信原则。在订立合同时，不得有欺诈或其他违背诚实信用的行为。在履行合同中，履行及时通知、协助、提供必要的条件、防止损失扩大、保密等义务。五是守法原则。订立合同的双方必须遵守法律法规，不得损害国家利益以及社会公共利益的原则。六是明确具体原则。明确，是说在合同中使用概念或用词必须准确无误，不能使用含糊不确定的词，写作时必须持严谨的态度，做到语言精确，表达清楚，书写工整，绝不能马虎大意，草率从事。

（二）合同的种类

由于经济活动比较复杂，所以实际上合同的使用也就多种多样。可以从不同的角度对合同进行分类。

从内容上划分，合同可分为购销合同、供用电、水、气、热力合同、赠与合同、借款合同、租赁合同、融资租赁合同、承揽合同、建设工程合同、运输合同、技术合同、保管合同、仓储合同、委托合同、行纪合同、居间合同。

根据有效期限划分，可分为长期合同、中期合同、短期合同；根据订立的方式划分，可分为口头合同、书面合同；根据写作形式划分，可分为：条款式合同、表格式合同。

根据当事人的国际关系划分，可分为国内合同、涉外合同。

三、合同的写作

一份完整的合同应该包括以下几个部分：首部、正文、尾部。

（一）首部

首部包括：

1. 合同标题

标题要点名合同的性质和种类。其一是由“事由+文种”构成。如借款合同、承揽合同、房屋租赁合同等。其二是由“经营范围+合同种类”构成。如《农副产品购销合同》。其三是由“合同有效期+合同种类”构成。如《2016 年第一季度购销合同》。此外，有的也可只写“合同”二字。

2. 合同的当事方名称

这部分要写明签订合同各方的全称。是单位的要与营业执照上核准的名称一致。可按习惯确定一方为“甲方”，一方为“乙方”。或者称“供方”和“需方”、“买方”和“卖方”。后文可用相应的简称代替全称。

（二）正文

正文应当包括以下三个方面的内容：

1. 双方签订合同的依据或目的。

2. 双方协商一致的内容。

（1）标的。经济合同的标的指的是合同当事人权利和义务所共同指向的对象，可以是货物、资金，也可以是行为。

（2）数量和质量。数量和质量是标的的具体表现形式，关系到当时人的权利和义务的大小，必须具体明确。

（3）价款或酬金。价款或酬金是获取商品、接受服务方向对方所支付的一定量的货币。

（4）履行期限、地点和方式。合同履行期限、地点和方式直接关系到当事人权利与义务的实现，必须写得具体清晰。

（5）违约责任。违约责任是为了保证完全履行合同而预定的针对违约方的经济制裁措施。有定金和支付违约金、赔偿金两种方式。

（6）解决争议的方法。这部分要写明当事人约定的合同争议解决方法，有协商、调解、申请仲裁、向人民法院起诉等多种方式。

（7）附则性内容。主要是对合同有效性方面的说明。如合同的有效期、签定份数、保存方法、未尽事宜等。有附件的合同，应注明附件的名称及份数。

（三）结尾

结尾部分主要写明合同的生效标识，如当事人的名称及印章、单位地址、法人代表或委托代理人签章、开户行及账号、联系电话、邮政编码、签订日期等。有担保、鉴证或者公证的合同，应注明相应的意见和日期，并签字盖章。

四、合同的写作要求

（一）内容要合法

合同的内容必须遵守国家的法律法规，必须符合国家相关的政策。任何单位和个人不得利用合同进行非法活动，扰乱国家秩序，损害国家和社会公益，牟取非法收入。

（二）结构要完整

合同写作必须结构完整，条款完备，标的、数量和质量、价款和酬金、履行的期限和时间、违约责任等各项条款均需考虑周详。

（三）表述要准确

合同的写作中切忌产生歧义、多义，用词须准确，句意不能含混或有漏洞，表示标的的货币等数字应大写，标点符号的使用也要慎重，一定要确保合同的表述准确无误，简明准确，避免因为合同问题被对方钻空子，造成经济损失，以致于出现合同纠纷。

五、合同的写作例文

【例文一】

混凝土路面施工劳务合同

甲方（施工单位）：

乙方（施工队）：

依据《中华人民共和国合同法》、《中华人民共和国建筑法》及农民工工资支付等相关法律法规的规定，经甲、乙双方协商如下条款达成一致，并共同遵守。

一、甲方责任：

1. 提供施工用水、用电、工人住宿、住宿用电、生活用水。乙方不付水电费。

2. 提供符合规范要求的混凝土原材料（砂、石、水泥），否则造成混凝土面层起砂、断裂，乙方不负责。

3. 提供混凝土路面养护覆盖材料（塑料布、草袋）。

4. 混凝土搅拌机、钢模板、压路机、挖掘机、水稳料拌合所需机械均由甲方自行解决。水稳料、混凝土料运输至乙方施工现场所需车辆以及所需摊铺机械均由甲方自行解决。

5. 维护乙方的施工现场秩序，如发生寻衅滋事，甲方负责协商解决。

二、乙方责任：

1. 服从甲方现场施工管理人员在施工中的安排，接受甲方管理和技术监督。

2. 施工中发生的一切工伤事故，由乙方自负。

3. 施工中所需要的振动梁、滚子、振动器、切缝机、磨浆机，乙方自己解决（压路机、挖掘机、运输车辆由甲方解决），混凝土自拌。

三、甲乙双方共同责任：

1. 混凝土面层自然断裂，乙方出工，甲方提供混凝土。

2. 雨天、机械故障、供电局停电，工期顺延，乙方生活费自理，甲方不认误工。

四、施工范围：

1. 路床、水稳层人工找平±3cm（机械摊铺）、槽钢支模、混凝土搅拌、浇注、混凝土面层切缝、养护。

2. 工作量：水稳层18cm、混凝土面层浇注厚度22cm。

3. 施工范围之外的工程量以签证为准，甲、乙双方现场议量、议价。点工每个45元（施工范围之外的工作项目，不用不付）。

五、人工费造价：

1. ________元/m^2（含路床、水稳层人工找平±3cm、槽钢支模、混凝土搅拌、浇注、混凝土面层切缝、养护）。路床找平、水稳摊铺、碾压所需的机械（压路机、挖掘机）甲方自行解决。

六、付款方式：

1. 工人进场费________元。

2. 甲方每月25日核准乙方当月完成的实际工作量，于下月5日前支付70%工程款，工程竣工验收合格后三十日内付清30%余款。

3. 工程结算以实际完成的工程量计算（混凝土路面实测实量）。

4. 点工、施工范围之外的工作项目以签证为准。

七、合同的变更与解除：

1. 乙方不按施工程序施工、不服从调度安排或不遵守甲方依法指定的规章制度。

2. 甲方不按照合同规定支付乙方费用。

八、其他：

1. 工期按甲方进度计划进行实施。

2. 甲方料场、施工现场，乙方均不负责看管。

九、争议解决：

合同履行过程中发生纠纷，双方应平等友好协商解决，如发生不能解决的纠纷，任何一方都有权向上级仲裁机构或工程所在地的人民法院起诉，甲乙双方同意解除合同，甲方付清剩余的人工费。

本协议一经签字，即具有法律效力。

本协议一式两份，甲、乙双方各执一份。

甲方：×××　　　　　　　　乙方：×××

××××年×月×日

【例文二】

买卖合同

甲方：××农副产品加工厂　（以下简称卖方）

乙方：××食品有限公司　（以下简称买方）

根据《中华人民共和国合同法》及《农副产品购销合同条例》有关规定，为明确买卖双方的权利和义务，经双方协商一致，签订合同如下：

一、卖方向买方提供春晖牌特级方竹笋干5000袋，每袋重500克，40元/袋，总货款200000元人民币（含包装费）。

二、卖方于2016年5月10日用汽车直接运往买方所在地仓库交货，运费由卖方承担。方竹笋干用塑料袋内装，外用纸板箱封装。

三、买方根据卖方提供的春晖牌特级方竹笋干样品，验收合格后，于十天内通过×市农业银行支票结清支付货款200000元。

四、违约责任：

若卖方拒不交货，应处以货款总额10%的违约金；数量不足则按不足部分货款10%处以违约金；供货质量与样品不符，则重新酌价；逾期交货，则每天处以货款总值5%的违约金。

甲方：×××　　　　乙方：×××

××××年×月×日

六、合同的写作训练

（一）某县政府采购中心与顺发果蔬公司签订了一份无公害蔬菜购销合同。该县为全国贫困县，采购中心以财政困难为理由要求对方将所有产品低价出售。顺发果蔬公司在履行合同一段时期后，发觉亏损惨重，拒绝继续履行。县政府采购中心认为果蔬公司不守信用，便对其进行处罚。请问：顺发果蔬公司应该受到处罚吗？

（二）某煤气公司在供气合同上写道："需方须购买供方指定的神州牌热水器或神州牌煤气炉，否则供方不为需方开通管道煤气。"请问：该煤气公司违背了什么原则？

（三）请指出下列表述的问题并修改。

1. 甲方向乙方订购大号暖水瓶。

2. 违约方付"5% ~30%违约金"。

3. 半年左右交货，如果违约，我愿打愿罚。

4. 装修力争第一季度完成，尽量保证质量，达到双方满意。

第二节　协议书

一、协议书的内涵

协议书有广义和狭义之分，广义的协议书是指社会集团或者个人处理各种社会关系、事务时常用的“契约”类文书，包括合同、议定书、条约、公约、联合宣言、联合声明、条据等。狭义的协议书是双方当事人就有关经济问题或其他事务的某些问题的要点、原则经协商达成的意见而签定的一种契约性文书。我们这里所说的协议书，指的是狭义上的协议书。

协议书的作用主要有：作为签订正式合同之前签订的比较原则的协定，起意向作用；用于规定对已签订合同的修订补充意见，作为正式合同的补充；作为合同使用。

二、协议书的特点与种类

（一）协议书的特点

1. 范围广泛

协议书除了涉及合同所涉及的经济生活方面的问题外，还常常涉及到文化、技术、教育、科技等方面的项目。

2. 内容不甚具体

对有些初交的经济关系或较为复杂的经济关系，往往要经过多次的磋商才能明确彼此的权利和义务关系。因此，常常在签订正式合同之前，签订一份纲要性的协议书，不一一写明具体条款，只对某些问题或事项做出原则性的、概括性的规定，起到意向作用，表明双方的合作诚意。而合同的内容则具体完备。

3. 功能多样

协议书的功能比较灵活多样。作为经济关系的凭证，协议书可以作为合同的前奏；也可以作为已签订的合同的补充或修订，成为合同的一个组成部分；如协议书的权利义务关系的条款已经完备，协议书也可以直接当作合同来使用。

4. 有效期长

协议书的有效期长，有的甚至是永久性的。如“收养协议书”在整个收养过程中均有效。

（二）协议书的种类

1. 按内容划分，可以分为承包工程协议书、联营协议书、购销协议书、赔偿协议书、委托协议书等。

2. 按时间划分，可以分为长期协议书、中期协议书、短期协议书和临时协议书。

3. 按作用划分，可以分为意向式协议书、补充修订式协议书和合同式协议书。意向协议书在合同之前制定，是正式合同的依据和参考，是签订合同的“前奏”。补充修订协议书制作于正式合同之后，作为合同后续的相关条款，对已经签订的合同起着补充、修订的作用。合同式协议书即为合同，凡是在《中华人民共和国合同法》规定的15种合同形式之外的合作形式，都可以协议书的形式来呈现，与合同具有相同的法律效力。

三、协议书的写作

协议书的结构一般包括标题、双方当事人名称、正文、落款四个部分。

（一）标题

标题写在协议书的上方，用来表明协议双方单位名称、协议的内容和双方间关系以及文书类型的部分。协议书的标题由内容（性质）与文种两部分构成。有的注意突出中心内容。如《大龙公司、建辉工厂联营协议书》。有的注意标明性质。如《赔偿协议书》《拆迁协议书》等。

（二）订立协议双方当事人名称

在标题下面，正文之前，写明立约当事人，在立约各方当事人的前面或后面，一般应注明“甲方”“乙方”等，以便在正文称呼，使行文更加简洁方便。

（三）正文

正文是协议书的主要部分。主要有以下几个方面内容构成：

1. 前言。即立约根据或者缘由。起到引出后文的作用。

2. 主体。即双方约定的内容，这是正文的主要部分。一般来说，用条款的形式写出协议书的具体内容，比较简洁明了。主体部分一般必须写明如下内容：双方协商议定的事项；双方应承担的义务和责任，应享受的权利；双方应当共同做的事项，做到什么程度，达到什么要求，什么时间完成，应当得到的报酬，若不能按时完成应当承担什么责任等。这部分要求就协议的相关事宜，作出清晰明确的表达。

3. 结尾。这部分要写清楚协议书一式几份，如何保管，并注明附件份数以及有效期限。

（四）落款

协议书正文结束后，应写明订立协议双方单位的全称，并加盖公章，最后写上签订协议的日期。重要内容的协议书，可请公证处公证。

写协议书时要注意以下几点：内容上必须符合国家的法律法规、方针政策，否则便是无效协议；内容如需修订或者补充，需经过双方当事人同意，在改动之处加盖公章；结构上要完整，内容要具体，条款要明晰；表达上要做到语言明确，措辞准确，不能语义含糊甚至产生歧义；坚持诚信至上、自愿平等互利的原则。

四、协议书的写作要求

协议书与合同虽然在明确权利和义务关系方面，在法律效力方面，没有本质的区别，但协议书有自己的写作要求：

第一，协议书内容较为简略；第二，协议书中原则要点一致即可；第三，协议书使用范围宽泛，领域上从国内到国外，项目种类繁多，从政治、经济到文教、卫生等均可使用；协议书的时效有时会久于合同。

五、协议书的写作例文

协议书

甲方：

乙方：

经甲乙双方友好协商，在平等互利的原则下，就合作投资创办出租汽车公司事宜，达成如下协议：

一、合营企业定名为北方出租汽车公司。经营大、小车100辆。其中：德国奔驰280-S轿车7辆（为二手车，行车里程不超过17000公里，外表呈新）、日产丰田轿车83辆（其中：50辆含里程、金额记数表、空调、步话机等）、面包车10辆。

二、合营企业为有限公司。双方投资比例为3：7，即甲方占70%，乙方占30%。总投资140万美元，其中甲方98万美元（含库房等公用设施），乙方42美元。合作期限定为5年。

三、公司设董事会，人数为5人，甲方3人，乙方2人。董事长1人由甲方担任，副董事长1人由乙方担任。正、副总经理由甲、乙双方分别担任。

四、合营企业所得毛利润，按国家税法照章纳税，并扣除各项基金和职工福利等，净利润根据双方投资比例进行分配。

五、乙方所得纯利润可以人民币计收。合作期内，乙方纯利润所得达到乙方投资额后，企业资产即归甲方所有。

六、双方共同遵守我国政府制定的外汇、税收、合资经营以及劳动等法规。

七、双方商定，在适当的时间，就有关事项进一步洽商，提出具体实施方案。

甲方：××× 乙方：×××

××××年×月×日

六、协议书的写作训练

××茶厂新生产一种优质茶叶，具有减肥排毒功效。想寻找销售合作伙伴。××进出口公司欲与该厂合作出口这种茶叶，派代表王某前往该厂商洽合作事宜。经过一番努力，该进出口公司成为茶厂的出口代理并顺利出口了一批此种茶叶。请据此自设情境写一份协议书。

第三节 招标书

一、招标书的内涵

招标是在兴建工程、合作经营某项业务或大宗商品交易时，按照规定的标准和条件，对外公开邀请符合条件的国内外企业参与竞争报价，选择其中最佳对象为中标者，订立合同进行交易的经济行为，招标书是招标方在招标过程中使用的文书。

招标书有利于使经济组织或个人能在公平的起点上进行公开竞争，加强横向经济联系；有利于优化市场经济秩序，提高经济组织的办事效率和工作透明度；有利于调动经济组织或个人的积极性，促进良性竞争，从而有效地促进经济增长。

二、招标书的特点与分类

（一）招标书的特点

1. 公开性

招标书必须对所有招标对象公开。凡是投标人应当知道的内容、条件、要求和注意事项等，都要在招标书里公开、明确地说明。招标人邀请所有投标人参与开标，在开标时由工作人员当众拆封其投标书，宣读投标人名称、投标价格和投标文件的其他主要内容。

2. 时限性

招标的时间、招标项目的起止时间都必须在招标书里明确写明，确保经济目标按时完成。

3. 竞争性

招标的动机是寻找和选择最理想的合作伙伴，尽可能最广泛地造成竞争局面，以获取最佳的经济效益。

4. 保密性

在提交给投标方的截止日期前，招标书可以按规定进行必要的修改。但一旦进入评标阶段，其有关的核心内容在开标前就具有保密性，标的在公布之前不得泄密，否则对责任者要严肃处理，直至追究法律责任。

5. 约束性

招标书是招标单位以法人的名义向投标单位提出的约言，招标文书一经发出就不能更改，如果违背约言就要承担法律责任，要赔偿由此给投标单位造成的损失。

（二）招标书的分类

按时间划分，可分为长期招标书和短期招标书，一般来说，三年以及三年以上的为长期招标书。

按性质和内容划分，可分为劳务招标书、企业承包招标书、企业租赁招标书、工程建设招标书、大宗商品交易招标书、选聘经营者招标书、科研课题招标书、技术引进或转让招标书等。

按照招标范围划分，可分为企业内部招标书、邀请招标书、面向社会的外部招标书。

按招标方式划分，可分为公开招标书、邀清招标书、网上招标书等。

按照项目要求划分，可分为法人代表招标书和合作伙伴招标书。

三、招标书的写作

招标书一般由标题、正文、结尾三部分组成。

（一）标题

常见的写法有三种：

1. 由招标单位名称、招标事由和文种三部分组成。如《××公司××工程招标书》。

2. 由招标单位名称和文种两部分组成。如《建筑安装工程招标书》《××公司招标书》。

3. 只写文种名称，其他均省略。如《招标书》《招标公告》。

（二）正文

先简要交待招标的目的、原因、依据及招标项目等，然后详写招标的主要内容，即招标项目的技术规格、要求和数量，包括附件、图纸等；对投标人资格审查的标准；投标报价要求、投标文件编制要求和投标保证金交纳方式、开标时间和地点、评标标准等所有实质性要求和条件以及拟签订合同的主要条款等。

（三）结尾

写清招标单位名称、相关联系及交流信息、日期并盖章。

（四）落款

写清投标日期，投标单位名称、地址、电话、电报挂号、电传、邮政编码及联系人。

（五）附件

就建筑工程投标书而言，包括工程量清单、投标价格表、主要材料、设备标价明细表，大型重要工程还要附上投标保证书。

四、招标书的写作要求

（一）招标书的写作要符合国家政策、法律法规，招标条件要求要合理、合法。

（二）内容要简明扼要、重点突出。

（三）语言要准确，避免产生歧义。

五、招标书的写作例文

【例文一】

安徽省国土资源信息中心交换机公开招标信息公告

计划编号：皖财采计〔2010〕2106　　　　发布时间：2010-04-23

（采购计划编号：皖财采计〔2010〕106号，省直政府采购编号：AHSZZFCG-2010-052）

安徽省省直机关政府采购中心受安徽省国土资源信息中心的委托，对其所需交换机进行公开招标采购，热忱欢迎合格的供应商前来投标。

一、采购项目名称及内容

交换机　30台

二、投标人资格要求

（一）投标人必须是在中国境内注册，有独立法人资格和承担民事责任能力；

（二）投标人必须符合《中华人民共和国政府采购法》第二十二条规定的内容；

（三）注册资金500万元（含500万元以上）；

（四）投标人成立3年以上；

（五）符合采购文件关于资质的其他要求。

三、采购文件发售时间、地点

采购文件从即日起，每天8：30～12：00，14：30～17：30在安徽省省直机关政府采购中心标书编制部（702室）发售。

四、采购文件售价

采购文件每份售价为400元人民币，售后不退。

五、投标截止时间和开标时间及地点

投标保证金截止时间：2010年5月15日上午9：00

投标截止及开标时间：2010年5月15日上午9：30

投标及开标地点：安徽省省直机关政府采购中心七楼会议室（详见当天中心电子显示屏）

六、采购人名称、地址及联系方式

名　称：国土资源厅信息中心

地　址：安徽省合肥市国土资源厅院内

联系人：××× 联系电话：0551—12345678

七、集中采购机构名称、地址及联系方式

名　称：安徽省省直机关政府采购中心

地　点：安徽省合肥市人民中路66号（省机关事务管理局综合楼）

联系人：××× 联系电话（传真）：0551-12345678

E-mail：ahszcgzx@163.com

八、投标人如认为采购文件存在歧视性条款的，可向同级政府采购管理部门反映。

九、安徽省省直机关政府采购中心任何采购项目均不收中标服务费。

十、采购文件以我中心发出的文本为准，如从网上下载采购文件且有意参与投标的供应商在投标截止时间前两天至我中心报名确认。

安徽省省直机关政府采购中心

【例文二】

国土资源局国有土地使用权招标邀请书

（被邀请单位名称）：

经________人民政府批准，________国土资源局决定采取邀请招标方式出让________

（幅）地块的国有土地使用权，现邀请你单位参加投标。具体事项如下：

一、招标出让地块的基本情况和规划指标要求：（略）

二、意向投标人应具备以下条件：（略）

三、本次招标按照能最大限度满足招标文件中规定的各项综合评价标准者得的原则确定中标人。

四、本次招标出让的详细资料和具体要求见招标出让文件，你单位若愿参加此次投标活动，可于________年____月____日至________年____月____日，到________（地点）获取招标文件。

五、你单位可于________年____月____日至________年____月____日，到________（地点）向我局提交书面申请。交纳投标保证金的截止时间为________年____月____日____时。

经审查，你单位按规定交纳投标保证金，具备申请条件的，我局将在________年____月____日____时前确认其投标资格。

六、本次国有土地使用权招标出让活动定于为________年____月____日____时至____月____日____时在________（地点）投标；________年____月____日____时，在________（地点）开标。

七、其他需要公告的事项：

（一）本次招标允许邮寄投标文件（但须在投标截止时间前收到方为有效，具体时间以我局收到投标文件的时间为准）。……

我局联系方式与银行帐户如下：

联系地址：

联系电话：　　　　　　　　联系人：

开户单位：

开户行：

帐　号：

国土资源局

年　月　日

六、招标书的写作训练

（一）请指出下面这则招标公告的错误并重新拟文。

招标公告

××学院经上级主管部门批准，拟修建一座室内体育馆，为了提高经济效益，保证工程高质高效地完成，决定采用公开招标方式，择优选定施工单位。现就本次招标的相关事宜做如下说明：

一、招标项目

1. 工程名称：××学院室内体育馆

2. 建筑面积：××××平方米

3. 工程结构：钢筋混凝土框架结构，主体2层。

4. 承包方式：实行全部包工包料

二、领标、投标相关事项

1. 领标时间及地点：××××

2. 购买标书费用：贰佰元整

3. 招标答疑时间及地点：××××

4. 投标地点：××××

5. 开标时间及地点：××××

联系地址：××市××路××号

××学院室内体育馆建设招标办公室

××××年××月××日

（二）××公司拟向社会公开招标采购一批微型计算机作为办公设备，要求是品牌产品，性能优良，价格适中，售后有保障。请据此情境补充详细内容写一份招标公告。

第四节　投标书

一、投标书的内涵

招标与投标是商品采购、工程建设、项目或服务承包的一种交易方式，是一个过程的两个方面。投标是对招标的响应，指承包者按招标的标准和条件，报出自己愿意承担的价格和要求，投送给招标单位，力争成为中标者的一种经济行为。而投标书则是投标单位根据招标书的招标条件，做出明确回答，并按规定时间报送给招标单位的一种书面材料。

首先，投标书能够向招标人告知投标人的有关情况。如组织机构、技术力量、商业信誉等，以取得招标人信任。其次，可以在众多的竞争对手中，充分显示自己的优势和实力，为中标提供条件。最后，投标书是招标、投标活动的中心文书，是招标人选择中标者的直接依据，也是中标后签订合同的基础。

二、投标书的特点与分类

（一）投标书的特点

1. 规范性

在提交投标文件截止日期前，投标书可以按规定进行必要的修改。评标时投标人可以对投标书中含义不明确的内容作必要的澄清或者说明，但是澄清或者说明不得超出投标文件的范围或者改变投标文件的实质性内容。

2. 时限性

投标书要按照招标文件的要求及时编写，送达招标人，在对招标文件提出的实质性要求和条件作出响应时也要注意时间性。

3. 保密性

投标书在开标之前也要保密，在规定的开标时间之前不得启封。未密封、未盖印以及过期的投标书无效。

4. 约束性

对于投标单位而言，要对投标书提出的条件和要求作出承诺，接受招标书的约束，投标书寄出后不能反悔或更改，如果违背承诺将承担法律责任。

（二）投标书的分类

按性质和内容划分，可分为劳务投标书、企业承包投标书、企业租赁投标书、工程建设投标书、大宗商品交易投标书、科研课题投标书、技术引进或转让投标书等。

按照投标范围划分，可分为企业内部投标书、面向社会的外部投标书。

按投标方人员组成情况划分，可分为个人投标书、合伙投标书、集体投标书、企业或企业联合投标书等。

按照作用划分，可分为投标申请书、投标书、履约保证书等。

三、投标书的写作

投标书一般由标题、致送单位、正文、落款和成文日期组成。

（一）标题

由投标单位名称、投标事由和文种三部分组成，如《××公司××工程投标书》；

由投标单位名称和文种两部分组成，如《××建筑工程公司投标书》；

由投标项目名称和文种两部分组成，如《××建筑安装工程投标书》

只写文种名称，其他省略，如《投标书》《标函》。

（二）致送单位

即对招标单位或者招标机构的称呼，应写全称。

（三）正文

1. 引言。简要介绍投标人的基本情况，揭示投标依据，简要表明投标的意愿。

2. 主体。主要包括三个方面的内容：

一是具体写明投标项目的指标；

就建筑工程投标而言，就要写明工程总报价及对价格组成的分析，计划开工、竣工日期，主要材料指标，施工组织和进度安排，保证达到的工程质量标准，投标单位的技术力量与设备力量等。往往采用表格式写作；

二是实现各项指标、完成任务的具体措施；

三是对招标单位提出希望配合与支持的要求。

3. 结尾。按招标书的要求，写明投标单位的保证事项。

（四）落款

写清投标日期，投标单位名称、地址、电话、电报挂号、电传、邮政编码及联系人。

（五）附件

就建筑工程投标书而言，包括工程量清单、投标价格表、主要材料、设备标价明细表，大型重要工程还要附上投标保证书。

四、投标书的写作要求

（一）格式要规范，严格遵守投标书的写作模式。

（二）内容要真实可靠、重点突出。内容代表了投标人对招标人的承诺，针对性要强。

（三）语言表达要谦和恭敬，准确周密。常用“贵公司”“贵单位”“贵方”等称呼。语言要避免产生歧义。

（四）时间上要注意起止日期，拟写要及时。

此外，无论是招标书还是投标书在写作过程中都应遵循以下原则：第一，公开原则。发布信息，获取文件，公开开标，公布中标结果，这一系列过程均应当公开。

第二，机会平等原则。即招标方应给所有投标人平等的机会。

第三，评标公正原则。评标方遵守职业道德，客观、公正地履行职责并承担责任。

第四，诚实信用原则。招标投标双方不得串通投标，不得泄露标底，不得骗取中标，不得转包合同。

五、投标书的写作例文

投标书

建设单位：

1. 根据已收到的招标编号为________的________工程的招标文件，遵照《工程施工招标投标管理办法》的规定，我单位经考察现场和研究上述工程招标文件的投标须知、合同条件、技术规范、图纸、工程量清单和其他有关文件后，我方愿以人民币________元的总价，按上述合同条件、技术规范、图纸、工程量清单的条件承包上述工程的施工、竣工和保修。

2. 一旦我方中标，我方保证在________年____月____日开工________年____月____日________竣工，即____天内竣工并移交整个工程。

3. 如果我方中标，我方将按照规定提交上述总价5%的银行保函或上述总价10%的由具有独立法人资格的经济实体企业出具的履约担保书，做为履约保证金，共同地和分别地承担责任。

4. 我方同意所递交的投标文件在“投标须知”第11条规定的投标有效期有效，在此期间内我方的投标有可能中标，我方将受此约束。

5. 除非另外达成协议并生效，你方的中标通知书和本投标文件将构成约束我们双方的合同。

6. 我方金额为人民币________元的投标保证金与本投标书同时递交。

投标单位：(盖章)

单位地址：

法定代表人：(签字、盖章)

邮政编码：　　　　　　　　　　　　电　话：

传　真：

开户银行名称：银行账号：

开户行地址：　　　　　　　　　　　电　话：

××××年×月××日

六、投标书的写作训练

请根据下面的招标公告，写一份投标书。

××学院校园草花栽植与养护招标公告

一、项目名称及内容

1. 项目名称：草花栽植与养护
2. 项目地点：××学院院内
3. 项目预算：3 万元
4. 项目内容：草花栽植与养护

二、招标方式

1. 招标方式：询价采购
2. 报价要求：

序号	名称	规格技术参数	数量	单位	单价（元）	总价（元）
1	三色堇	高于地面 15 公分	10000	盆		
2	太阳花	高于地面 20 公分	8200	盆		
3	养护费	12 个月				

三、投标人资格

1. 符合中华人民共和国政府采购法第二十二条规定。
2. 投标单位必须具有独立法人资质，投标时出具有效营业执照、税务登记证复印件加盖公章。
3. 投标单位必须满足报价单的技术要求与服务要求。
4. 投标人必须是法人或有委托授权书的授权投标人。
5. 本次招标不接受联合投标。

四、缴纳投标保证金、结算方式

1. 中标商须向学校缴纳2000元作为质量保证金，中标人质量保证金待项目验收合格后一次性退还（不计利息）。

2. 该项目无预付款。

3. 付款方式：履约合格后一次性付清全部货款。

五、评标办法

1. 投标商必须满足附件的规格技术参数要求，合理低价者中标。

2. 投标商总报价超预算废标。

六、招标时间及地点

1. 开标时间：2017年6月19日下午3：00

2. 开标地点：××学院行政楼四楼会议室。

七、联系方法

1. 联系电话：0552-1234567（周老师）。

2. 通讯地址：××省××市××路××××号。

八、未尽事宜，由××学院资产管理处采购科负责解释。

××学院招标办

2017年6月12日

第五节　市场调查报告

一、市场调查报告的内涵

市场调查报告是以市场为对象，运用科学的方法，有目的、有计划，系统地收集整理市场营销方面的情况，供求规律及影响其发展变化的各种因素，用书面表达的方式反映调查过程和调查结果的一种分析报告，它是通过文字、图表等形式将调查研究成果表现出来，以使客户和后来的研究者对所调查的市场现象和所关心的问题有全面系统的认识。

市场调查报告的作用比较广泛，主要有以下几个方面的作用：第一，是决策者制定方针政策，进行科学决策，适时指导工作的重要依据。第二，是交流经验、吸取教训、推动工作的重要依据。第三，对反映新事物、新问题，揭示其意义有着重要的作用。

二、市场调查报告的特点与种类

（一）市场调查报告的特点

1. 写实性

市场调查报告是在占有大量资料的基础上，用叙述性的语言实事求是地反映市场活动。充分了解和全面掌握市场是写好市场调查报告的基础。

2. 针对性

市场调查报告一般有比较明确的意向，相关的调查取证都是针对和围绕某一综合性或是专题性问题展开的。针对调查方向、调查范围，选择适当的调查方法，从而获得有价值的信息。

3. 新颖性

市场调查报告应紧紧抓住市场活动中的新动向、新问题，引用一些人们未知的通过调查研究得到的新发现，提出新观点，形成新结论。

4. 时效性

市场是处在不断的运动变化中，因此，必须讲求时间效益，及时捕捉各种信息，并做到及时反馈，才能为决策者提供切实可靠的决策依据。

（二）市场调查报告的种类

按其涉及的内容划分，可以分为综合性市场调查报告和专题性市场调查报告。

按其调查对象划分，可以分为关于市场供求情况的市场调查报告、关于产品情况的市场调查报告、关于消费者情况的市场调查报告、关于销售情况的市场调查报告以及有关市场竞争情况的市场调查报告。

按其表述手法的不同，可分为陈述型市场调查报告和分析型市场调查报告。

三、市场调查报告的写作

市场调查报告一般由标题、引言、主体、结尾几部分组成。

（一）标题

标题，指的是调查报告的题目。一个好的标题往往能起到“画龙点睛”的作用。撰写调查报告，应该十分重视标题的推敲。而且要求简练、概括、明确。

一般有两种构成形式：

公文式标题，即由调查对象和内容、文种名称组成。例如《关于2002年全省农村服装销售情况的调查报告》。值得注意的是，在写作实践中常将市场调查报告简化为“调查”，也是可以的。

文章式标题，即用概括的语言形式直接交待调查的内容或主题，例如《全省城镇居民潜在购买力动向》。在写作实践中，这种类型市场调查报告的标题多采用双题（正副题）的结构形式，更易引人注目。例如《竞争在今天，希望在明天——全国洗衣机用户问卷调查分析报告》《市场在哪里——天津地区三峰轻型客车用户调查》等。

（二）引言

引言又称导语，是市场调查报告正文的前置部分，要写得简明扼要，精炼概括。一般应交待出调查的目的、时间、地点、对象与范围、方法等与调查者自身相关的情况，也可概括市场调查报告的基本观点或结论，以便使读者对全文内容、意义等获得初步了解。然后用一过渡句承上启下，引出主体部分。例如一篇题为《关于全市2015年电暖器市场的调查》的市场调查报告，其引言部分写为：“××市北方调查策划事务所受××委托，于2016

年3月至4月在国内部分省市进行了一次电暖器市场调查。现将调查研究情况汇报如下：”该引言用简要文字交待出了调查的主体身份，调查的时间、对象和范围等要素，并用一过渡句开启下文，写得合乎规范。总体来说，这部分文字务求精要，切忌罗嗦芜杂。要视具体情况而定，有时亦可省略这一部分，以使行文更趋简洁。

（三）主体

这部分是市场调查报告的核心，也是写作的重点和难点所在。它要完整、准确、具体地说明调查的基本情况，进行科学合理的分析预测，在此基础上提出有针对性的对策和建议。具体包括以下三方面内容：

1. 情况介绍。即对调查所获得的基本情况进行介绍，是全文的基础和主要内容，要用叙述和说明相结合的手法，将调查对象的历史和现实情况包括市场占有情况，生产与消费的关系，产品、产量及价格情况等表述清楚。在具体写法上，既可按问题的性质将其归结为几类，采用设立小标题或者撮要显旨的形式；也可以时间为序，或者列示数字、图表或图像等加以说明。无论如何，都要力求做到准确和具体，富有条理性，以便为下文进行分析和提出建议提供坚实充分的依据。

2. 分析预测。即在对调查所获基本情况进行分析的基础上对市场发展趋势作出预测，它直接影响到有关部门和企业领导的决策行为，因而必须着力写好。要采用议论的手法，对调查所获得的资料条分缕析，进行科学的研究和推断，并据以形成符合事物发展变化规律的结论性意见。用语要富于论断性和针对性，做到析理入微，言简意明，切忌脱离调查所获资料随意发挥，去唱“信天游”。

3. 营销建议。这部分内容是市场调查报告写作目的和宗旨的体现，要在上文调查情况和分析预测的基础上，提出具体的建议和措施，供决策者参考。要注意建议的针对性和可行性，能够切实解决问题。

（四）结尾

结尾是市场调查报告的重要组成部分，要写得简明扼要，短小有力。一般是对全文内容进行总括，以突出观点，强调意义；或是展望未来，以充满希望的笔调作结。视实际情况，有时也可省略这部分，以使行文更趋简炼。

此外，参考文献和附录并不是调查报告不可缺少的部分。只有大型调查报告才需要。附录的内容不应随意扩张，只有那些与调查报告密切相关、而又无法为调查报告所包含的内容才应列入附录之内。

四、市场调查报告的写作要求

（一）充分占有材料，以真实准确的数据材料为依据

市场调查报告是对市场的供求关系、购销状况以及消费情况等所进行的调查行为的书面反映，它离不开大量各异的数据材料。这些数据材料是定性定量的重要依据，在撰写时运用的数据材料一定要真实准确，以增强市场调查报告的说服力。

（二）调查方法科学，防止以偏概全

在市场经济中，参与市场经营的主体，其成败的关键就在于经营决策是否科学，而科

学的决策又必须以科学的市场调查方法为基础。因此，要善于运用询问法、观察法、实验法、资料查阅法、以及问卷调查等方法，适时捕捉瞬息万变的市场变化情况，以确保获取的材料真实、可靠、典型、全面。在此基础上所撰写出来的市场调查报告，必然具有科学性和针对性。

（三）论证严密，体现观点和材料的有机统一

撰写市场调查报告，必须以大量的事实作基础，包括动态的、静态的，表象的、本质的，历史的、现实的等等，可以说错综复杂，丰富充实。但市场调查报告的写作内容决不是这些事实材料的简单罗列和堆积，而必须运用科学的方法对其进行充分有力的分析归纳和论证，只有观点和材料密切结合、高度统一，市场调查报告中所提出的对策与建议才会获得有力的支撑。

五、市场调查报告的写作例文

××市单身公寓市场调查报告

近年来，随着××房地产市场的成熟和繁荣，其住宅产品的更新换代也在急剧加快，新潮设计层出不穷，其中，以小户型住宅产品尤为耀眼，已经成为××楼市中的新宠，楼盘一经推出便深受追捧。

在本次针对小户型的专项市场调查中，我们主要对供应量相对较多的单身公寓为切入点，进行了比较深入的调查，现将有关信息汇总如下。

一、单身公寓的历史沿革（略）

二、单身公寓设计定位的基本特点（略）

三、单身公寓的客户群体（略）

四、××市单身公寓的市场现状（略）

五、单身公寓今后的发展前景（略）

我们可以从以下几个因素对此进行具体的分析：

1. 从市场需求量来看（略）

2. 从规划设计来看（略）

3. 从配套要求来看（略）

六、结论（略）

附：××市典型单身公寓个案介绍

六、市场调查报告的写作训练

（一）按照市场调查报告的写作规范和要求，分析以下调查报告在内容、结构安排等方面存在何种问题，提出修改方案。

关于屏山村茶叶市场的调查报告

中国是茶的故乡也是茶文化的发源地，中国茶距今已有四五千年历史了。中国茶区辽阔，分为三个等级，我们调查的范围属一级茶区——皖南黄山市黟县屏山村。

一、调查目的：在屏山地区，茶是当地居民的一种必不可少的饮品，茶无论是作为一饮品还是作为一种文化载体，都是值得我们去调查研究的。

二、调查对象：屏山村居民、来访游客

三、调查方式：实地访问

四、调查内容：主要调查茶的品种、茶的等级、制作工艺、销售对象、销售方式以及品茶工序。

五、调查时间：2017 年 4 月 26 日–4 月 28 日

六、调查结果：

1. 品种与功效。本次我们共调查了四种黄山当地特有茶叶：祁门红茶、黄山毛峰、太平猴魁与古黟黑茶。(略)

2. 工艺流程。我们以绿茶为例，简要介绍它的制作过程。(略)

第一步是采青；第二步是萎凋；第三步是杀青；第四步是揉捻；第五步是干燥（具体略）

3. 销售方式及对象。主要有线上线下两种。(略)

4. 等级划分鉴别黄山毛峰的真假与质量，可从看外形、嗅香气、看汤色、尝滋味、评叶底 5 个步骤。(略)

5. 泡茶、品茶

以黄山毛峰为例，介绍一下泡茶的步骤：

一是悬壶高冲；二是重洗仙颜；三是关公巡城；四是韩信点兵；五是细品佳茗（略）

七、心得体会（略）

（二）手机、电脑等数码产品深受年轻人喜爱，在校园里也日益走红。请根据所学知识，在校园里做个数码产品消费市场的调查，写一份市场调查报告。

第六节　市场预测报告

一、市场预测报告的内涵

市场预测报告就是依据已掌握的有关市场的信息和资料，通过科学的方法分析进行研究，从而预测未来发展趋势的一种预见性报告。

市场预测报告是在市场调查的基础上，综合调查的材料，用科学的方法估计和预测未

来市场的趋势，从而为有关部门和企业提供信息，有利于管理者改善经营管理，促使产销对路，从而提高经济效益。

二、市场预测报告的特点与种类

（一）市场预测报告的特点

1. 预见性

市场预测报告的性质就是对市场未来的发展趋势作出预见性的判断，它是在深入分析市场既往历史和现状的基础上的合理判断，目的是将市场需求的不确定性极小化，使预测结果和未来的实际情况的偏差概率达到最小化。

2. 科学性

市场预测报告在内容上必须占据充分详实的资料，并运用科学的预测理论和预测方法，以周密的调查研究为基础，充分搜集各种真实可靠的数据资料，才能找出预测对象的客观运行规律，得出合乎实际的结论，从而有效地指导人们的实践。

3. 针对性

市场预测的内容十分广泛，每一次市场调查和预测，只能针对某一具体的经济活动或某一产品的发展前景。因此，市场预测报告的针对性很强。选定的预测对象愈明确，市场预测报告的现实指导意义就愈大。

（二）市场预测报告的种类

1. 按预测的范围来划分

（1）宏观市场预测报告。宏观市场预测报告是对大范围或整体现象的未来所作的综合预测，常指有关国民经济乃至世界范围内的各种全局性、整体性的、综合性的经济问题的报告。

（2）微观市场预测报告。微观市场预测报告是某一部门或某一经济实体对特定市场商品供需变化情况、新产品开发前景等分析研究的预测报告。

2. 按预测的时间来划分

（1）长期预测。是指超过五年期限的经济前景的预测报告。

（2）中期预测。是指对二至五年时间内经济发展前景的预测报告。

（3）短期预测。是指对一年内经济发展情况的预测报告。

3. 按预测的方法来划分

（1）定量预测报告。定量预测报告包括数字预测法预测报告和经济计量法预测报告。数字预测法预测报告，是采用对某一产品（商品）已有的大量数据进行分析研究，用统计数字表达，从中找出产品（商品）的发展趋势而写成的报告。经济计量法预测报告，是根据各种因素的制约关系用数学方法加以预测而写成的报告。

（2）定性预测报告。定性预测报告是对影响需求量的各种因素，如质量、价格、消费者、销售点等进行调查、分析研究，在此基础上预测市场的需求量而写成的报告。

4. 按预测的内容划分

可分为：社会需求预测、销售预测、市场占有率预测、技术发展预测、资源预测、资金预测、生产预测、成本预测等。

三、市场预测报告的写作

市场预测报告的内容结构一般由标题、前言、主体、结尾几部分组成。

（一）标题

1. 完整式：预测时限+预测区域+预测对象+文种。

2. 省略式：预测对象+文种、预测时限+预测对象+文种。

3. 新闻式：内含预测之意，不用预测二字。

（二）前言

这一部分要求以简明扼要的文字，说明预测的主旨，或概括介绍全文的主要内容，也可以将预测的结果先提到这个部分来写，以引起读者的注意。

（三）主体

主体由基本情况介绍、预测分析和建议组成。

1. 基本情况介绍。即对预测对象的历史和现状进行回顾和说明，作为预测分析的基础。现状部分，预测的特点就是根据过去和现在预测未来。所以，写市场预测报告，首先要从收集到的材料中选择有代表性的资料、数据来说明经济活动的历史和现状，为进行预测分析提供依据。

2. 预测分析。即利用资料数据进行科学的定性分析和定量分析，从而预测经济活动的趋势和规律，是市场预测报告的重点所在。这个部分应该在调查研究或科学实验取得资料数据的基础上，对材料进行认真分析研究，再经过判断推理，从中找出发展变化的规律。

3. 建议。即为适应经济活动未来的发展变化，为领导决策提供有价值的、值得参考的建议，是写市场预测报告的目的。因此，这个部分必须根据预测分析的结果，提出切合实际的具体建议。是预测报告写作的目的及现实意义的集中体现。

（四）结尾

归纳预测结论，提出展望，以起到树立目标、鼓舞人心的作用，也可以照应前言或重申观点，以加深认识。

四、市场预测报告的写作要求

（一）材料确凿，数据完整

全面掌握材料，突出预测重点目标。市场预测必须在对市场的历史、现状进行深入分析的基础上进行，这是写好预测报告的前提。

（二）目标明确，层次清晰

市场预测偏重于了解市场的将来走向，预测商品供求的变化趋势，一篇预测报告只能突出重点问题，不能面面俱到。

（三）方法科学，预测准确

市场预测报告主要根据统计资料，通过数学分析，预测市场的走向。变幻莫测的市场本身带有不确定性，预测的结果与实际结果存在误差是避免不了的，有时甚至相差甚远。这就要求我们在进行市场预测的时候，要全面掌握科学的预测方法，尽可能的进行周密的论证分析和思考，坚持实事求是、从实际出发的原则，力求减少计算与表述的误差，以克服预测的盲目性，增强预测的准确性。尤其是在提出建议和意见部分，要做到切实可行，避免抽象笼统。在此基础上写就的市场预测报告才能更好地服务于企业，为其科学决策提供强有力的保障。

五、市场预测报告的写作例文

手机市场预测报告

一、前言

近年来中国的手机制造业飞速发展，创造了手机行业发展的许多奇迹。同时，国内手机生产厂商的异军突起也加剧了手机行业在中国的竞争。本文通过对手机市场的调查，得出的数据和结论能在一定程度上反映手机市场的特征。本文先概括论述了一下当前中国手机市场的基本状况。根据从网上收集的关于手机市场的数据，分析国内手机碰到的问题和相应的建议，并对未来手机市场进行预测。

二、现状

2009 年，我国手机产量为 6. 19 亿部，占全球产量比重的 49. 9%，将近半数，而 2008 年我国基站产量为 3022 万信道，同比增加 102. 2%。2009 年中国国内手机市场的销量为 2. 4 亿部，较 2009 年增长 8. 2%。其中，中国企业在本土市场的销售量为 1. 2 亿，占整体市场份额的 50%。中兴以 3650 万的手机出货量成为 2009 年中国最大的手机企业，华为以 3000 万的出货量排名第二。以国内市场销量来看，天语和联想成为了市场份额最大的中国本土企业。受运营商补贴刺激以及换机需求的影响，2010 年国内手机出货量将上升到 2. 66 亿部，比 2009 年增长 11%。3G 手机和智能手机将是 2010 年的最热门产品，2010 年中国国内智能手机出货量将增长到 2600 万部以上。

2014 年第一季度 2G 手机上市新品 135 款，同比下降 45. 6%，出货 1144 万部，同比下降 71. 7%。TD-SCDMA 手机上市新品 263 款，同比增长 26. 3%，出货 4368 万部，同比增长 16. 5%。WCDMA 手机上市新品 84 款，同比下降 42. 5%，出货 2079 万部，同比下降 37. 6%。CDMA2000 手机上市新产品 75 款，同比增长 8. 7%，出货 1516 万部，同比下降 33. 0%、TD-LTE 手机上市新产品 50 款，出货 974 万部。仅从智能手机来看，一季度出货 8911 万部，也下滑了 9. 8%。

2014 年第一季度排名 TOP10 的企业销量占比达 74. 3%，相比之下去年同期为 54. 7%。一季度国内品牌出货为 6686 万部，同比下降 34. 9%；而以苹果三星为代表的国际厂商出货 3395 万部，同比逆势增长 9. 2%。

据数据显示，第一季度全球智能手机出货量为 2. 815 亿部，比去年同期增长 28. 6%，但比上一季度的 2. 896 亿部下滑 2. 8%。其中，位居第一集团的三星第一季度全球手机出货量占总量的62.7%，高于去年同期的50.7%。值得注意的是，三星第一季度智能手机出货量仍超过排名第二到第五厂商出货量总和。三星之所以能够称王，就是因为除了在发达市场以高端智能手机为主打外，在新兴市场上出售中低端机型以开拓市场。

三、预测

(1) 2014年全球智能手机总出货量将会达到12亿部，与2013年相比增长19.3%。虽然看起来增长势头不错，但与去年39.2%的同比增幅相比下降不少。可以说，全球智能手机市场正在逐渐趋于饱和。即使是新兴市场带来新鲜“血液”，也不能改变整体走势。再加上可穿戴设备等多种智能移动终端的影响，智能手机销量未来不出现回落即为幸事。

(2) 报告显示，功能机正在被淘汰，下降幅度很大。智能机总体略有下降，说明去年的疯狂增势已不在，智能手机已经进入替换期，而不是普及期。在过去几年，智能手机市场的疯狂增长，实际是智能机替代功能机的一个过程。智能机的出现，使消费者体验到要比功能机好用，以前用功能机的人会转向选择智能机，这就造成了智能机销量持续攀升。而到了2014年第一季度，智能机只剩1144万部了，去年是4000多万部，这个市场空间已经基本被填满了。新智能手机和旧智能手机的实际体验差距，尚不足以让人们掏钱。

(3) 品牌集中度增加，说明市场趋于成熟，小品牌生存空间越来越小，市场竞争越来越激烈。从数据看，品牌集中度在上升，这是智能手机进入替换期的结果。

(4) 而从智能机到智能机，用户对下一部手机自然会有更高的要求，品牌和厂商的规模更被看重。即使不买苹果、三星，也会优先考虑华为、中兴、酷派，联想、金立、小米、OPPO、VIVO这些有千万级别产销的大厂，至少大厂的保修点遍及各个城市，售后服务方便一些，质量也有一定保证。

(5) 纵观市场，品牌集中度上升的趋势会来越来越明显，人们更加趋向于一线品牌和国际品牌。这使小品牌生存会越来越困难。市场份额国产品牌下降，国际厂商上升，说明人们对产品的消费层次需求在变化，更加注重品牌。在智能机替换智能机的过程中，随着消费水平的提高，从山寨到国产品牌，从国产品牌到进口品牌也是一种趋势。

四、建议

中国市场曾经经历过PC从上百个品牌到几十个品牌，最后到几个主流品牌的历史，由此看了，如果国产手机在技术和质量上没有大的提升，占有智能手机市场的未来并不乐观。未来智能手机市场，不仅要比功能和质量，还要拼规模采购生产，营销手段和品牌形象。

(1) 产品创新：产品是生存的关键，厂商需要有产品创新与技术创新的思维，发现市场新的利益点。在这发现的过程中，最重要的是以消费者为中心，将实用性与时尚性结合，走产品差异化的道路，提升竞争力。在技术领域，国产手机需要加大研发力度，以与市场保持同步或领先市场的发展。

(2) 渠道先行：国产手机厂商继续发挥价格上的优势，以更快的市场反应进入低一级市场，抢占渠道先机。但是，在渠道下渗时，需要把握市场容纳量与消费者的消费习惯，将产品量化，尽量减少在渠道上的库存。

(3) 联合之道：对于国产厂商来说，要在激烈的市场竞争中更好的生存，厂商之间的联合与合作将起到一定的作用。在这一方面，国产厂商中TCL、波导等厂商都已经开始发展走出去的战略，通过合作的方式获得技术，并扩展海外市场来应对日益激烈的国内市场竞争。

(4) 树立服务口碑：服务是与市场终端即消费者联系最为紧密的，优质的服务容易使消费者产生感情偏向，这也是体验式营销的重要作用。所以，对国内手机厂商来说，加强服务的质量形成良好的服务口碑，对品牌的推广有一定的促进作用。

六、市场预测报告的写作训练

(一) 运用所学知识，对下面的预测报告进行评析。

要求：①评析应主要着眼于文章的一般写法，要对文章的总体结构和各构成要素（标题构成、导言、主体、结尾）作简要的说明分析；②既要注意运用所学知识，又要注意结合原文；③分析要有条理。

沪产电吹风产销预测

电吹风原是理发店的专用工具，近年来，随着生活水平的提高，已广泛进入家庭使用。目前上海市场供应的有功率450W，配以感应式或串激式电机的理发专用电吹风和功率在450W以下，配以直流式电机的家用电吹风两种，前者价格50元左右，后者价格15元至35元。

一、基本情况

本市生产电吹风已有40多年的历史较早生产的上海南翔电器二厂，近年转至嵩明电器厂生产。1979年起，上海电器六厂和长乐电器厂相继试制家用电吹风投入市场。80年代以来，沪产电吹风销售迅速增长。1980年全市年产232510只，1984年已达到496797只，5年累计生产1784189只，年递增率为21.63%。1980年销售225565只，1984年达到502046只，5年累计销售1766629只，年递增率为22.57%。据调查，沪产电吹风生产迅速发展，销售持久坚挺，原因如下：

一是沪产电吹风以造型新颖，质量稳定，价格适中，在各地享有声誉，知名度高。

二是购买家电产品已成为新婚家庭的一种时尚。电吹风由于价格便宜，实用性强，已成为新婚必需品之一。

三是人们生活观念起了变化，转向求新爱美。近年来音乐茶座、舞会额兴起，化妆用品销售的激增，都带动了对电吹风的需求。

四是由于市场对电吹风的需求量大，刺激了工厂的生产。嵩明电器厂的“万里”牌，长乐厂的“长风”牌，电器六厂的“金螺”牌几年来均发展系列产品。

二、趋势预测

随着收入的增加，人们的消费结构起了变化。“用”的比重逐年上升。沪产电吹风5年来销售递增22.57%。高于近几年全国城乡居民消费平均增长10%的水平。说明沪产电吹风已进入成长期。今年，随着工资改革和提高农副产品的收购价格，职工和农民的收入都将提高，对沪产电吹风的需求将有大幅度的上升，其原因是：

第一，社会保有量低。据调查，本市销售量占产量的30%，剔除外贸收购因素，按本市总销量116.5万只推算，社会保有量为34.9万只，以市区170万户计算，每百户家庭普及率仅20%。如就全国而言，城乡每百户家庭普及率达不到1%。

第二，各地区新兴大量贸易公司，它们需要电吹风作为铺底商品。

第三，去年本市进口电吹风4万只，今年将限制进口。

第四，电吹风外贸出口还有潜力。

根据以上分析，预测近期产销趋势如下：

今年计划安排生产68.5万只，比去年增长37.88%。其中：家用36.7万只，理发用20.8万只，外贸出口9.5万只，袖珍型1.5万只。到1990年，根据规划及增长趋势预测，嵩明电器厂产量为100万只，长乐厂90万只，电器六厂30万只，年总产量达到220万只，比今年增长2.2倍。今年计划销售70万只，其中商业经销30.9万只，占44.14%，工厂自29.6万只，占42.29%，外贸收购9.5万只，占13.57%。棍本市专营批发的上海理发用具商店统计，今年1–5月共销售10万只，比去同期上升20%，如果货源充足，可上升到30%。以自销为主的长乐厂今年1–5月销售10.4万只，比去年同期上升33.33%。下半年由于增加工资因素，购买力将比上半年旺盛，预测今年销将比去年增长35%左右，全市销售量约为68万只，产销基本上市平衡的。

三、几点建议

1. 积极开发理发美容专用的高档电吹风。全市有理发店659个，理发师6000余人，拥有电吹风8000余只，每年至少需添置1000余只。要求生产厂家能提供功率在700W以上，价格在200元左右的高档电吹风。

2. 加强市场动向和产品的预测工作，减少盲目性。

3. 进一步提高产品质量，积极发展多功能电吹风。

4. 限制进口，保护国产电吹风的发展。

（二）随着百姓对运动、健身的热爱，某鞋厂预计用纳米材料生产一款运动鞋，其主要特点是透气、轻便，但是价格较一般品牌运动鞋高。请根据所学知识，在你所在的城市做个该类鞋的市场调查，写一份市场预测报告。

第七节　经济活动分析报告

一、经济活动分析报告的内涵

经济管理部门和企事业单位为了加强控制或改善生产、经营管理，以提高经济效益、保障经济活动的正常进行，总是需要定期或不定期地利用各种经济资料，对已经发生的经济活动及其成果或问题，进行分析研究，并总结经验，摸索规律，找出不足，作出预测，提出应对措施，这个过程就称为经济活动分析。经济活动分析报告就是针对某个部门或单位一定时期内经济活动情况进行分析并得出结论的应用文。

依据市场的需求变化规律，进行各方面的经济活动分析，为制定计划提供科学可靠的依据，有助于领导及时修订或制定经济计划；反映经济活动的进程与效果，反映各项经济技术指标的情况，使企业能够确定生产经营的目标，制定科学合理的发展计划，有助于企业改善经营管理水平，提高经济效益；全面反映企业生产流通、经济管理情况，发现不足，找出原因，有利于加强全面经济核算，节约原材料，降低成本和消耗，进一步提高产品质量，设备更新，促进和深化企业经济改革；有利于政府经济部门或企业管理机构掌握情况，有效地发挥职能管理作用。

二、经济活动分析报告的特点与种类

（一）经济活动分析报告的特点

1. 专业性

经济活动分析报告专用于经济领域，涉及工业、商业、农业、金融、财税等不同部门的各种专业问题，专门分析生产、商品流通、资金运转等过程中各项经济指标的完成情况或整个经济活动中的各种专门问题，如物价、消费等，专业性强。

2. 时效性

经济活动分析报告的时效性和经济活动本身的特点是一致的。写经济活动分析报告要迅速及时，再透彻、全面的经济活动分析报告，一旦过了时，就是一纸空文，毫无价值。

3. 真实性

真实性是经济活动分析报告赖以存在的生命基础。撰写经济活动分析报告必须尊重事实，实事求是，分析必须量化。即用数据说明经济活动情况，以指标数据为核心展开分析，以数量的增减评判执行计划的结果，以数量变化来剖析原因。如果分析报告中引用的材料不真实，数字不准确，不仅会给企业的生产经营造成无法弥补的损失，而且会给政府职能部门的决策带来无法估计的损害。

4. 指导性

经济活动分析的一个主要作用，就是通过分析总结，找出影响计划指标完成情况的主要因素和影响总体经济利益的薄弱环节，进而制定相应的措施，加强管理，提高经济效益。因此，它是经济部门和企业制定发展规划的重要依据，具有重要的指导意义。

5. 灵活性

经济活动分析报告可以不受时间（定期、不定期）、形式（专业、非专业；综合分析、专题分析）、篇幅（大型分析报告、简要分析说明）、方法（数据、文字）的限制。

（二）经济活动分析报告的种类

按经济部门划分：有工业（经济效益的好坏与产品质量、消耗、成本、利润等有关）、农业、商业（经济活动中心是商品流通）、交通运输等；按分析的内容划分：全面分析报告、简要分析报告、专题分析报告；按经济活动分析时间划分：有定期和不定期分析的分析报告；按职责的分工不同划分：专业性和一般性的分析报告；按分析目的划分：预测决策分析报告和评价总结分析报告。

三、经济活动分析报告的写作

由于内容和写作目的不同，经济活动分析报告的格式并不固定，一般情况下，都要有数据，有分析，有针对性意见。格式上一般由标题、正文、落款三部分组成。

（一）标题

1. 公文式标题

写明分析的范围（地区、部门或单位名称）、时间、内容与对象（成本、利润、效益）、文种四个要素。如《京港有限公司一季度生产成本分析报告》。也可是事由加文种，如《关于原材料消耗的分析报告》。

2. 文章式标题

一般含有分析的对象和事由，或点出文章的论题范围，或用分析报告提出的建议、意见、观点作为标题，例如《加强商品购销过程中的经济核算》《库存结构分析》等。

3. 形式上有时还可采用双标题

如《零售市场全面复苏，商品销售走出谷底——××××年第三季度市场简析》。经济活动分析报告的文种往往以“分析”“完成情况”“问题与思考”“评估与建议”“状况分析”“情况说明书”的形式出现。

（二）正文

正文分导语、主体、结尾三部分

1. 导语

即前言、引言，是分析报告的开头部分。前言具有提纲挈领的作用。一般用简练概括的语言或典型的数据，对经济形势或分析对象基本情况的要点作简要介绍。也有在这部分交代分析目的、起因和背景。还有的则概述企业在某项经活动中所做的主要工作、采取的主要措施和可能存在的主要问题。

2. 主体

作为分析报告，应将分析作为写作重点，要用资料和数据对经济活动从整体到局部进行具体的分析说明，反映出经济分析的过程及结果。

（1）具体情况。主要介绍分析对象的情况，包括技术或管理措施实施情况、业务工作开展情况的文字说明和具体数字说明，如指标、百分比、有关数据等。写情况是为了总结经验，揭露问题，为下文的分析做好铺垫。

（2）综合分析。进行分析就是要依据国家的政策和经济规律，对有关数据进行运算推导，或对有关情况进行综合分析研究，运用对比、综合、归纳等方法，总结成绩，找出存在的问题，提出改进的建议和措施。由于分析的目的不尽相同，内容上可各有侧重。有的以分析取得成绩的原因、总结经验为主；有的则以分析存在的问题，找出解决的办法，进而改进工作，提高经济效益为主。

经济活动分析报告要以“分析”为主，而不能只堆砌材料，罗列事实。缺少有理有据、深人细致的分析，写作就不能算是成功的。只有分析得当，才能对经济活动做出正确的评价，才能对其成败的原因有所认识，也才有可能把握经济活动的本质和规律。

有的经济活动分析报告是把“情况”和“分析”放在一起写的，即写完一个方面的情况，接着便进行分析，然后再写另一个方面的情况，再对之进行分析。边写情况，边进行分析，边提出问题，边做出回答。

（3）提出意见或建议。在这个部分中，一般要根据分析的结果，回答今后的经济活动将会“怎么样”或者应当“怎么办”的问题。在不同的经济活动分析报告中，这部分内容的侧重点常常是有所不同的。如果报告以概述成绩、总结经验为主，这里则应着重写明推广经验、进一步提高经济效益的途径；如果报告以揭露问题、总结教训为主，这里则应着重写明解决问题、改进工作的措施；有的分析报告则着重对经济活动的前景和趋势做出预测。分析问题是为了解决问题，“建议”是“分析”的归结点，这是经济活动分析报告中比较重要的一个部分。

3. 结尾

现在大多数经济活动分析报告都不专门安排结尾部分，一般写完建议就自然作结。有的经济活动分析报告还有一个结尾或结语部分，写几句总结式或展望式的话，作一个简略的总结以结束全文。

经济活动分析报告主体部分多采用综合式结构：整体上是纵式的，首先进行情况概述，然后加以分析研究，最后提出意见或建议。但对上述每一层次的安排又是横式的，根据具体情况横向展开，多侧面地反映各种不同情况和问题。

（三）落款

一般包括单位名称或作者署名和写作日期。落款通常在正文的右下方。但公开发表的经济活动分析报告的作者姓名则应署在标题下面，写作日期也有省略不写的。

四、经济活动分析报告的写作要求

（一）材料要真实可靠

撰写经济活动分析报告离不开材料，无论是深入实际调查研究所获取的直接材料还是计划资料、核算资料等间接材料。在经济活动分析报告写作过程中，要重视运用材料，要清楚经济活动的全过程，有的放矢地进行分析。

（二）要详略得当，突出重点

经济活动分析涉及面广，内容繁多，但撰写分析报告却不能面面俱到，而要从分析报告的目的出发，围绕中心，抓住主要矛盾，深入分析，突出重点，着重解决重点问题。只有这样才能提出切实可行的建议和办法。

（三）分析要深入、细致

通过对各种经济指标的了解、对照、计算来发现问题、剖析矛盾，从而对错综复杂的经济活动有一个正确评价。不管是使用对比分析法、因素分析法还是动态分析法，都要做到说明问题条理清楚，分析问题切中要害，评价判断恰如其分。

（四）叙述要简明扼要，有说服力

撰写经济活动分析报告，叙述问题要简明扼要，观点明确，建议可行，具有较强的说服力。只有这样，才能对实际工作起指导作用。

五、经济活动分析报告的写作例文

洗衣粉与洗衣液市场分析报告

受国际环境及市场变化的影响，2011 年，我市洗衣粉、洗衣液的价格比较高，洗衣粉销售浓缩，洗衣液销售看好。2013 年我市超市供销洗衣粉 1000 吨，较前年少 300 吨，减少 5%，洗衣液销售 1500 吨，较前年增长 10%。洗衣粉虽然去污能力强，但是不易清洗，且对很多丝质衣物有一定的损害。洗衣液市场商品丰富，且易清洗，气味清香，受到广大消费者欢迎。

洗衣粉市场不景气和洗衣液市场相对理想的原因如下：

1. 易漂洗程度不同

洗衣粉与洗衣液的价格虽然相差不小，但由于洗衣粉有不易清洗、易使衣物脱色等缺点，损失了大量青年消费者，而洗衣液易漂洗，不易脱色，对丝质衣物不构成损伤，因此大量青年消费者选择洗衣液。

2. 消费理念对其影响

随着八零后走进婚姻家庭，逐渐成为消费的主力，新的消费理念影响着洗衣粉和洗衣液的销量。更多的新一代有着新的消费观和生活习惯。他们的衣物一天一换或者一天几换，去污已经不是他们选择洗衣用品的主要目的，而洗衣粉的去污能力强的优势也被忽略，洗衣液的优势凸显出来，因此，这是洗衣液广受欢迎的另一个原因。

3. 保存程度不同

洗衣粉开袋后不易保存，如果不密封的话时间稍长就会容易结成块，失效很快；而洗衣液多保存在桶里，易于保存。

六、经济活动分析报告的写作训练

上网搜索有关信息，写一份关于某企业的经济活动分析报告。可以选择某一方面深入分析。

第八节　可行性研究报告

一、可行性研究报告的内涵

可行性研究报告是指在实施某个重要项目之前，必须对拟建项目的必要性、可能性、客观环境与未来发展趋势进行精确的科学论证和分析，是一种综合反映可行性研究结果的书面报告。

1983 年，国家计委制订的《关于建设项目进行可行性研究的实行管理办法》中明确规定，每一项基本建设项目在“项目建议书”提出来以后，必须进行可行性研究。因此，任何单位和部门在项目建设之前都必须认真进行和完成可行性研究分析报告或论证报告。

可行性研究报告有着多种作用：其一，为科研、开发与建设项目的立项实施提供决策依据；其二，可作为项目主管部门商谈合同、签定协议的依据；其三，可作为资金筹措和银行发放贷款签订协议的依据；其四，可作为项目进行工程设计、设备订货、施工准备等基本建设前期工作的依据；其五，可作为项目拟采用的新技术、新设备的研制和进行地形、地质及工业性试验工作的依据；其六，可作为环保部门审查项目对环境影响的依据，也可作为向项目建设所在地政府和规划部门申请施工许可证的依据。

二、可行性研究报告的特点与种类

（一）可行性研究报告的特点

1. 内容的综合性

项目建设是一个系统工程，必须考量多方面的主观和客观因素，因而，可行性研究报告是对多种要素的综合性考虑。

2. 行文的论证性

可行性研究报告要充分研究和分析项目建设必备的条件，论证各类利弊，才能使项目建设具有一定的可行性和合理性。

3. 结论的预测性

可行性研究报告是在项目建设决策之前对事物未来发展的情况和流程进行评判和估计，具有极强的预测性。

（二）可行性研究报告的种类

可行性研究报告按不同标准，可划分为不同的类型。根据篇幅长短，分为大、中、小型可行性研究报告；根据难易程度，可分为一般性可行性研究报告和复杂性可行性研究报告；根据内容的性质，可分为科学研究型可行性研究报告、技术开发型可行性研究报告、项目建设型可行性研究报告等；根据不同的决策阶段，又可分为机会研究报告、预可行性研究报告、详细可行性研究报告。

三、可行性研究报告的写作

可行性研究报告没有固定的格式，一般由封面、摘要、图标目录、术语表、前言、正文、参考文献、附件、落款等部分组成。其中摘要、目录、图标目录、术语表、参考文献、附件等项则根据实际需要使用。

（一）标题

可行性研究报告大都采用公文式标题，即由编写单位、项目名称和文种三部分构成，如“合肥某某商贸有限股份公司建设休闲广场的可行性评估报告”。文种部分有时候可以称为可行性分析报告、可行性论证报告或者是项目建设评估报告等。

（二）封面

可行性研究报告是比较正式的经济类文书，一般情况下报告前需要加一个封面。具体写作格式没有固定的章法，但标题、项目名称、申报单位、报告时间是不可缺少的。

（三）前言

可行性研究报告前言部分一般以简洁的文字介绍项目由来、目的、范围以及项目承担者和报告人、可行性研究的概要。

（四）正文

国家计委在《关于建设项目进行可行性研究的试行管理办法》中规定了工业项目可行性研究报告的主要内容，并提出其他行业建设项目可参照工业项目的内容，具体如下：

一、总论

1. 项目提出的背景（改扩建项目要说明企业现有概况），投资的必要性和经济意义。

2. 研究工作的依据和范围。

二、需求预测和拟建规模

1. 国内、外需求情况的预测。

2. 国内现有工厂生产能力的估计。

3. 销售预测、价格分析、产品竞争能力，进入国际市场的前景。

4. 拟建项目的规模、产品方案和发展方向的技术经济比较和分析。

三、资源、原材料、燃料及公用设施情况

1. 经过储量委员会正式批准的资源储量、品位、成分以及开采，利用条件的评述。

2. 原料、辅助材料、燃料的种类、数量、来源和供应可能。

3. 所需公用设施的数量、供应方式和供应条件。

四、建厂条件和厂址方案

1. 建厂的地理位置、气象、水文、地质、地形条件和社会经济现状。

2. 交通、运输及水、电、气的现状和发展趋势。

3. 厂址比较与选择意见。

五、设计方案

1. 项目的构成范围（指包括的主要单项工程）、技术来源和生产方法、主要技术工艺和设备选型方案的比较，引进技术、设备的来源国别，设备的国内外分交或与外商合作制造的设想。

改扩建项目要说明对原有固定资产的利用情况。

2. 全厂布置方案的初步选择和土建工程量估算。

3. 公用辅助设施和厂内外交通运输方式的比较和初步选择。

六、环境保护

调查环境现状，预测项目对环境的影响，提出环境保护和三废治理的初步方案。

七、企业组织、劳动定员和人员培训（估算数）

八、实施进度的建议

九、投资估算和资金筹措

1. 主体工程和协作配套工程所需的投资。

2. 生产流动资金的估算。

3. 资金来源、筹措方式及贷款的偿付方式。

十、社会及经济效果评价

5. 结尾和落款

结尾部分主要是得出结论和推荐性意见。落款部分在正文的右下方，包括承办此项可行性研究的单位、负责人及相关经济、技术和财务等人员签名盖章，最后在签章之下注明成文日期，有的也可移至标题下方。

6. 附件

与项目有关的调查资料、项目建议书、协议书、选址报告、环境调查报告、工程项目时间表、上级主管部门的批文等一系列不宜安排在正文当中编写的资料和证明文件，都应以附件的形式附于文后。

四、可行性研究报告的写作要求

可行性研究报告的写作要求主要包括以下四个方面：

（一）方案科学。可行性研究报告的主要任务是对预先设计的方案进行论证，所以必须设计研究方案，才能明确研究对象。

（二）内容真实。可行性研究报告涉及的内容以及反映情况的数据，必须绝对真实可靠，不许有任何偏差及失误。可行性研究报告中所运用资料、数据，都要经过反复核实，以确保内容的真实性。

（三）预测准确。可行性研究是投资决策前的活动。它是在事件没有发生之前的研究，是对事物未来发展的情况、可能遇到的问题和结果的估计，具有预测性。因此，必须进行深入地调查研究，充分地占有资料，运用切合实际的预测方法，科学地预测未来前景。

（四）论证严密。论证性是可行性研究报告的一个显著特点。要使其有论证性，必须做到运用系统的分析方法，围绕影响项目的各种因素进行全面、系统的分析，既要作宏观的分析，又要作微观的分析。

五、可行性研究报告的写作例文

××生态乐园旅游开发项目可行性研究报告

（××××年×月××号）

第一章　总　论

一、项目概况（略）

二、研究范围与方法（略）

三、研究依据（略）

四、研究结论和建议（略）

第二章　项目背景

一、宏观背景（略）

二、项目地概况（略）

三、投融资背景（略）

四、项目战略意义（略）

第三章　旅游资源条件评价

一、资源现状分析（略）

二、资源品质状况（略）

三、项目区资源条件（略）

四、资源开发价值（略）

第四章　旅游市场分析与预测

一、市场分析（略）

二、游客量预测（略）

第五章　景区空间布局和项目设计

一、景区空间布局的依据与原则（略）

二、景区空间布局规划（略）

三、分区开发方向及旅游项目设计（略）

四、旅游投资预算（略）

第六章　效益评价

一、经济效益评价（略）

二、社会效益评价（略）

第七章　生态环境影响评价

一、区域环境状况评价（略）

二、影响环境因素分析（略）

三、项目的生态效益（略）

四、区域环境保护措施（略）

第八章　风险分析

一、外部风险（略）

二、内部风险（略）

第九章　组织管理、人力资源需求及安全消防

一、组织管理构架（略）

二、人力资源需求（略）

三、消防和安全（略）

第十章　结论和建议

一、结论（略）

二、建议（略）

六、可行性研究报告的写作训练

某校十分重视大学生创新创业，经研究决定，在校内开辟一块用于大学生创新创业的场地。请自选一个创新创业项目，拟写一份可行性研究报告。

第九节　商务信函

一、商务信函的内涵

商务信函属于商务礼仪文书范畴，是指企业与企业之间，在各种商务场合或商务往来过程中所使用的简便书信。其主要作用是在商务活动中用来传递商务信息、联系商务事宜、建立经贸关系、沟通和洽商产销；询问和答复问题、处理具体交易事项等。

二、商务信函的特点和种类

（一）商务信函的特点

1. 口语性

商务信函更多地体现了感性的一面。使人感到非常热情、友好，无论是歉意的道歉函，还是善意的劝说函，或者购买函，都可以通过信函中的语气、语调来表现。

2. 直接性

商务信函要写得简明扼要，短小精悍，切中要点。使信函读起来简单、清楚、容易理解。当涉及数据或者具体的信息时，如时间、地点、价格、货号等，要用语精确，内容清楚，有助于加快商务活动的进程。

3. 单一性

商务信函具有纯粹的业务性，一般要求专文专事，内容集中单一，围绕公务，突出主旨。

4. 规范性

商务信函结构类似于一般的书信，由称呼、正文、署名所组成。外贸商务函的写作则必须依照国际惯例，用英语或对方国家所使用的语言书写，在文法和书写格式上也要符合对方的语言规范和习惯。

5. 平等性

商务信函是两个平等法人之间的往来文书，反映双方平等、互惠互利的关系。商务信函的写作应相互尊重，以礼相待。

6. 时限性

商务信函是在商务活动的每个环节中形成的，每封信函都是一定时限内的双方意愿的明确表达。因此，接收对方的信函后必须及时回复。

（二）商务信函的种类

从传递方式分，商务信函有电子信函、传真信函、网页信函等。

从业务内容分，商务信函有联系函、索赔函、订购函、确认函等。

三、商务信函的写作

商务信函一般由信头、正文、信尾三部分组成。

（一）信头

信头即信函的开头，由发信人名称及地址、标题、函号、称谓、收信人地址和单位等组成。

1. 发信人名称及地址

发信人名称及地址一般写明发信人企业单位名称及详细地址。还包括电话号码、电报挂号、专用电码、电传、传真、网址等商务联系信息。

2. 标题

作为商务信函，它与一般的普通信件不同，只要不是企业单位个人与个人之间的交流，商务信函一般可以有标题。标题位置在信文首页上方，居中书写，其内容是标明事由。事由要求概括出函件的主旨、中心，使收信人通过标题就对信文的主要内容有大致的了解。常见的商务信函标题有以下两种形式：

（1）由事由加文种名称“函”构成，如“关于要求承付打印机货款的函”“推销函”“订购函”“索赔函”等。

（2）先写“事由”二字，加冒号提示，然后直接标写该信函的内容，如“事由：机动车索赔”。

3. 函号

函号即编号，分为对方编号和己方编号。在外贸业务信函的信头上注明编号，可保证信函便于管理和查阅。

函号位置一般出现在标题右下方或信头的左上方。常见的有两种形式：一是仿效行政公文发文字号的格式，采用“×函〔××〕×号”或（××）“函第×号”的形式；二是采用直接编号的形式，如“第×号”。

4. 称谓

称谓是对收信人或收信单位的称呼，一般写受文者的尊称，这是商务信函必须有的一项。其位置一般在标题或函号的左下方，单独占行，顶格书写，后面用冒号。书写时有以下两种称谓：

（1）泛指尊称。“尊敬的”后加称谓并加冒号，如“尊敬的先生”“尊敬的女士”等。尊称中可以使用职务，如“尊敬的办公室主任”“尊敬的财务部部长”“尊敬的销售部经理”等。

（2）具体称谓。即具体指名道姓的尊称。在姓名后面加称谓语。这类称谓一般用于写信人与收信人彼此认识或者非常熟悉的情况。因为这种称谓能够体现写信人与收信人之间的情感与密切关系。称谓可用泛称中的“先生”“女士”等，也可以使用职务，如“尊敬的办公室石主任”“尊敬的财务部张部长”“尊敬的销售部王经理”等。

5. 收信人地址、单位

收信人地址、单位要写明收信人企业单位名称及详细地址。

（二）正文

正文是商务信函的主体，叙述商务往来联系的实质问题。正文写作要求内容单纯，一文一事，文字简明，事实有据，行文礼貌。

1. 问候语

问候语也即应酬语或客气语。开头的问候语是商务信函必不可少的，即发信人对收信人打招呼的礼貌问候语。一般用一两句尊敬的客气话表示，如“您好”“近来生意可好，效益颇高”等。如果是初次联系，可使用“久仰大名，未亲雅教”等词语。如果是回函，可使用“惠书敬悉，不胜感激”等词语表示感谢来函。

2. 主体

主体是商务信函正文的核心内容，是发信人要说明的事项。不同的商务信函的内容是不同的。一般包括以下两个内容：

（1）说明发函缘由。直截了当、简明扼要地说明发函的目的、根据、原因等内容；复函则要引叙对方来函要点，以示复函的针对性。

（2）说明发函事项。主体表达信函的中心内容，一般是根据发函缘由详细地陈述具体事项，或是针对所要商洽的问题或联系事项，阐明自己的意见。要求语气要平和，问题要明确，事实要清楚，表达要明白。如商洽函的正文主体包括商洽缘由、商洽内容、意愿要求三部分；询问函的正文主体包括询问缘由、询问事项两部分；答复函的正文主体包括答复缘由、答复内容两部分；商品报价函的正文主体包括产品的价格、结算方式、发货期、产品规格、可供数量、产品包装、运输方式等。

如果正文主体内容简单，逻辑上可采用篇、段合一式结构，如果正文主体内容较多，逻辑上可采用分段式结构。

3. 结尾语

正文结束以后，一般用精练的语言将主体所叙之事加以简单概括，并提出本函的有关要求，强调发函的目的。如请求函的结尾语是“拜托之事，承望协助解决为盼”，希望回函的结尾语是“不吝赐函，静候佳音”等。结尾语视发信人与收信人的关系以及信函的内容而定，要求恰当得体。

（三）信尾

信尾部分包括四部分内容。

1. 祝颂语

所有的商务信函都要写明祝颂语。祝颂语分为祝者自身的请候语和收信人的安好语两部分：

（1）请候语，在正文结束后空两格书写。常用的有“敬祝”“顺颂”“恭祝”等。

（2）安好语，一定另起一行顶格书写，以表示对对方的尊重。常用的安好语有“商祺”“金安”“生意兴隆”等。

2. 签署

签署即发信人的署名或签名、用印。商务信函的署名可根据企业的要求或发信人的意见而定。有的企业署名以单位名称加盖印章的方式；有的企业要求发信人直接签名，以示对信函的内容负责。个人签名一定要由发信人亲手所签。

3. 日期

日期一般是发信具体时间。商务信函因为涉及商务业务往来，务必写明发信日期。一般采用以下三种形式：

（1）公文日期形式。即在信函签署下方用汉字小写写明发信日期，如××年八月十八日。

（2）阿拉伯数字形式。即在信函签署下方用阿拉伯数字写明发信日期，如 2017 年 7 月 18 日。

（3）国际标准简写法形式。即在信函签署下方用阿拉伯数字标记年、月、日，在一位数的月、日前加“0”，如 2017 年 08 月 18 日。

无论哪种写法，日期务必写全，以便存档备查。如 2017 年 08 月 08 日，不能写成“17 年 08 月 08 日”。

4. 附件

附件是随函附发的有关材料，如报价单、发票、确认书、单据等。如果需要标注附件的，在信函签署的下方可以标注附件。如果附件是两个以上的，要分别标注附件一、附件二等。

四、商务信函的写作要求

（一）力求简洁。商务信函的时间成本对双方都很宝贵，简洁可以更加突出重点，并且能够给读者留下更为直接和有效的印象。

（二）表达意图清晰准确。如何把自己的意图明白无误地传达给对方，要求写作者尽力把自己的意思表达清楚。除了避免使用一些没有必要的行话外，要善于运用数字、图表等方式把复杂的信息简单化。

（三）语言表述具体精确。有效的商务交流要注意细节。在语言表述上要力避歧义、多义的词语，尽量使用含义具体的词语。

（四）语气要真诚有礼。商务信函中使用礼貌的语气，可以很快地和对方建立和睦的关系，营造出一种友好、愉悦的氛围，能够为己方树立良好友善的形象，这种形象是商务管理中的宝贵财富。

五、商务信函的写作例文

道歉函

××市兴达贸易有限公司：

贵公司 20××年×月×日函收悉。函中所诉 20××年×月×日《购买电脑桌合同》中，所收的 35 套黄花牌电脑桌部分出现接口破裂一事，深表歉意，此事已引起我方高度重视，现已就此事进行调查。

经有关部门查实：我厂生产的××××型黄花牌电脑桌，出厂时，经质检部门检验全部为优质产品。函中所提的部分电脑桌出现接口破裂，是由于我方工人在出仓时搬运不慎造成的。对贵公司的损失，我公司再次深表歉意，并请贵公司尽快提供电脑桌受损的详细数字及破损程度，以及公证人证明和检验证明书，我公司将以最快的速度按实际损失给予无条件赔偿。对此，我们将引以为戒，查找工作中存在的问题和不足，制仃改正措施杜绝此类事件的发生。希望能够得到贵公司谅解，继续保持良好的贸易往来关系。

候复

××市光明家具有限公司

××年×月×日

六、商务信函的写作训练

（一）请比较以下几组商务信函中语言表达的优劣，为什么？

1. （1）有四份订单，这些订单是需要提前预定的。

（2）需要提前预定四份订单。

2. （1）如果订单数量较多，我们会给予相当大的折扣。

（2）订单数量超过1000辆，我们将给予5%的折扣。

3. （1）很明显，你方未能按时交货。

（2）遗憾的是，我方未能按时收货。

（二）请分析下面的商务信函存在的问题，并进行修改。

敬启者：

感谢你们上月中旬的报价和羊毛衫样品。我们对你们产品的质量和价格都很满意，愿意订购下列货物：

十箱小号羊毛衫，每箱1500元；

二十箱中号羊毛衫，每箱2000元；

三十箱大号羊毛衫，每箱2500元。

包装：羊毛衫先装在塑料袋里，再装箱。

我们期待着为以上的产品开辟一个更新更大的市场，并希望你们再接再励，与我们签下更多的订单。

谨上

第十节　商品说明书

一、商品说明书的内涵

商品说明书是一种以说明为主要表达方式，概括介绍商品用途、性能、质量、特征、使用方法、保管方法等知识和厂家承诺的应用文，以帮助消费者正确使用、保养产品，有效地发挥产品的使用价值。一般由生产单位编写，印成册子、单页或印在包装、标签上，随产品发出。

商品说明书是指导用户选择产品、使用产品的“路标”和“向导”，消费者通过产品说明书可以了解产品的性能，了解产品的使用、维护和保养的方法等。帮助用户了解产品特性，确保用户正确、安全地使用产品。

二、商品说明书的特点

（一）内容的科学性

如药品说明书，由于关系着人的生命和健康，所以关于性状、成分、药理作用、适应症、用法用量等，都要以科学的态度、科学的名词准确介绍，还要特别说明它可能引起的不良反应等注意事项。

（二）说明的条理性

在说明产品性状、成分等各项的先后顺序，是经过悉心考虑和安排的，条理性、逻辑性很强。根据消费者想了解的的思路，有序地进行说明解答。

（三）形式的多样性

商品说明书的形式多样，除了梗概型、描述型、标示型、析疑型或散文式、条文式、对话问答式、表格式、故事式、解说式等形式之外，它还可以印成小册子、印成单张或直接印在商品上或包装上；可以是纯文字的，也可以是图表共用、图文并茂的。

（四）语言的通俗性

在介绍商品时，不可避免地要使用专业名词术语，但应注意到语言通俗化。为避免消费者分不清，还应该给予通俗易懂的注释说明。

三、商品说明书的写作

商品说明书一般由标题、正文、标记三部分组成。

（一）标题。置于文首或封面。完整的标题由产品的商标、型号、货名以及“说明书”或“使用说明书”构成。标题要求简洁、鲜明、醒目。

（二）正文。是说明书的主体，包括产品构造、性能、适用范围、技术参数、安装、适用方法、注意事项等。

（三）标记。标记包括产品商标、厂家名称、地址、电话、邮编、代号或批准文号等。产品标记置于文末或封面的标题之下。内容要清楚明白。

商品说明书要遵循实事求是的原则，不能随意地夸大设计产品的性能，在注意事项中必须标明其有可能带来的负面影响以及安全隐患，绝不能隐瞒；遵循表达准确的原则，不能有含混其词、模棱两可的词语，更不能有误导性的语言；遵循通俗易懂的原则，针对产品的具体消费群体，避免使用生僻难懂的专业术语以及不规范文字，更不能盲目地使用外文，防止产生“说而不明”的情况。

四、商品说明书的写作例文

六味地黄丸说明书

请仔细阅读说明书并按说明使用或在药师指导下购买和使用

【药品名称】

通用名称：六味地黄丸

汉语拼音：LIUWEI DIHUANG WAN

【成份】熟地黄、山茱萸、牡丹皮、山药、茯苓、泽泻。辅料为蜂蜜。

【性状】本品为棕黑色的水蜜丸。

【功能主治】滋阴补肾。用于肾阴亏损，头晕耳鸣，腰膝酸软，骨蒸潮热，盗汗遗精。

【规格】每100粒重20g。

【用法用量】口服，水蜜丸一次30粒（6g），一日2次。

【不良反应】尚不明确。

【禁忌】尚不明确。

【注意事项】

1. 忌辛辣食物。

2. 六味地黄丸不宜在服药期间服感冒药。

3. 服六味地黄丸期间出现食欲不振，胃脘不适，大便稀，腹痛等症状时，应去医院就诊。

4. 服六味地黄丸两周后症状未改善，应去医院就诊。

5. 按照用法用量服用，孕妇、小儿应在医师指导下服用。

6. 对六味地黄丸过敏者禁用。过敏体质者慎用。

7. 六味地黄丸性状发生改变时禁止使用。

8. 儿童必须在成人监护下使用。

9. 请将六味地黄丸放在儿童不能接触的地方。

10. 如正在使用其他药品，使用本品前请咨询医师或药师。

【药物相互作用】如与其他药物同时使用可能发生药物相互作用，详细情咨询医师或药师。

【包装】塑料瓶装，每瓶装360粒。

【有效期】48个月。

【执行标准】《中华人民共和国药典》2005年版一部。

【批准文号】国药准字Z××××××××××。

【说明书修订日期】2015年×月×日。

【生产企业】×××××。

五、商品说明书的写作训练

（一）小蕊半夜发烧，需要吃退烧药。妈妈匆忙到药店买了退烧药，回到家却犯了愁，该给小蕊吃多少呢？原来，药品说明书没有明确标出用法、用量，只是指出每片药含有效成分 0.125g，人体每千克服 30 ~50mg，小蕊妈妈花了好半天时间也没弄清楚该给孩子服用几片，心急如焚的她只得出门再去药店询问。该说明书违背了什么原则？

（二）村民吴大爷买了一种名叫保果灵 2 号的农药，农药说明书上清清楚楚地写着“连续使用 2 次，间隔期为 20 天”。吴大爷看了之后，当天连续给桃园的桃树喷洒两次农药，并准备 20 天后再喷洒两次。谁知七八天后，他家 300 多颗桃树的叶子、果实全部掉落！请思考造成吴大爷家桃树叶子、果实全部掉落的原因是什么？与农药说明书有没有关系？

（三）为你常用的物件写一份商品说明书。

第十一节　商业广告

一、商业广告的内涵

广告从字面上解释为“广而告之”，即向广大的公众告知某种事物。它有广义和狭义之分，广义的广告包括公益广告和商业广告，狭义的广告专指商业广告，即广告主或商家借助各种媒介推销商品，从而获得经济利益的宣传方式和手段。其目的在于影响消费者的消费行为和消费习惯，从而促销商品，使广告主或者商家受益。

商业广告是商品经济的产物，随着市场经济的日益发展，商品生产和商品销售的竞争也日益激烈，商业广告是密切联系生产者、经营者和消费者的一座桥梁，在沟通商情、促进竞争、促进销售、指导消费等方面发挥着越来越广泛的作用。

二、商业广告的特点与种类

（一）商业广告的特点

1. 真实性

真实是广告的生命，《中华人民共和国广告法》规定：“广告应当真实、合法”“广告不得含有虚假的内容，不得欺骗和误导消费者”。商业广告传播的经济信息必须是真实的，欺骗消费者的虚假广告是达不到树立企业形象、提高企业效益的目的的。

2. 针对性

商业广告经济目的比较明确，它首先考虑的是传播对象、传播内容、传播方式等问题。解决好产品定位和消费者定位等问题对商家至关重要，因此需要有针对性地去设计和表达商品信息。

3. 引导性

对消费者来说，商业广告起着消费指南的作用。一则好的商业广告能适时适度地向消费者提供有关信息，引导消费时尚，指导消费者正确认识和选择商品。

4. 新颖性

商业广告无论是构思，还是画面设计、文字的表达，都讲求新颖性。构思不够新颖的商业广告激发不了消费者的兴趣，也就不能促使消费者实施消费行为。

5. 艺术性

一则好的广告就像一件艺术品，能给人带来美的享受。因为它并不是对商品简单枯燥的表达，而是要用美的形象去感染和影响人们的购买行为。有艺术性和感染力的广告本身就具有观赏性，吸引着广大观众，进而影响着广大潜在消费者的消费行为。

（二）商业广告的种类

1. 按内容划分，可以分为商品广告、企业形象广告。商品广告的目的是在短期内推销商品，主要通过介绍商品的功能、特点等宣传商品，刺激消费者的购买欲望；企业形象广告是以宣传企业的总体形象，展现企业实力、传播企业经营理念为目的，增强公众对企业的认识和了解，提高知名度。它注重的是一种长期经济效益。

2. 按媒介划分，可以分为新闻媒体广告、网络广告、灯光广告、实物广告、招牌广告等。新闻媒体广告主要包括报纸、杂志、电视、广播。它的受众面广、速度快，在各类广告媒介中占有重要的地位；网络广告是一种新兴的广告媒介，因其空间的无限性而极具发展潜力，生命力旺盛；灯光广告主要包括灯箱和霓虹灯。它们在夜晚也能发挥广告宣传的功能，同时还美化了城市的夜景；实物广告是在衣、帽、水杯、购物袋、雨伞等各种具有使用价值的物品上所做的广告，兼具广告和实用的功能；招牌广告包括商铺招牌、路牌和招贴。以显著的位置或醒目内容吸引消费者的注意。

3. 按体式划分，可以分成独白式、对话式、情节式等。独白式是直接向消费者介绍推荐产品，可由权威人士、知名人士也可由普通消费者来充当介绍者；对话式则通过两个或两个以上人物的对话来推销商品，这种形式更活泼；情节式是通过故事情节将消费者带入一定的情境当中，商品在这里成为整个故事的一个有机环节，在情节的发展中自然而然地被推出，消费者易于接受。这种方式有利于调动消费者的情绪，代入感很强，效果较好。

三、商业广告的写作

商业广告文案一般由标题、正文、广告标语和附文四部分组成。

（一）标题

标题是对广告内容的高度概括，在广告中占有重要的位置，一则好的标题往往能够立即引起读者的注意，引发读者去阅读正文，唤起读者购买欲望。

1. 标题的类型

（1）直接标题。用简洁的文字推出商品，不加任何修饰和点缀。如：“李字牌蚊香”、“盖中盖含片”。这种标题开门见山、通俗易懂，但缺乏生动性。

（2）间接标题。这种标题不直接介绍商品，而是利用委婉的语言或艺术化的手段，迂回曲折地推出商品，以引起消费者的兴趣和好奇心理，如某洗衣粉广告标题“妈妈的好帮手”，某少儿图书的广告标题“儿童的精神家园”，这种标题具有较强的艺术性。

（3）复合标题。是上述两种标题的综合运用，具备两种标题的优点，运用也更加全面、灵活。

2. 标题的表现形式

标题的表现形式多种多样，主要有：

（1）新闻式。宣布新闻或提供信息。如“丽花丝宝高级洗发系列隆重上市”。

（2）提问式。以提问开始，激发消费者的兴趣，鼓励他们在正文中寻找答案。如某洗发水广告标题“你想像我一样拥有一头乌黑亮丽的长发吗”。

（3）号召式。提出主张，号召采取购买行动。如“光洁牌剃须刀，你明智的选择”。

（4）悬念式。引起读者的好奇和思考。如某营养米的广告标题“不是药，比药更有效”。

（二）正文

正文是广告的核心，它的作用是进一步解释说明广告标题，更充分详细地介绍宣传对象，以劝诱或说服消费者接受宣传的内容。

1. 正文的结构

正文的结构由引言、主体、结尾三部分构成。

（1）引言。是衔接标题开启正文的过渡段。要以概括精炼的笔触点明标题并引出正文，引发读者阅读正文的兴趣。

（2）主体。是广告文本的中心，主要依据消费者的需求宣传商品的功能、优势、特点、价格售后服务保障等。

（3）结尾。以富有鼓动性的语言敦促消费者购买。

2. 正文的写作方式

（1）直述式。采取理性的方法，客观、直截了当地将商品的特性表达出来，没有过多的修饰与描绘。如广西永福制药厂广告：

永福县是名贵特产罗汉果之乡，罗汉果味甜、性凉，具有清热润肺、止咳化痰、生津止渴、润肠通便、乙肝健脾以及促进肠胃机能、降低血压的功效。

（2）描述式。以生动细腻的描述展现美好的画面，激发消费者的情感和欲望。如麦斯威尔咖啡广告正文：

哥伦比亚安第斯山脉，是世界上种植咖啡的最好地方，那里有肥沃的火山土壤，温和的气候以及适量的阳光和雨水，保证了每一颗咖啡豆的完美成长。待到咖啡豆成熟时，人们采用手工摘取。只有最好的咖啡豆才进行烘烤，以确保其独特的味道及芬芳。假如您是一位咖啡爱好者，一定要选用哥伦比亚咖啡豆制成的各类咖啡。在中国唯有麦氏超级特选速溶咖啡和生活伴侣杯装咖啡才是您最终的选择。与众不同！

（3）叙述式。通过设置情节、讲述故事的方式推出商品，引人入胜。如DIPLOMA奶粉广告正文：

亲爱的扣眼，你好！我是纽扣，你记得我们已经有多久没在一起了？尽管每天都能见到你的倩影，但肥嘟嘟的肚皮横亘在你我之间，让我们有如牛郎与织女般地不幸。不过在此告诉你一个好消息，主人决定极力促成我们的相聚。相信主人在食用了DIPLOMA脱脂奶粉后，我们不久就可以天长地久，永不分离。

（4）证言式。通过第三人来推荐商品。可以是权威人士，知名人士的推荐，也可以是普通的消费者的经验反馈。这种方式往往比较具有说服力。

例如汰渍洗衣粉的电视广告，就是通过一位家庭主妇讲述亲身体验，来证明产品的功效：

家庭主妇：要不是亲身体验，我还不相信呢！祖父六十大寿，在我家院子大摆宴席，我丈夫的新衬衫就把各种美味一一记录，要是洗不干净，好好的一件衣服，就要泡汤了。咳！试试广告介绍的全新汰渍洗衣粉吧！真想不到它的清新洁丽，能够那么快发挥作用，把污渍和汗味消除得如此彻底，衣服恢复干净，还有香味呢！我丈夫很高兴。谢谢！

旁白：全新汰渍洗衣粉，清洁、清爽、清香。

（三）广告标语

1. 定义

广告标语又称广告口号、广告语，是广告中长期反复使用的口号文字。它基于长远的销售利益，向消费者传达一种长期不变、相对稳定的观念。

2. 结构类型

（1）单句标语。即一个简短的单句。如：雀巢咖啡的广告标语："一切皆有可能"；英特尔公司的广告标语："给电脑一颗奔腾的芯"。

（2）对句标语。由两个互相关联的简单短句组成。如：格力空调的广告标语："好空调，格力造"；海飞丝洗发水的广告标语："头屑去无踪，秀发更出众"。

（四）附文

附文，是广告文案的附属文字。它的主要内容一般包括企业名称、公司名称、商标、权威机构的认证标识、电话、开户银行、银行账号等。附文是对广告正文的进一步补充，是广告文案的有机组成部分。写作时一定要核对准确，才能为消费者提供必要的线索，起到指导购买的作用。

四、商业广告的写作要求

（一）内容要真实

真实是广告的生命。广告的创作要求实事求是，不能弄虚作假欺骗消费者。需要说明的是广告的真实不等于广告写作不需要艺术加工，相反，在真实的基础上，运用适当的手法进行艺术加工，增强广告的形象性、生动性，可以产生更好的宣传效果，引发消费者的美好想象，获得心理满足感，从而引发购买行为。

（二）主题要突出

广告的主题只有鲜明突出，才能吸引消费者，达到促销的目的。写作时可以根据产品的自身特点、竞争对手的情况、消费者的需求及心理因素等来确定明确的主题。

（三）创意要新颖

广告要不拘一格，不断发展和创新。在海量的信息中如何使你的广告让人惊鸿一瞥，给别人留下深刻的印象？只有创意新颖，才能出奇制胜，使人耳目一新，吸引读者。

（四）语言要精妙

一则成功的广告要善于运用艺术的语言来吸引人们的视听，激发他们的兴趣和购买欲望。广告创作可以根据现实情况或生活发展逻辑，进行推测和想象，通过想象和联想打破空间和时间的限制，使广告富于创意；还可以运用比喻、成语、双关、谐音、反复等修辞手法来增强广告的魅力，如某服饰广告“衣衣不舍”、仲景牌六味地黄丸“药材好，药才好”等。

五、商业广告的写作例文

【例文一】

直述式广告文案

（广播广告“提醒刷牙”）

（鸟叫，溪水声渐起，轻音乐混入……）

（女声亲切地）早上好啊听众们，起床以后您刷牙了吗？用的什么牙膏？我告诉您，中华牙膏有果香的浪漫，用了以后会有清新的感受，您试试看。

（秋虫齐鸣，舒缓的音乐混入……）

（女声轻柔地）亲爱的听众，晚上好，临睡前可别忘了刷牙哟，装了假牙的朋友，睡前取下您的假牙浸泡在美加净假牙清洁液中，明天早晨，您又有一付焕然一新的假牙了。晚安。

【例文二】

叙述式广告文案

（结合画面）

第一则：如果你问我，这世界上最重要的一部车是什么？那绝不是你在路上能看到的。30 年前，我 5 岁，那一夜，我发高烧，村里没有医院。爸爸背着我，走过山，越过水，从村里到医院。爸爸的汗水，湿遍了整个肩膀。我觉得，这世界上最重要的一部车是

——爸爸的肩膀。今天，我买了一部车，我第一个想说的是："阿爸，我载你来走走，好吗？"

广告语：中华汽车，永远向爸爸的肩膀看齐。

第二则：印象中，爸爸的车子很多，大概七八十部吧。我爸爸没什么钱，他常说："买不起真车，只好买假的。我这辈子只能玩这种车罗！"经过多年努力，我告诉爸爸，从今天起，我们玩真的。爸爸看到车后，还是一样东摸摸、西摸摸，他居然对我说："我这辈子只能玩假，你却买真的！"爸，你养我这么多年不是假的，我一直想给你最真的。

广告语：中华汽车，真情上路。

【例文三】

经典广告标语欣赏

1. 除了你的脚印，什么都别留下；除了你的记忆，什么都别带走。（旅游景区）
2. 长城电扇，电扇长城。（长城电扇）
3. 农夫山泉有点甜。（农夫山泉）
4. 不订《咬文嚼字》是你的错，不再订《咬文嚼字》是我的错。（《咬文嚼字》）
5. 不溶在手，只溶在口。（M&M 巧克力）
6. 非常可乐，中国人自己的可乐。（非常可乐）
7. 原来生活可以更美的。（美的）
8. 科技改变生活。（格力）
9. 维维豆奶，欢乐开怀。（维维豆奶）
10. 海尔，真诚到永远。（海尔）

六、商业广告的写作训练

（一）下列广告语运用了什么样的表达方式？起到了什么效果？

1. 不要对刚刚从这里出来的姑娘使眼色，她很可能是您的奶奶。
2. 某下岗工人开的理发店招牌"从头开始"。
3. 某车主在他的车后写道："别吻我我怕修！"
4. 招聘女秘书：长相像妙龄少女，思考像成年男子，处事像成熟的女士，工作起来像一头驴子。

（二）"越老越没人原谅你穷。""每天都在用六位数的密码，保护着两位数的存款。"……2017 年国庆节前，××财富带着 16 家基金公司的宣传语，瞬间激起了千层浪。这样的广告文案合乎规范吗？违背了什么原则？

（三）请根据《模范情书》的歌词，为某著名咖啡品牌设计一份广告文案。

模范情书

我是你闲坐窗前的那棵橡树
我是你初次流泪时手边的书
我是你春夜注视的那段蜡烛
我是你秋天穿上的楚楚衣服
我要你打开你挂在夏日的窗
我要你牵我的手在午后徜徉
我要你注视我注视你的目光
默默地告诉我初恋的忧伤
这城市已摊开她孤独的地图
我怎么能找到你等我的地方
我像每个恋爱的孩子一样
在大街上琴弦上寂寞成长

第五章　礼仪应用文

□学习目标与要求

1. 掌握各种礼仪应用文的内涵、特点、分类及使用范围。
2. 重点掌握各文种的结构、写法和写作要求。
3. 能够根据社交礼仪场合选择恰当的文种，进行写作。

第一节　开幕词

一、开幕词的内涵

开幕词是演讲稿的一种，是指主持人、主要领导或重要嘉宾在重要会议、庆典或联谊活动等开始时所发表的讲话，旨在点明该活动的性质、宗旨、议题和日程等，对活动表示祝贺和祝愿，向参与者提出希望和要求。

二、开幕词的特点与种类

（一）开幕词的特点

1. 指导性。开幕词要对整个活动的目的、意义、宗旨等进行阐述，对整个活动具有指导性。

2. 简明性。开幕词一般简洁明了、短小精悍，不适宜长篇累牍，多使用祈使句，表示祝贺和希望。

3. 口语化。开幕词作为演讲稿的一种，语言通俗、明白、上口，符合口头表达的习惯。

（二）开幕词的种类

根据不同的分类标准，开幕词可分为不同的种类。

按照内容，可以分为侧重性开幕词和一般性开幕词。侧重性开幕词侧重对活动的历史背景、重大意义或中心议题等做重点阐述，其他问题一带而过；一般性开幕词则只对活动目的、议程、基本精神等要素做简要介绍。

根据演讲场合的不同，开幕词可分为会议性开幕词和礼仪性开幕词。

三、开幕词的写作

开幕词由标题、称谓、正文和结语四个部分组成。

（一）标题

一般由事由和文种构成。如《中国共产党第十九次全国代表大会开幕词》；有的标题由致词人、事由和文种构成。其形式是《×××同志在××××会上的开幕词》；有的采用复式标题，主标题揭示会议的宗旨、中心内容，副标题与前两种标题的构成形式相同，如《发扬奥运精神，增强身体素质——博雅学院第四届田径运动会开幕词》；也有的只写文种《开幕词》。

根据需要，开幕词和闭幕词有时会在标题之下，用括号注明会议开幕的年、月、日。也有的把会议时间融合在标题当中。

（二）称谓

一般根据会议的性质及与会者的身份来确定称谓，如“同志们”“各位代表、各位来宾”“运动员同志们”等。

（三）正文

正文包括开头、主体和结尾三部分。

1. 开头。宣布会议或活动开幕。明确会议或联谊活动筹备工作的情况，介绍参会人员的情况，说明出席活动的领导和来宾的单位与姓名，并向他们表示热烈欢迎，对会议的召开表示祝贺。需要说明的是，开头部分即使只有一句话，也要单独列为一个自然段，将其与主体部分分开。

2. 主体。这是开幕词的核心部分，开幕词的成功与否，取决于这个部分的写作。通常包括三项内容：首先，阐明会议和活动的意义，通过对以往工作情况的概括总结和对当前形势的分析，说明会议或活动是在什么形势下，为了解决什么问题和达到什么目的而召开；其次，交代会议和活动的主要任务，包括议题、议程，提出一些具体的要求，使与会者心中有数，把握会议或活动的进程；最后，阐明会议和活动的指导思想，提出今后的方针、路线和任务，以便与会者有所遵守，准确把握。其中后两个部分在具体写作的时候，顺序并不是固定的，并且常常会有交叉、融合。

3. 结尾。这个部分一般用来提出会议任务、要求和希望。结尾部分和主体部分紧密相联，有时就包含在主体部分之中。

（四）结语

开幕词的结束语要简短、有力，并要有号召性和鼓动性。写法上常以呼告语另起一段，如“预祝大会圆满成功!”

四、开幕词的写作要求

（一）控制篇幅。开幕词旨在为会议或活动定个基调，一般用几分钟、最多十几分钟即可讲完，要层次清楚，语言简洁，不宜说得过细，不宜写成大会报告的压缩版。

（二）营造气氛。开幕词既要庄重有力，又要富有感情色彩，即严肃性和活泼性相结合，避免“官话”“套话”，从而使演讲富有感染力和鼓动性，使与会者受到鼓舞，树立信心。

（三）主题鲜明。开幕词写作要紧紧围绕会议或活动主题，传达活动的主要精神，突出活动的中心内容，不要枝蔓太散或东拉西扯。

五、开幕词的写作例文

【例文一】

北大赛瑟（CCISSR）论坛（2016）开幕词

许智宏

尊敬的各位嘉宾、老师们、同学们：

大家早上好！

在北大赛瑟论坛开幕之际，我代表北京大学向论坛表示热烈的祝贺，并向各位嘉宾，特别是大会的演讲嘉宾，表示衷心的感谢！

保险和社会保障事业是文明社会的要旨，也是我国社会建设中的重要组成部分。此次北大赛瑟论坛是北大中国保险与社会保障研究中心连续主办的第五届。经过几年的发展，如今北大赛瑟论坛已经发展成为具有重要影响的论坛，成为促进保险与社会保障的思想交流和信息共享的重要平台，为中国保险业发展和社会保障制度改革做出了积极贡献。2006年，中心获得了“北京大学人文社会科学优秀科研机构”的荣誉称号。

今年是中国的奥运年，也是中国改革开放三十周年，北大赛瑟论坛以“改革开放30年：保险、金融和经济发展的经验与挑战”为主题进行研讨，具有很强的理论和现实意义。

借此机会，我代表北京大学向各位与会人员对北大的关爱表示最诚挚的谢意，希望今后能够继续得到社会各界的支持。预祝2008年北大赛瑟论坛圆满成功！谢谢大家！

（来源：北大 bbs）

【例文二】

洪山镇首届全民运动会开幕词

各位领导、各位来宾、同志们：

今天，我们迎来了洪山镇首届全民运动会的隆重召开，这是我镇人民政治和文化生活中的一件大事。在此，我谨代表镇党委、政府，对运动会的召开表示最热烈的祝贺；向全体运动员、教练员、裁判员和工作人员致以亲切的问候！向所有到会的各级领导、各有关部门和社会各界人士表示热烈的欢迎！

在本次运动会的筹划过程中，我们得到了很多热心企业的帮助：奇乐电器、海路实业、万事发火机、裕盛电子、神龙轴承、亚历电子、三开电子等公司先后冠名或无偿赞助运动会，在此，也要向他们表示最衷心的感谢！

全民运动会是展示我镇新世纪新形象的大舞台。体育兴、事业兴，我们就是要通过举办运动会，推动全镇体育工作和全民健身运动的蓬勃开展，并以此为契机，振奋人心，凝聚力量，把“更高、更快、更强”的体育精神运用到经济发展和城镇建设中去，为实现现代化工业强镇目标，注入新的生机和活力。洪山镇人杰地灵，英才辈出。昨天，洪山人民在这块土地上创造出了骄人的成就；今天，勤劳勇敢的洪山人民一定能开拓进取，与时俱进，树立新形象，展现新风采，创造新业绩，实现新跨越，为建设一个更美好的家园而共同奋斗！

今天，来自全镇各村、各行业的26个代表团，近1000名体育健儿，将在体育竞技大舞台上，以“参与、健身、团结、奋进”为宗旨，充分展示“更高、更快、更强”的体育精神。

我们衷心希望，在大会组委会的领导下，在全体运动员、教练员、裁判员和工作人员的共同努力下，本届运动会将会办成一届隆重、热烈、团结、安全的运动会，一届讲文明、讲风格、讲公正的运动会，希望参赛运动员发扬奥林匹克精神，以饱满的热情、高昂的斗志、良好的状态投入到各项比赛中，顽强拼搏、公平竞争，比出好成绩，赛出新风尚，取得运动成绩和精神文明双丰收，为推进我镇体育事业发展做出新贡献。

最后预祝运动员取得好成绩，祝首届全民运动会取得圆满成功！

（来源：《应用写作》，有修改）

六、开幕词的写作训练

（一）结合开幕词的结构，分析《北大赛瑟（CCISSR）论坛（2008）开幕词》和《××镇首届全民运动会开幕词》两篇的结构框架。

（二）参考《××镇首届全民运动会开幕词》，为所在学校的运动会拟写一份开幕词。

第二节　闭幕词

一、闭幕词的内涵

闭幕词与开幕词相对，也是演讲稿的一种，是在会议、庆典、联谊活动结束时，党政机关、社会团体、企事业单位的领导人或德高望重者在会议闭幕时所作的讲话，它是会议、庆典、联谊活动的结束语。

二、闭幕词的特点与种类

（一）闭幕词的特点

闭幕词除了具有开幕词的简明性、口语化两个特点以外，还具有总结性的特点，即：闭幕词要对整个会议、活动的主要内容和基本精神进行简要的总结与陈述，给予恰当的肯定和正确的评估，总结活动取得的效果，使得与会人员对会议有更加全面、深刻的了解和掌握，以便会后更加全面、正确和充满信心地贯彻会议主要内容与基本精神。

（二）闭幕词的种类

闭幕词与开幕词密切相关，首尾呼应，因此闭幕词的种类与开幕词的种类是一致的。按照内容可以分为侧重性闭幕词和一般性闭幕词，按照演讲场合的不同可以分为会议性闭幕词和礼仪性闭幕词。

三、闭幕词的写作

闭幕词由标题、称谓、正文和结语四个部分组成。

（一）标题

与开幕词的标题构成形式基本一样，一般由事由和文种构成，如《中国共产党第十九次全国代表大会闭幕词》；有的只写文种，以“闭幕词”作为标题；也有的由致词人、事由和文种构成，其形式是《×××同志在××××会议上的闭幕词》。

（二）称谓

根据会议性质及与会者的身份来确定称谓，如“同志们”“各位代表”等。

（三）正文

包括开头、主体和结尾三部分。

1. 开头。简明扼要地对会议或活动做总体评价，简要说明大会经过，是否圆满完成了预定的任务等。

2. 主体。对大会或活动进行概括总结。概述会议的进行情况、活动的开展情况，恰当地评价此次会议、活动的收获、意义及影响。会议性闭幕词核心部分要写明：会议通过的主要事项和基本精神；会议的重要性和深远意义；向与会人员提出贯彻会议精神的基本要求，等等。一般说来，这几方面内容都不能少，而且顺序是基本不变的。

写作时要掌握会议情况，有针对性地对会议内容予以阐述和肯定；同时可以对会议未能展开但已认识到的重要问题做出适当强调或补充；行文要热情洋溢，文章要简洁有力，起到激发斗志、增强信念的作用。

3. 结尾。这部分可以提出希望，发出号召，可以对保证大会、活动顺利进行的有关单位及服务人员表示感谢，也可以对与会者表示祝愿等。

（四）结语

宣布会议结束，通常只有一句话：“现在，我宣布，××××大会闭幕。”

四、闭幕词的写作要求

（一）呼应开幕词。闭幕词出现在会议或活动终了，因此，要写得与开幕词前后呼应、首尾衔接，显示大会、活动举办得很圆满、很成功。特别需要注意的是，同一次活动的开幕词和闭幕词的标题要相对应。

（二）语言坚定有力。闭幕词在总结会议精神、活动效果的基础上，要进一步唤起与会者领会、贯彻、落实任务的高昂情绪，切忌无病呻吟的抒情，应使用满怀激情而又坚定有力的语言，句式短促有力，避免拖沓，给人鼓舞，催人振奋。

（三）准确掌握信息。撰写者应该对会议和活动的宗旨、议程、开展情况、出席人员等情况作全面的了解，把握主要精神，并注意搜集有关文字资料，在准确而全面地掌握信息的基础上才能够撰写切合主题的闭幕词来。

另外，闭幕词的写作也要像开幕词一样注意控制篇幅，注意简洁。

五、闭幕词的写作例文

【例文一】

第十三届“逸仙”杯田径运动会闭幕词

尊敬的各位来宾、运动员同志们：

经过四天的激烈角逐，小榄镇“第十三届逸仙”杯田径运动会就要闭幕了。

这次比赛得到了社会各界的广泛参与和支持，参加比赛的队伍有男队11队，女队9队，共进行了42场比赛，比赛成绩已经揭晓，运动会组委会将根据赛绩对各参赛队给予奖励。

比赛期间，各代表队运动员充分发扬了孙中山先生勇于进取、敢为人先的“逸仙”精神，赛出了风格，赛出了水平。全体裁判员和其他工作人员，一丝不苟、认真负责、坚守岗位，发扬了连续作战的作风。尤其可喜的是，不少外来工运动员在比赛中有十分精彩的表现，这一切充分展现了我镇人民团结向上，自强不息的精神风貌。在这里，我谨代表镇党委、镇政府向运动员、裁判员表示最热烈的祝贺！向为这次比赛辛勤工作的组织者、服务者表示感谢！

我要向取得优异成绩的代表队表示热烈的祝贺，希望你们胜不骄。对于没有取得好成绩的代表队，我同样要向你们祝贺，因为你们挑战自我、积极参与的精神就是胜利。也希望你们败不馁，在今后多加强锻炼，提高成绩。同志们，比赛和成绩都属于过去，我们真正要铭记的是团结拼搏、勇于进取的运动精神，希望你们把这种精神保持下去，为以后的生活、工作、学习提供帮助，为我镇的经济社会发展、为美好中国梦鼓足干劲。也希望你们继续加强锻炼，提高水平，增强体质，促进全民健身运动的深入开展。

现在我宣布，第十三届“逸仙”杯田径运动会胜利闭幕！

【例文二】

文山州文联第六次代表大会闭幕词

（2010 年 9 月 8 日）

文山州文联副主席　张邦兴

尊敬的各位代表、各位来宾，同志们、朋友们：

在州委、州人民政府的高度重视和亲切关怀下，在云南省文联和文山州党政军及其有关部门领导同志们的关心、帮助、支持下，通过各位代表、各位来宾以及全体工作人员的共同努力，顺利完成了这次代表大会的主要任务和各项议程，代表大会圆满成功，这是一个团结鼓劲、振奋人心、增进友谊、催人奋进、开拓创新的大会，这是一次焕发文艺家创作激情的大会，这是一次动员全州广大文艺工作者，高举中国特色社会主义伟大旗帜，推动和促进文山州文学艺术事业大发展、大繁荣的大会。

大会深入传达、学习中国文联、云南省文联代表大会精神；全面聆听、领会和准确把握州委领导在这次代表大会上发表的重要讲话；州委、州政府表彰奖励了文山州第五次文代会以来涌现的先进集体和优秀文艺工作者；回顾总结州文联五次文代会以来的主要工作和基本经验，研究部署今后几年的奋斗目标和主要任务，审议和讨论、通过了文山州第五届文联委员会工作报告；审议、讨论、修改和通过文山州文联章程；选举产生了新一届文山州文联委员会及其领导成员；讨论和通过、界定了文山州各文艺家协（学）会理事会及其领导成员，顺利完成了这次代表大会的主要任务和各项议程，代表大会获得圆满成功。

会后，希望各位参会者，要认真学习、全面领会，宣传、贯彻、落实好这次代表大会的精神：一、围绕中心、服务大局，用党的十七大精神统领文联和各文艺家协（学）会工作，更加自觉、更加主动地承担起历史、时代和人民赋予的崇高使命，这是文山州文艺工作的首要政治任务；二、抓住机遇、锐意进取，要坚持解放思想、与时俱进，大力推进文艺创新，积极探索符合文联特征、充满生机与活力的管理体制、运行机制、组织形式、活动方式；三、夯实基础、树立典型，构建和谐文联、建设和谐文艺家协（学）会，充分树立和展示文艺团体的良好形象，推动创先争优向纵深发展，打造文艺品牌，提升文艺的影响力、竞争力。

各位代表、同志们，大会选举产生了新一届文山州文联委员会和领导班子成员，对大家的信任和支持，表示衷心感谢和崇高敬意，作为文山州文艺界的实践者、织织者、领导者，我们感到责任重大、使命光荣，需要加倍努力、强化服务，把文联和协（学）会领导班子建设成：政治坚定、求真务实、开拓创新、勤政廉洁、团结协作、坚强有力的领导集体，在今后的工作中，不辜负党委、政府和人民群众以及广大文艺家、文艺工作者、爱好者的重托、期盼、愿景，努力成为大家的知心人、贴心人、热心人，把文山州文联真正办成广大艺家、文艺工作者、爱好者温馨和谐的家园。

最后，热烈祝贺文山壮族苗族自治州文学艺术界联合会第六次代表大会圆满成功！祝大家身心健康、工作顺利、创作丰收、万事如意！

（来源：《含笑花》杂志）

六、闭幕词的写作训练

（一）对比分析开幕词和闭幕词在“主体”部分的撰写上分别要注意什么？

（二）某通讯公司召开职工代表大会，会议圆满结束，请自拟标题，为其拟写一份闭幕词的提纲。

（三）新生军训闭幕暨汇报表演仪式上，学校党委书记要发表闭幕词，请结合本校的校史、校训和校园文化的实际情况，结合发言者的身份，为其撰写一份闭幕词。

第三节　欢迎词

一、欢迎词的内涵

欢迎词是在欢迎仪式上由东道主出面，对宾客的到来表示欢迎的讲话稿。一般，欢迎词发表在正式的欢迎仪式，如仪仗、重大会议、重要宴会等场合之前。

二、欢迎词的特点与种类

（一）欢迎词的特点

1. 欢愉性

“有朋自远方来，不亦乐乎”，致欢迎词应当有一种愉快的心情，言词用语务必富有激情，表现出致词人真诚的欢迎之意。这样才能给客人一种“宾至如归”的感觉，为接下来各项活动的圆满举行打下良好的基础。

2. 口语化

欢迎词本意是现场当面向宾客口头表达的，所以文字上必然要求口语化，在遣词用语上要运用生活化的语言，既简洁又富有生活的情趣，通过口语化的语言拉近主人同来宾的亲切关系。

（二）欢迎词的种类

1. 欢迎词从表达方式上分，可以分为：

（1）现场讲演欢迎词。一般由欢迎人在被欢迎人到达时在欢迎现场口头发表的欢迎稿。

（2）报刊发表欢迎词。这是发表在报刊、网站等上面的欢迎稿。它一般在客人到达前后发表。

2. 欢迎词从社交的公关性质上分，可以分为：

（1）私人交往欢迎词。私人交往欢迎词一般是在个人举行较大型的宴会、聚会、茶会、舞会、讨论会等场合下使用的欢迎稿。通常要在正式活动开始前进行。私人交往欢迎词往往具有很大的即时性、现场性。

（2）公事往来欢迎词。这样的欢迎词一般在较庄重的公共事务中使用。要有事先准备好的、得体的书面稿，相较私人交往欢迎词，它在文字措词上要求更加正式和严格。

三、欢迎词的写作

欢迎词由标题、称呼、正文、落款几部分构成。

（一）标题

标题有两种形式：一是欢迎场合或对象加文种构成，如《在校庆75周年纪念会上的欢迎词》；二是用文种“欢迎词”作标题。

（二）称呼

提行顶格写，称呼对象后加冒号。面对宾客，宜用亲切的尊称，如“亲爱的朋友：”“尊敬的领导：”等。

（三）正文

欢迎词的正文一般可有开头、中段和结尾三部分构成。

1. 开头。开头用一句话表示欢迎的意思，通常应说明现场举行的是何种仪式，发言者代表什么人向哪些来宾表示欢迎。

2. 中段。欢迎词在这一部分一般要阐述和回顾宾主双方在共同的领域所持的共同的立场、观点、目标、原则等内容，较具体地介绍来宾在各方面的成就及在某些方面做出的突出贡献，同时要指出来宾本次到访或光临对增加宾主友谊及合作交流所具有的现实意义和历史意义。

3. 结尾。通常在结尾处再次向来宾表示欢迎，并表达自己对今后合作的良好祝愿。

（四）落款

用于讲话的欢迎词无须署名。若需刊载，则应在题目下面或文末署上致词单位名称，致词者的身份、姓名，并署上成文日期。

四、欢迎词的写作要求

（一）措辞要有针对性。由于欢迎的场合和理由不同，表达要随之发生变化，该严肃的严肃，该轻松的轻松，因此，写作前要了解欢迎对象的基本情况、来访目的，做到有的放矢，将欢迎词说到来宾的心坎上。切记要注意尊重对方的风俗习惯，避开对方的忌讳，以免发生误会。

（二）语言要精确、通俗，态度要热情、礼貌。措辞讲究礼节，称呼要用尊称，通过亲切、谦虚、诚恳的语言达到加深情感的目的，口头发表的还要注意语言通俗化、口语化，生动形象富有节奏美。

（三）篇幅短小，言简意赅。一般的欢迎词都是礼节性的外交或公关辞令，宜短小精悍，不必长篇大论。

五、欢迎词的写作例文

【例文一】

珍　惜

——北京大学2017年开学典礼欢迎词

孙祁祥

亲爱的同学们：

大家上午好！

非常荣幸作为教师代表，在今天这样一个热烈、庄重、喜庆的开学典礼上，欢迎你们来到美丽的燕园，开启新的生活篇章。

北大一直是中国最优秀学者成长的沃土，是莘莘学子心中的学术殿堂，是无数校友的精神家园。你们凭借自己的聪慧和勤奋，通过大考，来到北大，从这里眺望世界、走向未来。我和我的同事们，要向你们表示最热烈的祝贺！

同学们，从幼儿园到小学，从中学到大学，从大学到研究生，你们“按部就班”地走到了今天，应当说非常幸运。要知道，我这一代人在我曾经历过的那个青年时代，没有你们的这份幸运，这个世界上，还有许多青年人没有你们的这份幸运，所以，你们应当对你们得到的这份幸运格外珍惜。作为一名年龄比你们长，阅历也比你们更加丰富一些的人，今天，我想就“珍惜”给你们一些建议：

请珍惜当下。做好每天的事情，而不要给自己太多懈怠、拖延的理由。“明日复明日，明日何其多，我生待明日，万事成蹉跎”。人生真的就是一场马拉松，每一个到达终点的人，都是从第一步开始、从每一步积累的。我希望你们能珍惜当下、认真做好手头的每一件事情，并且，在自己的能力范围内尽量做到极致和卓越。养成这样的习惯，将会让你终身受益。

请珍惜他人。在大千世界里，在芸芸众生中，我们能走到一起，真的就是一种缘分。因此，要学会珍惜彼此：珍惜师生情；珍惜同学情；珍惜朋友情，不要把从别人，甚至你的父母那里得到的一切看作“理所当然”，而要心存感激，常思回报。当然，这种珍惜是对真的、美的、善的情感的尊重和顾惜，是在无关重大是非原则问题时表现出来的宽厚和宽容。而如果触了底线，绝对不要迁就和纵容。

请珍惜自己，特别是你的健康。不要因为年轻就肆意透支你的身体。有一句格言说：“有两种东西丧失之后才会发现它的价值——青春和健康”。但青春逝去，未见得活力不在、睿智不在、优雅不在；而失去健康，即使青春犹在，年轻于你何用？财富于你何用？时间于你何用？我特别赞同瑞士心理学家亚美路对健康的洞见：“健康是一种自由——在一切自由中首屈一指”。你可以像“潇洒走一回”那首歌中唱到的那样“我用青春赌明天”，但同学们，千万不要“用健康赌明天”。我希望你们一定平衡好学习和锻炼身体的关系，做德智体全面发展的青年人。

请珍惜你内心的渴望，而不要忽视它、压抑它甚至掐灭它。做自己喜欢的、擅长的事情，而不要人云亦云、心浮气躁；不要去跟别人攀比，做最好的自己足矣。当然，选择自己心之所属并坚守，有时可能并不是一件容易的事，但如果你能做到这一点，你将会有更多的淡定和从容，更多的积淀和突破，更多的喜悦和快乐。

最后，请珍惜我们这个伟大的时代。40 多年前，当我还是一名上山下乡知青的时候，我绝对想不到，有一天自己能够进入大学读书，更别说攻读博士学位、出国学习、当上北京大学的教授。我常常想，我是幸运的，因为，我赶上了改革开放的伟大时代，这个时代给予了我们每个人以机会。始于上世纪 70 年代末的改革，让中国在不到 40 年的时间里成为世界第二大经济体，人民的生活水平得到了极大提高，我们离中华民族伟大复兴的目标越来越近。但是，任何一个美好的时代，都不是凭空而来的，它是万千建设者们，筚路蓝缕、艰苦奋斗创造出来的。同学们，我们一定要珍惜这个伟大的时代，而最好的珍惜，就是为这个时代做出我们应有的贡献！在今年 7 月份经济学院举行的毕业典礼上，中国首位女航天员刘洋，在致辞中引用一位战斗机飞行员的话："我最大的遗憾就是只能为祖国牺牲一次"，让所有在场的人热泪盈眶。这种摄人心魄的爱国主义宣言，也正是百余年来，与国家前途命运紧密相连的，我们北大人的情怀！

最后，再次祝贺你们！欢迎你们！

【例文二】

第五届新加坡国际合唱节欢迎词

亲爱的参赛者及指挥同仁：

第五届的新加坡国际合唱节将于 2018 年 7 月 19—22 日举行，我在此诚意邀请您参与这项合唱音乐盛事！参赛者除了有机会在新加坡最顶尖的演出场地表演之外，我们也希望合唱团们能够通过合唱艺术拉近彼此之间的距离，分享音乐的喜悦。

一如往年，第五届新加坡国际合唱节的艺术总监是新加坡文化勋章得主谭秀丽女士。她将带领来自世界各地著名的合唱工作者为本届合唱节提供评审工作，并通过合唱指导班与参赛者分享他们的知识与经验。

除此之外，我们很高兴宣布新加坡国际合唱节、印尼的巴厘国际合唱节以及菲律宾的 Andrea O. Veneracion 国际合唱节已经共同成立了亚洲合唱大奖赛。这两年一度的亚洲合唱大奖赛将邀请这三个合唱节的历届冠军参与，角逐亚洲合唱大奖赛的冠军头衔。这是亚洲合唱界的近年来最令人拭目以待的新发展之一！

在过去几届的合唱节里，我们看到了来自本区域非常优秀、富有特色的合唱团参赛，而今年也不例外。我诚意邀请您前来第五届新加坡国际合唱节，与世界分享合唱艺术的美妙与喜悦。希望在新加坡见到您！

新加坡国际合唱节主席林爱慧　敬上

六、欢迎词的写作训练

（一）欢迎词的写作要求是什么？

（二）本校电影协会招收了一年级的新生会员，请你为会长拟写一份欢迎词，在迎新大会上宣读。

第四节 答谢词

一、答谢词的内涵

答谢词是指在特定的公关礼仪场合，客人为了表示感谢而发表的致辞，答谢词作为对欢迎词的回应，一般出现在东道主的欢迎词之后。答谢词也指客人在举行必要的答谢活动中所发表的感谢主人盛情款待的讲话。

现在，对于主人在因特殊事件如生日、升学、婚礼、开业等而举行的活动中对来宾表示感谢的致辞，人们通常也称为答谢词，这类致辞和欢迎词有较大的相似性。

二、答谢词的特点与种类

（一）答谢词的特点

1. 以谢为主。答谢词自始至终都充满着真诚的谢意。

2. 就地取材。被答谢单位和个人的感人事迹、环境氛围，以及本人的所见所闻所思，都可以融为一体，作为答谢词的内容。

3. 短小精悍。突出“谢”字，抓住重点，简短有力。

（二）答谢词的种类

依据不同的致谢缘由和致谢内容，答谢词可划分为两个基本类型：

1. “谢遇型”答谢词。“遇”，招待，款待。“谢遇型”答谢词，即用来答谢别人的招待的致辞，既可用于欢迎仪式、会见仪式上与“欢迎词”相应，也可用于欢送仪式、告别仪式上与“欢送词”相应。

2. “谢恩型”答谢词。“恩”，受到的好处，即别人的帮助。“谢恩型”答谢词，即用来答谢别人帮助的致词。它常用于捐赠仪式或某种送别仪式上。

三、答谢词的写作

答谢词的通常由标题、称呼、正文和落款四部分构成。

（一）标题

答谢词的标题比较简单，一般用文种《答谢词》作标题。也有的标题由致辞人、场合和文种构成，如《×××在×××宴会上的答谢词》。

（二）称呼

与欢迎词的要求相同，答谢词的称呼宜用亲切的尊称。

（三）正文

1. 开头。一般表达对主人热情接待的感谢之意。

2. 中段。正文主体一般畅叙情谊，对对方的热情接待表示由衷的感谢。如果是访问，则概述出访期间留下的美好印象，赞扬主人某方面的业绩、崇高的精神，或对双方共同关心的问题表达自己的观点、看法和愿望。

3. 结尾。多表达美好祝愿，或再次表示谢意。

（四）落款

根据需要，答谢词可以在落款处署上致词的单位名称，致词者的身份、姓名，并署上成文日期。

四、答谢词的写作要求

（一）尊重对方习惯。在异地做客，要了解当地的民情、风俗、尊重对方习惯。

（二）客套与真情。在礼仪场合，必要的客套话是不能省略的，比如“感谢”“致敬”之类。但不宜过多，不宜过分，以免适得其反，引起对方的反感。总之，以真情实感为情感基调。

（三）照应欢迎词。主人已经致词在前，作为客人不能“充耳不闻”。答谢词要注意与欢迎词或欢送词的某些内容照应，这体现了对主人的尊重。即使预先准备了答谢词，也要在现场紧急修改补充，或因情因境临场应变发挥。

（四）篇幅简短。欢迎词、答谢词都是应酬性讲话，而且往往是在一次公关礼仪活动刚开始时发表的，下面还有一系列的活动等着进行。因此篇幅要力求简短，不宜冗长拖沓，以免令人生烦。

五、答谢词的写作例文

【例文一】

在接受救灾粮仪式上的答谢词

亲爱的各位领导，远道而来的客人们：

今天，我们怀着无比激动、无比振奋的心情，在这里迎接给我们县师生捐赠救灾粮的××红十字会亲人。

今年 7 月以来，我国遭受了百年未遇的大旱灾，西南地区尤甚。7、8、9 三个月，炎阳连天，滴雨不下，池塘干涸，溪河断流，田地龟裂，禾苗枯死，真是赤地千里！虽经我们奋力抗灾，但自然灾害的肆虐，使 10 多万人饮水困难，30 多万亩田颗粒无收。我们县的中小学生，就有 1 万多名因受灾辍学，还有几万名同学靠教师和亲属的接济度日。然而，党和政府没有忘记我们，兄弟县市的乡亲没有忘记我们，省市领导多次亲临，视察灾情，组织救援，市县国家干部职工争相解囊，捐粮捐钱。今天，我们又接到了你们无私捐助的大批救灾粮食。“一方有难，八方支援”，团结互助，无私奉献，只有在今天优越的社会主义制度下，只有在我们伟大的社会主义中国才能办到！

谢谢你们，远方的亲人！我们全县中小学生、全县人民，一定从你们的援助中吸取力量，奋发图强，重建家园；努力学习，奋勇登攀，以崭新的成绩，来报答党和人民的关怀，报答你们的深情厚谊！

×××

2013 年 10 月 20 日

（来源：《应用写作》，有修改）

【例文二】

答谢词

尊敬的戴锦红先生，尊敬的盛世集团公司的朋友们：

首先，请允许我代表访问团全体成员对贵公司对我们的盛情接待表示衷心的感谢。

我们一行五人代表宝葫芦信息技术有限公司首次来贵地访问，此次来访时间虽短，但收获颇大。仅三天时间，我们对贵地的电子业有了比较全面的了解，与贵公司建立了友好的技术合作关系，并成功地洽谈了多级管电子技术合作事宜。这一切，都得益于主人的真诚合作和大力支持。对此，我们表示衷心的感谢。

档案信息化有着广阔的发展前景。贵公司拥有一支由网络专家、信息专家组成的庞大队伍，技术力量相当雄厚，在互联网时代的市场中一枝独秀。我们有幸与贵公司建立友好的技术合作关系，为我地电子业的发展提供了新的契机，必将推动我地的电子业迈上一个新台阶。

最后我代表宝葫芦信息技术有限公司再次向盛世集团公司表示感谢，并祝贵公司迅猛发展，再创奇迹。更希望彼此继续加强合作，共创明天。

【例文三】

在“法兰西文学艺术骑士勋章”授勋仪式上的答谢词

毕飞宇

感谢你总领事阿克塞尔·科瑞欧先生，是你授予了我这样一个激动人心的荣誉。此时此刻，我觉得你是天下最好的那个男人。

感谢你法国驻上海总领事馆；

感谢你法国驻华大使馆；

感谢你法国文化部；

感谢你法国。

说起感谢法国，我想我是诚挚的。早在1977年，在我还是一个13岁的少年的时候，我在垃圾堆上捡到了一本没有封面也没有封底的残书，我即刻就迷上了这本书。许多年之后我才知道，那是让·雅克·卢梭的《忏悔录》。这是我第一次阅读法国，也是我第一次阅读西方。《忏悔录》让我知道了一件事，那就是认识自己。这是困难的。直到现在我也不敢说我是一个认识了自己的人。——这是一个充满了荣誉感的过程，也是一个充满了羞愧感的过程，当然，这更是一个不可能完成的过程。

作为一个作家，我必须说，每一个人的知识谱系都极为复杂。但是我知道，法国文学和法国文化在我的知识谱系里占有相当重要的比例，从卢梭到勒克莱齐奥，从伏尔泰到图尔尼埃，谦虚一点说，我真的读过一些法国书。如果有人问我，你最热爱法国的什么？不是小说与诗歌，也不是绘画与建筑，更不是红酒与奶酪，是启蒙的精神，是那场由法兰西所开启的伟大的思想变革。

令我感到自豪的是，我不只是一个读者，我用我的写作回馈了法国。截至现在，我在法国出版了《青衣》《雨天的棉花糖》《玉米》《上海往事》《平原》《推拿》和《苏北少年堂吉诃德》。

这就要感谢尊敬的陈丰女士。我知道，因为职业的缘故，你每年要阅读数不清的中国小说，但是你告诉我，你从不相信别人对你说了什么，你只相信你读到了什么。感谢你的阅读，感谢你的努力，感谢你的宽容，更感谢你的苛刻。

有一个人我必须要格外地感谢，那就是法国出版家飞利浦·比基埃先生。十多年前，当我和飞利浦·比基埃第一次在南京见面的时候，他请我给他取一个中文名字。我想了想，“比基埃”是姓，依照汉语的发音，我很慷慨地让他姓了毕；“飞利浦”是名字，按我们中国人的习惯，我给他取名“飞浦”。陈丰说，“毕飞浦”？飞宇你好好地给自己弄一个大哥干啥？我还没有来得及后悔，飞利浦兴高采烈地说，这个名字好。在今天，我想用庄重的口吻对毕飞浦说，你不仅仅是我的兄弟，你也是许多中国作家的兄弟，感谢你为中国文学所做的一切。

我要感谢我的法语翻译克洛德巴彦先生、伊丽莎白女士、艾曼纽尔女士、米赫亚姆女士。

当然，有一个人是不可以被遗忘的，那就是今天没有到场的许钧先生，20年前，正是这位杰出的法国文学翻译家热情洋溢地把我的作品推荐给了陈丰。

感谢上海总领事馆的陈楠先生，感谢你这些天来的辛苦。

谢谢在坐的每一个人，我的家人、亲友团、我中国的出版社人民文学出版社和媒体的朋友们。谢谢年轻而又帅气的现场翻译毕雨桐先生。

各位朋友，我的手上没有剑，但是，有一支笔。我希望我手上的笔可以捍卫一个骑士的荣誉。

2017年8月21日于法国驻上海总领事官邸

（来源：兴化政府官网，http：//www.xinghua.gov.cn/art/2017/8/25/art_104_430736.html）

六、答谢词的写作训练

（一）邦尼化工有限公司前往惠达化工集团考察，受到了热情的接待并建立了相关合作，请你参照例文二《答谢词》，写一篇答谢词。

（二）邦尼化工有限公司总经理是本校化学系专业毕业生，为报答母校，设立了邦尼助学金，帮助那些家庭经济困难的同学，请你代表即将受到资助的同学，写一份答谢词，在助学金设立和发放活动现场使用。

第五节　祝词

一、祝词的内涵

祝词，也称祝辞，是行政机关、企事业单位、社会团体或个人在喜庆场合对某人或某项即将开始的工作、事业表示祝福的言辞或文章。

二、祝词的特点与种类

（一）祝词的特点

1. 气氛的喜庆性。祝词是在喜庆的场合，对祝贺对象的一种真诚的祈颂祝福，是良好心愿的表达，因此喜庆性是祝词的基本特点。在措辞用语上务必体现出一种喜悦、美好之情。

2. 体裁的多样性。祝词无须拘泥于某种文体，而可以根据祝贺对象的具体情况采用合适贴切的文章体裁。如既可以用一般的应用文体，也可以采用诗、词、对联等各种其他的文体样式。

（二）祝词的种类

根据不同的祝颂对象，祝词大体上分三种。

1. 事业祝词。这是常用的一种祝词，多用于祝贺会议开幕、工程竣工、剪彩、新年伊始，以及某社团、机构、报刊创办或节日、纪念日等。

2. 祝寿词。又称寿诞祝词，对象主要是老年人。祝词的主要内容，一是庆祝、祝愿某人幸福、健康、长寿；二是赞颂其品性、功德。

3. 祝酒词。祝酒，在现代社会已发展成为一种招待宾客的礼仪。客人初到，设宴洗尘，宴会伊始，主人和客人都要致祝酒词。结尾时一般都要提出为参加宴会及与之有关人员的健康、为与宴会有关的事业的发展干杯。

三、祝词的写作

祝词由标题、称呼、正文、结尾组成。

（一）标题

一般由致词人、致词场合和文种三个要素组成。如《××在××招待会上的祝词》，这是一个完整的标题，三者排列顺序可以有所变动，也可酌情简化。

（二）称呼

在称呼后加冒号。如："××先生："“×××经理先生：”“××董事长：”等。称呼要热情友好，可以加头衔或表示亲切、尊重的词语。

（三）正文

正文是祝词的主体部分，可以分层表述：

1. 致词者在什么情况下，代表谁，向出席者（贵宾、朋友、上层领导、经济伙伴等等）表示欢迎、感谢和问候。

2. 回顾过去，概括以往所取得的成就以及变化和发展。

3. 放眼全局，展望未来，联系当前所面临的光荣而艰巨的使命。

（四）结尾

结尾一般另起一行，写上表示祝愿的词语，后面加感叹号作结。

四、祝词的写作要求

（一）语言要充满热情、喜悦、鼓励、希望、褒扬之意，以使对方感到温暖和愉快，受到激励与鼓舞。

（二）祝词不应使用辩论、谴责批评等词句和语气。

（三）颂扬与祝贺要恰如其分，不要使用溢美之词，以免使对方感到不安，自己也难免谄媚之嫌。

五、祝词的写作例文

【例文一】

祝寿词

尊敬的各位来宾，各位亲朋好友：

春秋迭易，岁月轮回，当戊戌新春迈着轻盈的脚步向我们款款走来的时候，我们欢聚在这里，为程思维先生的母亲——我们尊敬的程老妈妈共祝八十大寿。

在这里，我首先代表所有老同学、所有亲朋好友向程妈妈送上最真诚、最温馨的祝福，祝程妈妈福如东海，寿比南山，健康如意，福乐绵绵，笑口常开，益寿延年！

从 1938 到 2018，风风雨雨八十年，程妈妈阅尽人间沧桑。她一生中积累的最大财富是她那勤劳善良的朴素品格，她那宽厚待人的处世之道，她那严爱有加的朴实家风。这一切，伴随她经历了坎坷的岁月，更伴随她迎来了今天晚年生活的幸福。

而最让程妈妈高兴的是，这笔宝贵的财富已经被她的爱子程思维先生所继承。多年来，他叱咤商海，以过人的胆识和诚信的品质获得了巨大成功。然而，他没有忘记父母长辈养育之恩，没有忘记父老乡亲提携之情，没有忘记同学朋友相助之意，为需要帮助的亲友慷慨解囊，为家乡建设贡献力量。可以说，他把孝心献给了母亲，把爱心献给了家乡，把关心献给了亲人，把诚心献给了朋友。为此，让我们共同响起热烈的掌声，为程思维先生送去无穷无尽的信心！

明代吴子孝有云："嘉宾旨酒，笑指青山来献寿。百岁平安，人共梅花老岁寒。"今天，这里满座高朋的笑声，老人家慈祥的面容，让寒冷的冬天有了春天般的温暖。

君颂南山是说南山春不老，我倾北海希如北海量尤深。最后还是让我们献上最衷心的祝愿，祝福老人家生活之树常绿，生命之水长流，寿诞快乐，春辉永绽！

祝福在座的所有来宾身体健康、工作顺利、合家欢乐、万事如意！

谢谢大家！

（来源：《应用写作》，有修改）

【例文二】

祝酒词

尊敬的各位领导、各位作家朋友们：

彩凤辞旧，金狗迎新。在这春暖花开的美好时节，为了共同商讨文学事业的繁荣和发展，我们齐聚紫荆园大酒店。我代表凤凰县委、县人大、县政府、县政协和全县各族人民，向前来我县采风的《西湖》文学作家团的各位领导、各位作家朋友表示最热烈的欢迎和衷心的感谢！凤凰美，西湖美，今天，全国最美的两个地方在这里相会了，这是文学之美，也是祖国之美。

现在，我提议：请大家高举手中的酒杯！为我们的友谊和合作，为各位来宾采风期间的幸福吉祥——干杯！

六、祝词的写作训练

（一）奶奶七十大寿，请代表亲朋好友为其撰写一篇祝寿词。

（二）邦尼化工有限公司举办年终宴会，公司全体领导、业务往来单位领导和公司全体员工出席宴会，请拟写一份祝酒词，用于公司总经理现场致辞。

第六节 贺信

一、贺信的内涵

贺信是以书信形式传达的贺词，是使用非常广泛的一类礼仪应用文。

二、贺信的特点与种类

（一）贺信的特点

1. 使用广泛。贺信与我们的日常生活和社会活动紧密关联，可以用于祝贺国家领导人任职和国家大事，用于各类组织和单位的重要活动、重要会议与重大成果，个人取得突出成绩、婚嫁、乔迁、祝寿等均可使用贺信。

2. 时间及时。得知对方获得成绩后应及时发出贺信以表示祝贺的诚意，务求时效。庆典、重要会议开幕，工程开工，祝贺寿辰等，应该提前几天或当天送达。如得到喜讯较晚，可在信中做出解释，以免对方误以为受到怠慢。

3. 针对性强。贺词是一种严肃的礼仪类应用文，贺信的撰写者要针对确需祝贺的具体事项，用于确需祝贺的时机和场合，不可捕风捉影，不可无喜而贺以免对方尴尬。

4. 用词恰当。贺信应该庄重正式，用词考究得体，感情饱满真挚。既要表达真诚的祝贺和喜悦之情，又不能简单陈述，就事说事。给个人发出的贺信要考虑对方身份、职务、个性、文化水平、双方的关系与亲密程度等情况。

（二）贺信的种类

1. 上级给下级的贺信。可以是节日祝贺；可以是对工作成绩表示祝贺等。这类贺词，最后都要提出希望和要求。

2. 下级给上级的贺信。这类贺词一般是对全局性的工作成绩表示的祝贺，此外还要表明下级对完成有关任务的信心和决心。

3. 平级单位之间的贺信。一般是就对方单位所取得的工作成就表示祝贺，同时还可以表明向对方学习的谦虚态度，以及保持和发展双方关系的良好愿望。

4. 国家之间的贺信。当有外交关系的国家新首脑就职或者友好国家有重大喜事时，一般要致贺词，这既是礼节上的需要，同时也是谋求双方共同发展、维护双方共同利益的方式。但为了表示隆重，很多时候国家之间会发贺电。

5. 个人之间的贺信。用于亲朋好友在重要节日、重大喜事中互相祝贺、慰勉、鼓励；或者祝贺某人在工作、学习中取得了好成绩，以分享快乐。

三、贺信的写作

贺信一般由标题、称谓、正文、结尾和落款五部分组成。

（一）标题

一般有三种形式：一是直接以文种名“贺信”做标题；二是由收信方名称和文种名组成，如《致中山大学的贺信》；三是由收发方名称、被祝贺事由及文种名组成，如《厦门大学致中山大学九十周年校庆的贺信》。

（二）称谓

顶格写明被祝贺单位或个人的名称或姓名。写给个人的，可在姓名后加上相应的礼仪名称如“同志”，具体称呼取决于双方的关系。称呼之后要用冒号。

（三）正文

贺信的正文要交代清楚以下几项内容：

第一，向收信者表达发出贺信的缘由，说明要祝贺的事由。

第二，表达热烈的祝贺和由衷的称赞，向对方取得的成绩表示敬意和欣赏。此处可以结合当前的形势，阐述对方取得成绩的大背景及影响，或者某个重要会议召开的历史条件。

第三，向对方表示热情的鼓励、殷切的希望或陈述双方的共同理想。若上级机关或领导给下级发出的贺信，除肯定成绩外还要提出希望；若双方同级，除表示祝贺外还应提出向对方学习的意愿；若下级单位给上级单位发贺信，应表示自己的决心和态度；若发给个人的贺信，应表达对对方的真诚祝福，概括说明对方都在哪些方面取得了成绩，分析其成功的主观、客观原因。贺寿的贺信，要概括说明对方的贡献及他的宝贵品质。总之，这一部分是贺信的中心部分，一定要交待清楚祝贺的原因。

（四）结尾

通常以祝福语结尾，写上祝愿的话。如“祝大会取得圆满成功”“祝取得更大的胜利”“祝您健康长寿”等。

四、贺信的写作要求

（一）感情饱满。贺信要体现的是自己真诚的祝福，是加强彼此联系、增强双方交流的重要手段，所以要写的感情饱满充沛，冷冰冰的陈述、评价是表达不出道贺者心愿的。

（二）内容真实。贺信写作的时候内容要真实，评价成绩要恰如其分，表示决心要切实可行，不可空发议论，空喊口号。

（三）语言精炼。贺信是表示祝贺的文字，一定要语言简洁明快，篇幅短小精悍，不堆砌华丽词藻。

五、贺信的写作例文

【例文一】

江西省人民政府驻江苏办事处贺信

江西省江苏商会：

欣悉贵会正式成立，在商会成立大会即将召开之际，我们江西省人民政府驻江苏办事处，谨向“江西省江苏商会”的成立表示最热烈的祝贺。

赣苏两省同饮一江水，地缘相连、人缘相亲，交往历史悠久。长期以来，在江西的江苏籍各界人士为赣苏两省的经济和社会发展做出了巨大的贡献，我们衷心希望商会的成立，为促进两省之间的联系、交流、沟通和合作，为推动两省经济和社会的快速、持续、协调发展做出新的更大贡献。

祝大会圆满成功，商会蒸蒸日上，事业兴旺发达！

江西省人民政府驻江苏办事处

二〇〇四年十一月二十三日

（来源：《应用写作》）

【例文二】

贺　信

强华：

今天听到你被中山大学医学院录取的消息，真为你感到高兴，首先向你表达我由衷的祝贺！

回想过去的三年，我清楚地知道，你为这一天付出了巨大的努力，你每天都比我们更早到学校，晚自习不管其他同学在闲聊还是发呆，你总是埋头书本当中，对我们的热闹“充耳不闻”。一份耕耘，一份收获，你考取了自己喜欢的学校，选择了自己喜欢的专业，即将到自己喜爱的城市，兄弟，祝贺你，你真棒！

一转眼，你就要去大学里开始新的生活了，那里有你的憧憬，有我们的憧憬，你一定要珍惜大学生活啊，为了你，也为了我们。

说真的，给你写这封信的时候，我的心情是非常矛盾的，既为你感到高兴，也为自己感到惭愧。正如你一直批评的那样，我不够努力，高考的舞台上我落败了。好在我已经“幡然悔悟”，你的录取通知书给了我巨大的动力，给了我重新来过的勇气，所以当你欢欣鼓舞准备远行的时候，我已经将高中三年的课本都找出来，重新放在了我的书桌上，我要和它们熟悉起来，像你一样熟悉它们，做它们的朋友。我会告别网吧，告别手机游戏，我要把荒废的三年补回来！请你一定监督我，鼓励我！

兄弟，我真为你感到高兴，再次表达我发自肺腑的祝贺。在广州等我吧！

你的兄弟：阮栋获

2017 年 8 月 15 日

【例文三】

习近平致首届“南南人权论坛”的贺信

今天，来自世界多个国家和地区的代表相聚北京，出席首届“南南人权论坛”，共商发展中国家和世界人权事业发展大计。我谨对本次论坛的举办表示热烈的祝贺！

人人充分享有人权，是人类社会的伟大梦想。近代以来，发展中国家人民为争取民族解放和国家独立，获得自由和平等，享有尊严和幸福，实现和平与发展，进行了长期斗争和努力，为世界人权事业发展作出了重大贡献。

中国共产党和中国政府坚持以人民为中心的发展思想，始终把人民利益摆在至高无上的地位，把人民对美好生活的向往作为奋斗目标，不断提高尊重与保障中国人民各项基本权利的水平。前不久召开的中国共产党第十九次全国代表大会描绘了中国发展的宏伟蓝图，必将有力推动中国人权事业发展，为人类进步事业做出新的更大的贡献。

当今世界，发展中国家人口占80%以上，全球人权事业发展离不开广大发展中国家共同努力。人权事业必须也只能按照各国国情和人民需求加以推进。发展中国家应该坚持人权的普遍性和特殊性相结合的原则，不断提高人权保障水平。国际社会应该本着公正、公平、开放、包容的精神，尊重并反映发展中国家人民的意愿。中国人民愿与包括广大发展中国家在内的世界各国人民同心协力，以合作促发展，以发展促人权，共同构建人类命运共同体。

本次论坛以“构建人类命运共同体：南南人权发展的新机遇”为主题，顺应世界潮流，契合发展要求。希望各位代表和各位嘉宾深入探讨交流，为促进发展中国家人民享有更加充分的人权、实现全人类共同繁荣发展贡献真知灼见。

预祝论坛取得圆满成功！

中华人民共和国主席　习近平

2017年12月7日

（来源：新华网）

六、贺信的写作训练

（一）贺词和祝词有什么不同？

（二）公司里的同事喜得千金，你和几个同事一起看望她，并要带去部门经理的贺信一封，请参照升学贺信的写法，代表经理拟写一封贺信。

第七节　贺电

一、贺电的内涵

贺电是以电报形式传达的贺词，可以是对取得显著成绩、做出卓越贡献的集体或个人表示祝贺；对重大喜事表示祝贺；对重要人物的寿辰表示祝贺。

贺电多以政府部门、企事业单位或首脑人物、代表人物名义发给有关单位、集体、个人的。贺电可以直接发给对方，也可以通过登报或广播发布。

二、贺电的特点与种类

（一）贺电的特点

1. 感情充沛。贺电往往用于重大喜事、重大成果、重要人物，因此要感情饱满真挚，表达出热烈的祝贺之情。

2. 文字明快。贺电的文字要简洁明快，不能拖泥带水。

3. 时间及时。贺电应在对方获得成绩后第一时间发出，务求时效，以表达敬贺的诚意。

4. 篇幅短小。贺电篇幅宜短不宜长，甚至有时只有一两句话，祝贺的意思表达清楚即可。

（二）贺电的种类

贺电多用于平级之间。根据发送与接受对象的不同，可分为以下几类：

1. 国家之间的贺电：当有外交关系的国家新首脑就职或者友好国家有重大喜事时，出于礼节上的需要，同时也是谋求双方共同发展、维护双方共同利益的方式，往往发贺电。

2. 组织之间的贺电：组织之间用于对重大喜事或重要成绩取得的祝贺，有时也发贺电。

2. 个人之间的贺电：这里是指首脑人物、代表人物之间重大事项、重要成绩的庆贺用贺电，个人之间在日常生活领域的祝贺一般用贺信。

三、贺电的写作

贺电是一种表示庆贺的公关礼仪电报，同贺信具有相同的功能。随着通讯的发达，以电报形式发送贺词越来越少，但人们习惯地将为一些重大事件而发送的贺信形式的文体仍称为贺电。受到电报形式的约束，传统的贺电同贺信主要在写作格式上要求有所不同。

（一）电报的格式

传统电报的结构由收报人住址姓名、收报地点、电报内容、附项四部分构成。拍发礼仪电报，要用电信局印制的礼仪电报纸按栏、按格写。

1. 收报人住址姓名。先写收报方住址，再写单位名称或个人姓名。

2. 贺电内容。向对方喜庆的事情表达祝贺。

3. 发报方姓名。写发报人地址姓名或发报单位名称。发报日期在电报中反映，电文中可省略。

4. 附项。包括发报人签名或盖章、住址、电话。

（二）贺电的格式

贺电一般由标题、称谓、正文、结尾和落款五部分组成。

1. 标题。第一行居中写上“贺电”两字，也可以在标题写明贺电的发送与接收单位以及被祝贺的事由。

2. 称谓。即对致电接受者的称呼。顶格写接受贺电的单位或个人的称谓。

3. 正文。正文写贺电的具体内容，紧接称呼之后，另起一行。

这部分大致包括以下内容：

第一，简略交代当时的背景或其他有关情况，为颂扬成绩做铺垫。

第二，充分肯定和热情赞扬对方所取得的主要成绩，以及取得成就的根本原因和重大意义，并做出肯定性评价。

祝贺会议的贺电，应概括写出会议的主要内容和重要性。祝贺寿辰的贺电，应精炼地说明被祝贺者的突出贡献和高贵品质，表示热烈的祝贺和赞扬。

4. 结尾。表示殷切的希望、热情的祝愿等。

5. 落款。在正文的右下方写明发电的单位、发电人姓名。署名下方写明发电日期。

四、贺电的写作要求

（一）文字精简明白：在表达清楚祝贺之意的前提下，电文越简短越好。

（二）书写规范正规：贺电要严格按照规范按格填写，做到要素齐全。

（三）贺电发送及时：贺电应该在得到喜讯后及时发出。

五、贺电的写作例文

【例文一】

电贺邦尼化工有限公司成立20周年

邦尼化工有限公司：

值贵公司成立20周年之际，谨致热烈祝贺。祝贵公司繁荣昌盛。愿贵我双方通过真诚合作，为中国化工业发展起到更积极的作用。

惠达化工集团

2011年3月18日

【例文二】

贺　电

中国体育代表团：

在举世瞩目的第31届奥林匹克运动会上，我国体育健儿肩负祖国和人民期望，顽强拼搏，奋勇争先，取得26枚金牌、18枚银牌、26枚铜牌的优异成绩，展现了追求卓越的意志品质和昂扬向上的精神风貌，为祖国人民赢得了荣誉。党中央、国务院向你们表示热烈的祝贺和亲切的慰问！

在里约奥运赛场上，我国体育健儿大力弘扬奥林匹克精神和中华体育精神，同世界各国各地区运动员相互学习、相互交流，增进了友谊和了解。

你们尊重对手、尊重裁判、尊重观众、尊重规则，表现出精湛的运动技艺和优良的竞赛作风，向世界展现了当代中国的正能量和当代中国人民的精神风貌。

你们的优异成绩和奋发表现，激发了全国各族人民和海外华侨华人的爱国热情，振奋了民族精神，凝聚了奋进力量。

伟大的事业需要伟大的中国精神，伟大的征程需要伟大的中国力量。希望你们继续发扬我国体育界的光荣传统，再接再厉，总结经验，克服不足，努力争取更加优异的成绩，进一步激发广大人民群众支持和参与体育运动的热情，带动群众体育普及开展，促进全民健身和全民健康深度融合，积极推进健康中国建设，让广大人民群众共享体育运动带来的健康和快乐。

全党全国各族人民要学习和弘扬我国体育健儿在奥运赛场上表现出来的团结一心、顽强拼搏精神，努力在各自岗位上不断追求卓越、追求超越，万众一心实现“两个一百年”奋斗目标、实现中华民族伟大复兴的中国梦。

中共中央　国务院

2016 年 8 月 22 日

六、贺电的写作训练

（一）贺信和贺电的区别是什么？

（二）清华大学一百周年校庆之际，请代表所在学校拟写一份贺电。

第八节　邀请信

一、邀请信的内涵

邀请信又称为邀请函、邀请书，是邀请单位或个人参加庆典联谊活动时所使用的一种专用文书，是请柬的一种类型，其内容比一般请帖复杂。

二、邀请信的特点与种类

（一）邀请信的特点

1. 明确的指向性。邀请的对象十分确定，不能含糊不清。
2. 单向的传递性。邀请者向被邀者一方传递，而不是双向传递。
3. 语言的亲和性。邀请书的用语亲切友善，礼貌亲和。
4. 内容的单一性。邀请书的内容比较单一，针对具体的事项，一事一邀。

（二）邀请信的种类

根据邀请者和邀请对象的不同，邀请信可以分为几种：

1. 个人对组织的邀请。
2. 个人对个人的邀请。
3. 组织对组织的邀请。
4. 组织对个人的邀请。

三、邀请信的写作

邀请信一般由标题（个人邀请信一般没有）、称谓、正文、敬语、落款几个部分构成。

（一）标题

根据需要，在第一行居中书写标题“邀请信”。有时标题也可以由活动名称和文种名称组成。

（二）称谓

顶格写，后加冒号。如果是公开发出的邀请，没有明确的收文者，可以不写称谓。

（三）正文

这是邀请信的主体部分，一般可以分成几段来写。

第一，正文的开头，先向被邀请人简单问候。

第二，交代时间、地点和活动内容、邀请原因等。

第三，交代参加活动的细节安排以及被邀请人应做的相关准备。

（四）结语

通常应以“敬请莅临”“致以敬意”等敬语作为结束语。

（五）落款

由组织发出的邀请信要署上发文单位的名称、日期，加盖公章以示郑重。根据需要附上联系人、电话、地址、邮箱等。由个人发出的邀请信要署上个人姓名和日期。

四、邀请信的写作要求

（一）态度诚恳。邀请信的主要内容类似于通知，但是又有几分商量的意思，它不能是行政命令式的态度，措辞讲究礼貌，用语热情、诚恳、明白、得体，用热情而诚恳的态度，给受邀者轻松、亲切的感觉。

（二）事项详尽。邀请函是被邀请人进行必要准备的一个依据，所以各种事宜一定要在邀请信上显示出来，使邀请对象有备而来，减少庆典主办方意想不到的麻烦。

（三）时间充裕。要根据被邀请者与活动举办地点距离的远近，在留有充足时间的前提下发出邀请信，这样可以使得被邀请者有统筹安排和准备的时间。

五、邀请信的写作例文

【例文一】

招标邀请信

×××（单位名称）：

萝岗新区绿化工程是我市 2017 年度市政工程计划安排的项目，经请示同意采取招标的方法进行发包。

你单位多年来从事城市绿化工程建设，任务完成得很好，我处深表赞赏，故特邀请贵单位参加施工投标。

随函邮寄“萝岗新区绿化工程施工招标启事”1 份。接函后，如同意，望于 2016 年

11 月 5 日上午 9 时到市政府办公大楼（淮河路 100 号）领取“投标文件”（包括施工方案设计），并请按规定日期参加项目投标。

招标单位：广州市政府公共资源交易中心
地址：办公大楼 1208 室招标办
联系人：×××
电话：×××××××

2016 年 10 月 15 日

【例文二】

邀请信

________小姐/先生：

仰首是春、俯首成秋，转眼之际，邦尼化工有限公司迎来了她的第二十个新年。久久联合、岁岁相长，我们深知在发展的道路上离不开您的合作与支持，我们取得的成绩中有您的辛勤工作。作为一家成熟专业的化工公司，我们珍惜您的选择，我们愿意与您一起分享对新年的喜悦与期盼。诚邀您参加我司举办的新年酒会，与您共话友情、展望将来。如蒙应允、不胜欣喜。

地点：××市××酒店

时间：2016 年 12 月 29 日，17 时恭候，18 时入席。

备注：期间抽奖，请随赐名片

邦尼化工有限公司
2016 年 12 月 1 日

六、邀请信的写作训练

（一）邀请信的写作要注意什么？

（二）邦尼化工有限公司将要在下月召开一个面向全国的手机用油漆新产品发布会，发布会为期三天，住宿和餐饮全包，机场接送，入住星河湾酒店。请你拟写一份邀请信，对象为全国所有一级经销商、国内品牌手机生产企业和国际品牌手机大型代加工企业。

第九节　感谢信

一、感谢信的内涵

感谢信是受到集体或个人的某种恩惠，如受到邀请、接待、慰问，收到礼品及得到帮助之后，表达感谢之情的礼仪书信。

二、感谢信的特点与种类

（一）感谢信的特点

1. 对象确定。感谢的对象具体明确，该是什么单位就是什么单位，该是什么人就是什么人。

2. 事实具体。感谢信要将对方所提供的帮助、支持和鼓励等具体事实写清楚，通过摆事实，自然而然地反映出对方的崇高品质和思想境界。

3. 感情鲜明。感谢信有突出的感情色彩，除赞美、表扬外，应抒发写信人由衷的感谢之情。

（二）感谢信的种类

感谢信依据不同的内容可以有不同的分法。

1. 从感谢的对象来分：

（1）给集体的感谢信。这类感谢信，一般是由于个人在困难时受到了集体的帮助，使自己度过了难关，走出了困境，所以要用感谢信的方式表达自己的感激之情。

（2）给个人的感谢信。这类感谢信，是个人或单位集体为了感谢某个人曾给予的帮助、照顾而写的。

2. 从感谢信的存在形式来分：

（1）公开张贴的感谢信。这种感谢信通过报纸、电台、电视台和网络等媒体获得了公开发表，总之是一种公开的感谢信。

（2）寄往单位或个人的感谢信。这种感谢信直接寄给或送给单位和个人。寄送给单位的感谢信，也常常被张贴出来，以弘扬真善美，营造和谐社会环境。

三、感谢信的写作

感谢信通常由标题、称谓、正文、结尾和落款五部分构成。

（一）标题

感谢信的标题写法通常有几种形式：单独由文种名称组成，即《感谢信》；由感谢对象和文种名称共同组成，如《致蓓蕾剧院的感谢信》；由感谢双方和文种名称组成，如《五山街道致蓓蕾剧院的感谢信》。

（二）称谓

写在开头顶格处，要求写明被感谢的机关、单位、团体或个人的名称或姓名，然后加上冒号。写给个人的要在姓名后面加礼仪名称如“同志”“先生”“女士”，如是长辈、领导等，可在姓名前加“敬爱的”“尊敬的”，姓名后加上相应的职务以示尊敬。

（三）正文

正文要求写上感谢的内容和感谢的心情。一般分段写出以下两个方面：

1. 感谢事由。精炼地叙述事情的前因后果，叙述对方的好品德，好作风。叙述时务必交代清楚人物、事件、时间、地点、原因和结果，尤其重点叙述关键时刻对方的关心和支持。

2. 揭示意义。在叙事的基础上，指出对方的关心、支持和帮助对整个事情成功的重要性以及体现出的可贵精神，同时表示向对方学习的态度和决心。

（四）结尾

结尾要写上体现敬意、表达感谢的话。如“此致，敬礼”“致以诚挚的敬意”等。

（五）落款

感谢信的落款署上发文单位名称或发文者的姓名，并且署上成文日期。

四、感谢信的写作要求

（一）感谢信的正文务必写清得到了哪些帮助，这些帮助又产生了哪些效果。叙述事件时，要准确无误地叙述时间、地点以及其他详细情况。

（二）感谢信以感谢为主。感谢应真诚、朴素，表达谢意时要符合实际，说到做到。要照顾到感谢对象的身份、年龄、性别、学历修养等情况，以使自己的感谢可以恰到好处，切实可行。

（三）感谢信在语言上要求精炼、简洁，遣词造句要把握好度，不可过分雕饰、华丽多彩，否则会给人一种不实的虚伪之感。在篇幅上不可太长。

五、感谢信的写作例文

【例文一】

感谢信

支援四川抗震救灾和灾后恢复重建的广大救援与援建人员、志愿者和社会各界人士，港澳台同胞、海外华人华侨及国际友人：

2008年5月12日14时28分，汶川特大地震突如其来，地裂山崩，路断河改，数万鲜活生命顷刻消逝，无数美丽家园瞬间毁灭。365个日夜过去，我们沉痛悼念在地震中不幸罹难的同胞，深切缅怀在救灾中英勇献身的烈士！

一年安危与共，一年风雨同舟。地震发生后，党中央、国务院举全国之力组织救灾，解放军指战员、武警官兵、民兵预备役人员和公安民警冲锋在前，医疗人员、专业技术人员和新闻工作者奋战一线，广大援建人员、志愿者和社会各界人士倾情奉献，港澳台同胞、海外华人华侨和国际友人真诚援助，凝聚成万众一心、众志成城，不畏艰险、百折不挠，以人为本、尊重科学的伟大抗震救灾精神。我们永远铭记，在抢险救援的危急关头，你们与灾区人民血脉共搏，千里驰援、生死营救，创造了战天斗地的奇迹，谱写了感天动地的壮歌；我们永远铭记，在恢复重建的艰难时期，你们与灾区人民心手相连，无私无畏、超常付出，全力以赴救灾区所急，千方百计解灾区所难。无疆之爱昭示了大真大善大美，倾力之援展现了坚定坚强坚韧。抗震救灾斗争取得的重大胜利使我们更加深切地感受到：祖国大家庭最温暖，人民子弟兵最可爱，赤子之心最可贵，匹夫之责最可敬。在此，我们谨代表地震灾区及全川 8800 万人民，对一年来你们给予的真诚关心和宝贵支持表示最诚挚的感谢，并致以最崇高的敬意！

承关爱自奋起，历磨难志愈坚。在中央的亲切关怀和社会各界的大力支持下，我们自立自强自救。在抢险救援阶段，从废墟中救出生还者 8 万多人，收治伤病员 400 多万人次。在安置群众阶段，震后第一时间对近 1200 万群众进行了紧急安置，北京奥运会开幕前按“就地、就近、分散”原则解决了 450 万户住所问题，震后第一个冬季确保了安全过冬温暖过年，实现了受灾群众“安居、安定、安全、安稳、安心”。在恢复重建阶段，切实加大力度、加快进度，已开工建设重建项目 19702 个、完成投资 3370.5 亿元，已开工农村、城镇永久性住房重建分别占总数的 99% 和 45.2%，已开工建设学校、医院分别占总数的 76.9% 和 51.6%。全省经济社会发展逐步走出特大地震和国际金融危机的不利影响。遭遇特大地震，四川人民没有垮，抑制悲痛、隐忍哀思，从废墟中挺立、在危难中崛起；遭遇特大地震，四川没有垮，浴火重生、负重前行，正加快建设灾后美好新家园、加快建设西部经济发展高地。

一周年是重建家园的重要节点，更是加快发展的崭新起点。我们将继续弘扬伟大抗震救灾精神，坚持实事求是和群众满意，突出民生优先和科学统筹，攻坚克难，爬坡上行，力争灾后恢复重建三年目标任务两年基本完成，到 2010 年 9 月基本实现“家家有房住、户户有就业、人人有保障、设施有提高、经济有发展、生态有改善”，灾区基本生活条件和经济社会发展水平总体达到或超过灾前水平，向历史和人民交出一份合格答卷。

灾后四川依然美丽，今日天府处处生机。我们坚信，有党中央、国务院的坚强领导，有亿万同胞和国际友人的巨大关怀，更加美好的四川一定会展现在世界面前！

中共四川省委

四川省人民政府

2009 年 5 月 12 日

（来源：四川日报）

【例文二】

感谢信

广雅中学：

3 月 24 日中午，我在广雅中学接孩子时，不慎将钱包丢失。贵校高二六班的刘丽琳同学捡到了我的钱包，她顾不上回家吃饭，将钱包交给保安人员并配合片区民警寻找失主，几经周折后，民警把钱包送回到我家。我当时正在家里六神无主，钱包里有一千多元的现金，还有我的身份证、驾驶证和银行卡以及一些重要的业务票据，不说现金，卡证和票据对我十分重要，能补办的都非常麻烦，有些根本无法补办。失而复得的钱，失而复得的各类证件、票据，给我带来了巨大的惊喜。我为刘丽琳同学这种拾金不昧、舍己利人的高尚品质深深感动，在提倡和谐社会的今天，这种行为更是应该大力提倡和鼓励的。

感谢广雅中学的校领导、老师以及孩子的家长培养、教育出这么优秀的孩子，更感谢刘丽琳同学并祝她学习进步。

失主：李浩波

2017 年 4 月 1 日

【例文三】

感谢信

驻爱尔兰大使馆：

应爱尔兰社会保障部邀请，我办胡可明副主任于 2017 年 3 月 22 日至 23 日率团访爱，访问取得圆满成功。

使馆对此访高度重视，岳晓勇大使亲自协调安排并参加了相关重要活动，杨华参赞、薛河参赞、潘雄文主任及使馆其他有关同志为代表团顺利出访做了大量卓有成效的工作，特此去函表示诚挚感谢。

祝使馆各位领导和同志工作顺利，身体健康！

国务院法制办公室

2017 年 4 月 10 日

（来源：中华人民共和国驻爱尔兰大使馆官网，http：//www. fmprc. gov. cn/ce/ceie/chn/）

六、感谢信的写作训练

（一）分析例文二和例文三是否符合感谢信的写作规范。

（二）李子翔同学因白血病入院很长时间，耗资巨大，整个家庭经济十分困难，已经无钱继续维持他的治疗，他所在的经管学院发动师生为其捐款，共募得善款 14 万元，请代李子翔的父母写一封感谢信，感谢对象为经管学院师生。

第十节　讣告

一、讣告的内涵

讣告是告知某人去世消息的一种丧葬应用文体。它是死者所属单位组织的治丧委员会或者家属向其亲友、同事、社会公众报告某人去世的消息。

二、讣告的特点与种类

（一）讣告的特点

讣告通常附有逝者的传记，内容包括逝者的姓名、年龄、生卒日期、治丧事宜、举殡时间和地点、丧葬方式、家属或治丧委员会名单、联络方式等。

（二）讣告的种类

1. 一般式讣告。是指一种最常见的讣告种类，多用于民间大众场合。

2. 公告式、宣告式讣告。这是我国最高规格的讣告形式，一般用于党和国家领导人降以及国内的重要人物或影响大的人物。它是由党和国家机关、团体发出的。

3. 新闻报道式讣告。这种讣告作为一则消息传出，传播范围更广，通过新闻媒体告谕社会。

三、讣告的写作

讣告一般由标题、正文、落款三部分组成。

（一）标题

一般式讣告和新闻式讣告在第一行正中写“讣告”二字，或在讣告前加上逝者的姓名或称呼。公告式讣告需要标明发布讣告的组织。

（二）正文

另起一行写正文，需写明逝者姓名、身份、职务、逝世原因、时间、地点、终年岁数，并对逝者生平作简单介绍，最后通知追悼会的时间、地点等相关事宜。

（三）落款

讣告发布的个人姓名、单位名称及其发布时间。

四、讣告的写作要求

（一）语言准确简练、庄严肃穆。

（二）对逝者的情况介绍需准确无误，评价界定需客观公正，情感表达需真挚沉重，死亡时间一般精确到小时乃至分钟。

（三）讣告应按传统习惯的白纸黑字书写，书写工整清晰。

五、讣告的写作例文

【例文一】

讣　告

著名学者，中国现代文学研究会原会长、北京师范大学文学院教授、汕头大学文学院终身教授王富仁先生因病于2017年5月2日晚七时在北京逝世，享年七十六岁。

王富仁教授1941年生，山东高唐县人。中共党员。1967年毕业于山东大学外文系，毕业后在山东聊城四中任教多年。1973年开始发表作品。1977年考取西北大学中文系现代文学专业硕士研究生，1981年毕业，获文学硕士学位；1982年考取北京师范大学中文系现代文学专业博士研究生，1984年毕业，获文学博士学位，是新中国培养的第一位文学博士。王富仁教授毕业后留校任教。1989年晋升教授，1992年被聘为博士生导师。2002年前往北京师范大学珠海校区中文系任教，2003年受聘为汕头大学文学院终身教授，2008至2014年任四川大学兼职教授、博士生导师。

1980年代，王富仁教授以“中国反封建思想革命”的全新视角阐释鲁迅小说，这是中国鲁迅研究史上里程碑式的成果，也是新时期中国文坛思想启蒙的重要标志。此后，他又致力于中国现代思想文化研究、中国左翼文学研究，近年更鼎力倡导“新国学”理念，皆成就斐然，在学术界产生了重要的影响。他的去世，是当代中国学界的重大损失，更是北京师范大学与汕头大学的重大损失。

王富仁教授的遗体告别仪式于2017年5月7日上午在北京八宝山殡仪馆举行，具体时间另行通知。

王富仁教授千古！

治丧委员会电子信箱：bnuwxy@ bnu. edu. cn

治丧委员会联系电话：58805592　58807785　58808277

王富仁先生治丧委员会

二〇一七年五月三日

（来源：王富仁先生治丧委员会）

【例文二】

讣告

爱妻何小慧，原深圳市福田区华富街道党工委委员、街道办事处副主任（调研员），因病医治无效，于2016年9月11日18时15分于深圳市福田医院逝世，享年63岁。现定于2016年9月23日（农历八月二十三）上午10时01分在深圳市殡仪馆1号厅举行遗体告别仪式，届时敬请爱妻生前亲朋好友相互转告。

夫张小平携儿子、儿媳、孙　哀告

联系人：何先生　电话：18926759763

2016年9月21日

（来源：深圳特区报）

六、讣告的写作训练

2017 年 12 月 14 日，著名诗人余光中先生逝世，请根据你掌握的资料，以余光中治丧委员会的名义，发布讣告。

第十一节　悼词

一、悼词的内涵

悼词是指向逝者表示哀悼、缅怀与敬意的悼念性文章。广义的悼词是指向逝者表示哀悼、缅怀与敬意的一切形式的悼念性文章；狭义的悼词是指追悼大会上对逝者表示敬意与哀思的宣读式的专用哀悼的文体。

二、悼词的特点与种类

（一）悼词的特点

1. 总结逝者生平业绩，肯定逝者的社会贡献和价值。

2. 内容积极向上，情感基调昂扬健康。既是对逝者的追悼，也是对生者的鼓励。

3. 表现形式和表现手法多样。悼词既可以写成记叙文或议论文，又可以写成优秀的散文作品；既能以叙事为主，也能以议论为主，还可以抒情为主。同时既有供宣读的形式，又有书面形式。充分肯定死者对社会的贡献，真诚表达生者对死者的悼念和敬意，以质朴无华的语言和多种多样的形式体现化悲痛为力量的积极内容。

（二）悼词的种类

1. 记叙类悼词

记叙类悼词以记叙死者的生平业绩为主，并适当地结合抒情或议论。这是现代悼词最常见的类型。朴实的记叙文体，字里行间却充满对死者的哀悼和怀念之情。宣读体悼词和书面体悼词均可以采用这种形式。如朱自清《哀韦杰三君》。

2. 议论类悼词

以议论为主，抒情、叙事为辅的悼词。这类悼词重在评价死者对社会的贡献，议论类悼词能够和现实生活紧密结合，是社会意义较强的一种哀悼文体。如恩格斯《在马克思墓前的讲话》。

3. 抒情类悼词

这类悼词以抒发对死者的悼念之情为主，并适当地结合叙事或议论。抒情类悼词经常以抒情散文的形式出现，文学色彩浓厚，能在情感上打动人。它与一般抒情散文的不同在于悼词的情感不同于普通的情感。它崇高而真挚，质朴而自然。如郭沫若《罗曼·罗兰悼辞》。

三、悼词的写作

格式也较为固定，一般由标题、正文和结语三部分构成。

（一）标题

第一行正中写明“悼词”或“在×××同志追悼大会上的悼词”等。

（二）正文

正文是悼词的基本内容，包括开头、主体和结尾三个部分。

1. 开头。以沉痛的语气写明逝世者的姓名、职务（职称或称呼）以及荣誉称号等，以示尊崇。然后简述逝世者逝世时间、地点、原因及终年岁数等。

2. 主体。介绍逝世者的出生、籍贯、简历及生平业绩。介绍时应突出逝世者对人民、对社会的贡献，充分肯定其社会意义和社会价值，还应根据其主要业绩进行评价和赞颂。写作上可采用概括介绍与具体叙述相结合的方式。

3. 结尾。主要表示生者对逝世者的悼念及化悲痛为力量的决心。基调要积极，语言要有力。

（三）结语

最后，另起一段写“×××同志永垂不朽”或“×××同志千古”“×××同志安息吧”等语。

四、悼词的写作要求

（一）悼词中对逝世者的评价要客观公允、恰如其分。评语要仔细斟酌，反复推敲。最好事先取得家属和有关领导的同意。

（二）悼词必须庄重、严肃、悲切，既要表达对逝世者的哀思和怀念，又要给人以慰藉和激励。

（三）悼词一般不写逝世者生前的缺点错误。

五、悼词的写作例文

【例文一】

活的五四精魂

——悼王富仁先生

北京师范大学文学院王富仁先生治丧委员会：

惊悉王富仁先生逝世，中国传媒大学文法学部全体同仁十分悲痛。先生乃新时期以来学界标志性人物，开一代风气之先，引领20世纪80年代的启蒙思潮，他将其一生奉献给以鲁迅为核心的中国现当代文学研究，致力于中国当代的思想启蒙。先生人格高洁，思想阔大高深，生性随和又遗世独立，一生传播与弘扬鲁迅精神与五四遗产，是实践与学问结合的典范，是活的五四精魂。呜呼哀哉，先生仙逝，日月失色，其独立之意志，自由之品格，与天地同久，共三光而永光。

愿先生安息。

中国传媒大学文法学部

2017 年 5 月 4 日

（来源：公众号“CUC 文法家园”）

【例文二】

悼　词

王富仁教授治丧委员会：

惊悉王富仁教授去世，不胜悲恸！王富仁教授于中国现当代文学，于鲁迅研究，成果丰赡，学界仰止，且人格、学品皆学林并颂！与学界同侪，亦师亦友。谨向王富仁教授治丧委员会致哀悼意，并请向王教授家属慰问，望节哀顺变。

中国传媒大学研究生院

2017 年 5 月 4 日

（来源：公众号“CUC 文法家园”）

【例文三】

悼念刘母郭昌明先生

郭昌明先生，1917 年 2 月 12 日（丁巳正月二十）生于湖北省沔阳县彭家场镇一个积善之家。父亲是江汉一带名医，以“保寿福”药铺悬壶济世；母亲是大家闺秀，常以娘家亲友多辛亥志士为荣。昌明先生为家中长女，得“昌明”为名字，父母期望她女儿家要有大丈夫浩然之气。昌明先生以知识女性嫁入平民之家，以聪慧相夫，振兴刘氏家业声名远播；以嫂娘护幼，拉扯夫家弟妹长大成人；以恩威教子，端正家风，子孙恭良；以勤俭持家，富贵不忘根本，灾荒安然无恙；以旷达处世，友善接物，慈爱待人，不卑不亢，无怨无悔。

昌明先生一生历经乱世，每每处变不惊。兵荒马乱，家中不乱；饥荒连年，孩子不饿；丈夫身陷囹圄，尊严守家不失志；举家流放村野，儿女读书有明灯。有如是，终能守得拨云见日，迎来延年益寿，四世同堂，子孙绕膝，万事无忧，颐养天年。

昌明先生于 2016 年 10 月 10 日（丙申年九月初十）清晨 5 点 55 分，在广州安然离世。此时此刻，她刚刚度过了她一生第 100 个九九重阳节。她老人家走得安详，没有任何痛苦；走得安心，没有任何遗憾憾；走得安稳，没有任何烦扰。她似乎精心选择了这个吉祥的日子，驾鹤西飞，随彩云直上九天云霄；笑傲冥河，去与丈夫少坪先生相会九泉。

昌明先生就这样喜乐地走了，带着她的子子孙孙永远的怀念，带着她一生帮助过、教诲过的人们永远的感激，去到了她向往的幸福天堂，让我们为她祝福：郭昌明先生安息！

（来源：亲属刘建华供稿）

六、悼词的写作训练

2017 年 12 月 14 日，著名诗人余光中先生逝世，请根据你掌握资料，撰写一份悼词，用于发送给余光中治丧委员会。

第六章 求职应用文

□学习目标与要求

1. 掌握各种求职应用文的内涵、特点和分类。

2. 熟悉各文种的写法和写作要求。

3. 能联系实际需求，选用适当文种进行写作，具备撰写求职应用文的能力。

4. 重点掌握求职信、简历、申论的写作要领，结合自己求职需求，撰写求职信、制作简历。

第一节 求职信

一、求职信的内涵

求职信又称求职书、自荐信，是求职者针对用人单位来介绍、推荐自己，以达到求职目的一种专用书信。不少单位在招聘人才过程中，都要求求职者先邮寄或递交求职材料，其中附在材料前面的求职信，更是用人单位了解求职者情况、筛选候选人的重要依据。可见，一封准备充分、表达得当、写作规范的求职信，不仅可以吸引招聘者的目光，还可以大大提高求职的成功率。

求职信与应聘信有所不同，求职信是在不知道求职单位是否要人、要什么样的人的情况下的自我推荐，可以一信多发，以便引起有关单位关注，找到合适岗位。而应聘信是在获悉求职单位正在招聘某类人才的情况下，针对招聘单位所需人才发出的自我推荐，只能一信一投，以争取对方关注和录用。

二、求职信的特点与种类

（一）求职信的特点

1. 针对性

求职信要针对用人单位对某个职业岗位从业人员的具体要求而写，具有很强的针对性，要注意有的放矢，不说与求职无关的话。

2. 展示性

求职信要充分展示自己的为人、能力和特长，向用人单位讲清“我是怎样的人”“为何来此自荐”“我能干什么”等问题，以期引起用人单位的关注和重视。在写作构思和语言表达上，要别具匠心，展示文采和个性特征。

3. 求实性

求职信要实事求是，处处以事实说话，以具体实绩展现才能和特长，以诚实性、实在性赢得用人单位的信任和青睐，不能夸大其词，言过其实。因为任何用人单位都喜欢诚实的人，不喜欢夸夸其谈、言过其实的人。

（二）求职信的种类

求职信的种类按身份分有毕业生求职信、待业人员求职信和在岗者求职信。

三、求职信的写作

求职信一般由标题、称谓、正文、致敬语、落款和附件六部分组成。

（一）标题

求职信的标题通常是由文种名称组成，即在第一行居中写上“求职信”三个字。

（二）称谓

求职信的称谓就是求职单位名称或领导人、联系人的姓名和称呼，有时也可直接称呼其职务。求职信若是写给单位的，直接写明单位名称或单位的具体部门名称即可，如“××大学人事处”。若是写给单位具体负责人的，则要称呼其职务，如“尊敬的张局长”“尊敬的朱教授”等。如果不知道对方职务，一般使用泛称，如“尊敬的领导”等。

称谓应在标题之下另起一行顶格书写，要在称谓后加冒号。称谓下一行空两格写问候语。一般不用过于亲切的问候语，通常用“您好”“打扰了”等开头。

（三）正文

这一部分是求职信的重点所在。求职信的正文一般包括开头、主体、结尾三部分。

1. 开头

若是写给单位的求职信，开头可在单位名称下一行空两字直接作简要的自我介绍，如“本人今年二十二岁……”；若是写给单位具体负责人的求职信，开头可在称谓下一行空两字写问候语，向对方致以问候。一般不用过于亲切的问候语，通常用“您好”“打扰了”等开头。然后作简要的自我介绍。也可以在开头部分直接表明自己的求职意向。如“久闻贵校实力不凡，一直仰慕贵校，故冒昧写信自荐希望获得面试机会。”

2. 主体

主体是求职信的核心。其写作主要包括如下内容：

（1）个人情况简介。包括姓名、出生年月、性别、籍贯、婚姻状况、身体状况、学历及毕业学校等、所学专业、政治面貌等。有些内容也可以用“请参阅个人简历”的方式予以省略。

（2）主要资历与专业特长。求职人要突出介绍自己与求职相关的专业背景、学习情况、进修情况、工作（实践）经历、工作业绩、任职情况、获奖情况、外语水平、计算机水平、发表论文、获得专利等。其中要重点介绍自己的专业特长，说明自己具备从事所求职位的各种能力，突出人无我有、人有我优的条件，注意引用典型实例，增强说服力，让用人单位感到你比别人更适合这个位置。

（3）自荐目的。自荐目的要明确、具体，或自荐某岗位、某职务，或自荐担任什么工作。

3. 结尾

求职信的结尾是再次表达希望被录用的愿望，希望用人单位能给予面试、予以接纳的机会等。通常表述为“希望给予面试的机会”“审查后如觉合适，敬请回复”“盼望答复”“静候佳音”等，并留下联系方式：手机号、E-mail 或通讯地址等。

（四）致敬语

与一般书信相同，如“祝贵公司生意兴隆，财源广进”“顺祝愉快安康”“此致敬礼”等，也可略去不写。

（五）落款

在信的末尾右下方写“自荐人：×××”，然后写上年月日。如用打印机打出，在自荐人姓名处最好使用亲笔签名。

（六）附件

附件是附在信末用以证明或介绍自己具体情况的书面材料，一般包括简历、学历证书、所学课程成绩单、个人能力证书、获奖证书、发表论文、实习实践证明、工作证明、学校及相关单位的推荐信等相关材料的复印件。为使附件具有权威性，所选用的有关证明材料应加盖单位公章。

附件一般在正文之后另起一行，空两字标注“附件”二字，并一一注明附件序号及附件名称。

四、求职信的写作要求

（一）“换位”思维，投其所需

写文章要有读者意识。求职信的写作，要善于“换位”思考，即从用人单位的角度去思考，尽可能根据用人单位的需要介绍自己，去对应式地设计写作内容、写作层次，做到目的明确，投其所需。力求有针对性地介绍自己的基本情况和个人专长，让用人单位从中感受到写信人是最符合要求的招聘人才，以达到引起注意和录用的目的。

（二）扬长避短，突出优势

在激烈竞争中，只有具备优势的人，才能得到用人单位的青睐。求职信的写作，要注意扬长避短，着力写出求职者的优势，突出自己的专长，展示自己的业绩、能力和经验，向用人单位传递有效信息，不作无关紧要的说明，使招聘人员觉得你各方面都符合应聘职位的任职条件。同时对自身的弱项可作淡化处理，甚至避而不谈。因为求职信，不同于自我鉴定，既写优点，也写缺点。

（三）实事求是，态度诚恳

求职信在展示自己优势的同时，要坚持实事求是，绝不能弄虚作假，过分夸大自己，尤其是对自己的资历、能力和特长都必须实事求是地介绍给对方，切忌过分吹嘘，给人留下不好印象。同时，在介绍自己时要注意态度诚恳，语气谦和，言辞恳切，用语得体，不卑不亢，情真意切。既不用任何豪言壮语，也不用任何华丽的词语，只要让对方读后觉得自然、诚恳、实在就可以了。

（四）行文简洁，表达准确

求职信要行文简洁，做到言简意赅，重点突出，切忌拖泥带水，面面俱到。求职信的功用主要在于为你争取一个参加面试的机会。用人单位的招聘人员接到的求职信很多，阅读的工作量很大，从中作出判断和选择也需要花费时间和精力，求职信过长会降低其工作效率。哈佛人力资源研究所的一份测试报告曾指出：一封求职信如果内容超过 400 个单词，其效率只有 25%，阅读者只会留下 1/4 内容的印象。因此，求职信要力求短小精悍，具有视觉冲击力。篇幅上最好限为一页，既免翻页之烦，节省阅读时间，又易被招聘者注意，为自己争得良机。

求职信在文字表达上要仔细斟酌，反复修改，不断润饰，力求简洁明了，准确得当，富有个性。切忌出现错字、别字、病句、文理不通、前后重复、自相矛盾、标点不当等低级错误，也不要滥用幽默、名言、典故、文白夹杂、抒情等增强文采，否则可能适得其反，错失良机。

五、求职信的写作例文

【例文一】

求职信

尊敬的领导：

您好！感谢您在百忙之中拔冗阅读我的求职信。

我是××学院 20××届××××专业应届本科毕业生。即将面临就业的选择，我十分想到贵单位供职。希望与贵单位的同事们携手并肩，共扬希望之帆，共创事业辉煌。

经过四年的专业学习和大学生活的磨炼，进校时天真、幼稚的我现已变得沉着和冷静。为了立足社会，为了自己的事业成功，四年中我不断努力学习，不论是基础课，还是专业课，都取得了较好的成绩。

大学期间获得 20××年度院单项奖学金，英语达到国家四级水平，计算机过国家一级，并通过了全国普通话测试二级甲等考试。同时在课余，我还注意不断扩大知识面，辅修了教师职业技能（中学数学教育），熟练掌握了从师的基本技能。利用课余时间自学了计算机的基本操作，熟悉 windows 操作系统，熟练掌握 office20××办公软件，能熟练运用软件

authorware，powerpoint 等制作课件，进行多媒体教学。

学习固然重要，但能力培养也必不可少。三年多来，为提高自己的授课能力，积累教育经验，从大二开始，我在学好各门专业课的同时，还利用课余时间积极参加家教实践活动，为多名数学跛腿的初中和小学学生进行数学补习，使他们的数学成绩都有较大程度的提高，我的工作也得到了学生家长的肯定和好评。

十多年的寒窗苦读，现在的我已豪情满怀、信心十足。事业上的成功需要知识、毅力、汗水、机会的完美结合。同样，一个单位的荣誉需要承载她的载体——人的无私奉献。我恳请贵单位给我一个机会，让我有幸成为你们中的一员，我将以百倍的热情和勤奋踏实的工作来回报您的知遇之恩。

期盼能得到您的回音！

此致

敬礼

×××

××××年×月×日

【例文二】

求职信

尊敬的领导：

您好！真诚的感谢您在百忙之中能够抽出时间垂阅我的求职信。在此，请允许我向您毛遂自荐。

我是××学院文学院汉语言文学专业的应届毕业生，女，22 岁。我希望能应聘贵公司“文化创新策划”一职，为贵公司的发展奉献出自己的一份力量。我有信心会成为一名优秀的员工。

在校的四年学习之中，我系统的学习了汉语言文学知识，学业成绩优异并曾荣获“校一等奖学金”。在校期间不断加强自身的实践能力，努力做到“能说会写”。大学期间，多次参加校级、省级征文比赛，并荣获院级三等奖。

在校期间顺利通过了大学英语国家四六级测试并取得普通话二甲证书、国家二级计算机证书，可以熟悉掌握 word，access 等办公软件，在视频剪裁制作，电脑制图方面也有所涉猎。

除学习以外常利用课余时间参与各项学校或社会实践活动，拥有丰富的演出经验。曾任职于礼仪队，多次参与学校活动的礼仪指引活动。在校期间也曾作为主创者之一主持“大学生创业”项目，共同组建“瓷忆”文化创意工作室。团结协作能力强，善于创新并具有一定组织能力，执行力强。

个人的成功需要一个可以展示才华的平台，而一个公司的成功则需要无数志同道合者的努力奉献。在此恳请贵公司能够给我一个机会，让我成为你们中的一员。我将以无比的热情和勤奋的工作回报您的知遇之恩，为我们共同的事业奉献全部的才智。

此致

敬礼！

×××

××××年×月×日

六、求职信的写作训练

（一）以下分别是爱因斯坦写给德国化学家奥斯特瓦德的求职信、达·芬奇写给米兰的最高统治者米兰大公的求职信。你认为哪份信更易获得求职的机会？为什么？

爱因斯坦写给德国化学家奥斯特瓦德的求职信

由于我受了您写的《普通化学》的启示，写了一篇关于毛细作用的论文，我很冒昧地寄一份给您。同时，我很唐突地问一下，您是否要雇用一名数学物理学的助手。我这样冒昧地请求是因为我没有钱，而且只有这样一种工作才能给予我深造的机会。

达·芬奇写给米兰的最高统治者米兰大公的求职信

尊敬的大公阁下：

来自佛罗伦萨的作战机械发明者达·芬奇，希望可以成为阁下的军事工程师，同时求见阁下，以便面陈机密：

一、我能建造坚固、轻便又耐用的桥梁，可用来野外行军。这种桥梁的装卸非常方便。我也能破坏敌军的桥梁。

二、我能制造出围攻城池的云梯和其他类似设备。

三、我能制造出一种易于搬运的大炮，可以用来投射小石块，犹如下冰雹一般，可以给敌军造成重大损失和混乱。

四、我能制造出装有大炮的铁甲车，可以用来攻破敌军密集的队伍，为我军的进攻开辟道路。

五、我能设计出满足各种要求的地道，无论是直的还是弯的，必要时还可以设计出在河流下面挖地道的方法。

六、倘若您要在海上作战，我能设计出多种适宜进攻的兵船，这些兵船的防护能力很好，能够抵御敌军的炮火攻击。

此外，我还擅长其他民用设施。同时擅长绘画和雕塑。

如果有人认为上述任何一项我办不到的话，我愿意在您的花园，或您指定的其他任何地点进行试验。

向阁下问安！

达·芬奇

（二）阅读下面求职信，指出其存在的问题，提出具体修改意见。

求职信

尊敬的领导：

您好！感谢您在百忙之中抽出宝贵时间来垂阅本人的求职信！在本人即将完成学业踏上社会大家庭之际，有幸得到这么一个向贵公司展示自我的宝贵机会，真是万分感谢！

新的世纪已经来临，社会需要的是高素质的综合性人才，我深知未来社会的竞争将是人才的竞争，要想在这种激烈的竞争中脱颖而出，除了学习并掌握专业知识外，还需要综合培养自身素质，努力做到德、智、体、美全面发展。四年的大学生涯使我学到了很多，长大了很多很多。记得刚进校门时对计算机还不甚了解。但通过这几年的学习和努力，得益于各种各样的锻炼机会。现在的我也精通一些计算机方面的知识。个人认为我的最大优势在于几年来积累的各种各样的实践经验和很强的动手操作能力。

我学的是生物工程专业，对该专业的所有课程都已掌握，有一些虽然还未达到精通水准，但我有信心在以后的工作中继续学习，在这一点上，我不敢说我已经做得很好了，但我始终自信自己能做得更好。这也是我最大的优点！

找到一个适合自身特点，能充分发挥自身潜力的工作岗位是我梦寐以求的，希望贵公司可以成为那个可以实现自我价值的大舞台。如果能和贵公司携手拥抱明天的辉煌，那将是我莫大的荣幸！我也将用我的成绩向您证实我的实力！希望贵公司给我一次机会，我一定会还您一份满意！

祝：工作顺利！贵公司业绩蒸蒸日上！

此致

敬礼！

求职人：×××

××××年××月××日

（三）阅读下面求职信，指出其存在的问题，并进行改写。

求职信

××公司人事处负责同志：

我是一个渴望得到用武之地的在职人员，女23岁。一年前从××职业技术学院中文系汉语言文学专业毕业。在××公司担任客服管理工作。一年来，在用非所学的岗位上已耽误了许多宝贵时光，这对国家、对个人无疑都是损失，故本人渴望寻找一个能发挥自己所长的地方。

现将本人情况略作介绍：语文是本人的强项，在校期间曾在省报发表过小说两篇，在《新华日报》发表大学生暑假调查报告一篇，曾获学校演讲大赛二等奖。曾被公司办公室借用做文字工作，写过多种计划、总结、报告，为总经理公司庆典讲话写过讲稿。另外，我的英语学科也一直是我大学期间的强项，成绩名列前茅，大学期间通过了国家英语四级考试，并获得了英语口语六级证书，口语表达流利。

负责同志，我完全有把握地说，如果你们能让我担任以上两个方面的工作，定会让你们满意。我自己也定将珍惜这来之不易的工作，奋力做出自己的贡献。不知贵公司是否同意，期于一周内给予回复。

求职者：伍××

2016 年 8 月 25 日

（四）根据自己具体情况和求职倾向，自拟合适单位，写一封求职信，要求从内容到形式都符合求职信的写作要求。同时将求职信制作成课件，在班级进行演示交流，师生共同对求职信进行“会诊”，提出修改建议。

第二节　应聘信

一、应聘信的内涵

应聘信是在获悉用人单位招聘岗位和具体条件后，根据自身条件和用人单位的需要，有针性地向用人单位进行自我推荐，以达到求职目的一种专用书信。

应聘信与求职信有所不同，求职信是在不知道求职单位是否要人、要什么样的人的情况下的自我推荐，可以一信多发，以便引起有关单位关注，找到合适岗位。而应聘信是在获悉求职单位正在招聘某类人才的情况下，专门针对招聘单位所需人才的具体条件而写的自我推荐，只能一信一投，以争取对方关注和录用。两者都显示出共同的求职意向。从广义的角度看，应聘信可看作是一种定向性的求职信。

二、应聘信的特点

应聘信的特点与求职信类似，都具有针对性、展示性、求实性的特点，只不过应聘信的针对性更为明确，就是在看到用人单位的招聘信息后，专门针对招聘单位的招聘岗位及具体条件而写的，是求职者向招聘单位的定向投寄。

三、应聘信的写作

应聘信的写作要领与求职信相通，一般由标题、称谓、正文、致敬语、落款和附件六部分组成。

不同之处主要有以下两点：

（一）标题写法与求职信不同。即在第一行居中写上“应聘信”三个字。

（二）正文写法与求职信略有区别。和求职信一样，应聘信的正文也是由开头、主体、结尾三部分构成。但在开头的写作中，首先要写明应聘缘由，也就是交代应聘信息的来源及自己要应聘的岗位，如“我是从《××日报》上见到贵公司的招聘启事，获知贵公司因业务发展需要招聘会记一名，特来应聘。”接下来，才写自我的基本情况。而求职信是在未获招聘信息的情况下写的，因而不需写应聘缘由，可直接写自己的基本情况。

在具体的写作中，应聘信要针对对方的具体招聘条件，一一对照着写，说明自己不仅符合条件，还有着某种特长和优势。

其他部分的写作及写作要求，与求职信相通，限于篇幅，这里不再赘述。

四、应聘信的写作例文

应聘信

尊敬的领导：

您好！

感谢您在百忙中展开这封信，为我打开了一扇希望之窗！我是××学院文秘系一名即将毕业的大学生，从2016年4月3日《××日报》上见到贵公司的招聘启事，获知贵公司因业务发展需要招聘一名秘书，特来应聘，希望成为贵公司的一员，尽我所能为贵公司的发展添砖加瓦。

我热爱秘书工作，在大学三年的时间里，认真学习秘术专业课知识，主修了社交礼仪、基础写作、秘书语言与交际、秘书工作实务、办公自动化软件、应用文写作等课程，掌握了秘书工作的基本技能，能熟练操作办公室自动化软件。平时上课以外，我还充分利用课余时间去考证书。现在我所获得的证书有：秘书中级、高级证书，速记证书，英语三级证书，计算机初、中级证书，驾驶证。

学习的同时，我没有忘记锻炼自己的综合能力。在校期间，我曾担任班级团支书，使我具有了较强的组织能力、社交能力及表达能力。同时我也积极参加社会实践，特别是毕业前夕在×××公司的实习过程中积累的一些实践经验，使我增强了参与秘书工作的信心。

“乘风破浪会有时，直挂云帆济沧海”，虽说三年匆匆，学识伊始，但我深信：有您的关怀和鼓励，我会做得最好！我真诚地希望能加入贵公司，我定会以饱满的热情和坚韧的性格，尽自己的所学所能与贵公司一起在竞争与挑战中共同发展，共同进步。请给我机会吧，我会以实际行动证明自己的能力！

再次感谢您抽出宝贵的时间阅读我的求职信。敬候您的回音。

此致

敬礼！

联系电话：189××××××

附件：1. 学历证明

2. 校推荐信
3. 各类证书

求职人：张××
2016 年 4 月 8 日

五、应聘信的写作训练

通过多种渠道，获取招聘信息，自选合适的招聘岗位，写一份应聘信，并制作成课件，在班级进行交流和互评。

第三节　简历

一、简历的内涵

简历即个人情况和履历介绍，用以具体说明求职者的个人情况、工作经历等，一般不单独使用，而是作为求职信的附件配套使用。它是求职者找工作时有效推销自己、吸引用人单位注意进而给予面试机会的重要材料，也是招聘方选人的最好凭据。

简历是用真实、具体、准确的事实向招聘单位展示自己的必备材料。尽管简历类型不一、格式多变，但通常都包含个人的基本信息、自我评价、学习经历、工作经历、专业技能、取得成果、个人专长等。一份好的简历，可以获得招聘人员的青睐，也使求职者更易获得面试的机会。

二、简历的特点与种类

（一）简历的特点

1. 目的性

简历的写作有着明确的目的性，就是希望通过展示自己的基本情况和优势，以博得招聘者的青睐，达到优先获得面试机会的目的，为最终获得录用打下基础。

2. 针对性

和求职信一样，简历也是针对用人单位的需求，有的放矢地填写自己的各类信息，突出个人素养、专业优势和强项，以求与招聘条件高度契合。

3. 简明性

简历贵在简明而有说服力。简历写作要做到简明扼要、重点突出，条理清晰，一目了然。简历最好在一页纸内完成。

（二）简历的种类

简历按照不同的标准，可以划分多种不同的类型。

如按照格式划分，简历就有表格式和文字式两种。表格式，就是专门做一个能全面反映个人情况的表格，将求职者的信息通过表格的填写反映出来。其优点是简便明了，使人一目了然。文字式，就是用文字表述的方式，将求职者的信息进行分类概述。其优点是写作灵活，可以充分展示自己的个性、优势和特长。

如按照载体划分，简历就有纸质简历、电子简历和网上简历。纸质简历就是用纸张将求职者的有关信息打印出来。电子简历，就是利用语言、文字、图像、视频、音频等多媒体技术，将求职者的简历制成光盘、录像材料。网上简历，就是制作网页或电子邮件，利用网络将求职者的简历发送出去。

通常情况，简历是按内容排序来划分，可以分为如下三种：

1. 时序型简历

这是最常用的简历模式。这种简历就是以时间为顺序列举个人经历。包括学习经历、社会实践经历、工作经历、专业技能、取得成果和个人特长等。要重点突出近几年的经历和成果。

2. 技能型简历

这类简历就是按照个人技能和成就进行排序。它针对求职岗位的具体条件，注重将自己的技能和专长排列在前面进行介绍和说明，以引起招聘人员的注意，使自己在众多求职者中脱颖而出。

3. 复合型简历

复合型简历，就是时序型简历与技能型简历结合起来运用。既以时间为顺序列举个人信息，又注重将有关个人技能与成就的信息排列在前面，使之兼具两者优势。多数求职者常采用这种形式制作简历。

三、简历的写作格式

1. 表格式简历

表格式简历一般由求职者根据求职需要和个人的具体情况而制作。表格一般包括个人基本信息、教育经历、实践经历、工作经历、专业能力、外语水平、计算机水平、获奖情况、个人特长、兴趣爱好、自我评价、求职意向、联系方式等。

2. 文字简历

这种简历主要包括个人基本信息、求职意向、教育经历、专业能力、资格证书、社会实践、工作经历、获奖情况、个性特长等。求职者可根据实际需要灵活设计。

（1）个人基本信息。包括姓名、性别、出生年月、民族、出生地、政治面貌、身体状况、联系方式等。其中联系方式最好包括手机号码、电子邮箱、QQ 号等，以方便招聘方联系。

（2）求职意向。针对招聘的单位和岗位，明确表明自己的求职意向。同时要注意，简历所写的其他内容，必须与求职意向相对应。

（3）教育经历。包括受教育的时间、学校、专业、学历等。如果参加过与应聘岗位有关的业务培训也可以列举，因为有的招聘单位比较看重。

（4）专业能力。一般写明所受专业教育情况、专业训练情况、专业技能、专业实践能力等。

（5）资格证书。如外语等级、计算机等级、普通话水平等级、教师资格证等资格证书，除写明等级外，有的还可以适当进行说明。如："计算机等级考试二级，熟悉办公自动化软件，能独立完成日常办公文档的编辑工作"等。

（6）社会实践。写明参加各类社会实践及其取得的成效。要注意用具体事实及相关证明材料说话。

（7）工作经历。要注意突出与求职目标相关的工作业绩，一般是写近期的具体而有代表性的业绩，以增强说服力。如果是毕业生求职，这部分可写勤工俭学、支教活动、义务工作、实习经历、社团活动、志愿者活动等。要注意写明工作时间、工作地点、工作任务、所任职务、工作成效、单位证明或评价等。

（8）获奖情况。写明获得的各类荣誉与奖项。如果获奖较多，注意挑出与求职岗位有关的重要奖项放在前面列举。

（9）个性特长。应针对求职岗位客观地介绍自己的个性与特长，做到重点突出，简洁明了，真实可信。不能夸大其词，泛泛而谈，令人反感。这部分内容可根据具体情况而定，有时可设作"自我评价"，有时干脆不要。

四、简历的写作要求

（一）意向明确，对应制作

无论是哪种简历，在制作前都要认真了解招聘单位及岗位需求情况，同时还要结合自身的优势及弱点，明确自己的求职意向，写明求职的具体部门和岗位。在此基础上，简历的设计、内容的安排，都可以根据招聘条件和自身的具体情况进行构思谋划，做到对应制作，高度吻合，使招聘人员过目难忘，认定符合招聘要求。

（二）实事求是，取信于人

简历中的任何事项，都要坚持实事求是，真实可靠，不容许有任何弄虚作假。同时，对自己的特长和能力表述，也要避免过泛或夸大其词。如有的简历在"特长爱好"栏中写道："文学、写作、设计、音乐、舞蹈、绘画、书法、排球。"在"技能"栏中写道："我能够适应各种工作"等。这类不实之词令人难以置信，其结果只能适得其反。

（三）突出重点，强调优势

简历不要像记流水账那样将自己的所有事项都罗列出来，而是要突出重点，凸显求职者的能力与应聘岗位要求高度契合的事项，如教育经历、专业能力、资格证书、实践能力、工作能力、个人特长等。尽量强调自己特有的优势，彰显自己的工作经验。大学毕业生即便在这方面先天不足，撰写时也要注意突出与所求职位相关的资格证书，强调自己参加专业实习、专业实践、专业竞赛以及校内兼职、社会兼职所积累的经验。

（四）语言平实，言简意赅

简历在语言运用上与求职信有所不同。求职信结尾部分常会有些文辞优美、带有议论性、祈请性、饱含感情色彩的语言。简历贵简，在内容上力求简短，在语言上力求使用平实简洁的语言，少用形容词、副词等修饰语。在句式上尽量用短句、单句，少用长句、复句，以确保简历写得朴实明朗，言简意赅，条理分明，便于阅读和理解。

五、简历的写作例文

【例文一】

个人简历

姓名：× × ×　　性别：男　　籍贯：××省××市
地址：…………　　邮编：…………
电话：…………　　手机：139………
电子邮箱：……@ sohu. com

教育背景：

××大学××学院××××专业　本科　　时间：××××—××××

1. 成绩：平均分 86

2. 201×年×××奖学金，××学院××人唯一获奖者。

实习经历：

××顾问公关公司　职务：××　地点：××××　时间：××年 2—4 月

1. 媒体与外事部门的助理，负责项目策划及实施、媒体跟踪、信息调查以及新闻分析，主要客户包括××××（ 列出，均属世界五百强）等。

2. 帮助××××在上海成功进行市场投放活动。

3. 培养了敏锐的新闻视角；锻炼和提高了媒体沟通及信息收集分析能力。

××××公司（世界五百强）　职务：××　地点：×××　时间：××××年 6—8 月

1. 负责全球大客户部每日销售报表统计与分析，销售人员绩效评估。

2. 成功策划、组织并完成办公室“×××”项目。

3. 提高了领导力、数据分析以及市场分析判断能力。

课外活动：

某大学“××杯”辩论赛最佳辩手。　　地点：×××时间：××××年×月×日

××大学生文化交流使者。　　美国：×××时间：××××年×月×日

1. 两千名申请者中的两名入选者之一。

2. 关于××的主题演讲入选大会优秀论文集。

北京××俱乐部主席。　　地点：×××时间：××××年×月×日

1. 以学生创业形式获得风险投资。

2. 针对在京留学生提供文化交流活动与信息服务，最高会员数×人。

第××届亚洲经济国际研讨会会议某组组长。　　地点：×××时间：××××年×月×日

通过媒体沟通与网络支持成功实现新闻强度与深度双重效应，获组织荣誉奖。

××××暑期社会实践领队。　　地点：×××时间：××××年×月×日

1. 策划、组织并带队参加“民营企业二次创业”主题实践。

2. 关于融资、技术及品牌的实践报告获得经济学院优秀实践成果奖。

英语水平：

1. 通过国家英语四六级考试。　GRE：××（很高）　GMAT：××（很高）

2. TOPE（ETS 美国教育测试服务中心职业英语考试）成绩：××（很高，听说读全优，写作良）

奖励：

1. ××学院科研成果二等奖，仅有的两名一年级获奖本科生之一。　　××××年

2. ××大学英语演讲十佳、游泳接力第二名。　　××××年

3. 所参与团队获××大学学生创业大赛第一名。　　××××年

4. ××学院科研组织奖，本年度全院唯一获奖者。　　××××年

【例文二】

个人简历

一、个人基本信息

姓名：×××　　性别：女　　出生年月：1996. 04

籍贯：××省××市　　政治面貌：中共党员　　学历：本科

毕业院校：××学院　　专业：汉语言文学

手机号：1889569××××　　Email：××××××@ qq. com

地址：××省××市××路××号××学院　　邮编：××××××

二、求职意向

初中语文教师。

三、教育背景

2014. 9—2018. 6 就读于××学院中文系

四、专业能力

主修专业课程：现代汉语、基础写作、文学概论、古代汉语、中国古代文学、中国现当代文学、外国文学、美学概论、语言文字应用、语文教学论、文学鉴赏学等。

五、资格证书

教师资格证（初中）、普通话“二级甲等”证书、外语六级证书、计算机二级证书等。

六、社会实践

1. 2017. 5. 8—2017. 5. 30　在××市××中学实践，担任初中语文教师。

2. 2017. 4. 24—2017. 4. 30　参加××采风暨写作实践活动，编有个人采风作品集。

七、工作经历

1. 2017. 7—2017. 8　在××教育培训机构担任小学语文培训老师。

2. 2016. 3—2017. 10 兼任××小学语文支教教师。

3. 2014. 9—2018. 6 担任2014级汉语言文学2班学习委员。

八、获奖情况

1. 2015—2016　获一等优秀学生奖学金、“三好学生”、绿协支教“优秀教师”等奖励。

2. 2016. 9 获国家励志奖学金、校“三好学生”等奖励。

3. 2017. 5 获第十三届全国语文规范化知识大赛获二等奖。

4. 2017. 1 获第×届××省大学生原创文学新星大赛二等奖。

九、自我评价

本人学习能力强，工作认真踏实，具有较强的进取心和团队精神。平时酷爱读书与写作，善于与人沟通交流，能很快适应新事物、新环境。遇到问题敢于积极探索，寻求最佳解决方案。热爱教育事业，愿为教书育人奉献一生。

六、简历的写作训练

（一）指出下列简历写作中存在的问题：

1. “……实习期间负责××项目，深获好评。”“我有丰富的工作经验。经过三年的学习……现在的我精通运营管理、企业战略管理；此外对统计学、会计学、财务管理、市场营销有相当深刻的了解。”

2. “本人思想成熟，纪律性强；谦虚好学，吃苦耐劳”；“本人具有多方面的专长，且有广泛的兴趣和爱好”。

3. “请相信，我是您真正的选择！”“给我一个支点，我将撬起地球。错过了我将是您一生的遗憾。”

4. “让我们风雨同舟。”“给我一个机会，还你一个奇迹！”

（二）自选合适的招聘岗位，写一份简历，并制作成课件，在班级进行交流和互评。

第四节　推荐信

一、推荐信的内涵

推荐信是用来向有关单位或个人推荐自己了解的优秀人才的专用信件。好的推荐信，有利于对方及时了解人才、录用人才。

从推荐者的情况来看，可分为“荐贤书”和“自荐书”。“自荐书”即“求职信”，指的是写信人向用人单位推荐自己。其目的，一是谋求一份工作，二是以求得更高的职位或更能发挥自己特长与潜能的职位。推荐信要求将被荐者的基本情况和值得推荐的理由写充分，但又要实事求是，不作溢美之词，也不要故意隐瞒某些缺点和不足。

国外的推荐信，推荐人在前面要作自我介绍，写明自己的姓名、工作单位、通信地址、职称、主要著作、与被推荐人的关系等。国内的推荐信可在信中顺便作自我介绍，说明推荐人与被推荐人的关系。如有现成表格，可照表格填写有关问题，然后写几句推荐语。

向朋友推荐人员的推荐信，一般可以先叙友谊，再讲述被推荐人的情况，最后表示要求与祝愿。

二、推荐信的特点与种类

（一）推荐信的特点

1. 荐举性

推荐信是向用人单位或个人介绍、荐举自己了解的优秀人才，具有明显的荐贤举能性，目的是希望有才能的人能及时被用人单位了解和录用。荐举人对被荐者是十分了解，对其人品与才能是信任和认可的。一个人品不佳、缺乏才能的人，是很难得到别人认可和荐举的。

2. 简明性

推荐信要针对用人单位的用人需求和具体条件，简明扼要地介绍被推荐者的基本信息、教育经历、专业能力、工作实绩、个人特长等。行文必须做到意见明确，重点突出，层次清楚，表达得当。

3. 可信性

推荐信的写作者都是有地位、有身份的人，且了解被推荐者情况，写信时会本着对本人、被推荐者、收信单位或个人负责的态度而写，其介绍的内容可信度高，推荐的作用也较为明显，更易引起用人单位或相关负责人的关注和重视。

三、推荐信的写作

推荐信通常由标题、称呼、正文和落款组成。

（一）标题。推荐信的标题通常由文种名称组成。即在第一行正中写上“推荐信”三字。

（二）称呼。推荐信要在第二行顶格写上收信方领导的姓名、称呼，也可只写领导的职务，如“尊敬的×××校长”“尊敬的章经理”。如果双方是故交好友，称呼可以如私人信件一样随意，如“××吾兄”等。称谓后要加冒号。

（三）正文。推荐信的正文由开头、中段、结尾三部分组成。

1. 开头。开头的写法要根据推荐人和收信人之间的关系来定。如果双方不熟，需要先简要介绍自己的身份、与被推荐人的关系，同时说明写信的目的，给对方一个初步印象。如果双方关系密切，开头可以先致以问候，再说明来信目的，也可以不用客套，开门见山，直说来意。

2. 中段。这是推荐信的展开部分，要针对用人单位的用人需求和具体条件，介绍被推荐人的学历、专业、业务能力、个人特长及其他潜能，突出值得推荐的理由和事实，目的是使对方从中感到被推荐人正是合适的招聘人选，从而达到荐贤举能的目的。

3. 结尾。再次表达自己的推荐愿望，恳请对方录用被推荐人或解决其相关问题，并用礼貌语向对方表示感激和祝福之情。如有能证明被推荐人业绩的资料，亦可附在信后。

（四）落款。推荐信的落款应在正文的右下方署上推荐者的姓名以及成文日期。有些推荐信还可以附上推荐者的联系方式，以便对方联系。

四、推荐信的写作要求

（一）实事求是，客观推荐。推荐信的写作者要本着对自己、对用人单位、对被推荐者高度负责的精神，客观公正、实事求是地介绍被推荐者的教育背景、个人素养、专业技能、工作能力、代表性成果等，以获得对方信任，达到优先面试或录用的目的。任何夸大其词、过度赞美，都会损害推荐者的信誉，直接影响推荐效果。

（二）简明扼要，突出重点。在介绍被推荐者情况时，不要主次不分，面面俱到，让人不得要领。写作时要理清思路，分清主次，突出重点。要有针对性地介绍被推荐人能胜任某项工作的主要条件。如学历、个人素养、专业技能、实践经历、工作实绩、个人专长、代表性成果等。要注意适当选用一些典型事例，突出被推荐者的优势和闪光点。同时，在语言表达上要简明扼要，清晰具体，切忌拖泥带水，含混不清。

（三）态度诚恳，表述得体。推荐信的写作者不管自己资历多老，职位多高，社会影响多大，都要态度诚恳，以委婉恳请的语气，向对方推荐，提要求也要考虑对方的需要和可能，切不可以命令、指示的语气强求，以免对方为难甚至反感。

五、推荐信的写作例文

【例文一】

推荐信

尊敬的领导：

您好！

今向贵单位推荐我系毕业生×××同学。我是×××同学的英语老师，还是她在学生会的指导老师。该生是××外国语大学国际贸易专业的一名学生。在此，我真诚地向您推荐该生。

英语是××大学的重点特色课程，学生按英语成绩定位，根据授课难度分层次教学。×××同学英语成绩十分优异，读写潜力、口语交际的使用潜力也是区别于其他传统中国学生的一大特点。在大一第一天上课的自我介绍环节中，×××同学的演讲与众不一样，她优雅的举止、纯正的语音语调，给我留下了深刻印象。

×××同学十分喜欢英语文学，阅读了超多英语原版书籍。在课堂讨论中，她常常与同学分享自我对经典文学著作的心得体会。她的观点独到，理解深刻，能够看出她对文学作品都进行了认真的研读。在课后，她还完成了多篇文学著作的英文赏析，还常常请我帮忙她批改。

×××同学突出的英语潜力，让她在几项英语竞赛中屡屡得奖。在学校一年一度“外语节”上，她两次担任主持工作。在“圣诞晚会”上担任主持和表演两项工作，获得一致好评。

在课余时光，×××同学用心参加并组织班级、学校等多项大型活动，累积了丰富的工作经验，受到了老师和同学们的一致好评。这很好地培养了她的交际潜力，使她懂得了如何与人和睦相处。这一切都是她自我不懈努力的结果，也是她用心进取的体现，我相信这将是她今后工作的重要经验和宝贵财富。

正是由于她在校园生活中的广度与深度并济、勤奋与活跃互补，能够一呼百应，深得同学和老师的喜爱。相信您的信任和该生的潜力将为未来带来共同的机遇和成功。

本人愿意推荐×××同学到贵单位工作，同时，我也相信她能胜任以后的工作岗位，恳请贵单位给予她工作机会！

推荐人：×××

20××年×月×日

（来源：http：//www. duanmeiwen. com/fanwen/zhuanti/22975. html）

【例文二】

推荐信

××公司人事部：

我知道李丽颖向贵公司申请入职，我在此为她写推荐函。

敝校法律专业知名度较高，入学考试竞争激烈，十多人中才有一人被录取，李丽颖就是这样一所法学院的毕业生。她是我两年研讨课的学生之一，××××年×月毕业，获得法学学士学位，而且我觉得我非常了解这位申请人。研讨课第一年是概括地讨论社会科学，第二年讨论较专门的主题。她了解这些主题，参与课堂活动，并提出了有创意而深入的见解。

在个性方面，李丽颖表面是沉静而被动的，但实际上内心却充满了和善和进取精神。她积极的求学态度与生活方式，已经帮助她在商业界担任了重要的商业职务，首先是在一家房地产公司法务部，从××××年×月到××××年×月，继而受聘于振兴贸易公司企划部，从××××年至今。

李丽颖现在是想利用她所学到的商业经验和学识，到贵公司发挥更大的作用。我相信她在新工作中会做得更好，所以毫不犹豫地向您推荐她。

我将感激您对这位申请人做慎重的考虑。

教授：×××

××××年×月×日

六、推荐信的写作训练

以×××教授的名义，为汉语言文学专业毕业生×××向××公司人事处负责同志写一份推荐信。

第五节 辞职信

一、辞职信的内涵

辞职信是辞职者因个人原因向工作单位或上级组织辞去工作或职务时写的书信，也叫辞职书或辞呈。辞职信是辞职者在辞去工作或职务时的一个必要程序，也体现个人良好的素养以及对单位或上级组织的尊重。

二、辞职信的特点与种类

（一）辞职信的特点

1. 含蓄性

无论是因个人、家庭的某些原因，还是出于对工作现状、工作待遇不满意，想去更好的单位获得更好的发展机遇，辞职信的写作都要充分尊重对方，讲究礼貌，做到委婉含蓄，措辞得体，以获得对方理解和接受。

2. 简明性

辞职信在阐述辞职理由、表明态度、提出要求、表达谢意等方面，都要做到简洁明了，开门见山，让人一看便知。一般而言，辞职信不要超过一页A4纸。

（二）辞职信的种类

按辞职的性质，可分为请求辞去原有工作的信件、请求辞去某项职务的信件两类。

三、辞职信的写作

辞职信通常由标题、称呼、正文、结尾、落款五部分构成。

（一）标题

在辞职信第一行正中写上“辞职信”三字，标题要醒目，字体稍大。

（二）称呼

要求在标题下一行顶格处写出接受辞职申请的单位或领导人的姓名、称呼，也可只写领导的职务，如“尊敬的王经理”，并在称呼后加冒号。

（三）正文

正文是辞职信的主要部分，一般包括如下几个层次：

其一，明确提出辞职要求，讲明具体辞职日期，开门见山，让人一目了然。

其二，申述辞职的缘由。主要阐明辞职的原因，包括主观原因和客观原因。注意抓住重点，列出主要原因，让人觉得理由充分，辞职合情合理。

其三，表明辞职前的工作态度。在提出具体辞职日期时，要为对方留有时间余地，以便对方做出人事安排。为此，在辞职信中应当表明自己在正式辞职前，仍会踏实工作，直至对方做出妥善安排，完成工作交接为止。写明这一点，是对对方的尊重，也体现出良好的个人素质，更易获得对方的理解和支持。

其四，提出与辞职有关的合理要求以及希望领导解决的具体问题等。

当然，以上几个层次的安排，要视具体情况灵活运用。例如，有时可先陈述辞职理由，接着提出辞职请求，表明工作态度、提出具体要求等。有时也可先说明自己在单位得到领导和同事的关爱和支持，真诚表达感激之情，接着陈述自己因一些特殊的原因，不得不提出辞职请求等。还可以先简述自己的工作体会和感悟，再讲明自己因某些原因不能适应，以此为由提出辞职请求等。其中有些层次的内容是否要写，要视具体辞职情况而定。

（四）结尾

辞职信的结尾要求写上表示感谢和敬意的话。

（五）落款

在正文右下方写上辞职人的姓名及提出辞职申请的具体日期。

四、辞职信的写作要求

（一）理由充分、真实可信。写辞职信，首先要想好辞职理由，无论是主观原因还是客观原因，所写的辞职理由都要充分合理、真实可信，让人一看易于理解和接受，也易于获得批准。

（二）态度恳切、措辞委婉。写辞职信，是要解决自己的工作问题，应当以诚恳的态度，采用委婉的措辞，表达辞职的请求和诚意。没有必要对现在的单位及工作进行抱怨，更不必对领导或同事进行任何指责。

五、辞职信的写作例文

【例文一】

辞职信

行政长官董建华先生：

我现以书面形式向您提出即时辞去香港特别行政区财政司司长一职。

正如我曾在另一份报告中向您解释，我在2003年1月购买汽车，而给人有利益冲突的感觉一事，已引起广泛的公众关注。我在2003年3月5日公布增加汽车首次登记税前购入汽车，虽然我并无任何意图藉此减少税务开支，我亦不应作出该项购买，以避免任何利益冲突的嫌疑。我承认我并未能完全符合《问责制主要官员守则》，尤其是第5.1条有关主要官员须避免令人怀疑他们不诚实、不公正或有利益冲突。我就事件对政府带来负面形象深表歉意。我愿意为我的过失负上责任，而我相信在现时的情况之下，辞职是我应当采取的行动。

我感谢中央人民政府和您给我机会，出任财政司司长一职，为香港市民服务。我亦感谢您和其他在政府工作的同事，在过去两年来对我的支持和指导。我有信心在您的领导之下，香港定能早日克服目前的经济困难，以及恢复活力。

梁锦松

二〇〇三年三月十日

【例文二】

辞职信

叉总：

您好：很这么晚抱歉打扰您。这段时间我在工作岗位上和您，和其他同事都建立了深厚的友谊，很多不懂的地方您也耐心跟我讲解，让我学会了不同的思考方式。

但是近期经过家人的建议和深思熟虑。我认为现在我的工作方向可能还是偏离了大家对我的期望，我在工作过程中也并不善于开拓新的展商参会（这种情况对我来说也会形成一种无法解决的压力）。

出于种种原因觉得还是应该尽早和您说明情况，降低公司损失，让您及时找寻合适的人选。这段时间承蒙您的照顾，我也会尽量在离开前交接好自己手头上的工作，相信不久就会有比我更优秀的人加入公司。

如果将来学到了一些个人技能，对公司有帮助，也希望有机会能再合作。进入这个单位是我的荣幸，在您身上我也看到了一个创业者所具备的优秀品质。工作吃苦耐劳，对待下属平易近人，认真又不失幽默，希望以后也能变成您这样的人。

最后，再次感谢您给我的工作机会，让我在工作岗位上发光发热。也衷心希望单位在您的带领下发展得越来越好，前程似锦。

辞职人：×××

2017年6月14日

（来源：https：//www. zhihu. com/question/201）

六、辞职信的写作训练

自选工作单位、工作岗位、辞职理由等，模拟写一份辞职信。

第六节　申论

一、申论的内涵

申论是指针对给定材料或者特定话题引申开来进行分析判断、提出见解、展开申述论证的一种文体，是随着国家选拔录用公务员考试需要而推行的一种新兴文体。《现代汉语规范辞典》对申论考试作了如下阐释："国家公务员考试科目之一。要求应考者在对所提供的材料进行分析、判断、概括和说明的基础上，发表自己的见解，提出对策，进行论证。主要目的是测验应试者的阅读能力和综合分析能力。"

申论就是"申而论之"，"申"即引申、申述，就是对指定的多种材料进行说明、阐释、分析、判断、概括、提炼，形成自己的见解，提出方案对策。"论"即议论、论说、论证，也就是在"申"的基础上针对自己提出的观点展开论述。"申"是前提和基础，"论"是"申"的目的和归结。

申论试卷分为三个部分：注意事项；给定资料；作答要求。一般五道题，分值：100 分。

申论是模拟公务员日常工作的能力测试。其考试内容设计与公务员日常工作内容密切相关。公务员每天要阅读很多公文，接受各方信息，处理各种事务，这就需要公务员有较高的综合素养和较强的思维能力，能够迅速做出判断和分析，形成自己的工作决策，以便及时处理工作中的问题。而申论则是通过对给定材料的阅读、答题，考查应试者的阅读理解能力、综合分析能力、提出问题和解决问题的能力、贯彻执行能力和文字表达能力，从而判断其是否具备从事公务员工作的素质和潜能。总之，申论的内容、方法和测评都体现了公务员选拔的基本设计要求和设计思路。

二、申论的特点

1. 特定的适用性

申论只适用于公务员选拔考试，也是随着公务员考试制度的确立而专门运用、广泛推行的一种新兴应试文体。它是在充分吸收策论、基础写作和公文写作优点的基础上发展而来的一种以综合考查应试者实际能力为目标的专用文体，其考试目的非常明确，就是从中选拔素质高、能力强的的公务员。

2. 资料的广泛性

近年来申论给定的资料篇幅趋长，阅读量大，内容散乱无序，涉及领域非常广泛。包括政治、经济、文化、教育、科学、法律等诸多方面，并且汇集了不同社会阶层的不同看法、观点和做法，内容涉及跨地区、跨领域、跨学科、跨专业的诸多问题，具有很强的社会性和实践性。如 2018 年国家录用公务员考试省级以上（含副省级）综合管理类《申论》题的“给定材料”中就涉及“中国制造2025”、人工智能、中国机器人峰会、“D市杯”国际工业设计大奖赛颁奖典礼、获奖的智能炊具、专家意见摘录、学者观点等，其中不少问题需要应试者根据新时代的要求、社会发展的需要、国家政策的调整、人民的期待等作出自己的思考、分析和判断，形成自己的见解和主张，以便完成“作答要求”中各类问题的回答及论述。

3. 内容的针对性

申论给定材料及考试的问题都有很强的针对性、公共性，通常都是聚焦于公众关注的社会热点、焦点和难点问题。目的是测试应试者能否充分把握资料内容，寻找材料之间的关联，作出自己的分析、归纳和判断，并根据“作答要求”完成对相关问题的概述、分析、综合、理解和论述（即写作）。这也是根据公务员日常工作需求设置的，是对应试者潜在行政能力的有效测试。

4. 形式的灵活性

申论考试借鉴了西方发达国家的先进经验，注重对报考者的综合素质和职业能力进行综合考查。其考试形式灵活多样，既涉及概述能力、分析能力、综合能力、理解能力的考查，也涉及应用写作能力、基础写作能力的考查，形式非常灵活，具有很强的针对性和实用性。

三、申论的写作

根据《2018年国家公务员公共科目考试大纲》规定，省级以上（含副省级）职位申论考试主要测查报考者的阅读理解能力、综合分析能力、提出和解决问题能力、文字表达能力。

市（地）级以下职位申论考试主要测查报考者的阅读理解能力、贯彻执行能力、解决问题能力和文字表达能力。从考试题型上看，无论是国家公务员考试，还是地市级公务员考试，申论都要考查应试者的概述能力、分析能力、理解能力、常用应用文写作能力、基础写作能力等。因此，申论写作要把握以下要点。

（一）审读资料

申论应试首先面对的是大量散乱无序、涉及面广的给定资料，这就要求应试者要认真仔细地阅读资料，能够准确理解给定资料的主要内容，把握资料的重点、各部分之间的关系及逻辑指向，对给定资料所涉及的观点、事实作出恰当的解释。在此基础上，能够对资料进行分析概括，提炼出恰当的观点或对策、方案，建构内容概述、问题分析、文章写作的逻辑层次，精心凝练全篇主旨句和各层次主旨句。可见审读好资料是写好申论的基础，是解题之源。

因此，应试者在审读资料环节上要明白“磨刀不误砍柴功”的道理，注意安排足够的时间，否则草草阅读就仓促下笔，其结果必然不会成功。

在审读资料方面，要注意如下几点：

1. 仔细研读作答要求

先仔细研读申论的作答要求，有利于把握申论主题，明确作答范围、任务和目的，以便在审读过程中缩小范围，有针对性地把握资料要点，注意感悟资料背后隐藏着的相关有效信息，做到有的放矢，事半功倍。

2. 科学把握审读方法

审读的方法主要包括：

（1）根据作答要求，带着问题审读。思考材料反映的主要问题是什么；问题的表现和根源是什么；材料之间的逻辑关系是什么；解决问题的思路与对策有哪些，等等。

（2）第一遍审读，可采用精读与略读相结合。注意对段落进行标号，勾画关键词或核心句。第二遍审读，可采用速读与跳读相结合。速读是要快速发现有效信息，跳读是寻找第一遍没有理解的地方。

（3）运用科学的思维方法，坚持整体与辩证相统一。既从整体上把握材料的关联和本质，又要学会用辩证思维审读材料，思考问题。既看到问题的这一面，也要想到问题的另一面。

（4）把握资料的精神主旨，找准解决问题的思路与对策。若主旨不明，思路有误，则必然无法做出科学的判断，提出解决问题的有效对策与方案。

3. 灵活运用审读技巧

（1）把握主旨句。主旨句一般主要出现在以下几个地方：以提纲挈领的方式直接出现在段落的首句；以总结段落内容的形式出现在自然段的尾句，在段落中间起到承上启下的作用。

（2）留心关联词。如“因为……所以，然而、同时”等。从关联词语中能够得到诸多有效信息。如因果关系中，强调原因的情况较多；转折连词出现的地方，强调的一定是后面的内容。

（3）注意关键词。在申论考试的资料中，往往涉及事件或问题的表现、原因或解决措施等问题。因此，要注意与此相关的关键词。如根源、危害、教育、体制、领导、监督、落实等。总结一类事物或现象时，也会出现一些起提示作用的关键词。如：经调查、资料显示、反映、表明、强调、指出、认为等。

（4）关注某些语句。如：材料中包含感情色彩的语句。这样的语句中含有命题人的态度，不可与之相悖；权威人士的话语。如政府官员和专家意见、领导讲话。这些话语往往为应试者思考如何解决材料所反映的问题指明了方向；相关的国家大政方针。这为思考解决问题的对策提供了依据。

（5）快写评点与段意。在审读过程中，对于重要语句要随时圈画评点。评点可采用最简练的方式进行标注。如原因可标为：“因1”“因2”……；问题可标为：问题1、问题2……同时，当读完一段资料时，应对资料的内容做一简要概括。如：“现状”“原因”“措施”等，以便于接下来全面理清思路，系统把握材料的内容。

（6）对资料内容进行分类组合。所谓分类组合，就是进一步理清思路，将资料中性质相同的内容集中在一起，并按一定顺序进行分门别类的排列。其组合所呈现的结构形式有三种：纵式结构、横式结构、纵横交错式结构。纵式结构是将全文资料梳理为现状与问题、原因、对策三大类（有的资料可能缺少某个部分）。横式结构，是将全文资料内容整理为并列和对立两类。并列关系，如问题产生的原因可能有政治原因、经济原因、社会原因、文化原因、教育原因等；对立关系，如积极和消极、正面和负面、成绩和问题等；纵横交错式结构，就是以纵向为轴，横向扩展。横向分类组合可存于纵式结构的每个环节。如现状可能有成绩和问题；影响可能有正面和负面；列举措可能有多条。

(二) 概述要点

概述要点，就是要求在阅读、理解资料的基础上，经过重新整理、分类归纳、概括提炼，用简明扼要的语言准确概述资料内容要点的一种测试形式。提炼概述的过程就是理解的过程，提炼概述是否准确、全面，语言表达是否条理分明，简洁明了，都能检测出应试者理解能力的强弱。近年来，无论是国家公务员考试，还是地市级公务员考试，申论考试题中首道题都是测试“概述”能力。如2018年国家公务员考试，申论“作答要求”中的第一题就是：“对调研组的调研材料，从成绩、问题和建议三方面进行概述。要求：(1)准确、全面；(2)恰当提炼，条理清晰；(3)不超过350字。”该题分值为15分。同时，概述能力的强弱，还直接影响到申论考试中理解能力、分析能力、写作能力测试的成败。

1. 概述要点的原则

(1) 概述要全面、客观。申论给定的资料通常都是多元化、散乱无序的，涉及不同层面、不同角度，相当于资料汇编。因此，概述要有全局观念，着眼于整体，力求全方位把握资料要点，做到概述全面，避免顾此失彼，片面失当。同时，概述要基于资料中的事实和观点，做到尊重事实，客观可信，不能脱离资料自由引申，随意发挥。但也要防止陷入资料，照搬资料。

(2) 概述要简练、精准。在理解资料内容的基础上，要根据“作答要求”中的具体要求，对资料进行重新审视和归类，用凝练、精准的语言进行概述，做到层次清晰，条理分明，语言得当。同时，要注意概述主要内容与概述主要问题的区别。前者需要概述特定事实的表现、原因和对策；后者只需概述特定事实的表现和原因即可。概述主要信息，编写摘要，撰写情况综述、情况汇报等题型都属于概述主要内容的范畴。启示类问题，需要概述经验教训、对策。焦点类问题，需要概述不同意见、焦点。

2. 概述要点的技巧

(1) 要点整合法。充分发挥思维的分析与综合作用，迅速浏览每段资料，归纳出关键段落的行文主旨，理清资料内在的事理逻辑线索，把握资料中的各类重要信息，对分散的资料按一定的分类标准进行归类，合并同类项。在此基础上，着眼于全局，进行要点概述，准确表达。

(2) 词句提取法。即提取资料中关键的词语或句子进行组合概述。这是常用的概述技巧，也是迅速进行准确概述的有效技巧。资料中的关键词、关键句，往往是归纳概述题中的重要采分点。可以从资料中某些权威观点中提取，例如领导人或专家的讲话、政策法规等。这类观点一定是正确的，具有导向作用。可以直接从中提取关键词语进行概述。也可以提取资料中高频率出现的词语，分析其含义，理解其在资料段中作用，将其进行必要扩充，形成有效概述。

关键句可以出现在段首，也可以出现在段尾，还可以出现在段中。要重点关注如下类型的句子：包含资料主旨或观点的句子；揭示段意的句子；揭示资料之间脉络层次的句子；在文中具有深刻含义的句子；运用了比喻、象征等手法，隐含重要信息的句子等。这些句子有的与答题要求密切相关且表述明确，可以直接用来概述。有些虽然相关但表述欠明确，需要进行适当加工，才能形成概述。

（3）由表及里法。有些资料蕴含多种信息，在表层含义之下还隐含着深层寓意。这就需要应试者发挥思维的能动作用，善于穿过表象，由此及彼、由表及里地发掘资料中多重含义，并联系资料整体和答题要求，运用比较的方法，选取最贴切、准确的含义，予以明确概述。

（三）提出对策

提出对策是申论的关键环节，是考查应试者解决实际问题能力的重要方面，这种能力是从事公务员工作必须具备的。其题型的特点是注重联系实际，重在考查应试者理论联系实际的能力、思维的开阔度和灵活度、政策意识、法律意识、创新意识、应变能力和解决实际问题的能力。

提出对策要注意：

1. 要有针对性

尽管题目给了自由发挥的空间，应试者可以根据自己的理解，结合自己的知识、阅历、社会经验、工作经验等，提出见仁见智的对策，但有针对性地提出对策仍是应试的关键。一方面，对策的撰写必须是在给定资料所限定的范围和主题内，不能偏离材料和主题，这样才有可能提出有针对性的切实可行的对策方案。另一方面，提出对策方案时，要着眼于整个材料，要通过认真梳理和分析，把握材料的各个要点，针对要点，思考如何解决实际问题，有针对性地提出科学、合理的对策方案。

2. 要有条理性

解决问题的对策方案有其自身的逻辑性，撰写者应该通过分析，找到问题的根源，提出解决问题的思路和方案，依据发现问题、分析问题、解决问题的思维逻辑，层次清晰、条理分明地撰写对策方案。在制订解决问题的对策方案时，不仅要考虑到相关政策、法规、现实条件等可行性，还要考虑解决问题的先后顺序、方法与步骤等，以便贯彻落实。

3. 要有操作性

所写的对策方案要具体明确，切实可行，既有对策目标、对策内容，又有执行原则、落实举措，以便对策具有很强的操作性。

提出对策的基本方法有：

1. 从材料中发现对策信息

有些给定材料中含有成功经验或失败教训的案例，有些材料含有某种倾向性、对比性、导向性，应试者可以从中发现某种对策信息，从中总结出相应对策。

2. 从分析问题原因找出解决问题的对策

主要采用因果分析、多维度分析的方法，深入查找问题根源，多维度分析原因，包括主观原因和客观原因、直接原因和间接原因、现实原因和历史原因等，以便对症下药，提出具体有效的对策。

3. 注意理论联系实际提出对策

提出对策的根本目的是要解决现实工作中存在的具体问题，因此提出的对策不能停留于理论阐述，而要密切联系实际，从解决实际问题出发，提出具有针对性、可操作性的对策，以提升对策的执行力。

（四）写作文章

写作题是申论考试中的关键。主要考察应试者的理解能力、分析能力、理论联系实际的能力、提炼观点的能力、谋篇布局的能力和文字表达能力。近年来，申论考试的写作题型灵活多变，体裁多样。其中分值较小的写作题，包括写考察报告提纲、汇报提纲、新闻报道、汇报材料、讲解稿等。分值较大的写作题，仍然侧重对应试者论述能力的考察，主要还是写作议论文。一般都是依据给定的资料，或有明确命题，或要求自拟标题，要求联系实际，自选角度，写一篇文章。总体看，两类题型的写作，涵盖了对应试者基础写作能力与应用写作能力的考察。

以写作议论文为例，关键要注意如下几点：

1. 明确立意

立意是指一篇文章所确定的文意，包括全文的主旨、写作目的、立意方式、行文构思等。立意是文章的灵魂，是评判文章质量高低的关键。在申论写作中，立意集中地表现为文章提出的观点。从申论的写作要求看，立意要做到正确、明确、新颖、深刻。立意正确，一是指立意必须符合党和政府的大政方针和相关政策，二是指应试者必须在命题所限定的范围内来确定立意。凡与这两者相违的立意，均为错误立意。立意明确，一是指文章写作只选择一个正确的立意，不要出现多立意的现象；二是指立意要概括得当，准确到位，并且要将其置于文章最突出、最显眼的位置上。从写作实践看，立意最好体现在标题中。立意新颖，是指立意要体现崭新的时代精神，要密切联系国家改革的实际和各项新法规、新政策，使确定的立意新颖高远，适应我国各项事业创新发展的需求。立意深刻，是指立意既要认真分析给定材料，注意从材料中找出立意，又要善于穿越现象把握本质，联系材料而有超越材料，以提炼出有深度的立意。从追求应试效果看，通常采用审题干（立意方向在题干中）、读材料（给定资料中的关键信息常常是立意的主要来源之一）、用政策（确定立意常常离不开国家的大政方针和相关政策）等方式来完成立意。

2. 合理论证

合理论证是申论写作的关键。申论虽然可以自拟写作题目，但写作必须围绕立意展开论证，不能随意发挥，偏离题旨。这主要体现在：其一，要根据给定材料，切中主要问题，自拟标题，明确一个主要观点，然后紧扣主要观点建构分论点及论述逻辑层次。其二，在保证切合题意的基础上，注意扬长避短，选择有利于发挥自己优势的视角进行论证。其三，采用多种有效的论证方法进行论述，确保论证充分、论据有力、论述严谨，条理清楚，合情合理，说服力强。其四，注意站在公务员的角度，多为国家和集体利益着想，多联系实际展开论述，使论证目标明确、分析合理、对策有效，举措得当，能够解决实际问题。

3. 精心结构

在申论写作题的“作答要求”中，常要求“条理清楚”“结构完整”等。这说明申论文章的写作，要注意谋篇布局，精心结构。从某种意义上讲，结构是否完整和优化也反映出应试者对立意的把握是否准确、解决问题的思路和对策是否得当、举措是否有效、论述是否严谨、结论是否可靠等。相反，如果结构残缺、凌乱，则反映出应试者思路混乱，论述层次不清，所提出的观点、对策和举措也难以令人信服，从而直接影响到应试者的得分档次。

一篇结构完整的申论文章应包括标题、开头、主体、结尾四个部分。一般而言，申论文章在本质上属议论文，其总体结构模式为“三段论”：“提出问题——分析问题——解决问题”。但在具体考试过程中，应试者应根据题目的差异性而灵活应对。如果是写策论文，其结构模式为：结合给定资料，概括存在问题——探究问题背后的原因，指出问题的危害性及解决该问题的重要性——提出解决问题的思路、对策和实施举措。策论文是申论考试中最为常见的文体，特别在省、市一级公务员考试中，策论文更具普适性。如果是写政论文，其结构模式为：立足政治高度，从具体问题、事件的表象中探究其本质——追根溯源，剖析其前因后果——阐明其重要价值或意义，或强调解决某一问题的必要性和迫切性。如果是写评论文，其结构模式为：概括介绍既有的某种思路或问题——作出分析，引出论题——围绕论题发表评论和意见，并根据需要适当提出一些解决问题的举措。至于具体的结构可以采用总分式、对照式、递进式、转折式等，其中总分式是最常用的结构方式。

四、申论的写作要求

（一）准确把握题意

写作前，要注意认真审题。首先要看清申论题目要求，准确把握题意，根据题目要求去审读材料，重点关注材料中与题相关的信息，略去次要信息，针对材料中的关键问题进行分析，提炼出正确的观点，形成明确的立意。在此基础上，再次回看题目相关要求，明确是写哪种文体，涉及内容、字数要求等，然后再根据这些总体要求去谋篇布局，快速行文，以确保写作的有效性。

（二）契合角色定位

申论写作，有时题目要求中为应试者设定了一个“虚拟身份”，这也符合选拔公务员的实际需求。应试者在写作时要立足于虚拟角色思考问题，将自己明确定位为某个特点岗位的特定身份者，使写作涉及的立场视角、问题分析、对策方案、实施要求、行文语气等，都处处契合虚拟的角色定位，以适应公务员特定的写作需求。

（三）语言朴实得体

申论写作是以解决实际问题为目的，其表达方式主要是说明、陈述、议论等，尽量不用或少用抒情、描写等表达方式。在语言方面，申论的基本要求是朴实、准确、简明、得体、流畅。申论的文风力求质朴，以朴实、准确的语言来表达自己对问题的概括和分析、提出解决问题的对策和举措，让人一读明了。因此，要避免使用华而不实、花里胡哨的语言，让人读后难以理解，不得要领。简明，是指语言的简洁明了。具体而言，就是尽量使用精炼的语言、较短的句子、较通俗易懂的词语进行表达，以取得言简意赅的表达效果。得体，一是指要注意把握不同文种对语言要求不同的特点，注意使用与写作文种相吻合的语言。二是指用词要贴切、规范，避免表达不严谨、句意混乱等问题的出现。流畅，是指语言表达清晰，逻辑性强，文气贯通，节奏鲜明，读起来朗朗上口，顺畅易懂。

此外，近年来，也将语言生动作为申论写作语言的新要求。这是在朴实、准确、简明、得体、流畅的基础上，对申论语言提出的更高要求。例如，适当使用大众口语和时尚词汇，适当使用恰当的比喻和排比整齐、富有气魄的句式，增强文章的语言表现力和感染力等。当然，对“生动”的追求要把握有度，恰到好处。

五、申论的写作例文

2018 年国家录用公务员考试《申论》真题卷
市（地）以下综合管理类和行政执法类

一、注意事项

1. 本题本由给定资料和作答要求两部分构成。考试时限为 180 分钟。其中，阅读给定资料参考时限为 50 分钟，作答参考时限为 130 分钟。满分为 100 分。

2. 请用黑色字迹的钢笔或签字笔在题本、答题卡指定位置上填写自己的姓名、准考证号，并用 2B 铅笔在答题卡上填涂准考证号对应的数字栏。

3. 请用黑色字迹的钢笔或签字笔在答题卡指定区域内作答，超出答题区域的作答无效！

4. 待监考人员宣布考试开始后，你才可以开始答题。

5. 所有题目一律使用现代汉语作答，未按要求作答的，不得分。

6. 当监考人员宣布考试结束时，考生应立即停止作答，并将题本、答题卡和草稿纸都翻过来放在桌上。待监考人员确认数量无误、允许离开后，方可离开。

严禁折叠答题卡！

二、给定资料

资料 1

位于 R 市郊西隅的沙坝村，总面积约 10 平方千米，山清水秀，历史悠久。

1980 年前后，家庭联产承包责任制开始在中国广大农村推行。中共中央《关于加快农业发展若干问题的决定》《关于进一步加强和完善农业生产责任制的几个问题》等有关“包产到户”“包干到户”的文件一层层传达下来，但沙坝村却没有变革的迹象，人们还在观望。时任大队书记的杨某回忆说：“那时候土地、山林还有各种财产都是国家（集体）的，国家的东西，哪个敢随便动！”

到了1981年底，沙坝村把耕地按好、中、差进行了搭配，然后按人口平均发包给村民，完成“分田到户”，第一轮家庭联产承包责任制在沙坝村初步落实。从此，在土地所有权不变的情况下，村民对于承包地有了经营权、使用权。当时的规定是：所有承包地土地，不许出租、买卖；不许在承包地上建房、烧砖瓦等。虽然承包时大队已经确定承包期是3至5年，但是，村民中仍有人怀疑分田到户不长久，会不会“今天分下去，明天又收回来”。直到1984年的中央一号文件提出“土地承包期一般应在十五年以上”，村民们的忧虑才初步解除。而后中央提出的“为了稳定土地承包关系，鼓励农民增加投入，提高土地的生产率，在原定的耕地承包期到期之后，再延长三十年不变”，算是给农民吃了“定心丸”。为了给农民稳定的土地承包经营预期，党的十九大报告明确提出“保持土地承包关系稳定并长久不变，第二轮土地承包到期后再延长三十年”。

资料2

L村位于某省中北部沿海平原区，粮食作物以小麦、玉米为主，冬小麦与夏玉米一年两季轮作，经济作物以苹果为主。L村的土地分为两类，一是“围庄地”，在村庄周边，有较好的水利条件；二是“洼子地”，离村庄远，水利条件较差。与全国大多数村庄一样，L村也在20世纪90年代中后期根据当时的政策完成了“二轮土地承包”。L村把全村土地分成两份，一份为各户承包的人口地；另一份为机动地。机动地主要用于给新增加的人口增地。

与其他村庄二轮承包普遍执行的“增人不增地，减人不减地”的土地政策不同的是，L村在机动地上实行“增人增地但减人不减地”的办法。自二轮土地承包以来，L村的人口增减变化将近百人。L村给新增加的人口分配土地先从位置、水利条件较好的围庄地开始，围庄地分完之后，新增加的人口就只能分到洼子地了。到了2014年，预留的机动地全部分配完了，“增人增地但减人不减地”的办法也就难以为继了。

村民李某在二轮承包时家里只有他们夫妇和未成年的儿子，多年后儿子娶妻生子，都没赶上村里分地，一家6个人种着3个人的地，收入窘迫。特别是每当看到邻居张某家2个人种着9个人的地时，颇有怨言：“明显不公平，就应收回重分。”但张某对他的话却不完全认同：“我家地多人少是事实，可二轮续包的时候就是这样，30年不变也是国家规定的。”

与李某、张某想要地、想种地不同，L村还有不想要、不想种地的人。76岁的万老汉，家里有6亩地，儿子和孙子都在外地打工、上学。每年的秋收季节都是万老汉最发愁的时候，繁重的劳动都得雇人帮忙。他想把地流转出去，但因为地比较零散，收益也不高，流转也很困难。村里和万老汉情况差不多的还有二十多人。近几年一直在外地打工的王某说：“种地费时费力不说，农忙时回家打理，请假还要被扣工资，不合算。这两年一直是托付亲戚来种地，没什么收益，明年也不想这么干了。”此外，村里还有10户完全脱离农业的家庭，因各种原因，他们承包的土地大多撂荒了。

现任村支书告诉记者说，村里二轮承包后一直没进行土地调整，这是因为国家对土地调整有政策，明确提出“小调整、大稳定的前提是稳定”。“小调整”的间隔期最短不得少于5年，而且“小调整”只限于人地矛盾突出的个别农户。2006年因为村民的承包地占用量与家庭人口不均衡，村里曾有过一次调整的打算，村委会研究决定：凡是人口减少以及已经迁往城镇落户的农户，其承包的土地份额一律收回，另行发包给新增人口的农户。村民石某因妻子去世而被收回了2亩地。石某不服，将村委会告上法庭，要求返还被收走的土地。法院经审理认为，2003年实施的《农村土地承包法》确立了“承包土地以户为单位，减人不减地”的原则。根据该法律，家庭承包经营权的主体是农户整体，而不是家庭成员个体。只要承包方的家庭还有人在，土地就是不能收回。只有在承包经营的家庭消亡，或承包方全家迁入设区的市并转为非农户口的情况下，发包方才可以收回承包地。如果承包方自愿放弃承包地，则应提前半年提出申请。最后法院判决村委会返还石某土地。石某这一告，那次土地调整就没往下进行。后来，国家对土地调整的限制越来越严格，多次强调“承包期内，发包方不得调整承包地”“现有土地承包关系要保持稳定并长久不变”。

2016年春，李某和一些农户以土地承包量有失公平为由找到了当地政府，要求调整。这一诉求得到了政府的支持。面对这种局面，村支书无奈地说：“这样一来，我们的压力很大，看来村里的土地调整也不是一个简单的事。”

资料3

据有关部门统计，到2016年年底，中国大陆城镇常住人口已达7亿9298万，比2015年末增加2182万人，城镇人口占总人口比例为57.35%。随着中国城市化进程的加快，大量农村人口涌入城市。

李奶奶是几年前从农村来到X市的。离开了广袤无垠的田野，住进了层层叠叠、密密麻麻单元楼的瑞丽花园小区。舒适的住所、单调的生活、陌生的邻里，李奶奶过得并不开心，觉得自己被压得“喘不过气来”，她几乎每天都要坐公交车穿过喧闹的街区到城郊的公园里活动活动筋骨，想法子找人说说话。

瑞丽花园小区是X市近年来新开发的商品房小区，位于市区两大主要交通干线的交汇处。因位置临近商业中心，地价昂贵，住宅楼比较密集。为了体现其景观的生态性，小区内有一条人工河道蜿蜒而过，把小区的空地分割成大小不一的碎片。河边花香草绿，绿柳成荫，不少凉亭假山点缀其间。但仔细观察便可发现，小区里可供居民活动健身的空地却十分有限，最大的一块空地，只能容纳30人共同活动。每次看到“芳草青青、留心脚下”的木牌时，李奶奶总免不了要叨唠一句“景有了，可人没了”。事实上，小区内也建有设备完善、宽敞明亮的室内舞蹈室、羽毛球馆及各类文体活动室。但羽毛球馆和健身房是不对社区居民免费开放的，需要居民办理会员卡。舞蹈室在有对外演出活动时用于排练使用，平时都上着锁。其他文体活动室都有一定的开放时限，利用起来并不方便。

离瑞丽花园小区不远的南平巷地区是一个具有完整元代胡同院落肌理、文化资源丰富的棋盘式传统民居区，迄今还有2万多名居民生活在此。

已经在此生活20多年的康阿姨对记者说，当初这里特别清净，没有商业化，更没有这么多的游客。可是到了2006年进行商业开发以后，南平巷变了样子，喧哗的酒吧、随意改建的建筑物、各种小吃店、水果摊占道经营。人流量和车流量骤增，传统的文化气息荡然无存。近两年，因为这里的居住环境条件每况愈下，商品价格攀升，老住户纷纷外迁，老宅成了外来人口的聚集地。

在如何把握历史文化保护、商业发展和居民人居环境三者之间的关系问题上，业内人士认为，彻底停止商业，或者迁走所有居民，都不是良策。因为，X 市的“根”就在这些胡同里，在这里居民的身上。

最近，一则消息让 X 市居民颇为兴奋。一座包含超大的绿地，融合生态、文化、休闲等多种功能的，面积近 2 平方千米的文化公园将在中心城区一块被认为最具开发价值的“潜力板块”破土动工。专业人士认为，公园不只是供市民休闲娱乐的实体，同时也包含丰富的人文意义和文化价值。对一个好的城市公共场所而言，“建设”只是一个基础，其塑造和养成不只在“造景”，更要借此“化人”。随着空间的变化，人们对城市的观感会变，对城市的体验度会变，相应地，城市治理的思路要变。拿出黄金地块做公园，提供的是场所，面向的是全体市民，彰显的是城市价值。每个在这里生活、工作的市民，都能感受到这座城市带给他们的幸福感、归属感和安全感。在强调“共享”发展理念的当下，这意味着城市治理观念的一次重大转变。

资料 4

17 世纪的巴黎，一座桥梁扮演了今天埃菲尔铁塔的角色，这就是新桥。巴黎人，无论贫富，都很快接受了新桥。王公贵族们突破正统的束缚，在桥上纵情欢乐，贫困的巴黎人，也来这里躲避夏日的炎热，不同层次的人在这里交流接触，新桥成为社会平衡器。

新桥就好像是一个“新闻发布中心”。当时的资料显示，只要在新桥张贴消息广告，很快就能聚拢大批人阅览。巴黎人可以在这里了解巴黎发生的大事小事，各种消息都会在人群中迅速传开。此外，一些反映社会现象的歌曲也在此广泛传播，以至于产生了许多“新桥歌手”。作家赛维涅侯爵夫人认为“是新桥创作了这些歌”。而这些歌曲也只是冰山一角。在 17 世纪 30 年代专业剧场诞生之前，新桥还一直是巴黎戏剧的中心。正如一幅 17 世纪 60 年代的绘画所示，演员们在临时搭建的舞台上表演，各行各业的人聚集在周围，甚至凑到舞台底下。露天表演是造成新桥交通拥堵的一个原因，另外一个更重要的原因便是桥上的购物活动，新桥一竣工，街头市场就出现了，各种新奇的东西这里都可以找到。没有人会预料到，这座桥会成为各色人为不同目的而争夺的空间。

在十几年前的圣保罗，经常可以看到富人区被高高的院墙和铁丝网包围、门口警卫森严的景象。其原因是贫富差异过大，富人为了寻求安全导致居住空间分异。贫困区税收锐减，政府提供的警力、学校、医院等公共服务质量下降，这又促使一些中等收入的家庭迁走，公共空间迅速衰败。一些人为了生存针对富人下手，或偷或抢，富人只能选择加强保安防范措施。这样的治安环境，无人敢去投资。于是，政府借助城市设计，恢复城市公共领域的功能，让市民在交往活动中逐渐消解对立情绪，进而吸引投资，重新复元。

近 30 年来，西方国家把大量工业化时代遗存的码头、厂房、矿场改造成为向公众开放的公园和文化广场。在城市中心区，“商业步行街”几乎成为城市更新的“标准选项”；在城市边缘地带，提供大尺度、复合化、向公众开放的商业空间，也成为地方政府和私人开发商最乐意采用的策略之一。这些购物中心、主题公园和广告天地，被设计得优雅、别致、生机勃勃，成为日常生活审美化的最典型不过的展示空间。有研究者说，城市建设与管理的目的如果仅仅是满足经济或某种美观诉求，显然是片面的，甚至是短视而危险的。

资料5

走进独墅湖月亮湾商务区，你会发现，这里的道路格外平整，找不到一条“马路拉链”，天际线由棱角分明的建筑物和绿树组成，空中也看不到一张“蜘蛛网”。这是因为，这里的自来水管、供电电缆、通信电缆全部“住”到了地下宽敞的“集体宿舍”里。这就是S市第一条城市地下公共空间基础设施——月亮湾地下综合管廊。城市地下综合管廊作为地下空间的“生命线”，是城市公共配套建设的重要组成部分。

月亮湾地下综合管廊，自2011年11月建成投入使用，已平稳运行多年。这是一个全长920米、断面3.4米×3米的“T”形长廊。长廊的一侧是一排长长的钢铁支架，如同“超市货架”，从上到下依次放着消防与监控线路桥架、电力线路桥架、两层通信网络桥架，最下面三层空着的“货架”是为未来管线预留的空间。管廊内另一侧是上下两根直径70厘米的集中供冷管道。技术员介绍说：“附近商务区的写字楼不用中央空调，夏天由这两根管道集中供冷。”

S市管线管理所负责人在向记者介绍管廊建设的前期准备情况时说，由市长担任组长的市地下综合管廊工作领导小组起到了关键作用，领导小组成员有39人之多，涵盖了辖区各板块、各相关单位主要负责人。专门机构的设立，形成了多元主体的常态化沟通和快速推进机制，有效避免了推诿扯皮、难以协调等问题。在领导小组的组织下，相关部门编制完成了《S市地下空间专项规划（2008～2020）》《S市地下空间规划整合（2012～2020）》，今年6月又出台了《S市地下管线管理办法》，统筹加强对地下管廊规划、建设和安全运行的管理。

“地下综合管廊造价和维护可不是一般的昂贵”，管廊开发公司徐总经理给记者算了一笔账，“使用寿命为50年及100年的地下综合管廊，每公里建设运行成本分别为1.6亿元及2亿元。即使S市经济实力不错，但借力社会资本也是现实的必然选择。”市政府授权S市城市建设投资发展有限公司出资组建了S市管廊开发公司，其中城建平台占股45%，水务占股20%，4家弱电单位各占股5%，为供电预留股份15%。管廊开发公司，专门负责城市地下综合管廊的投资、建设、运营和管理事务，不仅解决了资金问题，也解决了建设主体的问题。

在记者参观的时候，工作人员介绍：S市地处江南水网区域，地下工程施工难度大，精度要求高。为确保工程的顺利推进和质量安全，S市在前期调研分析基础上，根据国家《城市综合管廊工程技术规范》，组织专家团队反复论证，最终为项目设计施工提供了充分依据。S市在综合管廊规划设计阶段，就确立了系统化、标准化、智慧化的目标，在铺设管线时同步建设全面的监控、感知系统，并为信息系统升级留有接入口，方便日后对大面积地下管线实施统一综合管理。建成的综合管廊囊括消防、照明、排水、通风、通讯、供电、监控感知、火灾报警等系统，可以通过一个终端对所有管线进行实时监控和调度管理，并具有自动检测、定位、提醒等多种功能，真正实现了信息化、一体化、智能化管理。

由于综合管廊建设成本高，入廊管线大多具有公益性，且这一新生事物在使用过程中权、责、利还缺乏有效制衡和匹配，导致社会各方的投融资积极性都不高。为此，S市借鉴国内外经验，特别规定除争取国家试点和省财政支持外，如果项目建成后特许经营期内收费不能实现预期目标，市财政将进行一定补贴，确保股东投资安全且获得基础收益。

根据工程内容、建设成本、运营周期、物价水平等多重因素，制定收费项目和收费标准，明确各单位可以以入廊或租赁的方式获得管线所有权、使用权，让管线需求者根据自身实际情况选择使用方式，调动其入廊积极性，增加管线使用效率和经济收益。

管廊收费之所以困难，很重要的一个原因是缺乏调动入廊单位积极性的有效方式。S市创新性地以打造利益共同体的方式，吸引电力、给排水、通信等单位成为管廊建设主体——管廊开发公司的股东，让各单位根据自身需求充分参与管廊的规划、设计和建设过程。在合理确定收费标准的基础上，为盘活资产、提高综合收益，这些单位均愿以有偿方式使用管线。

资料6

月亮湾地下综合管廊建设给人们以很大的启示。那里地上道路平整，天空没有一张“蜘蛛网”，城市公共空间发展的潜力倍增。这让人想到《老子》里的话：“凿户牖以为室，当其无，有室之用。故有之以为利，无之以为用。”老子以人们居住的屋子为喻，他说一间屋子，开凿门窗，修建四壁，只有形成虚空部分，它才具有一间屋子的良好功能。据此，老子提出了“有之以为利，无之以为用”的观点，强调“有”与“无”都具有不可忽视的作用。瑞丽花园小区的李奶奶，离开广袤的田野，住进了单元楼，总觉得“喘不过气来”。看来，李奶奶虽不是哲学家，但在感觉上与老子“有”“无”之用的理念暗合。

三、作答要求

（一）给定资料1和给定资料2反映了改革开放以来我国农村土地承包政策的发展过程，请你概述这一发展过程。（10分）

要求：（1）准确、全面、有条理；（2）不超过200字。

（二）给定资料2中，L村村支书面对村民土地调整的要求，发出感慨：“这样一来，我们的压力很大，看来村里的土地调整也不是一个简单的事。”请根据给定资料2，分析他为什么感到压力很大。（10分）

要求：（1）全面、准确、有条理；（2）不超过200字。

（三）给定资料4提到，“城市建设与管理的目的如果仅仅是满足经济或某种美观诉求，显然是片面的，甚至是短视而危险的。”请根据给定资料3和给定资料4，谈谈你对这句话的理解。（20分）

要求：(1) 观点明确，分析全面，有逻辑性；(2) 不超过300字。

(四) S市将举办“城市样板工程展示会”，请你根据给定资料5，就其中地下管廊建设情况撰写一份讲解稿。(20分)

要求：(1) 紧扣资料，内容全面；(2) 逻辑清晰，语言准确；(3) 不超过400字。

(五) 给定资料6中提到了老子关于“有”和“无”的观点。请你围绕给定资料反映的城市建设理念中的问题，联系实际，以“试谈‘有’与‘无’”为题写一篇文章。(40分)

要求：(1) 自选角度，见解深刻；(2) 参考给定资料，但不拘泥于给定资料；(3) 思路清晰，语言流畅；(4) 总字数1000字左右。

附：参考答案

(一)【参考答案】

1980年前后推行家庭联产承包责任制，包产到户，包干到户，土地集体所有，农民有经营权、使用权，不准出租、买卖，建房、烧砖瓦等。

1984年提出土地承包期一般应在十五年以上。

1990年提出到期后再延长三十年不变。确定小调整、大稳定的前提是稳定，发包期内不得调整承包地。

2003年明确承包土地以户为单位，减人不减地。

2017年提出保持土地承包关系稳定并长久不变，第二轮土地承包到期后再延长三十年。

(二)【参考答案】

第一，人口增减变化大，二轮土地承包政策中“增人增地但减人不减地”的办法难以为继。

第二，政策的公平性、合理性存在争议。

第三，种地费时费力，土地零散、收益低，流转困难；部分农户不想要、不想种地，甚至完全脱离农业，导致土地撂荒。

第四，国家土地调整政策限制严格，重视“稳定”的前提。

第五，当地政府持支持态度，但与现有国家政策相冲突。

(三)【参考答案】

该句表明城市建设与管理的目的仅为满足经济或美观诉求，而忽视了人文意义和文化价值。

仅满足经济或美观诉求，易导致：(1) 生活单调，缺少沟通，心情压抑；(2) 活动健身空地有限、容量小；文体活动室利用不方便；(3) 破坏传统文化气息；(4) 各色人为不同目的争夺空间；(5) 贫富差异过大导致居住空间分异。如若兼顾人文意义和文化价值，则能彰显城市价值，带来幸福感、归属感和安全感，平衡社会关系，交流传播信息，催生艺术创作。

我们应当平衡历史文化保护、商业发展和居民人居环境三者关系；借城市公共场所

“化人”；借助城市设计，恢复城市公共领域的功能，消解市民对立情绪。

（四）【参考答案】

关于S市地下管廊建设情况的讲解稿

各位观展的领导、同志们：

地下综合管廊是将自来水管道、供电、通信电缆等管线整体迁入地下的城市公共配套设施，能改善城市环境。我市月亮湾地下综合管廊自建成以来平稳运行多年，内部管线有序排列且预留管线空间，并容纳夏季集中供冷管道。

我市从以下几点入手：一是设立工作领导小组。市长担任组长，并涵盖辖区内单位主要负责人；形成常态化沟通和快速推进机制；编制规划、统筹管理。二是解决资金问题。组建开发公司，借力社会资本，负责投资、建设、运营和管理事务；争取国家试点和省财政支持，通过补贴确保股东的基础收益。三是科学设计施工。前期调研分析，组织专家反复论证；建设监控、感知系统，预留升级接入口，实施统一综合管理。四是调动入廊积极性。合理制定收费项目和标准，让管线需求者自主选择使用方式；打造利益共同体，让各单位参与规划、设计和建设过程。

（五）【参考例文】

试谈“有”与“无”

——城市建设的辩证法

随着时代的发展，人们对城市有了更高的期待，传统城市建设中的一些问题暴露了出来。过于注重房子等硬件，忽视了人的真实需求，最后“景有了，人没了”；过度商业化，把历史文化古迹等都变成收费场所，结果“有了钱，没了文化”；私人权益扩展，公共空间被压缩，造成“有个人，无大家”的局面。

如何化解这些问题呢？哲学家老子“有之以为利，无之以为用”的辩证思想为我们提供了一些思路。从城市建设的目的、功能设计、管理等方面来看，主要是要平衡好硬件软件、经济和人文、私人与公共空间的关系，以打造生活更便利、精神更丰富，人民关系更包容的新型城市。

从城市建设的目的来看，要解决“有景无人”的问题。要树立“城市为人而建设”的理念。城市所有基础设施建设的“有”之利，要服务于人民群众的“用”。当前一些城市生态公园、景观设施建设出现“可远观不可玩”的问题，就只照顾了城市面子，忽视了市民悠闲需求。城市发展要注意留足地面发展空间，增加资源投入，从满足人民群众实际需求的角度建设市民自由活动空间。另一方面，我们要始终记得：建设可见、实用的高楼大厦、电缆、道路、汽车等“有”之利时，要注意给老百姓留下蓝天、明月、旷野景观视野空间。只有这样，来自农村旷野的李奶奶，才不会因城市空间的逼仄和种种限制而“喘不过气了”。

而在城市功能的设计上，大力发展经济、产业、商业发展之“利”的同时，要流出休闲生态和文体活动空间，要注意保护历史文化，人居环境。要注意城市建设不只是“造景”更是“化人”。过分强调经济建设会使城市生态不堪重负，过分商业化会使城市的历史文化失去价值，会使人们没有时间和空间来“无所事事”，人们生活无法慢下来就没有闲暇，就不会有文化创造。所以，建设经济开发区时要留下城市绿地；建设城市 CBD 的同时，要留下古建筑保护区、特色文化街区；建设写字楼的同时，留下休息娱乐地。我们要认识到城市是一个生活综合体，需要产和生活、生态的平衡。

最后，在城市管理方面，不能让私人性、营业性的“有”，把全民性、公益性空间挤压成“无”，要注重发展成果“共享”的理念。城市空间不能全都是私有、封闭、收费、只为某一个阶层服务的，还要有让不同层次的人可以交流互动、取得共识的场所空间，从而带来城市的包容性，多样性，开放性，带来社会和谐发展，如巴黎人的新桥空间。城市管理者要给全体市民更多的人文关怀，包容鼓励，给其更多的获得感、幸福感、安全感。像今年北京、深圳等地一些小区物业设置隔离墙，将商品房和保障房进行分隔管理，人为将小区分割成“富人区”、“贫民区”，就造成了群众不满和心理隔阂。这种简单粗暴的做法肯定是不合适的。同一个小区内，“头顶一片天，便如一家亲”，公共资源使用权应该是人人平等的。

加快城乡一体化建设是我国建设社会主义现代化国家的必由之路。这个进程中，我们在大力发展硬件设施、经济商业等“有之利”的同时，更要兼顾好城市空地、历史文化、公共娱乐、社会交往空间等的“无之用”。我们要给城市建设留下一些空白，以便其更好的发挥功能。

（来源：http：//www. chinagwy. org/html/stzx/gj/201712/14_ 223543. html）

六、申论的写作训练

阅读下面申论试题，独立思考，根据“作答要求”，试做各题。

2018 年国家录用公务员考试《申论》真题卷
省级以上（含副省级）综合管理类

一、注意事项

1. 本题本由给定资料和作答要求两部分构成。考试时限为 180 分钟。其中，阅读给定资料参考时限为 50 分钟，作答参考时限为 130 分钟。满分为 100 分。

2. 请用黑色字迹的钢笔或签字笔在题本、答题卡指定位置上填写自己的姓名、准考证号，并用 2B 铅笔在答题卡上填涂准考证号对应的数字栏。

3. 请用黑色字迹的钢笔或签字笔在答题卡指定区域内作答，超出答题区域的作答无效！

4. 待监考人员宣布考试开始后，你才可以开始答题。

5. 所有题目一律使用现代汉语作答，未按要求作答的，不得分。

6. 当监考人员宣布考试结束时，考生应立即停止作答，并将题本、答题卡和草稿纸都翻过来放在桌上。待监考人员确认数量无误、允许离开后，方可离开。

严禁折叠答题卡！

二、给定资料

资料 1

N 市为推动“中国制造 2025”试点示范城市在本地落地实施，组成调研组对本市制造业情况进行了调研。下面是调研所形成的材料。

我市已经基本形成了比较完备的智能制造政策框架体系，智能制造试点示范工作稳步推进，智能制造创新平台和核心技术突破初见成效，龙头企业智能化转型和区域集聚加快形成，以工业机器人为引领的智能制造装备产业发展驶入“快车道”。可以说，在以智能制造为重心的方略下，智能经济之“核”初步形成。但仍面临问题和不足：智能制造的基础有待夯实，物联网、云计算和大数据等基础性关键环境要素的建设滞后于智能制造发展需求。其中，智能制造装备缺“核”少“芯”问题最为突出，核心控制技术依赖进口，工业机器人等智能制造核心产业研发投入大部分仍处于实验室阶段。这导致了我市智能经济发展过程中存在着示范引领有待加强、智能制造标准指数缺位、国际技术合作服务乏力等诸多亟待解决的难题。

“要推进强基工程，打通智能制造承载能力的‘卡口’。”调研组建议，要瞄准关键基础材料、核心基础零部件、先进基础工艺和产业技术基础的“四基”短板，着力在新材料、智能装备、新一代信息技术等重点领域的“四基”工程化、产业化生产和应用上取得突破；要通过培育一批行业细分领域的“工匠型”企业，积极采用新技术、新工艺、新设备、新材料，促进“产品”向“精品”转变，并积极参与行业标准制订，形成一批能够代表“N 市智造”、引领国内产业发展的技术标准。

传统产业是我市目前经济发展的主要支柱，占全市规模以上工业总产值的比重超过 70%，是我市经济整体转型升级的主战场，更是智能制造推广应用的大市场。

调研中发现，在东南亚国家低成本吸引力和发达国家制造业回归双面夹击下，我市传统产业渴望通过智能化改造提升生产效率、产品品质、增强盈利能力的内生需求十分强烈。市委市政府也适时地把传统产业智能化改造列为建设“中国制造 2025”试点示范城市的主要任务；建立了 N 市智能制造产业研究院，在全国率先成立智能制造协会。具有示范意义的项目也在不断涌现。传统产业智能化改造的动力很强、基础扎实。

但数据显示：全市 7300 多家规模以上工业企业中实施智能化改造的比例不到 30%，部分中小企业尚未开展智能化改造。调研组认为，对于实施智能化改造，传统产业的绝大多数企业主存在不懂、不敢、不愿三种态度，主体意识并不强。同时，智能化改造的核心技术发展滞后、系统集成供给不足、人才和网络基础设施支撑有待加强等问题，也延缓了传统产业智能化改造的步伐。

推进传统产业进行智能化改造，就要引导创新协同，构建最大限度发挥大中小微企业、产学研用各方优势的协同创新创业共同体，集中攻克一批以软硬件一体化为主要特征、带动性强的智能装备，自主培育扶持一批具有很强市场竞争力的系统集成、装备研制、软件开发与智能制造新模式应用等领域的智能装备骨干企业。要开展试点示范，在化工、汽车、纺织、家电、机械制造等重点行业中开展智能化改造示范应用，培育一批“专精特新”的“工匠型”企业。

生产性服务业是智能制造发展的推动力，而我市在这方面发展相对滞后，成了发展“瓶颈”之一。当前我市生产性服务业规模小、结构差等问题依然突出，主要表现在：制造企业普遍不能接受生产性服务外包这种模式，导致其发展迟缓；生产性服务业“重硬轻软”，重视工艺技术服务而轻视管理、市场、人才服务；缺乏本土的全国性生产性服务企业；服务资源整合共享机制尚未建立。

要加快谋划新增关键生产性服务业集聚平台，如把电商经济创新园区建成“N市定制制造和定制电商生产性服务业集聚区”，整合现有制造业服务平台，建设“N市生产服务业综合对接平台”等。要大力推进企业内生产性服务建设，积极鼓励制造业企业成立生产性服务业公司，培育企业研究院和工程技术中心。要大力培育智能制造生产性服务龙头企业，重点引进和培育引领性智能制造系统集成服务商、全国性的制造工业设计服务商，建立生产性服务应用技术创新联盟。

资料2

W市多次举办了中国机器人峰会。人工智能等流行词汇在这里不是抽象的概念，而是触手可及的现实。W市民营经济发达，但传统产业占比超过70%。这样一个传统制造业占大头的县级市，经济转型升级的突破口在哪儿？W市的探索表明，发展智能经济或许是关键之招。

第四届中国机器人峰会开幕前夕，记者深入W市的工业园区、企业生产车间，探寻和领略这座城市关于智能制造的雄心。

在平板电脑上用手指点击一个程序发出指令，只见一个身材高大的机器人，灵巧地挥舞着手臂，利索地把几个玻璃杯叠放在一起，成了金字塔状。这是智能制造产业研究院以G为首的团队最新研发的双臂柔性机器人，也是国内自主研发的首个十四轴双臂机器人。

在W市，人们意识到，在智能经济这一新形态下，谁能在智能机器人这一先导产业捷足先登，谁就能抢占先机。因而，W市明确把机器人产业作为发展智能经济的切入点。

在W市采访，记者接触到的专家和企业家，均对即将开幕的中国机器人峰会充满期待。这个业内盛会对W市机器人产业的发展拉动作用明显。智能制造产业研究院的迅速成长，以及随后一系列机器人企业的落户，正是W市花大力气举办中国机器人峰会结出的果实。

中国机器人峰会，只是W市布局机器人产业和智能经济的“冰山一角”。W市有关负责人表示，该市发展机器人产业的一系列规划，并不是一时兴起的跟风，而是区域发展战略的延续和深化。W市是经济强市，制造业基础较好，应用市场广阔，发展机器人产业可谓水到渠成。

除了中国机器人峰会、智能制造产业研究院，W市还在规划建设机器人小镇。眼下，一个拥有机器人产业制造基地、机器人产业学院、机器人展览交易市场的机器人小镇正拔地而起。目前小镇已落户智能经济项目 21 个，投资 7.2 亿元。

机器人以及智能经济的魅力，不仅在其本身作为新的经济增长点，更在“牵一发而动全身”的强大带动力——机器人是产业结构调整升级的突破口和助力器。

一条自动化流水线上，近 20 个大大小小的配件经过自动组装、检测，成为一个个喷头，这是记者日前在某自动技术有限公司看到的生产场景。这套生产线是为 W 市一喷雾器企业量身定制的，平均每分钟可生产 60 多个喷头，节省劳动力 40 人至 60 人。

喷雾器制造是 W 市的一大“块状经济”，随着人口红利逐渐消失，“机器换人”在业内广受青睐。

在经信局局长的案头，摆着一份长长的企业名单，那是 W 市传统企业智能化改造的进度表。传统企业借助“机器换人”进行自动化、智能化改造已形成高潮。记者了解到，2016 年度 W 市以“机器换人”为突破口，组织开展“机器换人”重点专项 182 项，项目总投资 21.06 亿元，实现企业核心生产设备工序（工位）减员 8411 人，人均产值提高 3 倍以上。

不仅通过“机器换人”减少人员、提升效率，还要基于物联网技术，用数据建模，用大数据分析的方法，为产品生产找到一个最合适、成本最低的制造模式。

在另一家公司的实验车间，记者看到两个机械手根据不同的零部件，自如地切换 10 余套夹具，协同完成一个精密产品的组装。整条流水线上机器人的所有操作都是通过后台管理系统的精密测算来指示的，设备生产系统和业务管理系统无缝衔接。

从模仿到跟随，再到自主创新，近年来 W 市涌现出一大批本土的系统集成和服务提供商，服务于传统制造业的升级改造。

高端人才的多少，在一定程度上决定了一个地方产业的发展走向。然而，对一个县级市而言，吸引高端人才并不容易。一个人带来一个产业，这句话是 W 市引才工作的生动写照。10 多年前，辞去国外公司高管职位的 L 带着技术和人才来到 W 市。在 L 的带领下，当年年底，该市第一块靶材产品成功下线，这意味着中国结束了溅射靶材完全依赖进口的历史。

G 是自动化领域全球首席科学家。虽然来到 W 市的时间不长，但他发挥自己的聪明才智，在全球范围内网罗智能领城的高端人才，目前已引进机器人领域国家“千人计划”专家 18 名，创办相关企业 14 家，让机器人“块状经济”在 W 市初具雏形。

欲致奇效，必出奇招。现如今，各地都在寻找经济转型升级的路径。但培育智能经济，打造机器人产业，寻常路径很难起到效果。单就引进人才一条，如果没有政府层面大手笔推动，单凭企业的力量难免捉襟见肘。因而，政府的“有为之手”至关重要。

在 W 市，地方政府通过筑巢引凤，吸引海内外各类创新基因集聚，并辅以相应的生态，促进其相互碰撞、发酵，产生“化学反应”。在 W 市，企业家之间、企业家和政府之间这种密切的互动，让企业成长多多。

资料 3

日前，“D 市杯”国际工业设计大奖赛举行了颁奖典礼，共有海内外 20 多项设计从

3000多件参赛作品中脱颖而出，拿下各项大奖。

D市共举办了11届国际工业设计大赛。本届大赛更突出了设计资源与产业对接，开展了设计师对接会、工业设计成果展等系列活动，共征集到参赛作品3255件，最后评出概念组金奖1名、银奖3名、铜奖6名，以及产品组金奖1名、银奖3名、铜奖6名。

一位教师此次拿到概念组金奖。这是一组适合中国人烹饪习惯的智能炊具，名为“美味中国”。“中国人烹饪讲究火候，蒸鱼是蒸五分钟还是八分钟？这个时间往往不好把握，但温度可以最直观体现。”这个锅的最大秘密是手柄一按就可以分离，能自动检测锅内温度，不会让蒸煮、炒菜出现“口感太老”“偏生”等问题。这位教师称，这个手柄未来甚至可以与普通的蒸锅、电磁炉等搭配，市场空间非常大，相比于概念复杂、功能冗余的各种智能化产品，这种简单而实用的设计才能真正改变生活。而产品组金奖作品是一套沙发，这套沙发的设计体现多功能，拼接组合适应各种户型。

现场众多专家认为，D市年年举办工业设计大赛，品牌效应已经很强，吸引了国内外越来越多的年轻设计师关注，不少实用化、智能化的工业设计，堪称惊艳，这是一笔有待进一步挖掘的宝贵财富。

“现在，已经不是科技推动设计的时代，而是设计推动科技的时代。”此次设计创新高峰论坛上，著名设计顾问H教授做了主题演讲，谈到了作为典型的工业大市，D市要学会用设计推动技术创新、产品创新，借用人的“慧”，打造物的“智”，将工业技术和设计创新深度融合。H认为，好的设计师应该思考满足人们的实际需求，改善人的生活质量。而更高明的设计师，则要关注人类，关注生存环境，应该思考人与产品、与大自然的关系。谈到中国设计的发展，H指出，中国的设计师应该多研究吸收中国人的传统文化，比如在设计中国的传统建筑或家具时，应该更多地去中国传统文化中寻找灵感。这并不意味着在一个现代物品上印几个传统图案就行了，而是要真正去体味中国传统文化蕴含的智慧和美。

工业设计协会的Y教授说，此次获奖作品很多都是智慧生活类产品的设计，这构成了工业设计的一种方向。中国如今的产品从外观和结构设计上已经不错了，可以说是“四肢发达”“体格健壮”，有很好的基础，但就是缺点儿“脑子”，也就是智能化水平较低。现在迫切需要的就是往这些健壮的铁疙瘩身上植入“大脑”。智能化、交互化成为人类生活的必须，也成为工业设计的关键词。比如，我们开发了一个核心智能化系统，叫作“多行业嵌入式技术”。拥有了这种核心技术，再通过合理的设计，加上不同的外壳，就可以把它变成割草的、扫地的、清洗游泳池的全自动机器。只要你想得到，它甚至可以装到任何产品当中去。这就是服务创新的发展方向。服务设计就是数字化与用户体验的交互，就是在产品中融入时间、情感等因素。未来真正的“智造”，一定需要智能化、交互化的工业设计。

资料4

以下是专家意见摘录。

人类经过了农业时代，工业时代，进入了现在的互联网时代，接下来的时代应该是“想象力经济时代”。设计师将是那一个时代的主人。

2016 年，一场以“创造不可能”为主题的全球创新设计大会走入了人们的视野。数十位设计大咖通过对时代痛点与未来发展趋势的解读与畅想，让我们第一次了解了“新物种”“爆款计划”以及“想象力经济”这些概念中隐含的巨大价值。中国领先的创新设计平台，则以“众创”的模式推动想象力向生产力转化，致力于用设计创造更多经济价值。

这里面所体现的“共享设计”的理念，激发了个人创造力的觉醒，并由此引领设计新风潮。这一全新理念，意在打造一个集企业、用户、设计师为一体的共享生态圈，同时将设计上升到了一个“众创”的维度，赋予每个参与者以创造者和受益者的双重身份，由此推动想象力的价值链实现最大化的延展。

让想象力产生价值乘数效应，这正是“众创”所希望的结果。共享价值的实现，激发了更多人加入共享设计生态圈。

设计师可以通过与用户进行交流汲取全新的创意灵感，与企业沟通将设计转变为惠及大众的创新产品。企业家也有了机会向用户展现自身的创意产品，聆听他们的想象进而洞察他们的需求，让具有创造力的设计师助力企业的产品创新，进而创造更大的商业价值。

当用户需求被设计师解读，并对产品进行重新创作，优秀的产品便产生了，这个产品再造并走向市场形成商业价值的过程，就是想象力经济的落地体现。想象力经济的本质正是将人的创新精神转化为商业价值的一个过程。

想象力是消费升级的原动力，消费升级反映了消费水平和发展趋势，让消费者为内心的归属感买单，其突破口在于找到消费者真正的欲求。

每个时代都会出现某种经典产品来推动社会的发展和变革，互联网时代的是手机、电脑等终端产品，智能时代的是智能机器人。智能机器人普及后，对人类来说，想象力将会成为下一个时代的主导，设计师将成为推动社会进步的重要力量。

互联网技术的进步使万物产生共联，共享经济的产生让社会资源得到优化配置。个体创造力的连接与共享是想象力经济发挥价值的基础。个人创造力的觉醒、企业创新力的横空出世推动想象力成为未来经济发展的新驱动力。而创造力共享让每一个天马行空的创意设计变现，从而创造更多颠覆时代的爆款产品，充分挖掘设计师个体的价值。

只要拥有想象力，敢于创新，就有可能迎来想象力经济的时代。

资料 5

有学者认为：“人最伟大的特点和优势不只是会学习，关键在于富有想象力，具有穿越未来的能力。”爱因斯坦曾经说过：“想象力比知识重要。”

想象力是人类所特有的一种天赋。想象力是在已有形象的基础上，在头脑中创造出新形象的能力。想象力也是一种创造力。培养想象力并非要抛弃知识，而是相反，需要更多元、更丰富、更深远的知识集群。

人工智能技术正在不断推动移动互联网形态完成新变化，完成更自主的信息捕捉，更智慧的分析判断。然而人工智能无论如何先进，终究无法超越人类的审美和想象力，无法超越每一个人呼之欲出的创造能动性。

从某种意义上说，在浩如烟海的知识网中，科学、艺术和古文化对于想象力都起着非常重要的作用，构成了想象力的源泉。

提出了"证伪主义"的波普尔，在科学认识上刷新了人类的认识：敢于批判，不断质疑，是科学精神的核心。这和传统的科学认知"科学是经验积累的产物，被证明或者被无数次重复验证的科学理论就是永远正确的"，很不一样。

艺术，作为代表美的精神力量，贯穿于人类发展的全时空。有了它，人类可以无止境地向着无限美丽的世界前进。

历经多少世纪而留存下来的古文化，蕴含着需要想象力才能充分挖掘的惊人智慧和秘密，它是保持想象力永不枯竭的源泉。不少思维活跃的前沿科学家都是人类学和古文化的爱好者。他们研究的科学决然不是宗教，但是，他们比任何人都敏感于那些古老民族的神秘文化和宗教，并从中大量汲取了养分。

而中国人的想象力则更有自己文化传统的优势可以依托，中国人的古典文学和传统艺术催生了一代代中国人的东方式灵感，庄周的梦蝶，屈原的《天问》，敦煌的飞天，李白心中的皓月……都蕴含着值得中国人真正去体味的传统文化的智慧和美。

这样的例子还有很多，几乎每一个当代在创新领域有所建树的人，都可以捕捉到他们从科学、艺术和古文化中汲取想象力的痕迹。然而，想象力并不独为创新者所占有，在平凡的生活中，想象力能给每一个人以幸福感。

三、作答要求

（一）根据给定资料1，对调研组的调研材料，从成绩、问题和建议三方面进行概述。(15分)

要求：(1) 准确、全面；(2) 恰当提炼，条理清晰；(3) 不超过350字。

（二）上级部门来W市考察，请你根据给定资料2，就W市在经济转型升级过程中的探索，写一份汇报提纲。(20分)

要求：(1) 紧扣资料，内容具体；(2) 语言流畅，有逻辑性；(3) 不超过400字。

（三）根据给定资料3，请你对画线句子"借用人的'慧'，打造物的'智'"加以分析。(15分)

要求：(1) 观点明确，紧扣资料，有逻辑性；(2) 不超过300字。

（四）根据给定资料4，谈谈你对"想象力经济"的理解。(10分)

要求：(1) 准确、全面；(2) 不超过200字。

（五）请深入思考给定资料5画线句子"科学、艺术和古文化对于想象力都起着非常重要的作用，构成了想象力的源泉"，自拟题目，自选角度，联系实际，写一篇文章。(40分)

要求：(1) 观点明确，见解深刻；(2) 参考给定资料，但不拘泥于给定资料；(3) 思路清晰，语言流畅；(4) 字数1000～1200字。

（来源：http：//www. chinagwy. org/html/stzx/gj/201712/14_ 223543. html)

第七章　法律应用文

□学习目标与要求

1. 掌握各类法律应用文的基础知识。

2. 能写规范的法律应用文。

3. 能知法、懂法，较好地结合法律应用文实际处理环境，养成严谨的思维、语言及写作习惯。

第一节　起诉状

一、起诉状的内涵

起诉状又称“状子”“书状”或“状纸”，是当事人（个人或单位）为维护自身（即原告）权益，依法向人民法院提出诉讼，请求裁判所使用的法律应用文。

起诉状递交给人民法院，可以为人民法院受理、审理和调解案件提供依据与基础。

二、起诉状的特点与种类

（一）起诉状的特点

根据案件性质的不同，不同类型的起诉状有其不同的特点。

1. 民事起诉状的特点

（1）起诉内容的限定性

根据《中华人民共和国民法通则》第 2 条规定：民法是调整平等主体的公民之间、法人之间、公民和法人之间的财产关系和人身关系的法律规范。因而民事起诉状起诉涉及的内容只能是平等主体的公民之间、法人之间、公民和法人之间的人身财产利益方面的纠纷。

（2）起诉条件的法定性

根据《中华人民共和国民事诉讼法》第 108 规定起诉必须符合下列条件：

① 原告是与本案有直接利害关系的公民、法人或其他组织；

② 有明确的被告；

③ 有具体的诉讼请求；

④ 属于人民法院受理的诉讼范围和受诉人民法院管辖。

2. 行政起诉状的特点

（1）起诉内容的特殊性

根据《中华人民共和国行政诉讼法》第2条规定公民、法人或者其他组织认为行政机关和行政机关工作人员的具体行政行为侵犯其合法权益，有权依照本法向人民法院提起诉讼。其他的不能提起行政诉讼。

（2）起诉权利的单一性

行政起诉中享有起诉权利的人即原告，只能是专指受国家行政机关或其工作人员具体行政行为侵害的公民、法人或其他组织，被告的国家行政机关不能提出起诉。

3. 刑事自诉状的特点

（1）起诉要求的自诉性

刑事自诉状是相对刑事公诉状而言的，刑事自诉状主要是指被害人财产或人身受到的轻微伤害，公安机关或人民检察院认为可以不予追究，但被害人自己却掌握证据要追究被告人刑事责任而提起诉讼的法律文书。

根据《中华人民共和国刑事诉讼法》第141条规定：人民检察院认为犯罪嫌疑人的犯罪事实已经查清，证据确实、充分，依法应当追究刑事责任的，应当作出起诉决定，按照审判管辖的规定，向人民法院提起公诉。刑事起诉状是以人民检察院（即国家）的名义向人民法院提出，也称公诉。

（2）起诉内容的特殊性

根据《中华人民共和国刑事诉讼法》第170条规定；自诉案件包括下列案件：

① 告诉才处理的案件；

② 被害人有证据证明的轻微刑事案件；

③ 被害人有证据证明对被告人侵犯自己人身、财产权利的行为应当依法追究刑事责任，而公安机关或者人民检察院不予追究被告人刑事责任的案件。

（三）起诉状的种类

起诉状按照其性质可分为民事起诉状、行政起诉状、刑事自诉状等。

三、起诉状的写作

民事起诉状、行政起诉状与刑事自诉状虽然内容和性质不同，但其制作格式和写作方法基本相同，起诉状由首部、正文和尾部三部分组成。

（一）首部

1. 标题。

在文中顶端居中写“民事起诉状”或“行政起诉状”。

2. 原告和被告的基本情况

根据《法院诉讼文书样式》的规定，当事人是公民的，应当依次写明当事人的姓名、性别、出生年月日、民族、籍贯、职业或工作单位和职务、住址等内容；当事人是法人或其他组织的，原告应当写明单位或组织的名称、地址以及法定代表人或代理人的姓名、职务，企业的性质、工商登记核准号、经营范围和方式、开户银行和账号等。被告应当写明单位或组织的名称、地址以及法定代表人或代理人的姓名、职务及联系电话等。如有第三人，应当写明第三人的姓名、性别、出生年月日、民族、籍贯、职业或工作单位和职务、住址等。第三人是法人或其他组织的，应当写明法人或其他组织的名称、地址以及法定代表人或代表人的姓名和职务。

（二）正文

1. 诉讼请求

诉讼请求，是指原告提出诉讼，要求法院判决的具体要求。

2. 事实和理由

（1）事实

“事实”部分是指围绕诉讼要求和目的，写明当事人之间的争执或纠纷的具体事实，主要包括民事纠纷发生的时间、地点和事件等相关情况，要实事求是地反映民事案件的发生、发展、结果及危害。但这不是说只要简单的记叙民事案件的发展过程，也不是说越详细越好，而是要写清被告侵权行为的具体事实、侵权行为所造成的后果以及被告应承担的民事责任，同时要把当事人双方争议的主要矛盾写明白，要详略得当，交代清楚双方争执的关键情节。如《最短的状纸》，本来在封建社会里，寡妇改嫁是很困难的，一位想要改嫁的寡妇在状纸中写道，“夫死，无嗣，翁鳏，叔壮”。只有八个字，但却充分阐述事实，县官批准了寡妇的要求。如果原告人在争执中也有一定过错和责任，也应实事求是地写清楚，同时要注意与提交的相关证据与证物相吻合。

（2）理由

“理由”是指围绕民事纠纷，写明提请诉讼请求和提请民事诉讼的法律依据，主要是指在文书中准确引用法律条款论证诉讼请求与提请民事诉讼的合理性和合法性。只有在对民事纠纷具体分析中准确地解释法律、引用法律，“理由”部分的写作才能言之有理。首先，在起诉状的写作时要对相关法律有全面的了解和掌握，精准援用法律，如果对法律的理解存在偏差，无论在起诉状中罗列多少法律条文，也不能从法律上有力地支撑其诉讼请求；其次在起诉状“理由”部分的写作中应精准援引法律条款，如引用的相关法律条文中含有款或项的，应引用到条下的款或项，保证引用法律条文的准确性。只有在写作中能精准援用法律，才能更好地体现“以事实为根据，以法律为准绳”的原则，写好民事起诉状。

3. 证人姓名和住址以及其他证据名称、来源

根据《中华人民共和国民事诉讼法》第63条规定证据有下列几种：（1）书证；（2）物证；（3）视听资料；（4）证人证言；（5）当事人的陈述；（6）鉴定结论；（7）勘验笔录。

以上证据必须查证属实，才能作为认定事实的根据。

（三）尾部

1. 致送人民法院的全称。在正文下另起一行空两格写“此致”，换一行顶格写明致送人民法院的全称。

2. 起诉人签名、盖章。

3. 写明起诉应用文制作的年、月、日。

4. 附项。包括副本几份（根据《民事诉讼法》第109条规定：起诉应当向人民法院递交起诉状，并按照被告人数提出副本。第68条：书证应当提交原件。物证应当提交原物。提交原件或者原物确有困难的，可以提交复制品、照片、副本、节录本。提交外文书证，必须附有中文译本），书证、物证的名称、件数，证人的姓名、住址等其他证据情况。

四、起诉状的写作要求

（一）用词要严谨、准确

起诉状中无论是对案情事实的叙述、对起诉理由的阐释证明，还是对诉讼请求与决定事项的表达都要用词严谨、准确。如“诉讼请求”部分是指原告提出诉讼的目的和要求，写作就要注意以下几点：

1. 提出具体要求

如：在起诉立案时只写“要求被告赔偿原告所有损失”，而没有写明具体赔偿数额或其他方面的具体要求，法院会要求起诉人重新制作起诉状。同时由于民事权利属于私权范畴，当权利主体不寻求司法保护的时候，作为公权力的司法行为就不会介入，即“不诉不理”，就是当事人提出什么请求，法院就审理什么请求，如：原告与被告在赔偿损失、清偿债务、履行合同、归还产权四方面都有民事权益争议，但原告在“诉讼请求”却只提出要求被告“清偿债务”，那么法院就只会就这一方面进行判决。

2. 写明准确数额

根据《人民法院诉讼收费办法》的规定：财产案件根据诉讼请求的金额或者价额，按照下列比例分段累计交纳：①不超过1万元的，每件交纳50元；②超过1万元至10万元的部分，按照2.5%交纳；③超过10万元至20万元的部分，按照2%交纳；④超过20万元至50万元的部分，按照1.5%交纳；⑤超过50万元至100万元的部分，按照1%交纳；⑥超过100万元至200万元的部分，按照0.9%交纳；⑦超过200万元至500万元的部分，按照0.8%交纳；⑧超过500万元至1000万元的部分，按照0.7%交纳；⑨超过1000万元至2000万元的部分，按照0.6%交纳；10. 超过2000万元的部分，按照0.5%交纳。所以在确定诉讼标的额时起诉人应参照相关法律、法规中规定的具体标准，诉讼请求应提出具体的数额，但并不等于在提出诉讼请求时多多益善，这样可以降低诉讼成本，因为如果数额过大，与判决数额之间的差额风险只能由自己承担，同时也要兼顾到对方当事人经济承受能力以及类似案例的判决等具体情况，合理的赔偿金额也有利于法院的调解。

（二）当事人基本情况要写准确

1. 姓名要写明确

原告、被告栏都要填写姓名，要求写明姓名（包括曾用名）、现用名与身份证上的名字不一样的，以身份证上的姓名为准。

2. 年龄要写准确

首先，具体年龄关系到当事人是否具有诉讼行为能力，根据《中华人民共和国民法通则》第 12 条第 2 款规定："不满十周岁的未成年人是无民事行为能力人，由他的法定代理人代理民事活动。"其次，具体年龄有时也会关系到案件的判决结果，如《中华人民共和国婚姻法》第 6 条明确规定结婚年龄男不得早于 22 岁，女不得早于 20 岁，第 10 条明确规定未到法定婚龄的婚姻无效，所以如果原、被告在女方未到 20 岁时办理结婚登记手续，那么两人属于未到法定婚龄的婚姻，是无效婚姻。如果两人要办理离婚的话，法院应当宣告原、被告婚姻关系无效，而不是判决离婚。所以当事人的年龄要写准确。

3. 其他信息要填写清楚

除以上情况之外，当事人在写起诉状时还要写明具体住址或单位地址，以便于人民法院将相关法律文书送达；同时要尽量写明自己的电话等具体联系方式，这样便于人民法院电话通知开庭等相关诉讼事宜。

（三）用语要专业

民事起诉书与一般应用文写作的不同在于除了要注意其实用性之外，还要注意起诉书的严肃性与法律性。表现在写作中主要是要注意法律术语不能混用。如"被告"与"被告人"两个词，根据刘复之主编的《中华人民共和国法律大辞书》中的解释，"被告人"是刑事被告人的简称，是指依法被控诉犯罪，并由司法机关追究刑事责任的人；"被告"是原告对立的一方，被诉侵犯他人民事权益而被法院通知到庭应诉的当事人，两个词是使用在不同的诉讼程序中的，不可混用。同样，"原告人"与"原告"也用在不同的诉讼程序中。

五、起诉状的写作例文

【例文一】

民事起诉状

原告：郑波，男，35 岁，汉族，江苏盐城人，安佳物业管理有限责任公司保安部主管，住名佳花园小区，联系电话：61752218。

被告：李文，男，26 岁，汉族，山西武公县人，北京康达世纪广告有限公司财务主管，住名佳花园 2 区 28 号楼 221 室，联系电话：13910050649、84801461。

诉讼请求

1. 判决被告赔偿原告交通费 550 元、医药费 1700 元、误工费 800 元、精神损失费 3000 元，共计人民币 6050 元。

2. 判决被告向原告公开赔礼道歉。

3. 判决被告承担本案的全部诉讼费用。

事实与理由

被告李文购买了本市昌平区北七家镇名佳花园2区28号楼221室2层一套，并于××××年××月××日办理了房屋交接手续，接收了房屋入住。××××年××月××日，被告带两人闯进原告所在的安佳物业管理有限公司二楼工程维修部与其他工作人员发生争执，随后把原告所在公司维修部接待台桌子上的资料都掀翻在地，丢掉了数张重要票据。接着被告又闯入原告所在的三楼经理室，把经理室桌子上的文具、文件、重要资料全部掀翻在地，把放在地上的盆栽打的支离破碎。更重要的是作为公司保安部负责人的原告前去劝离、制止，结果却被被告打伤，当时嘴角流出大量的血，耳朵也受到严重的损伤，还受到被告一再地辱骂、诽谤、恐吓等。原告当即被其所在公司同事送往医院进行治疗，经医院诊断，我原告前胸和后背多处受伤，嘴角一直疼痛至今，更重要的造成耳鸣。被告的行为触犯了《中华人民共和国民法通则》第一百一十九条、一百二十条的规定，严重侵害了原告作为一个普通公民最起码的人身权和名誉权，妨碍了原告正常的生活和工作。

为了维护原告的合法权益，使纠纷得到解决，根据《中华人民共和国民事诉讼法》第一百零九条之规定，特提起诉讼。请贵院主持公道，依法准予原告合理的诉讼请求，保障原告最基本的权利。

此致

昌平区人民法院

起诉人：郑波

××××年××月××日

【例文二】

刑事自诉状

自诉人：王荣花，女，1968年7月4日出生，汉族，浙江金华人，大学文化，浙江金华博大建筑材料公司销售总监，住金华市大同工业园公司宿舍。

被告人：杨小云，女，1970年5月15日出生，汉族，浙江义务人，高中文化，浙江金华博大建筑材料公司销售总监，住金华市大同工业园公司宿舍。

案由和诉讼请求：

被告人杨小云犯侮辱罪，请求人民法院依法惩处其犯罪行为。

事实和理由：

自诉人与被告人是同事。自××××年××月以来，被告人杨小云对于我被提升为公司销售总监十分不满，认为本应是她当公司销售总监。于是经常在公司客户和职工中捏造事实，散布谣言，诬蔑我向公司王总、刘总买官，认为我用金钱拉拢了领导。我为了同事间和睦相处，未跟他计较，但他以为我软弱可欺，竟变本加厉，于××××年××月××日至××月××日，前后五次侮辱、诽谤我，还搞恶作剧，如故意把垃圾杂物堆在我的办公椅上。如××××年××月××日中午，被告人杨小云在公司办公室里，对销售员牛××、章××、陈×等讲我向公司领导行贿，牛××、章××、陈×认为不可能，被告人杨小云看见我向办公室走来，便故意与我接近，将事先准备好的一包食物垃圾向我脸上抹，我躲闪不及，脸上、嘴上及衣服上均有垃圾，当时围观的职工有邓××、马××等几十人。被告人的犯罪行为使我的人格受到侮辱，精神受到很大打击，工作不能正常开展。上述事实有证人刘××、唐××、郭××、郑××的证言证实。

被告人杨小云对我的提升心怀嫉妒，被告人杨小云多次对我进行侮辱和诽谤，流言蜚语，毁人名誉，其行为已构成《中华人民共和国刑法》第246条规定的诽谤侮辱罪。继又实施污秽手段进行人身攻击，其恶性行为还在发展之中，情节相当严重，根据《中华人民共和国刑事诉讼法》第170条第1款、第2款、第3款之规定提起自诉，请依法惩处。

证据：证人刘××、唐××、郭××、郑××的证言。证人刘××、唐××、郭××、郑××均为我公司职工。

此致

××区人民法院

自诉人：王荣花

××××年××月××日

附：1. 本状副本1份；

2. 证人刘××、唐××、郭××、郑××的证言各一份。

六、起诉状的写作训练

（一）改错

1. 被告人王某向被害人刘某的头部用力砍了一刀，导致被害人刘某头部、左手臂、右手三处受伤。

2. 根据《民法》第十三条、第二十一条、第二十四条、第三十五条、第一百二十三条的规定，被告已构成犯罪。

3. 原告在起诉状中说我对他父母不好，我不爱说话，两人间没感情。我认为我们是有感情的，我每天都做好饭菜，他父母吃，他吃，有时他晚上回来很迟，我就等到他回来给他热饭菜。他的衣服都是我洗，孩子们的事也都是我管……

4. 被告人李某，于2000以来，先后在本省的各地以破门入户等手段，盗窃作案50多起，共窃得人民币50多万元。

（二）简答

案由：蒋××的妻子与儿子被某小学的校巴撞死，司机驾车逃离现场后被捉获，交警认定司机负全责。蒋××索赔。

问题：起诉时应当写哪种类型的起诉状？本案可以将谁列为被告人？

（三）写作

根据下面一位当事人许大明口述的内容，代他拟写一份符合格式要求的刑事自诉状。

许大明、何小枫是邻居，自去2月，因何小枫在楼梯的公用通道中堆满各种杂物，妨碍他人进出。3月4日，许大明向他建议，希望他把堆置的杂物移出一部分。何小枫置之不理，口出秽言，许大明向居委会反映，要求调解。居委会来人察看属实，向何小枫提出应当搬走杂物，何小枫不但不理会，反而认为是许大明告他黑状，大为不满，以污言秽语向许大明夫妇大骂。许大明因搬新买的餐桌回家把何小枫放在自家门口的三个坛子向他家门口移动了一下，何小枫心中不快于4月8日至5月2日，前后五次侮辱、诽谤许大明夫妇，还搞恶作剧，如故意把垃圾杂物堆在许大明家门口。许大明夫妇向他提意见，他就破口大骂，什么“乌龟”“王八蛋”“臭女人”等不堪入耳。影响到许大明家庭的正常生活。许大明夫妇向他的工厂反映，向居委会反映多次。他们说何小枫从来蛮不讲理，没有办法，只能诉之法律。

第二节　上诉状

一、上诉状的内涵

我国基本审级制度是两级终审制度，分一审和二审制度。上诉状是指在民事、刑事以及行政案件中地方各级人民法院作出一审民事、行政或刑事判决或裁定后，当事人对判决或裁定不服，按照法定的程序和期限，向上一级人民法院提起上诉要求进行第二审时使用的文书。

二、上诉状的特点与种类

（一）上诉状的特点

1. 明确的针对性

上诉状是因不服法院的第一审裁决而写的，因此要明确提出上诉人认为一审裁决的错误或不当之处作为上诉的理由。

2. 法定的时限性

上诉的时间有严格限制。《民事诉讼法》第147条：当事人不服地方人民法院第一审判决的，有权在判决书送达之日起十五日内向上一级人民法院提起上诉。当事人不服地方人民法院第一审裁定的，有权在裁定书送达之日起十日内向上一级人民法院提起上诉。《行政诉讼法》第58条：当事人不服人民法院第一审判决的，有权在判决书送达之日起十五日内向上一级人民法院提起上诉。

（二）上诉状的种类

上诉状根据案件性质不同，可分为民事上诉状、刑事上诉状、行政上诉状三种。

三、上诉状的写作

（一）首部

1. 标题。文书居中顶头写上诉状名称。如“民事上诉状”“刑事上诉状”。

2. 上诉人和被上诉人的基本情况。上诉人是公民的，应当依次写明当事人的姓名、性别、出生年月日、民族、籍贯、职业或工作单位和职务、住址等内容。与起诉状中不同的是要在上诉人和被上诉人后要分别注明他们在原审中的地位，并打上括号，表示说明。如上诉人×××（原审被告人）。刑事公诉案中，被告人提出上诉的，只写上诉人，不写被上诉人，因为检察院不能作为被上诉人。

（二）正文

1. 案由。写明因何案而进行上诉。一般写法为“上诉人×××因××××××一案，不服×××人民法院×年×月×日（××）字第××号判决（或者裁定），现提出上诉。”

2. 上诉请求。写明提起上诉请求第二审人民法院解决的事项。

3. 上诉理由。主要说明不服第一审法院原审判决或裁定的理由。可以从以下几个方面入手：（1）第一审法院一审判决认定事实不清或错误；（2）补充有关本案的其他事实情况；（3）第一审法院一审判决适用法律错误；（4）第一审法院一审判决证据或证明采信不当等方面。

（三）尾部

1. 致送人民法院的全称。空两格写“此致”，换一行顶格写明致送人民法院的全称。上诉人可以直接递交到二审法院，一般写法为“此致××人民法院”；也可以通过原审法院转交上一级人民法院，就写“×××人民法院（原审法院）转送××人民法院（二审法院）”。

2. 上诉人签名、盖章。

3. 写明上诉状制作的年、月、日。

4. 附项。包括副本几份（根据对方当事人的人数提供副本），书证、物证名称、件数，证人的姓名、住址等其他证据情况。

四、上诉状的写作要求

（一）请求要明确具体

上诉主要是因为当事人对判决或裁定不服，一审提出的请求没有实现或完全达到，向第二审人民法院提出撤销或者部分变更原判决，在写作时要明确写作，如：“要求撤销原判，发回重审”；或者“请求二审法院撤销原判，予以改判”；也可以“请求撤销原判第×项，直接予以改判”等。改判要求也可具体说明，分条列项陈述。

（二）写作要有针对性

上诉状的写作要针对原审裁判的不当之处，有的放矢地反驳。主要可以从以下几个方面针对性地写作：第一，将原审法院认定的事实与现实中实际客观事实相对照，针对第一审法院一审判决认定事实不清或错误的地方进行上诉；第二，将原审法院所适用的法律与应当适用的法律条款相对照，针对第一审法院一审判决适用法律不当进行上诉；第三，认定的事实与现实中实际客观事实相对照，指出第一审法院一审判决认定事实不清或错误；第四，更加全面地补充有关本案的其他事实情况并补充了新的证据，针对第一审法院一审判决中证据或证明采信不当等方面进行上诉。

五、上诉状的写作例文

民事上诉状

上诉人（原审被告人）：刘前进，男，1967 年 6 月 4 日出生，汉族，安徽阜阳人，高中文化，个体户，现住河南省开封市双阳路 1324 号花园小区 28 号楼 3 单元 32 号。电话：13875642356

被上诉人（原审原告）：陈大双，男，1980 年 5 月 24 日出生，汉族，山东潍坊人，大学文化，河南永新商场老板，现住河南省开封市鼓楼街 32 号院 8 号楼 32 号。电话：13023563456

上诉人因租赁合同纠纷一案，不服河南省开封市××区人民法院××××年××月××日（××××）民初字第 124 号民事判决，现提出上诉。

上诉请求：

1. 依法撤销原审判决，予以改判。

2. 判令被上诉人返还上诉人专柜场地租金 45000 元；

3. 判令被上诉人返还上诉人合同押金 20000 元；

4. 本案一、二审诉讼费、鉴定费等由被上诉人全部承担。

上诉理由：

一、原审判决认定事实错误

一审判决认为上诉人“专柜经营存在内部管理问题，不履行合同经营范围要求构成违约”这一认定与事实完全不符。被上诉人在专柜场地招商宣传中承诺“一楼经营范围为珠宝、首饰、化妆品，二楼为服装、鞋帽等”，而且被上诉人××××年×月××日发布的编号为 001 的通告也可以证明其招商时有此承诺。对于商场而言，产品的分区经营足以影响专柜经营户对专柜的选择及合同对价的确定，也是上诉人订立合同的主要因素，更是上诉人撤离商场的主要原因，而非被上诉人内部管理问题，原审法院对该“承诺”性质认定错误。

上诉人经营范围以服装为主，按合同内容承租的是二楼的专柜，但进驻商场后发现整个商场的很多商户主要经营翡翠、宝石等，被上诉人虽贴了通告，但并没实际制止，此种现象至上诉人撤离商场时一直存在。被上诉人不兑现承诺，严重侵害了上诉人经营效益，使上诉人丧失了订立合同的基础，无法继续经营。上诉人撤离商场是因为被上诉人违约在先，而非上诉人违约，原审判决对此事实的认定也是错误的。

二、补充有关本案的其他事实情况

被上诉人擅自改建专柜，减少专柜面积，严重损害了上诉人的利益。××××年×月××日被上诉人擅自改建上诉人的专柜，将其柜台使用面积由合同的 25.7 平方米减少到 22.53 平方米（面积减少有法院指定的中介机构鉴定报告为证）。为此事上诉人多次与被上诉人协商，要求减少租金，对方均置之不理，构成对上诉人的违约。租赁合同第八条第 2 项

“如遇甲方改扩建或装修商场时，甲方有权调整任何专柜，给乙方造成经济损失，双方协商解决，按实际装修损失及柜台成本赔偿”，该项条款违反公平原则，而且被上诉人并未实际赔偿上诉人的损失，上诉人要求减少租金也没有得合理解决，上诉人撤离商场的行为是履行合同抗辩权。原审判决对被上诉人该项违约事实不予认定是错误的，而且关于摊位面积的勘测费承担的判定也是错误的，该项费用应由被上诉人承担。

鉴于被上诉人以上违约事实，造成上诉人无法实现合同目的，根据《中华人民共和国合同法》第九十四条第四项规定：当事人一方迟延履行债务或者有其他违约行为致使不能实现合同目的，当事人可以解除合同，上诉人××××年×月××日撤离商场的行为是行使《合同法》。因此事实的真相是被上诉人违约在先，原审判决认定上诉人违约是根本错误的。

三、一审判决证据与证明采信不当

证据方面的问题，关于商场收到的垃圾与专柜管理费的认定，被上诉人提供的的收费清单未经上诉人到场核实签字，不具有真实性和有效性，原审判决无视证据规则，居然依此作为定案依据。

四、原审判决适用法律错误

原审判决无视合同法有关诚信原则和公平原则，无视合同法有关格式合同的规定。上诉人与被上诉人签定的专柜场地租赁合同是由被上诉人提供的，合同条款存在诸多不公平的地方，例如违约责任约定过重，且存在大量减轻甲方责任加重乙方责任的条款。在一审反诉中，上诉人曾就合同有关条款恳请法院宣告其无效，原审法院却对上诉人的请求未加理睬，而是在错误地认定事实的基础上，错误地适用《中华人民共和国合同法》有关条款，机械地依据那份霸王合同予以判决。

综上所述，河南省开封市××区人民法院××××年×月××日（××××）民初字第124号民事判决，针对上诉人而言，查明事实不清，适用法律错误，恳请二审法院本着实事求是，认真负责，有错必究的工作态度，给上诉人一个公平的判决。

此致

开封中级人民法院

上诉人：刘前进

二〇一一年三月二十日

六、上诉状的写作训练

（一）分析

1. 找出下面这份申诉状格式不符合要求的地方。

2. 请分析这份申诉状的写作特点。

上诉人（一审原告）：赵阳，男，50岁，汉族，白沙市人，市百贷大楼售货员，住红旗路39号，电话：××××××××。

被上诉人（一审被告）：万达，男，45岁，汉族，白沙市人，市机械局干部，住大雁路80号，电话：××××××××。

上诉人赵阳因借款纠纷案，不服××省白沙市朝阳区人民法院（××××）朝民初字第32号判决。

一审判决认为：原告与被告之间从未达成过借款协议，原告所据的私下录音及被告邻居证词不足采纳，原告主张的被告于××××年×月××日向其借款的事实不成立，判决驳回原告诉讼请求，一审诉讼费由原告承担。

上诉理由：

上诉人认为一审判决认定的事实错误：

（1）一审判决认为上诉人提供的录音和夏某证词不足采纳是错误的。××××年×月××日，被上诉人因急事向上诉人借款10万元，当时口头协议，未及书面签约。日后上诉人多次催要，被上诉人以种种理由拖延不还，显然被上诉人有抵赖之意。上诉人若征得被上诉人同意进行录音是根本不可能的。上诉人除录音外还提供了被上诉人邻居夏某的书面证词，一审法院以被上诉人的小孩与夏某的小孩发生过争吵，两家不和睦为由，判定夏某证词不予采信。其实小孩的争吵虽然导致过两家不愉快，但那已经是5年前的事了，两家早已和好，互有来往。且夏某在同事中口碑极好，为人诚实，他的证词是完全可信的。一审法院忽视以上客观事实的存在，轻率否定上诉人的证据是错误的。

（2）现上诉人在提供原证据的基础上，又补充新的证据，即被上诉人同事李某、张某的证词。上诉人××××年×月××日去被上诉人单位催款时，被上诉人答应尽快归还，当时李某、张某均在场（证据1）。

综上所述，一审法院认定事实不清，判决错误。被上诉人借款的事实无法抵赖，根据《中华人民共和国经济合同法》的规定，被上诉人应立即返还借款。特提出前列上诉请求，请贵院根据事实依法改判。

（二）改错

下面是第一审民事上诉状首部的部分内容表述，请予修改：

民事上诉状

上诉人：××装饰公司

法定代表人：王经理

被上诉人：王军

你院××××年×月×日民诉字第×号判决书副本收悉。关于王军与我公司装修合同一案，提出上诉如下：

第三节　申诉状

一、申诉状的内涵

申诉状，是我国公民（申诉人）对人民法院已生效的裁定、判决、调解书，认为有错误，行使申诉权，请求原审人民法院或上级法院（刑事申诉也可以向人民检察院提出）给予复查纠正而写的司法文书。

申诉权是我国《宪法》规定的一项基本权利，《宪法》第41条规定：“中华人民共和国公民对于任何国家机关和国家工作人员，有提出批评和建议的权利；对于任何国家机关和国家工作人员的违法失职行为，有向有关国家机关提出申诉、控告或者检举的权利，但是不得捏造或者歪曲事实进行诬告陷害。”“对于公民的申诉、控告或者检举，有关国家机关必须查清事实，负责处理。任何人不得压制和打击报复。”申诉权不仅使公民在社会生活中可以免受公权力侵害，也是确保国家机关及其工作人员依法履职所必要的监督力量。

二、申诉状的特点与种类

（一）申诉状的特点

1. 不限时性

申诉状的提出，可以不受时间的限制。不管已经发生法律效力的裁判是否经过上诉，是否执行完毕，都可提出申诉。但提起申诉，不能停止原审裁判的执行。

2. 纠错性

申诉状是对已经发生法律效力的裁判不服所提出的，而不是对尚未发生法律效力的裁判不服所提出的。根据最高人民检察院《关于办理不服人民法院生效刑事裁判申诉案件若干问题的规定》，当事人及其法定代理人、近亲属认为人民法院已经发生法律效力的刑事判决、裁定确有错误，向人民检察院申诉的，由作出生效判决、裁定的人民法院的同级人民检察院刑事申诉检察部门受理，并依法办理。当事人及其法定代理人、近亲属直接向上级人民检察院申诉的，上级人民检察院可以交由作出生效判决、裁定的人民法院的同级人民检察院受理；案情重大、疑难、复杂的，上级人民检察院可以直接受理。在纠正冤错案件工作中，对公民的申诉要求，不管其来源、申诉的对象、申诉内容等都应该进行认真的审查判断，对申诉材料所反映的新情况、新事实等要尤为注意。从冤错案件的纠正经验看，申诉材料中往往都存在能证明案件存在错误或违法办案的关键证据，比如刑讯逼供、违背常识的司法推理、关键证据缺失等，如果检察人员能在申诉材料中对这些证据加以认真的审查判断，对及时纠正冤错案件将起到至关重要的作用。

（二）申诉状的种类

按案件性质可分为三类：刑事申诉状、民事申诉状和行政申诉状。

1. 民事、行政申诉状

是指民事、行政诉讼当事人及其法定代理人，对已经发生法律效力的判决裁定不服，向原审人民法院或其上一级人民法院提出申请复查纠正的书状。

2. 刑事申诉状

是指刑事诉讼当事人及其法定代理人、被害人及其家属，对已经发生法律效力的刑事判决、裁定认为确有错误，向人民法院或人民检察院提出申请复查纠正的书状。

《中华人民共和国刑事诉讼法》第203条规定：当事人及其法定代理人、近亲属，对已经发生法律效力的判决、裁定，可以向人民法院或人民检察院提出申诉。申诉人对裁定不服向司法机关（主要是指人民法院）程序和请求重新调查或重新审理时使用的书面请求的文书为申诉状。当事人包括被害人和被告人。当事人及其法定代理人、近亲属的申诉符合下列情形之一的，人民法院应当重新审判。①有新的证据证明原判决、裁定认定的事实确有错误的；②据以定罪量刑的证据不确实、不充分或者证明案件事实的主要证据之间存在矛盾的；③原判决、裁定适用法律有错误的；④审判人员在审理该案件时，有贪污受贿、徇私舞弊、枉法裁判行为的。以上情况提起申述所用的法律文书是申诉状。

三、申诉状的写作

申诉状的结构由首部、正文和尾部三部分组成。

（一）首部

1. 标题。在应用文顶端写“刑事申诉状”“民事申诉状”或者“行政申诉状”

2. 当事人基本情况。刑事公诉案件的申诉状，只有申诉人栏，没有被申诉人栏。申诉人根据不同情况分别写明：

（1）如系被告人提出申诉的，则写为二申诉人（注明原审诉讼地位）“姓名、性别、年龄、民族、籍贯、职业、住址”。

（2）如系被告人的近亲属或者其他公民提出申诉的，则写“申诉人（注明与被告人的关系）“姓名、性别、年龄、民族、籍贯、职业和住址”。

（3）如系刑事案件的申诉人是在押的，应写明现押处所。

3. 申诉案由。写为：申诉人×××对××人民法院××××年×月×日（×）字×号刑（民）事（行政）判决不服，提出申诉。

（二）正文

1. 请求的事项

写明请求人民法院（或人民检察院）予以解决的问题。写法为“请××人民法院撤销（或变更）原判决（或原判定、决定）”“予以改判（或重新审理等）”。

2. 申诉的理由

说明原来的处理有何不当，为什么要求给予撤销，变更的意见，以供人民法院或人民检察院审查时考虑。(1）指出生效判决或裁定认定事实与真实案情陈述不清、与事实不符或错误的地方；(2）补充有关本案的其他事实情况；(3）指出诉状审判适用法律和程序方面的不当或错误；(4）指出诉状中判决证据虚假、无效、部分无效或证据取证方式不当，如有新的相关证据也可列举出来；（5）申诉人主张的从轻或从重、减轻或加重处罚的条件是否被遗漏，量刑是否错误等方面提出意见，阐述生效判决或裁定应予变更或撤销的事实依据和法律依据。这里应注意的是，提出事实上、法律上的根据必须有理有据，不能无理申诉。

（三）尾部

1. 致送人民法院的全称。空两格写“此致”，换一行顶格写明致送人民法院的全称。

2. 申诉人签名、盖章。

3. 写明申诉应用文制作的年、月、日。

4. 附项。包括副本几份（根据对方当事人的人数提供副本），书证、物证的名称、件数，证人的姓名、住址等其他证据情况。

四、申诉状的写作要求

（一）以原审事实为依据

申诉或再审申请书中所列事实，必须是原审判决时已认定的存在事实，其原审判决后发生的相关事实，不能作为申诉的事实依据。

（二）紧扣关键错误

只有当事人认定案件判决或裁定有错误，才提出申诉。但判决和裁定一经下达便具有法律效力，不会轻易改动。为了达到申诉目的，申诉人必须紧扣关键错误，在事实方面摆出确凿的人证、事证、物证，说清楚事情的来龙去脉；在适用法律方面准确地引用法律条文，进行合乎逻辑的分析，以证明判决或裁定缺乏事实根据或法律根据，不能成立。这样才能有力进行申辩。

五、申诉状的写作例文

民事申诉状

申诉人（一审被告、二审上诉人，再审申诉人）：王××，男，1977 年 8 月 4 日出生，汉族，安徽人，重庆市××××运输站司机，现住重庆市×××路××号×××小区×××号楼×单元××号，电话：×××××××××。

被申诉人（一审原告、二审被上诉人，再审被申诉人）：陈××，男，1970 年 5 月 20 日出生，汉族，山东人，退休，现住重庆市×××路××号×××小区×××号楼×单元××号，电话：×××××××××。

案由：申诉人因与被申诉人车祸赔偿纠纷一案，不服重庆市人民法院做出的（××××）民上字第 292 号民事判决，现依法申诉如下：

申诉请求：

1. 依法请求撤销重庆市人民法院做出的（××××）民上字第 292 号民事判决；

2. 本案一切诉讼费用由被申诉人承担。

××××年×月×日，被申诉人陈××一人在解放三路机动车道上行走，本人开 4 吨解放牌汽车在其身后 100 米左右行驶，陈××在向前行走时，不知何种原因突然转身回头走，本人发现急刹车，不料陈××见身后有大卡车急刹车，又想再转身避让，没站稳，摔在地上。此时正逢一个男青年骑自行车急驰而过，来不及刹车，撞在陈××身上，致使其肋骨折断。该青年因害怕追究事故责任，骑车飞快逃逸。此事有现场目击者可以证明，出事时，有人曾喊：“自行车撞人！自行车撞人了！”根据市第三人民医院检查证明，陈××的肋骨折断，是外物严重撞击所致，而本人所开卡车刹车时距陈××还有一点距离，并没有碰到陈××。为顾惜陈××遭此不幸，在陈××住院期间，申诉人刘××曾送人民币贰仟元，帮助被申诉人减轻医药费负担，并携带价值伍佰元的营养品去医院慰问。被申诉人陈××及家人竟将此行为认定为是申诉人做贼心虚，一口咬定是申诉人的责任，请求法院判令申诉人赔偿全部医药费用以及交通费、护理费、营养费、伙食补助费、后续治疗费、精神损害费等共计54560元。因当时无交通监控录相，又没有找到现场目击者，所以当时开庭时无法证明上述情况，现我经过解放三路居委会的帮助已找到当时的现场目击者王××、郑××，有足够证据证明陈××所受伤害与我无关，且根据《中华人民共和国交通安全法》第61条和62条规定：行人应当在人行道内行走，没有人行道的靠路边行走。行人通过路口或者横过道路，应当走人行横道或者过街设施；通过有交通信号灯的人行横道，应当按照交通信号灯指示通行；通过没有交通信号灯、人行横道的路口，或者在没有过街设施的路段横过道路，应当在确认安全后通过。被申诉人陈××在事故中有严重过错，应负事故全部责任，申斥人刘××作为驾驶员在此次事故中没有违反任何法律法规，并且已经找到证人证明申诉人没有任何过错，所以在此事故中应无责。

基于上述事实和理由，申诉人不存在任何交通违规之处，为保护申诉人的合法权益，特提起申诉，请求人民法院依法撤销原判，重新审理此案，弄清事实真相，做出公正而合理的判决。

人证：王××，男，48岁，居民，住本市解放二路国际花都小区4栋2单元602号

郑××，女，55岁，居民，住本市解放三路68号

病例1份，系市第三人民医院提供。

此致

重庆市×区人民法院转致重庆中级人民法院

申诉人：王××

××××年×月×日

附项：申诉状副本1份

原审法院判决书1份。

证词2份。

六、申诉状的写作训练

（一）评析

1. 判断以下申诉状是否符合格式要求？
2. 请分析这份申诉状的写作特点。

民事申诉状

申诉人（原审原告）：××电脑硬件公司

地址：××市××路××号

法定代表人：A　职务：经理

被申诉人（原审被告）：××网络公司

地址：××市××路××号

法定代表人：B　职务：经理

请求事项：

1. 撤销××市××区人民法院（20××）×字×号判决；

2. 退还货款××万元人民币并支付违约金××万元人民币。

事实和理由：

基于上述事实，特向人民法院提起申诉，请求人民法院重新审理本案，撤销原判决，判令××网络公司返还货款××万元人民币并支付违约金××万元人民币，以维护申诉人合法权益。

此致

××省高级人民法院

申诉人：××硬件公司

盖　章

×××年××月××日

（二）写作实践

通过调查，发现案例，拟写一份民事申诉状。

第四节　答辩状

一、答辩状的内涵

答辩状是被告人、被反诉人、被上诉人、被申诉人针对起诉状、反诉状、上诉状、申诉状的内容，在法定期限内根据事实和法律进行回答和辩驳的法律应用文。

二、答辩状的特点与种类

（二）答辩状的特点

1. 提交时间的限定性

不同的答辩状根据诉讼法规定提交的期限不同，而且有具体的限定性。

民事答辩状。一审中根据《中华人民共和国民事诉讼法》第 113 条规定：人民法院在立案之日起 5 日内将诉讼副本发送被告，被告在收到之日起 15 日内提出答辩状。被告提出答辩状的，人民法院应当在收到之日起 5 日内将答辩状副本发送原告，被告不提出答辩状的，不影响人民法院审理。二审中根据《中华人民共和国民事诉讼法》第 113 条规定：原审人民法院收到上诉状，应当在五日内将上诉状副本送达对方当事人，对方当事人在收到之日起十五日内提出答辩状。人民法院应当在收到答辩状之日起五日内将副本送达上诉人。对方当事人不提出答辩状的，不影响人民法院审理。

刑事答辩状是根据刑事起诉状或上诉状中提出的诉讼请求，根据《中华人民共和国刑事诉讼法》第 164 条规定：刑事判决书应当由合议庭的组成人员和书记员署名，并且写明上诉的期限和上诉的法院。

行政答辩状是根据行政起诉状或上诉状中提出的诉讼请求，做出答复与辩护的法律应用文。根据《中华人民共和国行政诉讼法》第 43 条规定：人民法院应当在立案之日起五日内，将起诉状副本发送被告。被告应当在收到起诉状副本之日起十日内向人民法院提交作出具体行政行为的有关材料，并提出答辩状。人民法院应当在收到答辩状之日起五日内，将答辩状副本发送原告。根据《中华人民共和国行政诉讼法》第 58 条规定：当事人不服人民法院第一审判决的，有权在判决书送达之日起十五日内向上一级人民法院提起上诉。当事人不服人民法院第一审裁定的，有权在裁定书送达之日起十日内向上一级人民法院提起上诉。逾期不提起上诉的，人民法院的第一审判决或者裁定发生法律效力。

2. 指定性

答辩状必须由民事、行政案件的被告以及上诉案件的被上诉人、刑事案件的被告人提出。

（二）答辩状的种类

根据案件的性质又可分为民事答辩状、刑事答辩状、行政答辩状。其中法律规定对于被害人提起自诉的案件，被告人也可以进行辩护，以表明自己没有犯罪或情节轻微，其他严重的刑事犯罪由公安与检察机关负责追究，被告人不能提出答辩但可以进行辩护。

三、答辩状的写作

（一）首部

1. 标题

法律文书居中写答辩状名称。如“民事答辩状”“刑事答辩状”。

2. 答辩人的基本情况

答辩状是公民的，应当依次写明当事人的姓名、性别、出生年月日、民族、籍贯、职业或工作单位和职务、住址等内容；如有代理人再分以下几种情况：（1）写清代理人的基本情况，包括姓名、性别、出生年月日、民族、籍贯、职业或工作单位和职务、住址等内容；（2）如果代理人是法定代理人除写明基本情况外，还要写明法定代理人与答辩人的关系；（3）如果代理人是律师，只要写清律师的姓名、职务和律师事务所的名称。

3. 案由

一审：“因原告××（姓名）诉××（姓名）××（案由）一案，现提出答辩如下：”

二审：“因上诉人××（姓名或法人或其他组织的名称）对××（案由）一案的判决（裁定）不服，提出上诉，现提出答辩如下：”

（二）正文

1. 答辩理由

抓住了原告诉状中提出的问题一一进行反驳。

答辩理由主要是：（1）指出诉状中陈述的案情陈述不清、与事实不符或错误的地方；（2）补充有关本案的其他事实情况；（3）指出诉状中审判决适用法律错误；（4）指出诉状中判决证据或证明采信不当，如有相关证据也可列举出来。

2. 答辩意见

对答辩理由进行综述，水到渠成地得出结论，表明自己对法院处理案件的最终态度，并向人民法院提出自己的请求，如“请人民法院查清事实，驳回×××的无理诉讼请求。”如答辩人没有侵犯原告的权益，行为符合正当防卫，不存在赔偿损失的问题，依法驳回原告的诉讼请求。

（三）尾部

1. 致送人民法院的全称。空两格写“此致”，换一行顶格写明致送人民法院的全称。

2. 答辩人签名、盖章。

3. 写明答辩应用文制作的年、月、日。

4. 附项。包括副本几份（根据对方当事人的人数提供副本），书证、物证名称、件数，证人的姓名、住址等其他证据情况。

四、答辩状的写作要求

（一）要全面客观

案件的双方都可以提出答辩，都有自己的主客观理由，甚至还存在着此对彼错或此错彼对的现象，或一些对错相互交叉的现象，因此，答辩状写作中应针对自己的实际情况，尽量如实全面给予答复和辩解。不是对事实隐瞒、掩饰或者歪曲，以便法院审理时，全面了解案情，从而作出正确的裁判。

（二）答辩内容有答有辩

答辩状是对起诉状或上诉状的答复和辩解。针对起诉状所提出的疑问与误会进行答复；针对事实和理由中与事实不符、证据不足、缺少法律根据的内容进行辩解。

五、答辩状的写作例文

民事答辩状

答辩人：李文，男，26岁，汉族，山西武公县人，北京康达世纪广告有限公司财务主管，住名佳花园2区28号楼221室，联系电话：13910050649、84801461。

因原告郑波诉李文侵害他人人身权和名誉权一案，提出答辩如下：

本人是本市昌平区北七家镇名佳花园2区28号楼221室业主，由于房屋建筑质量问题，导致卫生间地面向一楼渗水现象时有发生，多次向北京安佳物业管理有限公司（名佳花园的物业管理公司）报修，该物业公司非但未能有效解决问题反而于××××年×月××日至××××年×月××日违反了北京房管局小区办相关精神，对我居住的房屋实施长达60天的断水，严重妨碍了我和家人的正常生活、工作。于是本人在××××年×月××日，与两名家人（皆为女性）到安佳物业管理有限公司就断水问题找经理协商，由于物业工作人员态度凶蛮，遂与之发生争吵。物业公司依仗人多势众，由保安郑波及物业公司另外八人对我和家人实施围殴，我极力挣扎并正当防卫，最后挣脱外套后才得以逃脱至另一间无人的办公室、反锁屋门并拨打110求助，此时我外套拉链撕坏、鼻腔出血（照片为证）。110民警到场后，协调了我与安佳物业公司恢复供水及维修、误工补偿，并让本人及时到所里鉴定，由于受伤轻微又急于恢复家中供水，遂没去验伤就诊。

关于原告所述本人将物业公司财产和重要票据文件损坏，及其被我打伤一事与事实不符，现场有其他业主可以提供证明（开庭时将出庭作证）。所谓原告的劝离、制止实为郑波手持电警棍伙同其他物业工作人员实施侵权致人伤害的行为（当时110出警有所记录），这一行为本身即违反公安部超限使用警械的规定。再者由于双方人数悬殊，争执扭打过程中，按常理也不可能造成原告所述的严重损伤。另外，原告主张的被我损害导致如医药费、交通费等证据证明，也是虚假夸大的。

为了维护本人的合法权益，使纠纷得到公正的解决，根据《中华人民共和国民法通则》第一百二十八条规定，请求贵院认定本人行为符合正当防卫，依法驳回原告的诉讼请求。

此致

昌平区人民法院

答辩人：李文

××××年×月××日

附项：情况证明

本人于××××年×月××日17：00在安佳物业管理有限公司（以下简称“安佳公司”）办理业务时，听见安佳公司二楼人声鼎沸，看见三人（一男两女）被围堵在二楼工程维修部办公室里，争吵声很大，物业工作人员较多，对被围的三人态度很蛮横，后来其中的男子（后得知为业主李文）被扭进三楼经理室，同时看见七八个人和李文扭打在一起，物业人员从身后拦腰抱住李文，保安郑波使用电警棍击打李文的前胸，烟灰缸、文件材料散在地上，盆景也破碎，李文的鼻子旁有血迹，夹克衫也撕坏，可能由于人单力薄，李文逃进对面的另一间管理停车的办公室把门反锁，物业保安郑波手持电警棍威胁并踢门，没见保安嘴角有血迹，18：00左右110民警到场处理，人渐散去，我也离开现场。

我对以上所述事实的真实性负法律责任！

证明人：部分在场业主

××××年×月××日

六、答辩状的写作训练

（一）下面是第一审民事答辩状首部的部分内容表述，请改正其中的错误之处。

被告：华×礼（其他身份事项略）。

原告：王×芳（其他身份事项略）。

你院××××年×月×日民诉字第×号应诉通知书及起诉状副本收悉。关于王×芳要求与我离婚一案，提出答辩如下：……

（二）通过调查，发现案例，拟写一分民事答辩状。

第八章　科技应用文

□学习目标与要求

1. 重点掌握毕业论文、毕业设计和实验报告的相关知识、写作方法及格式规范。

2. 掌握科技报告和科技论文的特点，能参照和借鉴现有报告和论文，指导自己的写作。

3. 能评析一般性科技报告和科技论文，能针对具体的报告和论文就论点、结构、论证方法等方面加以分析。

4. 能在导师指导下，拟定题目，编制提纲，完成一篇符合学术规范的毕业论文、毕业设计；能独立写出实验报告。

第一节　实验报告

一、实验报告的内涵

实验报告是描述、记录某一研究课题的实验过程和结果的文字材料。在科学研究、生产实践及教学活动中，人们为了验证某一科学理论或假说，通过实验中的观察、分析、综合、判断，如实地把实验目的、方法、过程和结果等记录下来，以简明扼要的语言写成的书面报告，通常叫做实验报告。

作为常见的科技类应用文，实验报告的作用主要在于帮助研究者不断积累资料，总结成果，服务于社会实践活动。与科技论文比较而言，实验报告则客观地记录实验的过程和结果，着重于告知一项科学事实，介绍实验过程中的新发现，不夹带实验者的主观看法，不要求进行理论上的论证。

二、实验报告的特点与种类

（一）实验报告的特点

1. 客观性

实验报告的内容必须实事求是，客观科学。凡写进实验报告中的现象和数据，必须是实验过程中的真实记录；写进实验报告的结果，能经得起任何人任何时候的重复验证。写作实验报告，要准确地把实验目的、原理、步骤和结论说明清楚，以体现实验报告的科学价值。

2. 可读性

可读性是指为使读者了解复杂的实验过程，实验报告的写作除了文字叙述和说明外，还时常借助图像、表格、数据等说明实验的基本原理和各步骤之间的关系，解释实验结果等。实验报告的文字表述，一定要准确简洁，一目了然。

（二）实验报告的种类

1. 以实验对象划分

化学实验的报告叫做“化学实验报告”，物理实验的报告叫做“物理实验报告”，生物实验的报告叫做“生物实验报告”等。

2. 以实验目的划分

验证性实验报告，一般是理工科大学生撰写的，是对已有实验或进行复检实验，或移植同类实验，以验证某些数据或结论，书面报告大多使用判决式语气；探索性实验报告，是科技工作者从事科学研究所需，自己设计，从过程到结果都是新的内容，要求有所发现和创新，书面报告一般使用探讨式语气。

三、实验报告的写作

随着科学事业的日益发展，实验的种类、项目等日渐繁多，但其格式大同小异，比较固定。通常情况下，学生完成的实验报告有以下内容：学生姓名和学号、指导老师、实验室名称、实验项目、实验学时、实验原理、实验目的、实验器材、实验步骤、实验数据与结果分析、实验结论、实验总结和心得、实验过程与方法的改进建议等。发表在期刊上的实验报告，通常由八个部分组成：题目、作者、摘要、引言、方法、结果、讨论与参考文献。下面就其主要方面分别予以介绍。

（一）实验名称

实验名称，即标题，要用最简练的语言反映实验的内容。如验证某程序、定律、算法，可写成“验证×××”“分析×××”。

（二）实验目的

目的要明确，在理论上验证定理、公式、算法，并使实验者获得深刻和系统的理解，在实践上，掌握使用实验设备的技能技巧和程序的调试方法。一般需说明是验证型实验还是设计型实验，是创新型实验还是综合型实验。

（三）实验内容

这是实验报告极其重要的内容。要抓住重点，可以从理论和实践两个方面考虑。这部分要写明依据何种原理、定律算法或操作方法进行实验，详细说明计算过程。

（四）实验环境和器材

这是实验用的软硬件环境（包括配置和器材）。要描述实验中所使用的仪器或材料以及它们在实验中的功用，使用什么样的仪器材料，在什么样的环境里，运用药剂多大剂量等，都需要在实验报告中写出来。重要仪器材料还要写出厂家、供应商、型号等。

（五）实验步骤

验证型实验报告要写明依据何种原理、定律或操作方法进行实验，要写明经过哪几个步骤。还应该画出实验装置的结构示意图，再配以相应的文字说明，这样既可以节省许多文字说明，又能使实验报告简明扼要，清楚明白。对创新型实验报告来说，每次实验的数据记录、完整的测验名称、具体实验手段等，都要清楚详细地表述。实验步骤有哪些，自变量的确定和如何变化，因变量的指标和如何测量，实验重复的次数、指示语等，是实验程序中必不可少的内容。研究者做了什么，怎样做的，在这部分的详细表述中，应该具体到让他人可以重复这次试验。

（六）实验结果

实验现象的描述，实验数据的处理等。原始资料应附在本次实验主要操作者的实验报告上。对于实验结果的表述，一般有三种方法：

1. 文字叙述。根据实验目的将原始资料系统化、条理化，用准确的专业术语客观地描述实验现象和结果，要有时间顺序以及各项指标在时间上的关系。

2. 图表。用表格或坐标图的方式使实验结果突出、清晰，便于相互比较，尤其适合于分组较多，且各组观察指标一致的实验，使组间异同一目了然。每一图表应有表目和计量单位，应说明一定的中心问题。

3. 曲线图。应用记录仪器描记出的曲线图，这些指标的变化趋势形象生动、直观明了。

在实验报告中，可任选其中一种或几种方法并用，以获得最佳效果。

（七）讨论

根据相关的理论知识对所得到的实验结果进行解释和分析。如果所得到的实验结果和预期的结果一致，那么它可以验证什么理论、实验结果有什么意义、说明了什么问题等。这些是实验报告应该讨论的。但是，不能用已知的理论或生活经验硬套在实验结果上；更不能由于所得到的实验结果与预期的结果或理论不符而随意取舍甚至修改实验结果，这时应该分析其异常的可能原因。如果本次实验失败了，应找出失败的原因及以后实验应注意的事项。不要简单地复述课本上的理论而缺乏自己主动思考的内容。另外，也可以写一些本次实验的心得以及提出一些问题或建议等。

（八）结论

结论不是具体实验结果的再次罗列，也不是对今后研究的展望，而是针对这一实验所能验证的概念、原则或理论的简明总结，是从实验结果中归纳出的一般性、概括性的判断，要简练、准确、严谨、客观。结论要恰如其分，尽量详细报告数据以验证结论。以数据呈现试验结果，只陈述事实，不解释试验结果，将原始的试验资料描绘梳理成图形、表格形式，使读者清晰可信。向读者说明主要的结果或发现，要报告所有相关的结果，包括那些与假设相矛盾的结果。

教学中实验报告的书写，十分讲究写作程序。按照实验过程中的三个阶段，一份完整的实验报告，应当包括实验预习报告、实验记录、正式报告三个部分（有时后两部分可以合并在一起）。实验预习报告是在实验开始之前就应当书写好的。它主要包括实验的目的、实验原理摘要、实验的步骤和应当注意的事项。实验记录是在实验过程中书写的。这部分的内容有所选用的仪器和数据记录。另外，在实验过程中，如遇到疑难问题，或出现意外情况，都要如实记录。正式报告在实验完成以后写的。这一部分内容，首先要把实验中的计算程序和计算误差写清楚。再把实验结果一项一项地写清楚，从中得出实验结论。在结论部分，还要写明造成误差的各种因素，并对这项实验做出应有的评价。

四、实验报告的写作要求

实验报告的书写是一项重要的基本技能训练，要求内容实事求是，分析全面具体，文字简练通顺，誊写清楚整洁。

（一）观察要认真细致，记录要及时、准确、真实

在记录中，一定要看到什么，就记录什么，不能弄虚作假。为了印证一些实验现象而修改数据，假造实验现象等做法，都是不允许的。

（二）说明要准确，层次要清晰

例如在化学实验中，出现了沉淀物，应准确说明是“晶体沉淀”，还是“无定形沉淀”。说明步骤，要按照操作顺序分条列出，结果才不会出现层次不清晰、凌乱等问题。

（三）要采用专业术语来说明事物

例如“用棍子在混合物里转动”一语，应用专用术语“搅拌”较好，既可使文字简洁明白，又合乎实验的情况。

五、实验报告的写作例文

湖南工业大学基础化学实验中心的实验报告模板①

实验名称：

实验时间________年________月________日

学生姓名：　　　　　　同组人姓名：

实验预习 （20 分）	实验记录 （15 分）	实验操作 （20 分）	实验态度 （10 分）	结果与讨论 （30 分）	台面的整理 （5 分）	总成绩

① https：//wenku. baidu. com/view/93b5be24af45b307e87197e6. html？ from=search

第一部分　实验预习报告

一、实验目的：

二、实验原理：

三、主要试剂和产物的物理常数

试剂	相对分子质量	性状	相对密度	折射率	熔点	沸点	溶解性		
							水		

四、实验操作步骤及现象

步　骤	现　象（实验过程中记录）

注意事项：

思考问题：

第二部分　实验报告

五、实验装置图

六、实验原始数据记录与处理

七、结果与讨论

（其主要内容：对测定数据及计算结果的分析、比较；如果实验失败了，应找出失败的原因；对实验过程中出现的异常现象进行分析；对仪器装置、操作步骤、实验方法的改进意见；实验注意事项；思考题的回答等）

六、实验报告的写作训练

（一）根据实验报告的格式和要求，结合所学专业的实验，写一则规范的实验报告。

（二）下面是属于心理测量学方面的一个实验报告，仔细阅读后，对存在的主要问题作出评析。

艾森克人格问卷成人式（EPQA）测量

实验报告人： 实验时间：

实验原理简介：艾森克人格问卷是英国伦敦大学心理系和精神病研究所艾森克教授编制的。他搜集了大量有关的非认知方面的特征，通过因素分析归纳出三个互相成正交的维度，从而提出决定人格的三个基本因素：内外倾性、情绪性和心理变态倾向（又称精神质），人们在这三个方面的不同倾向和不同表现程度，便构成了不同的人格特征。艾森克人格问卷成人式（EPQA）包括90个条目，让被试根据自己的情况回答是否，然后，按E（内外倾性）、N（情绪性）、P（心理变态倾向）、L（测试被试的掩饰、假托或自身隐蔽，或者测定其社会性朴实幼稚的水平）四个分量表记分。

EPQA已经由北京大学陈仲庚等修订，修订后的EPQA共有85个条目。

（一）目的：学习和掌握艾森克人格问卷成人式（EPQA）测量的原理和方法。

（二）主要实验仪器及材料：PsyTech心理实验系统或测验文本、记录纸、打印纸。

（三）方法与程序：

1. 主试按照测验的指导语要求向被试讲解或呈现艾森克人格问卷成人式（EPQA）测量的基本要求，主要包括测量目的、如实作答、消除顾虑、承诺保密等。

2. 主试指导被试按照测验的要求具体作答，及时消解被试作答过程中出现的疑虑，但要避免给被试以诱导或暗示。

3. 被试作答完成后及时回收问卷或在电脑上保存测试数据。

（四）结果：

1. 运用PsyTech心理实验系统或手工计算及时处理被试个体的测量数据，分别计算E（内外倾性）、N（情绪性）、P（心理变态倾向）、L（测试被试的掩饰、假托或自身隐蔽，或者测定其社会性朴实幼稚的水平）四个分量表记分。

2. 分别计算全体被试及男、女被试的测试结果。

（五）讨论：

1. 根据自己所测试的成绩，判断自己的人格特征。

2. 你认为男、女被试，全体被试与正常成人常模的比较有无显著差异，为什么？

第二节 毕业论文

一、毕业论文的内涵

毕业论文是指应届毕业生在专业教师指导下，运用所学基础理论、专业知识和基本技能，针对本学科的某一具体问题，进行独立分析和研究之后，写出的具有一定学术价值的论文。

毕业论文是一种特殊的学术论文。完成合格的毕业论文是高等学校毕业生申请相应学位的必要条件之一。毕业论文写作是检验学生在校期间学习成果的重要形式之一，通过毕业论文的写作，学生能受到科学研究方式的基本训练，解决专业学习过程中发现的问题，为毕业后有效工作奠定基础。

二、毕业论文的特点与种类

（一）毕业论文的特点

1. 科学性

要求在立论上必须从客观实际出发，不能带有个人的好恶和偏见；在论据上作者必须占有最充分的、确凿的典型材料；在论证上，作者应该经过缜密的思考，做严谨而富有逻辑的论证。

2. 专业性

不同专业，研究领域也不同。毕业论文是对某一学科研究成果的论述，写作的内容不同，研究方法和语言风格也不同。高等学校突出应用型办学的思路，毕业论文强调理论联系实际，提出解决学习和生活中的具体问题的见解和方法。

3. 原创性

创造性是衡量毕业论文价值的根本性标志，要在毕业论文中提出自己独到的见解，要有自己的研究成果。论题新、材料新、方法新、见解新都是论文创见性的主要表现，作为在校毕业生，能在这四个方面的某一个方面写出一点新意，都可视为有创见性。

（二）毕业论文的种类

就毕业论文研究的内容、方法、对象而言，毕业论文大体可分为：

1. 按照内容的不同，可分为理论性论文、实验性论文、报告性论文。

2. 按照方法的不同，可分为立论文和驳论文。立论性的毕业论文是指从正面阐述论证自己的观点和主张。驳论性毕业论文是指通过反驳别人的论点来确立自己的论点和主张。

3. 按照学历阶段对象的不同，有本科毕业论文（学士学位论文）、研究生毕业论文（包括硕士学位论文和博士学位论文）等。

三、毕业论文的写作

根据国家标准，毕业论文一般包括前置部分、主体部分、结尾部分、参考文献、附录等五部分。具体来说，前置部分大致包括封面、封二、题名页、勘误页、摘要及关键词、目录、前言或序言（如有）、图和附表清单（如有）等。主体部分包括引言、正文和结论。下面就与毕业论文写作密切相关的内容分别予以介绍。

（一）题目

毕业论文的题目可以是文章中心论点的概括，也可以是研究内容的集中表述，要求简洁、明确、有概括性。通过题目能大致了解论文的特定内容以及所研究的范围和深度。题目长度不宜超过20个汉字，必要时可加副标题。

（二）摘要及关键词

摘要是以浓缩的形式概括论文的主要内容、研究方法和观点、主要研究成果和结论。摘要编写的目的在于告诉读者论文的研究目的和梗概。因此，必须忠实于论文的内容，反映论文的主题，必须具体准确、文字精练、简明扼要。摘要应具有独立性，选词和用语应避免与引言和结论雷同，应采用“第三人称”。一般在300字左右。

关键词是论文中最重要、出现或显现频率最高、专业性较强、能体现论文主要内容或主要观点的词语。关键词是在标题、摘要或论文的基础上提炼的，要求用语规范，便于检索。一篇论文的关键词一般为三个到五个，最多八个，各关键词之间用分号隔开，以免造成误解。

（三）绪言

绪言又叫引言，通常是对论文的研究对象、研究问题、研究方法、选题的意义及论题的研究现状及局限的介绍，从而引出自己的研究论题。它的内容包括选题的缘由，本课题已有的研究情况评述，明确提出本文所要解决的问题和采用的手段、方法，概述研究成果及意义。绪言可以反映出作者对文献进行综合、分析、判断的能力。

（四）正文

正文是毕业论文的核心部分，主要由本论和结论构成。本论是全文的核心，要全面分析、论证论文所提出并研究的问题，阐明作者的观点和主张。结论，是本论部分阐述的必然结果。

本论，是毕业论文的主体，占主要篇幅，由论点、论据、论证三要素组成。总论点和分论点，都必须集中、明确、深刻。本论的结构框架，通常有各分论点层层深入的递进式、分论点并列展开的并列式、以上二者结合运作的综合式等。

本论的论述方式，通常有立论格局中的例证法、引证法、分析法、推理论证、因果论证、比喻论证、对比论证等，也有驳论格局中的直接反驳法、间接反驳法、反证法、归谬法等，可以驳论点，也可以驳论据和论证过程。

结论是毕业论文的收尾部分，是对整个研究工作的归纳和综合，是围绕引言提出的问题、本论分析的问题所作的总体结论。因此语言要具有概括性。在简略阐述本论文研究的背景及意义的基础上，重点总结论文的主要观点和结论，提出本研究的局限性及对未来进一步深入研究的建设性意见。

（五）谢辞

简述自己做毕业论文的过程中，得到指导老师的帮助和有关人员的协助，所表示的谢意。

（六）注释

对文中所引内容进行的解释和说明性文字。大体有三种：夹注，是在正文的句子中用圆括号括起来的注释，多用于古典名篇的引注。脚注，是每一页需要加注的正文最下面画一横线进行的注释，毕业论文大多用脚注法。尾注，是将整篇论文的注释按照先后顺序排列起来的注释。注释内容一般包括引文作者、书名或报刊名或出版社、篇名、发表或出版时间、期号、页码等。

（七）参考文献

论文一般都要在篇末附参考文献。凡在文中引用他人论文、著述等中的观点、材料、数据或研究成果等，均应按《文后参考文献著录规则》，以出现的先后顺序标明数码，依次列出参考文献的出处。

（八）附录

有参考价值，却不宜置于正文的相关内容，可以搁在附录中，便于读者查检。例如：问卷调查的原件、数据、图表及其说明等。

四、毕业论文的写作要求

（一）准备阶段要注意选题适当性，不可偏大或过小；资料的调查和搜集一定要充分全面，并且要围绕选题进行科学化条理化的研究和分析。

（二）写作阶段要特别重视论文提纲的编制，一般说来，提纲越详细越全面，正文写作就相对容易。正文要做到字斟句酌，处处落到实处，引文要注明出处，合乎规范。

（三）修改阶段要树立全局观念，无论是论点的修正、论据的增删，还是论证的调整，都是为了更好地表达主题，文字的润色和注释的订正也必不可少。

五、毕业论文的写作例文

李白诗歌中“大鹏”精神象征浅析①

盛厚林

摘　要：李白是我国盛唐时期最杰出的诗人。在李白浩瀚的诗歌中，以称山水、赏月、饮酒、慕仙的著述最为著名，但也有一批以庄子笔下形象“大鹏”自喻的诗作更值得关注。从其《李太白全集》开篇《大鹏赋》，直到《临路歌》：“大鹏飞兮振八裔，中天催兮力不济”，幻想绮丽的大鹏形象始终萦绕和伴随着李白的一生，成为李白诗歌重要的精神象征，与其独特的创作风格交融一起，是其诗歌研究中不可或缺的一个重要方面。

关键词：李白；诗；大鹏；象征

一、引　言

李白（701—762），字太白，诞生于四川省江油县青莲乡，终老于安徽省当涂县，埋骨于青山。李白是我国盛唐诗坛上最杰出的代表，也是我国文学史继屈原之后又一伟大的浪漫主义诗人。李白生活在唐朝开元、天宝年间，由于唐帝国的空前强盛却又潜伏着多种社会矛盾和危机，理想与现实的巨大落差，铸就了李白独特的生活经历和思想性格。长期

① https：//www. taodocs. com/p-654339

以来，在浩瀚的李白诗歌研究中，不乏大多对他生平事迹、思想性格、艺术风格和成就的深层次研究，其中以称山水、赏月、饮酒、慕仙诗人的著述最为著名，但也有一批以庄子笔下形象“大鹏”自喻或寄托，凸显诗人精神风貌的不朽诗篇值得关注。与李白其他诗歌比较，这更能张扬李白思想的奇特与深厚，代表李白诗歌的重要精神象征，是研究李白诗歌思想艺术成就不可或缺的一个重要方面。

二、李白“大鹏”精神图腾的缘起

中华民族自原始社会的母系时期就有图腾崇拜。他们将崇拜的图腾视为氏族的保护者和标志。按照古典神话分布群落大体有以龙鱼为图腾的女娲神话群，有以龙为图腾的黄帝神话群，有以植物为图腾的炎帝神话群，有以鸟为图腾的少昊氏神话群。在众多图腾崇拜中，尤以龙、凤对中原民族图腾影响最为深远。在我国先民早期的意象中，鸟与风相类，“风”以其威力摇曳树木，融化冰雪，繁衍草木，威力无比。现代一些学者认为“凤”就是“风”的异化。《说文解字》也认为：古文凤，象形。凤飞，群鸟从以万数，故以为朋党字。因为凤鸟有众鸟随从，故假借为朋党的朋。鹏、朋就是凤鸟。由此可见，凤鸟在漫长久远的中华大地上与其他图腾一样，受到华夏儿女的崇拜和景仰。毫无疑问，身处盛唐时期的李白受此影响的程度多深现已无法考证。从李白身上杂糅的儒、道、墨、纵横等各家思想成分看，特别从其早年深受游侠、刺客、道士、酒徒影响的气质和行径看，李白大鹏观根植于中华源源不断的文化包括图腾崇拜的影响，更得益于先秦时期庄子思想的深刻影响。

庄子（生卒年不详），名周。庄子与老子并称老庄，形成了足以与儒家相抗衡的道家一派，在其后两千多年的中国历史上，其思想影响有时不在儒家之下。李白诗中多次引用的大鹏，均典出《庄子·逍遥游》。其云：“北冥有鱼，其名为鲲。鲲之大，不知其几千里也。化而为鸟，其名为鹏。鹏之背，不知其几千里也。怒而飞，其翼若垂天之云。是鸟也，海运则将徙于南冥。……《谐》之言曰：‘鹏之徙于南冥也，水击三千里，抟扶摇而上者几万里，去以六月息者也’。”

庄子处在战国急剧变革的年代，作为没落奴隶主阶级的代表，借用大鹏图腾形象，来表达他对人生理想境界的追求，是寻求个人心灵解放的呼唤。庄子设想自己与周围万物浑然一体，消融自身的存在，齐物我，同生死，以此试图达到化解个人与客观社会的矛盾。庄子哲学思想的根本，用他自己的话来说，就是“独与天地精神往来，而不敖倪万物；不谴是非，以与世俗处”。庄子笔下大鹏的寓意，正是这一思想最集中、最生动的体现。庄子哲学思想及其人生观，对后世产生了深远的影响，以老、庄为代表的道家思想，成为中华民族文化心理传统的重要组成部分。从这分析不难看出，道家欲寡无为、消极避世的人生观、价值观，固然有其消极的一面，而其崇尚自然、天人合一，反对束缚人的个性的思想，以及对黑暗现实的批判精神，则对封建社会具有进步思想的知识分子产生了积极的影响，促进了古代中国文化艺术的发展。同样，作为庄子思想形象外在表现物——大鹏，也成为历代文人骚客所吟咏、寄托的对象。甚至当代伟人毛泽东还写下“鲲鹏展翅九万里，翻动扶摇羊角”那样不朽壮丽的诗篇。

李白生长的唐王朝道教十分风行。史载唐王朝在创建过程中，也曾得到道家的帮助。

《旧唐书·王远知传》说："高祖之龙潜也，远知尝密传符命"。唐太宗李世民也说过"天下大定，亦赖无为之功。"出于巩固唐王朝封建统治阶级地位的需要，他们故意抬高李氏世系地位，尊称老子李耳为"太上玄元皇帝"，并在天宝元年诏封庄子为南华真人。于是，道教成了国教。唐玄宗时期，皇帝、大臣多信奉道教，有的公主、大臣做了女冠、道士。包括李白在内的许多知识分子都受此种风气的影响，向往道教神仙般的生活。从李白少年时期就形成游侠思想的非凡经历看，道家尤其是庄子那种遗世独立的思想，追求绝对自由、蔑视世间一切的傲世态度，与他处世态度有惊人相似之处。因此，庄子笔下的大鹏图腾形象，也就自然成了诗人经常描写的寄性之物，成为李白不朽的浪漫主义诗作中重要的精神象征之一。

三、李白诗中大鹏形象特质浅析

李白一生足迹遍布大半个中国，饱览了祖国大好河山，感受了人间世态炎凉，写下了许多脍炙人口的壮丽诗篇，现存诗有千余篇。他的创作题材十分广泛，其中以大鹏自喻或赏誉大鹏的诗作20多篇，而以大鹏立意专门进行描写的就达4篇。《李太白全诗》（王琦注）的首篇，就以《大鹏赋》开篇。由于李白一生饱经苍桑，思想轨迹复杂多变，特别是当理想与现实这一对矛盾无法调和时，还表现出厌世思想情绪。这就导致虽是同一人物笔下的大鹏形象，由于所处时期不同，其形象中所蕴含的思想内容也有不同，大鹏所彰显的形象特质也有很大的差异。但有一点，李白从大鹏所寄托的理想和抱负是终身矢志不移的，令人赞叹不已。

（一）非同凡响，俏然入世

史载李白25岁（开元十三年）就著有《大鹏遇稀有鸟赋》。这是他思欲壮飞，离开四川开始人生旅途上的首次漫游。在江陵，他遇到当时著名道士司马承祯，便写下这篇赋，李白首次以大鹏自喻，将承祯比作稀有鸟，欲与一起"神游八极"，倘佯在宇宙间。由此可以看出，李白刚一踏入社会就不同凡响，热烈地表现出那种酷爱自由、追求个性解放的独特性格。李白后来"悔其少作，未穷宏达之旨，中年弃之"。在天宝二年（公元743年）李白入奉翰林之前，重作《大鹏赋》，试图一试身手、大展宏图。李白《大鹏赋》，可以说是自我精神的图腾。在这篇赋中，李白受《庄子·逍遥游》的影响是毋庸置疑的，他决不仅仅是歌吟美丽的幻想，而是寄予了自己的追求和向往，留注着自身的人格力量。此赋题材虽来源于庄子，但他以奇特的想象，对大鹏作了生动的描绘，注入了不同于庄子的思想内容，使大鹏的图腾形象变得更加丰满，更加光彩夺目。

在李白的笔下，大鹏的形象是如此魁伟高大："剧渤澥之春流，晞扶桑之朝暾。燀赫乎宇宙，凭陵乎昆仑。一鼓一舞，烟朦沙昏。五岳为之震荡，百川为之崩奔。"在李白的眼中，大鹏的行动也非同反响："尔乃蹶厚地，揭太清，亘层霄，突重溟。激三千以崛起，向九万而迅征。……簸鸿蒙，扇雷霆，斗转而天动，山摇而海倾。"在李白非凡的思绪中，大鹏的气概更是那样宽广深厚："喷气则六合生云，洒毛则千里飞雪。邈彼北荒，将穷南图。……块视三山，杯观五湖。……上摩苍苍，下覆漫漫。缤纷乎八荒之间，掩映乎四海之半。"

在《大鹏赋》中，李白心目中的大鹏与那些"夸重衣与南裳""蓬莱贡鹄"之类，形成鲜明的对照。大鹏，已经不再是庄子寓言中为其说明"与物无待"思想的形象，而成了少年直到中年李白的重要精神追求，更加丰富了李白诗歌思想内容，拓展了他的诗歌的创作新空间。

（二）壮怀不已，矢志报国

李白的爱国热诚和建功立业的思想一直伴随着他的一生。即使后来宦途受挫，并未磨灭李白报效国家的大鹏之志。天宝五年他给当时名动天下的北海太守呈上一守诗，即《上李邕》。诗云：

大鹏一日同风起，扶摇直上九万里。
假令风歇时下来，犹能簸却沧溟水。
世人见我恒殊调，闻余大言皆冷笑。
宣父犹能畏后生，丈夫未可轻年少。

与《大鹏赋》相比，《上李邕》中的“大鹏”已少却了目空一切、勇往直前的豪放之气，充满了作者不甘寂寞、抗争拼搏的激愤之情。全诗透露出他怀才不遇，并不为时人所理解的懊恼。即便如此，李白并不因此消沉，他自豪地认为，大鹏即使停止了飞翔，仍能掀起滔天巨浪，笑傲苍天。在这里他将理想和抱负寄托于大鹏，期待“何时腾风云，搏击中所能?”除此之外，李白在《古风·其三十三》中触鹏生情，诗云：“北溟有巨鱼，身长数千里，仰喷三山高，横吞百川水”。诗中的“巨鱼”是李白诗歌意境中大鹏的又一个化身，同样具有无穷无尽的力量。李白诗作《天台晓望》也提及“大鹏”，诗云：“云垂大鹏翻，波动巨鳌没”。总之，李白一生中思想性格虽然变化纷呈，但他的精神境界中，大鹏无不洋溢着一种宏大的力量。

（三）中天不济，高歌千载

行将到生命的晚年，李白大鹏之志仍然未灭。“安史之乱”爆发，李白认为实现抱负的机会来到了。然而，在唐王朝统治集团内部的斗争中，李白的从政梦想继入奉翰林后再度遭到破灭。到了人生的暮年，李白已穷困潦倒，寄居在族叔当涂县令李阳冰处，但他仍念念不忘大鹏，作《临路歌》而终。王琦曰：“李华《墓志》诗太白赋《临终歌》而卒，路当益终字之伪”。从诗意看，李白旷达豪放的大鹏性格在诗中体现得淋漓尽致，更注入了一种深沉曲折、浑厚隽永的魅力，使他的诗呈现出豪迈中寓悲凉、达观中蕴冷峻的精神风貌。诗云：

大鹏飞兮振八裔，中天催兮力不济。
余风激兮万世，游扶桑兮挂左袂。
后人得之传此，仲尼亡兮谁为出涕？

《临路歌》是李白对自己一生的形象总结。在李白的生涯中，他感叹自己如同大鹏一样，斩风破浪，搏击云天，中途不幸摧折了翅膀，一时无力实现自己的远大抱负。然而，李白的气概是豪放、勇猛、智慧的，在即将走完生命终点的时候，他不曾有一丝悔意，仍然坚信大鹏虽然折翅，但扬起的巨风会激励万世。诗中“余风激兮万世”一句诗意，显然与《上李邕》“假令风歇时下来，犹能簸却沧溟水”完全一致。如果说在以往的大鹏诗带有更多寄托的话，在《临路歌》中，诗人与大鹏已完全融为一体，以致极难区分是寄托或自喻。诗句还描写想象大鹏鸟的左翅被挂在巨大的扶桑树上，又有谁能为大鹏冲天折翅而抛洒痛惜之泪？诗句结句叹己不遇，极为沉痛，实际上这是向当时社会的一声强力的责问，蕴含着一种刻骨铭心的历史意境。一代诗仙李白临终之歌，饱含大鹏拳拳报国之心，虽然生命将尽仍至死不渝，诗人境界深邃博大，在这里得到圆满的体现。

四、李白诗歌大鹏精神象征的人格力量

李白以大鹏自喻或寄托政治的诗赋，人格力量别具一格，他人莫比，傲立天地，颇具特色。这与他的人生理想、精神风貌、对现实的认同、生命的关注以及对自我价值的肯定是分不开的，当然也与唐王朝社会的文化氛围紧密关联，与诗人独特的社会生活经历也不无关系。从李白诗歌的艺术成就来说，大鹏形象给我们展现了一个活脱脱的“足萦虹霓，目耀日月”的艺术化身，让人经久不忘。更重要的是李白把大鹏作为理想与抱负的寄托，赋予大鹏遏绝云端、气冲霄汉的人格力量，使李白忧国忧民、关注民生的无比激情在大鹏形象中得到进一步升华。

（一）“济苍生、安黎元”抱负的呐喊

李白大鹏的人格力量充分反映了他那种心雄万丈，积极入世的政治理想。先秦以来，“诗言志”已成为中国文学艺术的民族特点，反映进步知识分子的时代要求。无论是《大鹏赋》还是其前身《大鹏遇稀有鸟赋》，都写作于李白尚未投入政治活动之前，以鲲鹏展翅，鹏程万里的大鹏作为心中的偶像，表现了他不懈的理想追求。在后来李白相关的大鹏诗赋中，依然跳动着李白建功立业、报效国家的热忱之心。李白在《代寿山答孟少府移文书》中曾对自己的理想作出描述：“奋其智能，愿为辅弼。使寰区大定，海县清一”。很显然，李白政治理想是高远的，是符合他所处的时代要求的。他的志向是济苍生、安社稷、救黎民、傲宰臣，让老百姓安居乐业，国家安定富庶。这种蓝图他在《赠徐安宜》《赠清漳明府侄》等诗文中都有相当精彩的表述，对和平宁静、官清民勤、政闲刑轻、男耕女织、教化有效的环境治理都有极其强烈的企盼。李白这种理想人格，即使在政治出路遇到坎坷和阻塞之后不但没有减退，而且如同电光石火，更加熠熠生辉，这就是李白最可贵之处，也是昂然而上的大鹏精神在李白身上的真实写照。

（二）“平交王侯”思想的真实凸现

李白大鹏的人格力量还渗透到他的诗歌思想内容中，即便是对统治阶级中那些有地位、有权势的人物，也不表现得象一般人那样恭恭敬敬，而是狂傲不驯。他曾自称：“出则平交王侯，遁则以俯视巢许”。就是说，他出入官场和那些王公贵族交往从不卑躬屈膝，不屈己求荣。这种平交王侯的思想，经常与他不贪爵禄富贵，傲视权贵的思想交织在一起，既体现在他的行动上，也凸显在他的大鹏诗赋中。如前所述，李白非常喜欢《庄子·逍遥游》中所描绘的大鹏形象，在他的《大鹏赋》《上李邕》《临路歌》等作品中，不但以大鹏自比，抒发其壮阔胸怀和宏伟抱负，还挥斥那些权贵和庸俗之辈为学鸠、斥鴳，由此产生了“安能摧眉折腰事权贵，使我不得开心颜”的非凡气概。从这个意义上说，李白大鹏精神象征中本身就饱含着“平交王侯”的深刻思想内涵，也是李白诗歌的一大经典特色。

（三）“兼济天下”与“独善其身”理想的破灭

李白大鹏之志所展现的人格魅力是崇高无比的，但同时也带有当时历史的局限。李白投身社会不久就敏锐地看到现实的黑暗，心中幽怨积升。他的大鹏理想与现实之间堆积了不可调和的矛盾，于是他就向往建立一个道家主张的返璞归真的社会。值得一提的是，李白的理想信念虽受道家思想的影响，但他并不愿意消极避世，隐遁终身，而是积极应世，追求功名。为此，他还采取了不同凡响的方式，不像当时一般士人那样靠科考进入仕途，而是通过交游干谒、退隐山林，以谋令名，希图盛会风云，一步登天，出将入相，实现自己的理想。一旦功成名就，就悄然身退，将“兼济天下”与“独善其身”统一到一起。这是支配李白一生的主导思想，也无不打上《庄子·逍遥游》大鹏形象的烙印。为此，李白除崇拜管仲、诸葛亮外，还非常钦佩范蠡、鲁仲连、张良等历史人物。应当指出，主观上的追求并不等于客观现实，在唐王朝日趋黑暗的现实面前，李白这种个人理想是难以实现的，大鹏的美好夙愿只能残存在历史典籍中。这是时代的悲剧，也是李白自身的悲剧。

五、结　语

反对雕琢、崇尚自然、任性率真、表现自我，这是盛唐诗人和艺术家所共同体现的美学特征。作为唐代最杰出的伟大诗人，李白是其中的代表，在他身上始终闪现着浪漫主义与现实主义的思想光辉。李白一生波折连连，曲折坎坷，字里行间浓浓诗意倾诉了他对那个时代的强烈企盼，他的大鹏诗更以不同意旨的情绪组合，表达了他曲折复杂的心路历程。同时，更以大鹏的自由变化，来表达内心的情感，抒发胸中之逸气，超脱现实的种种束缚和限制，去追求心灵的解放与自由。更令人叹服的是，李白在年轻时代找到的理想人格精神象征——大鹏，从此便扎根心田，一生都以此为许，表达了诗人奔放不羁的个性和自由解放的思想。完全可以想象，在云天翱翔的大鹏，自由超迈，无拘无束，成为李白记忆中的永恒。即令人生险恶，世态炎凉，诗人在错综复杂的社会现实、风云变纪的历史风云面前，不管世人如何不理解，如何冷嘲热讽，他始终矢志不渝，义无反顾地捍卫着大鹏崇高的人格尊严。他自喻自己诗作是：“兴酣落笔摇五岳，诗成笑傲凌沧洲”。杜甫称其诗为：“笔落惊风雨，诗成泣鬼神”。大鹏精神作为李白诗歌瑰宝中的一个重要组成部分，其飘逸风格永远光彩夺目。李白是穷困潦倒的，但李白以他超人的天赋和坚韧不拔的毅力，以及深厚的文学素养，将庄子笔下的大鹏这一图腾形象描绘得栩栩如生，必将成为人们崇尚光明、向往自由、追求进步、鞭挞黑暗不竭的力量。“诗国大鹏”的风范永远驻留人间。

参考文献

[1]［唐］李白．李太白全集[M].［清］王琦，注．北京：中华书局，1977.

[2] 游国恩，王起，萧涤非，季镇淮，费振刚．中国文学史[M]．北京：人民文学出版社，1981.

[3] 张才良．李白安徽诗文稿校笺[M]．合肥：安徽文艺出版社，1992.

[4] 王钟翰等．中国古典名著百部（老子\庄子\抱扑子）[M]．呼和浩特：远方出版社，2011.

[5] 周勋初．中国李白研究[M]．南京：江苏古藉出版社，1991.

[6] 郭沫若. 李白与杜甫[M]. 石家庄:中国长安出版社,2010.

[7] 中国李白研究会. 中国李白研究[M]. 合肥:安徽文艺出版社,2000.

[8] 萧丽华. 神话图腾与文学意象:中国文学的深层心理——以李杜神鸟意象为例. http://www.mokecn.com/culture/info_13856.html.

[9] 马鞍山市地方志办公室. 李白与当涂[M]. 马鞍山:马鞍山市地方志办公室,1987.

六、毕业论文的写作训练

（一）仔细阅读《聊天室语言现象研究》的内容摘要，指出其存在问题之处。

摘　要：网络语言是人们在互联网上进行信息交流和信息处理的交际符号，它是信息时代的产物。随着我国计算机互联网的发展与普及，网络作为一种特定的信息载体，越来越受到人们的青睐与关注。网络的产生与发展，给人们的语言行为带来了一定的变化，网络聊天室与语言的结合带来了聊天室语言现象，聊天室语言的走向及产生的许多问题值得我们注意。本文试图从聊天室语言的发展趋势来探讨其发展变化。同时，本文还透彻分析了聊天室语言的语法特点（请参看本文第三章）；最后，本文深入探讨了聊天室语言的使用规范，并从交际价值的角度对聊天室语言的规范化问题进行了思考。笔者认为，本课题的研究在一定程度上填补了网络聊天室语言研究的空白。

（二）阅读下面的文段，列出其条款式提纲。

文化冲突的时代性，主要表现在新旧文化之间。大凡旧文化都有保守性。新的文化在兴起、传播之时，大都要受到旧文化的排斥和抵制。不管新文化怎样有价值，它都要受到旧文化心理和价值观的反对。例如清朝同治六年（1867 年），为了培养懂外语的人才，以便与西方国家打交道，拟在北京总理衙门附设同文馆，就曾遭到一些士大夫的极力反对。他们认为，当时“久旱不雨，屡见阴霾蔽天，御河之水源竭，都中之疫厉行”等天象的变化，都与时政有失相关，于是以“清流舆论”者的身份，强词夺理地反对设立同文馆。当中国架设电线、建造铁路时，他们又认为“电线之设，深入地底，横冲直贯，四通八达，地脉既绝，风侵水灌”是使民不顾其“祖宗邱墓”，不利于“尊君亲上”；“铁路必铲墓折庐，蹂田堙井，纷纷滋扰，民何以堪”。这种文化心理和价值观不仅在士大夫中存在，在当时一般民众中也表现得非常强烈。据史料记载，1865 年，西方人在上海架设电线时，乡人曾割掉电线，毁掉电杆，“谓电线有碍风水”；1884 年，大北公司架设从上海到北京的电线时也遇到很大阻力，因为乡人将“电杆作柴，铜线作钉”。群众所以采取这种行动，是与他们的文化心理和价值取向密切联系在一起的。在中国近代史上，这种新旧文化的冲突是屡见不鲜的。戊戌变法、“五四”运动，虽然时代不同，内容不同，但都带有新旧文化冲突的性质。在不同时代，两代人之间的矛盾在一定程度上也是新旧文化冲突的反映。这种新旧文化之间的冲突，几乎在每一个时代都是存在的，不过在文化变迁时期显得尤为突出。因为在文化变迁时期，各种文化都非常活跃，新文化的生长与旧文化的衰亡都是不可避免的，因而也必将经过激烈的斗争。这种斗争反映到人们的心理和行为上，则表现为痛苦的牺牲和抉择。因此，在变迁时期，文化冲突显得特别尖锐和激烈。

（三）结合所学专业，拟写一篇毕业论文的写作提纲（500 字左右）。

第三节 毕业设计

一、毕业设计的内涵

毕业设计是应届毕业生针对本专业范围内某一具体课题，综合运用所学的专业知识、理论知识和基本技能，所做出的研究和解决工作中实际问题的设计。一般来说，理工科类专业（包括艺术设计类等专业）学生为获得学位而提交的文章而称为毕业设计。毕业设计操作性强，考查学生的动手能力，力求产学研结合。

毕业设计是毕业论文的一种特殊形式，它要求毕业生结合实际开展某个具体项目的设计或者是对具体课题或实验进行独立有见解的论证。它也是培养学生综合运用所学知识，分析和解决实际问题，锻炼创新能力的重要环节。

二、毕业设计的特点与种类

（一）毕业设计的特点

毕业设计的特点是具有实用性、可操作性和创新性。

1. 实用性。毕业设计是学生开始从事设计、开发、制作、实验和研究的初步尝试，因此，必须注重课题的实用性，确定的课题务必尽可能地贴近生产实际和生活实际。

2. 可操作性。与毕业论文相比，毕业设计既涉及理论知识又涉及实际操作技能，更要求掌握设计的方法和技能。毕业设计多以以计算为主，力求详尽，多用图表表达，方案周密。

3. 独创性。毕业设计是作者通过实地考察后，对工程技术或工艺改革所作的设想和计划，因而具有一定的独创性。

（二）毕业设计的种类

根据所学专业特点和对象、目标的不同，毕业设计一般可分为工程（工艺）设计、设备（产品）设计、活动文案设计等。

1. 工程（工艺）设计，是根据建设工程和法律法规的要求，对建设工程所需的技术、经济、资源、环境等条件进行综合分析、论证，编制建设工程设计文件，提供相关服务的活动。包括总图、工艺设备，建筑、结构、动力、储运、自动控制、技术经济等工作。

工艺设计与工程设计是有区别的。工艺设计是指工艺规程和工艺装备设计的总称，是企业进行加工生产的重要组成部分。通常，把工艺人员进行的工艺规程编制和工艺装备设计称为工艺设计。

2. 设备（产品）设计，包含基本指导思想、方法、步骤、主要内容和所要考虑的影响因素等。设计文件的组成、设计文件的说明、设计图样的说明、设备图样的基本画法等，都是设备设计过程中需要掌握的。

3. 活动文案设计，在现代市场经济活动中，文案设计增加了策划、包装和润色功能。要求写出文案对象的特性，让人印象深刻，对企业、谈判、产品起到正面积极的作用，具有一定的宣传效果，思路清晰，主题明确，撰写的文章可读性强。

三、毕业设计的写作

通常情况下，工程设计和设备设计，一般由设计说明书和设计图两部分构成，现代教学开始要求毕业生做出相应的三维设计，模拟仿真及程序分析研究。活动文案设计则只需要设计说明即可。一份完整规范的毕业设计说明书一般包括毕业设计的标题、署名、摘要、关键词、正文、参考文献、附录等内容。

（一）标题。应简短、明确、有概括性。通过标题能使读者大致了解设计的内容、专业特点和学科的范畴。

（二）摘要。应具有独立性和完整性。摘要反映整个设计内容的精华，以浓缩的形式概括研究课题的内容、方法、观点及取得的成果和结论。

（三）正文，毕业设计正文部分包括引言、主体和结论。

1. 引言。作为设计说明的开头部分，应以简短的篇幅，说明毕业设计选题的目的和意义、设计的原理和规模、设计条件的说明、国内外文献使用情况。

2. 主体。毕业设计的核心部分，占主要篇幅。主要有研究现状、设计目标、待解决的几个关键问题、课题的技术设计等内容。其中技术设计是毕业设计的中心环节，要完成设计方案的选择、设计计算、布局设计、主体设备的设计或专题论述等重要项目内容。

3. 结论。是整个毕业设计的最后总结，根据设计的任务和要求，完整、准确、简洁地对设计成果的科学性、创新性、实用性和优缺点作出实事求是的概括，并提出进一步深入研究本课题的建议。

四、毕业设计的写作要求

（一）选题要适当。选题要确有实用价值和学术价值，有研究或开发的必要性。一定要有结合实际的某项具体项目的设计或对某具体课题进行论证，并要求有较高的技术含量和较好的经济效果。

（二）论证要翔实。方案论证部分要较为详细地阐述设计方案，此方案的来源、创新之处等。在初期应侧重于设计实现，后期应侧重于设计应用，要全面反映设计的实际应用效果。

（三）条理要清晰。毕业设计的文字要简明扼要，逻辑性强，更要善于利用各种图表如原理图、流程图、设计图、曲线、表格等来说明问题，各类参数计算也要准确无误。

五、毕业设计的写作例文

车载多媒体公益动画广告改良设计①

滁州学院　包启升

摘　要：为了解决我国现阶段公益广告发展困难，缺乏资金和政策支持的窘境，本设

① http：//www. doc88. com/p-5896236752296. html

计采用以投入小、制作简单，不需要常规影视广告的器材投入和前期拍摄，但是与常规影视公益广告一样能够达到传播信息、教育受众的目的简约型 FLASH 动画形式，选择具有投资小、受众广特点的车载多媒体为传播载体，制作了适应车载多媒体即时性传播特点的 FLASH 公益广告，以求达到改善我国公益广告发展现状的目的。本设计最终以三个简单的人物造型，幽默搞笑的故事情节，充分展现了 FLASH 动画公益广告与传统影视公益广告相对比之间存在的巨大传播优势。

关键词：车载多媒体；公益性；动画；简约

引　言

最近几年，我国的公益广告长时间处于忽做忽停、时断时续、愿做就做应付差事的状况，除了那些以能引起全国震动的重要事件及热点问题为素材制作的公益广告以外，其他公益广告基本上很难引起人们的关注。公益广告不被重视，与常规影视公益广告相比公益动画广告更加惨淡。在我国，公益广告的发展还未真正建立起政府、社会领域和市场三者之间的协调关系，还没有建立一个专门的非赢利机构负责组织、策划和创作公益广告。另外，公交车载电视是日常生活中最为常见的移动电视之一，以其广泛的受众，较高的信息到达率，深得商业广告主的青睐。本设计名为车载多媒体公益动画广告改良设计，因为本设计是充分考虑了现阶段公益动画广告的传播现状和研究现状，结合车载多媒体即时性传播的特点，将车载多媒体和公益动画广告两者的有机融合，有针对性地对现有的公益动画广告进行改良设计，对我国公益动画广告的发展具有重大意义。

1　导语

1.1　本设计（创作）的创作缘由和出发点

（1）我国公益广告的发展还未建立起政府、市场和社会领域三者间的协调关系，还没有一个专门的非赢利机构负责组织、策划、创意公益广告。（缺乏资金、政策支持）

（2）公交车载电视是日常生活中最为常见的移动电视之一，以其广泛的受众，较高的信息到达率，获得广告主的青睐。（投资小、受众广）

（3）本设计的创意来源就是将二者结合，让公益广告的传播借助公交车载多媒体的传播优势，达到改善我国公益广告发展现状的目的。

1.2　本设计（创作）的意义、目的、研究范围与理论价值

1.2.1　本设计（创作）的意义

（1）公益动画广告，投入小、制作简单，不需要常规影视广告的器材投入和前期拍摄，但是与影视公益广告一样能够达到传播信息、教育受众的目的。而其简单的造型、夸张的表现方式更富有趣味性，更能让受众印象深刻。

（2）车载多媒体具有强大的传播优势：首先，受众多，覆盖范围广。公交车是大多数人出行的首选，选择公交车出行以学生、上班族等年轻人为主，但也包括不少当地的老年

人。其次，垄断性传播，信息到达率高。公交移动电视具有空间封闭、强迫收视的特点，垄断性传播保证了其较高的信息到达率。最后，即时传播、随时随地播报。移动电视的特征在于随时、随地视听结合。

（3）车载多媒体的传播优势能够与公益动画广告的传播需求完美结合，公交车承载的主体也是公益动画广告最主要的目标受众——年轻人。垄断性传播能够保证公益动画广告的传播效果，其即时传播也是简短的动画所必需的。

1.2.2　本设计（创作）的目的

针对车载多媒体即时传播的特点，运用最简单的人物造型和背景设定，运用FLASH软件制作出适合公交车载多媒体传播、贴近大众生活、反映社会现象，具有道德上的警示、情感上沟通作用的公益题材动画。运用幽默诉求，动画呈现简单、夸张的人物造型，搞笑的故事情节，让受众在笑一笑的同时，又能达到发人深省的公益目的。

1.2.3　本设计（创作）的研究范围

（1）国内外影视公益广告的发展现状与趋势。

（2）FLASH动画在公益广告中的运用，以及动画广告与常规影视广告的优劣分析。

（3）公交车载多媒体的传播优势与传播特点。

（4）公交车载多媒体与公益动画广告结合的可能性分析。

1.2.4　本设计（创作）的理论价值

（1）了解国内公益广告的发展现状与国外相比存在的差距。

（2）让更多的人了解公交车载多媒体的特点与传播优势，引起更多人的重视。

（3）公交车载多媒体与公益动画广告的首次结合，为公益广告的发展开创了一个全新的领域。

1.3　简述本设计（创作）在国内外的发展概况及存在的问题

公益广告在国外旨在增进一般公众对突出的社会问题的了解，影响公众对这些问题的看法和态度，改变公众的行为和做法，从而促进社会问题的缓解或解决。外国社会问题繁多、矛盾尖锐，公益广告自然而然成为改善现状的有效手段。但是在我国，公益广告长期得不到顺利发展，公益动画广告的发展更是长期滞后。

法国依云水Flash动画广告让所有看过的人都印象深刻，整支广告以Flash动画形式呈现，始终以可爱顽皮的水孩做主角，形象生动活泼，也表现了依云水富有灵性。广告中的水孩代表的就是依云水，水孩经过萎靡的花丛，看似奄奄一息的花朵瞬间绽放，给依云水增添了传奇色彩；水孩再经过香皂，表明依云水贴近生活，与我们密切相关，也透露着依云水天然，贴近自然的理念；水孩从冰山上走下来，更是烘托了依云水采自天然的阿尔卑斯山雪，水正是依云水的纯净品牌形象；水孩经过重重的障碍，可以看做是经过冰川砂层的过滤和矿化，金鱼在依云水中游来游去，这都是在反复表达依云水纯净的品牌理念；最后，水孩融入大海，则是再次说明了依云水取于大自然又回归大自然的天然纯净的属性。整支广告采用背景音乐加动画的形式进行展示，其中穿插了夸张与抽象的手法，没有出现一个文字，但是很成功地塑造了依云天然矿泉水独特的天然、健康、纯净的品牌形象。其充分展现了动画广告与常规影视广告的区别，突出了Flash动画广告的特点。

1.4 阐述本设计（创作）应解决的主要问题及达到的技术要求

1.4.1 本设计（创作）应解决的主要问题

（1）软件制作的技术问题，可能没法制作复杂的动画；

（2）车载多媒体中商业广告和公益广告的选择问题；

（3）车载多媒体与公益广告之间能否相互满足的问题。

1.4.2 本设计（创作）要达到的技术要求

（1）软件制作的技术问题，可能没法制作复杂的动画，所以注重迎合车载多媒体传播的特点，制作注重简约、夸张、趣味性的动画。

（2）故事情节设定后，角色的设计问题。角色设计需要较强的绘画功底和美术鉴赏能力。

（3）需要得到导师对于整体框架和细节的专业指导。

2 设计（创作）方案（略）

3 设计（创作）草图分析（略）

4 作品设计效果图（创作小稿）表现与设计（创作）定案（略）

5 作品设计制作（创作）过程（略）

6 设计（创作）过程中难点分析和解决办法

6.1 难点分析

（1）故事情节的设定，车载多媒体公益动画广告是针对车载多媒体即时性传播的特点，要求故事必须具有简单且连贯的情节，但是又能够达到教育受众的目的。

（2）角色形象与背景的设定，公益动画广告要求角色的设定一定要既简单又具有特点，能够充分突出公益动画广告的传播优势。

（3）软件运用的技术问题，制作的过程中需要同一角色的重复出现，其中涉及FLASH中的知识既有简单的，又有复杂的。

6.2 解决办法

（1）故事情节的设定，我选择了日常生活中最常见的情节。选择了教学楼电梯间里放屁以及被人误会这个小空间里的既尴尬又搞笑的事情，情节简单搞笑，但是能够发人深省。

（2）角色的设定。角色是故事的灵魂，极具表现力的角色是一个成功公益动画广告的所必须的。角色的设定，选择了与情节相符合的青春向上、造型简单的角色。

（3）制作过程中，存在的技术问题确实有许多。我在遇到问题的第一时间选择上网学习，希望能够自己查找答案。在上网解决不了的情况下，再向实习公司的同事请教。

结　论

针对此次的毕业设计，我设定的选题是车载多媒体公益动画广告改良设计。

我在选题最初选择的是公益方向，而车载多媒体是社会现阶段不被人重视的小媒介，公益动画广告也是公益广告中的一小部分，很少也可能还有人能够看到二者直接结合的可能，能够专门性地针对车载多媒体的特点制作公益动画广告。让这种新型的公益广告充分运用车载多媒体的传播优势得以在现阶段混乱的广告环境中生存，甚至达到改善我国公益广告发展现状的目的。通过此次的毕业设计的前期调研与后期制作我得到了以下的结论：

（1）公益广告还是选择幽默风趣的故事情节比较能够达到教育受众的目的。相比传统的、教条的教导式的公益广告，幽默风趣的故事情节更加亲民，更能够让受众在笑一笑的同时，记住这个故事，记住这个故事教育的目的。

（2）首次将车载多媒体和公益动画广告结合。公交车载多媒体即时性传播的特点，能够充分和公益动画广告融合。在车载多媒体中，公交车载电视是日常生活中最为常见的移动电视之一，以其广泛的受众，较高的信息到达率，获得广告主的青睐。因为车载多媒体具有强大的传播优势：①受众多，覆盖范围广。公交车是大多数人出行的首选，选择公交车出行以学生、上班族等年轻人为主，但也包括不少当地的老年人。②垄断性传播，信息到达率高。公交移动电视具有空间封闭、强迫收视的特点，垄断性传播保证了其较高的信息到达率。③即时传播、随时随地播报。移动电视的特征在于随时、随地视听结合。最后，确定了选择动画广告的传播形式。公益动画广告，投入小、制作简单，不需要常规影视广告的器材投入和前期拍摄，但是与影视公益广告一样能够达到传播信息、教育受众的目的。而其简单的造型，夸张的表现方式更富有趣味性，更能让受众印象深刻。经过调查，我想车载多媒体的传播优势能够与公益动画广告的传播需求完美结合，公交车承载的主体——年轻人也是公益动画广告最主要的目标受众。垄断性传播能够保证公益动画广告的传播效果，其即时传播也是简短的动画所必需的。

尚存在的问题：

（1）车载多媒体中商业广告和公益广告的选择问题；

（2）车载多媒体与公益广告之间能否相互满足的问题。

研究展望与设想：

（1）针对车载多媒体即时传播的特点，运用最简单的人物造型和背景设定，最大程度呈现 FLASH 动画的直观、趣味的优点，减少不必要的人力、物力的投入。

（2）采用公交不文明现象和部分社会热门问题的题材，能够有效地引起受众的关注。

（3）运用幽默诉求，用 FLASH 动画呈现简单、夸张的人物造型，搞笑的故事情节，让受众在笑一笑的同时，又能达到发人深省的公益目的。

参考文献

[1] 李璟．谈我国公益广告的发展与前景[D]．陕西：陕西理工大学艺术学院，2010.

[2] 杨丽娟，牛玲．公交优先是城市公共交通的战略方针[J]．城市公共交通，2001，

(03).

[3] 陈丽娟. 情感诉求广告及其心理效应分析[D]. 武汉:华中科技大学,2004.

[4] 刘天琪. 公交车载电视的传播优势和改进方向[J]. 青年记者,2009(11).

[5] 王振丰. 我国公益广告事业现阶段存在的问题及对策[J]. 企业科技与发展,2011(9).

[6] 沈杰. 公交广告存在的问题及解决对策[J]. 职业时空,2010(06).

[7] 梁莺. 感性诉求广告的消费者心理学基础探析[J]. 今日南国(理论创新版),2010.

[8] 李淑青. 公交广告与城市建设[J]. 全国商情·理论研究,2011(09).

[9] 张慧慧. 公交移动电视广告传播效果实证研究[J]. 中国传媒科技,2012(18).

[10] 杨凤霞. 浅议广告的感性诉求[J]. 现代视听,2009(S2).

六、毕业设计的写作训练

根据自己的专业特长，结合课程实习和社会实践，选定一个课题进行研究，查阅相关资料，尝试着写一份毕业设计的详细提纲。

第四节　科技报告

一、科技报告的内涵

根据国家标准（GB7713—87）《科学技术报告、学位论文和学术论文的编写格式》的界定："科技报告是科学技术研究结果的报告或进展的记录，或一项技术研制试验和评价的结果，或论述某项科学技术问题现状和发展的文件。"科技报告是以客观的科学技术研究和科学技术事实为写作对象，是研究、考察、实验、观测结果的如实记录和文字体现。科技报告具有内容新颖广泛，数据翔实具体，专业性强，技术含量高，实用意义大，而且便于交流、时效性强等其他文献类型所无法相比的优势。

二、科技报告的特点与种类

（一）科技报告的特点

科技报告和科技论文论述的内容基本上都是科技研究中的最新发现，其文字体例、格式和性质都大体相同，虽然并非所有的研究工作都可以写成科技论文，然而却可以都写成科技报告，这是由科技报告的特点决定的。

1. 快速反映科研成果。如果以论文形式发表，形成论文期间，对其结果进行分析、解释、论证，需要消耗很多时间；从投稿到等待出版又需要6—12个月，周期拉得太长。如果以科技报告形式反映科研成果比这些成果在学术期刊上发表，一般要快一年左右，便于科研成果交流和传播，以及在实际应用中的成果转化。

2. 分类分级使用制度。与其他公开出版物不同，有些科技报告，可能涉及国家安全、技术机密、知识产权等，一般单独成册，并印有相关机构名称和专门编号，通常按照国家条例和规定，分不同情况注明“内部交流”“秘密”“机密”“绝密”等保密级别和使用范围，采用分级分类使用机制和共享模式。

3. 类型多样，编写规范。科技报告几乎涉及整个自然科学和社会科学领域，实验、考察结果，甚至全部工作进程、方法、观察细节等，包括正反两方面研究结果和经验总结，都具有参考价值，都可写入科技报告，因而科技报告种类繁多，再加上不需要专家评审和出版编辑，所以需要统一的编制格式规范，否则将不利于收藏和共享。

（二）科技报告的种类

1. 按内容划分，可分为基础理论研究和工程技术两大类。

2. 按研究进展程度划分，可分为初步报告、进展报告、中间报告、终结报告。

3. 按流通范围划分，可分为绝密报告、机密报告、秘密报告、非密限制发行报告、非密报告、解密报告等。属于保密的科技报告大多是军事、国防工业和尖端技术成果。

4. 按科技报告的不同性质的划分，可分为科技实验报告、科技考察报告、科技政策报告、技术报告等。

（1）科技实验报告。是描述、记录某项实验过程和结果的文件。

（2）科技考察报告。通常是带着明确的课题目的，在某一地区进行调查了解、观察思考、研究分析而写出来的报告。

（3）科技政策报告。是科技政策研究机构或学术团体，定期给上级主管部门或国家决策机构提供各种科学指标和科技政策等方面的报告，有时称为科技建议书。

（4）技术报告。是具体从事某项研究、试制工作，或者具体处理某项技术问题时写的报告。

三、科技报告的写作

科技报告根据不同分类标准，类型比较多，不同性质的科技报告，有不同的写法。虽然科技报告的写作，不能一概而论，但是与学位论文、学术论文一样，主要内容也是由标题、摘要、关键词、正文、注释、参考文献、附录等部分构成。

（一）标题。以简明恰当的词语反映报告中最重要的特定内容和逻辑组合。

（二）摘要。说明这项课题研究的主要成果，成果包括用途、原理、技术关键、达到的技术指标、经济价值、国内外水平比较等。

（三）关键词。为了文献标引，从报告中选取出来表示全文主题内容信息款目的单词或术语。

（三）正文。科技报告的核心部分，内容集中体现作者学术水平和创造才能，决定整篇报告的质量。正文包括如下部分：

1. 引言。说明研究问题的由来，研究的目的和范围，理论基础和分析，研究设想、研究方法和实验设计，预期结果和意义等，应言简意赅，不要与摘要雷同或成为摘要的注释。

2. 研究过程与方法。这部分是报告的主体，要提供工作进程方面的具体信息，写出研究工作中详细的实验过程和结果，包括仪器设备、材料原料、实验和观测方法，计算方法，原始的数据与图表等，详细说明自己研究方案设计的理论依据、实验手段、操作步骤或工艺流程等。

3. 结果与讨论。结果是通过科学实验观察到的结果，以及由此得出的推论和总结。结果要包括正面的成果、经验，也要包括失误、失败的教训，以便有关人员和读者判断和评价，必要时对结论和建议提出修正意见。对整理的数据，可列成表格或用图说明。对同一结果，可图、表并列，详尽说明。然后，对研究结果展开讨论，如阐述实验结果的意义、讨论与前人结果不同的原因。还如实地写出需要进一步探索和研究的问题。有改进的意见、建议时，也应当写出来。

4. 参考文献。对于正文中引用的资料，要一一列出这些资料的作者姓名、题目以及所发表的刊物名称、卷数、页数、出版的年份等。

四、科技报告的编写要求

（一）科技报告针对对象是科研人员或同行，而非管理者，所以需要按照科技论文的体例撰写，格式要严格遵循国家的相关标准规范，便于交流使用。

（二）科技报告的内容是针对研究对象、过程、方法和结果进行描述，而不是本课题或本项目的任务完成情况。因此，内容要完整、真实、准确，有一定的技术含量和保存、利用价值。

（三）科技报告要适应不同读者的需求，语言应通俗易懂。要以叙述事实为主，不可空发议论。正文尽量精简，各种资料、图表、数据、公式推导等可以放置到附录或附件中。

五、科技报告的写作例文

面向广义设计的产品三维模型检索技术①

Generalized design oriented product 3D model retrieval

摘　要：随着企业信息化建设的不断深化，基于三维模型的产品设计与制造已成为我国离散制造业的主流模式。产品三维模型具有的数字化、可视化和虚拟化等特点，已成为产品开发各环节（CAD、CAE、CAPP、CAM 等）不可或缺的基础载体。企业在生产过程中所积累的大量、丰富的产品三维模型，是体现企业核心竞争力的重要智力资源。如何有效管理、共享和重用产品的三维模型，充分发挥和挖掘其内涵特点以及作为设计制造上下游环节基础载体的外延作用，以有力支持企业的产品开发过程，是产品数据和过程管理技术面临的新课题。尤其对航空、航天、汽车、造船等领域大型复杂产品的研发，其必要性

① http：//www. wanfangdata. com. cn/details/detail. do？ _ type＝tech&id＝1794#

和迫切性更为突出。本研究主要面向广义设计的产品三维CAD模型检索技术，围绕产品的概念设计、详细设计、工艺设计和工装设计等广义设计过程，通过基于内容的检索技术实现产品三维CAD模型资源的多粒度、精确化、个性化快速聚类。提供了产品三维CAD模型的整体/典型结构/基本特征的多粒度检索及自由曲面检索等关键技术，实现了基于2D草图、3D整体/典型结构/基本特征的多模式产品三维模型检索输入接口，开发了一个面向广义设计的产品三维CAD模型检索原型软件系统NWPU-MRS，并在某航空制造企业开展了有效的应用验证。与传统的基于文本的信息检索方法相比，本研究提供的三维CAD模型检索技术将为企业提供更直观、快捷、精确的设计信息查询手段；与通用领域已有的三维模型检索方法相比，本研究充分考虑了产品广义设计过程对三维CAD模型的典型结构和特征的局部检索需求，为设计过程可重用信息的检索和重用提供了先进的支持手段：①通过提供与概念设计意图最相符的已有产品三维CAD模型，启迪设计思路，加速概念设计进程；②基于已有相似产品三维模型进行修订或变型，快速生成当前的详细设计；③利用产品三维CAD模型相似性与制造工艺/工装相似性之间的必然联系，准确定位和有效重用已有的工艺/工装设计信息，实现快速工艺设计和工装设计。

作者：张树生，白晓亮，张开兴，李亮，王洪申

单位：西北工业大学，西北工业大学，山东农业大学，西北工业大学，兰州理工大学

关键词：三维CAD模型检索；广义设计；重用；整体检索；局部检索

报告类型：最终报告

公开范围：公开

全文页数：66

项目/课题名称：面向广义设计的产品三维CAD模型检索技术

计划名称：国家高技术研究发展计划

编制时间：2013年09月12日

立项批准年：2007

馆藏号：306—2013-001794

（正文略）

六、科技报告的写作训练

利用寒暑假或其他业余时间，考察自己家乡周边的动植物生长、湿地涵养、气候变化等演变情况，按照科技报告的写作要求，写一篇关于生态自然方面的考察报告。

第五节　科技论文

一、科技论文的内涵

科技论文是以科学研究和技术开发的过程与结果为内容，以议论为主要表达方式论证

科学研究和技术开发成果的文章。它是科学技术人员在科学实验的基础上，对自然科学、工程技术科学以及人文艺术科学等研究领域的现象或问题进行科学分析、综合研究之后，获取的创新成果或结论性的文字，并按照各个科技期刊的要求进行电子和书面的表达。

二、科技论文的特点与种类

（一）科技论文的特点

1. 学术性。科技论文以学术问题作为论题，以学术成果作为表述对象，以学术见解作为文章核心，在科学实验的基础上，揭示事物发展、变化的本质规律，探索科技领域中的客观真理，推动科学技术的发展。

2. 创新性。创新性是衡量科技论文价值的根本标志，只要开拓了新的领域，探索了新的方法，阐发了新的理论，提出了新的见解，都可以说为增加人类科学知识做出了贡献。

3. 科学性。科学性主要表现为内容和形式两个方面。其一，科技论文的内容必须真实，阐发的理论必须经得起实践的反复检验，公布的实用技术定性和定量准确无误。其二，科技论文的表达形式也要有科学性，立论正确，事例论据都应充实准确，论证严谨清晰，用语确切规范。

4. 规范性。科技论文的写作按照一定的规范表达，可以取信自己，方便他人，更好地达到学术交流、资源共享的目的，使科技论文更好地发挥为社会发展做出贡献的功能。

（二）科技论文的种类

按照不同的分类标准，科技论文可分为多种类型：

1. 按科技论文的功用，可分为学位论文和学术论文。学位论文，是高等学校不同学历层次的毕业生，申请授予相应学位时撰写的科技论文。学术论文，是指某项学术课题，通过科学观察和实验论证，发现或发明了新的科研成果和创新观点，某种已知科学原理在实际应用中取得新进展的科学总结，进行分析、阐述之后所形成的文字。

2. 按科技论文的专业领域，可分为自然科学论文和社会科学论文。自然科学既包括探索自然界各方面事物的本质和规律的基础科学，如数学、物理学、化学等，又包括将基础科学转化为应用的技术科学，如材料学、能源学、医学、农学等，还包括直接应用于生产和生活的技术和工艺性质的应用科学，如机械工程、建筑工程、遗传工程等。社会科学包括政治学、经济学、法学、史学、文艺学、美学、伦理学等。

3. 按科技论文的研究方法，可分为理论型、实验型、观测型三类。理论型论文是指科研人员运用理论推导和理论分析，对研究成果进行理论概括和总结，提出自己观点和见解的论理性论文；实验型论文是指科研人员运用实验的研究方法获得科研成果，如实地将实验过程和创造性成果归纳总结形成的论文；观测型论文是指科研人员运用描述、比较、说明的研究方法，对新发现的事物或现象进行研究而获得科研成果形成的论文。

三、科技论文的写作

理论型论文写作与毕业论文写作大体类似，观测型论文也类似于科技报告，因此此处主要介绍实验型论文。实验型论文通常由标题、作者、摘要、关键词、引言、材料与方法、结果与讨论、结论、参考文献、附录等部分组成。

（一）标题。通常要能简明、准确地概括出论文研究的最主要内容，一般情况下可以考虑从“标明课题”和“揭示主题”两个角度命题。

（二）摘要。概括说明该课题研究的对象、目的、方法、结果或结论及其应用范围和重要意义，以何种实验材料与方法得出的何种研究结论，突出论文的创新性成果的描述。

（三）关键词。是从论文中择取出来，以之表达文章主题内容的单词或术语，以 3 至 6 个为好。关键词可供检索性期刊（或数据库）录入关键词索引，便于国内外科技人员查阅。

（四）引言。一是简要说明本课题研究的背景、动因，即前人的研究状况和未能解决的问题；二是简要说明本课题研究预期达到的目标，即主要研究设想、实验内容和研究目的等。引言写作与摘要写作大不相同，引言突出本项课题研究的动因与目标；摘要突出本项课题研究的对象和成果。

（五）材料与方法。本课题研究所用的实验材料、实验条件、特殊的环境要求、实验方法，以及理论依据与实验操作步骤等，皆需要详细描述。

（六）结果。本课题实验过程中观察到的每一个现象，都需要客观仔细的描述和科学理性的分析；根据实验使用公式、方程式，实验获得的数据、现象，通过文字或图表形式，综合分析论述实验得出的最终结果。

（七）讨论。是在对本课题实验数据和现象进行科学分析的基础上，对实验数据误差和影响实验结果的因素进行解释，探讨对实验材料和方法的改进思路。写作讨论部分，要求辩证、客观，不绝对化，不失之偏颇。有时观察或实验的结果，不能推导出应有的结论，该论文甚至可以没有结论，而是只进行必要的讨论。

（八）结论。主要写作内容是：本课题研究说明了什么现象或问题，发现了哪些新的规律和观点，解决了哪些学术理论和实际应用问题，对于前人的研究作了哪些验证、补充、修改和否定，对于仪器设备、实验过程提出了哪些建议、设想等。

（九）参考文献。列出与本课题研究直接相关的前人发表的文献，既表现了作者严肃的科学态度，也体现了对前人劳动成果的尊重。

（十）附录。是论文正文主体部分的补充项，一般是不便于编入正文的内容，如罕见的珍贵资料，重要的原始数据、结构图、统计表，篇幅过大的资料等。

四、科技论文的写作要求

（一）论点要创新。在理论研究和技术开发的论证过程中，内容要有新理论、新思想、新工艺、新方法、新发现、新发明或新推进出现，要反映出各学科领域中的最新学术水平。

（二）论据要精确。精选有代表性的实验材料，即选取质量高、数量充足的材料进行实验，以获得精准的数据和完备现象描述，有了第一手的数据记录和实验现象的客观描述，也就有了精确的无可挑剔的论据，论证过程才会站得住脚。

（三）论证方法要合适，要使用学术性的专业用语和规范性的行文格式。

五、科技论文的写作例文

光纤传感器及其应用研究①

陈峰华，孟继轲

摘　要：光纤传感器技术在现代检测及自动控制中的应用非常广泛，本文从光纤基本原理及光纤特性等方面，对光线的物理特性进行分析和研究，并利用其不同于传统传感器的优越性能，针对我省采矿工业的安全监控系统，提出一种全光网络的安全监控方法。此方法安全、可靠、精度高。

关键词：光纤理论；光纤传感器；安全监控

光纤传感器技术是伴随着光导纤维及光纤通讯技术发展而出现的一种崭新的传感技术，不同于传统的传感技术，它的灵敏度、抗干扰性以及高适用性正成为目前科技发展所追逐的新宠。光纤传感是利用光纤对外界环境因素十分敏感，例如温度、压力、电场、磁场等环境条件的变化都将引起光波参量，如强度、相位、频率、偏振态等的变化。通过相关的研究，就可以加以利用；同时光纤本身具有许多优点，如长距离传输损耗低、易弯曲、体积小、重量轻、成本低、防水、防火、高抗电磁干扰等，因此在航空、航天、航海、核工业、电力、医疗、石化、矿山、冶金等行业有着广泛的应用。

1　光纤传感器概述

光纤传感器就是利用光纤将待测量对光纤内部传输的光参量进行调制，并对被调制过的光波信号进行检测，从而获得待测量值的一种方法。根据光纤在传感器中所起的作用不同分为两大类：

（1）功能型：利用光纤本身的特性把光纤直接作为敏感元件，感知信息的同时又传输信息（称为全光纤传感器）；

（2）非功能型：利用其他敏感元件感知待测量的变化，光纤仅仅作为光的传输介质，传输光信号来自较远处或者难以接近的场所（称为传光型传感器或者混合型传感器）。不论是功能型和非功能型，最终都是需要通过对光波参量的调制来实现待测信息的提取，具体的调制方法可以根据强度、相位、频率、偏振、颜色等实现。

① 太原科技大学学报，第26卷，第2期，2005年6月。

2 光的反射及光纤传光原理

光通过两种透明介质时，在其分界面上将发生折射和反射，对应的两类光线的方向可以通过反射和折射定律确定。实际中根据具体的情况其透射系数、反射系数有很多变化，根据入射条件，光矢量的垂直分量和平行分量都会受到影响。以理想的光波传播线路为例。

3 光纤传感器的应用研究

根据我省以工矿企业为主的现实情况，参考光纤传感器在特殊环境中的优越适应性，提出如下的综合解决方案：

利用光纤压力传感器实现矿井危险地段的安全检测，利用光纤温度传感器实现温度参量的时时反馈，利用光信号经过不同气体介质时其光学参量发生变化，实现易燃易爆气体的时时监控，综合通过光纤网络实现全过程的综合监控。压力传感器采用透射式，该种方案具有简单、实用、价格便宜等，但是由于光纤不动，监测范围较小。

此结构利用光强调制技术，通过膜片传递压力变化，进而带动光闸门调制光强，实现压力传感检测。其中入射光纤和出射光纤是同一光纤，在被测压边处发生形变，形成光快门。光强在两侧不同，达到检测目的。温度传感器采用半导体光吸收型光纤温度传感器，采用两个光源，一只铝镓砷发光二极管，波长 $\lambda_1 \approx 0.88\mu m$，另一只是铟镓磷砷发光二极管，波长 $\lambda_2 \approx 1.27\mu m$，敏感头对 λ_1 光的吸收随温度而变化，对 λ_2 光不吸收，取 λ_1 光作为参考信号，用雪崩二极管作光探测器，经过采样放大器后，得到两个正比于脉冲高度的直流信号，经过除法器以参考光（λ_2）信号为标准将与温度相关的光信号（λ_1）归一化，除法器的输出仅与温度 T 有关，实现温度的监控，光纤中通过的光信号，经光电传感器（光探测器）转换成电信，这是个模拟量，需经 A /D 转换成数字信号，经单片机处理后送入 PC 机输出。

测量范围-10℃～2300℃，精度达到±1℃，设计要求符合矿井中的常见环境，可以满足现实需要。

在矿井等地下施工现场，危险气体主要是 CO、C_2H_2、N_2、CH_4、C_2H_6 等，传统的检测方式由于受到相关电气因素的影响，存在安全隐患，同时不能很好地发挥功效，一旦出现电气问题很容易导致爆炸。光纤传感器的优良品质，同时结合其全光特性，安全的同时又保证了检测的准确程度，此类传感器高抗电磁干扰，可以进行远距离控制。

目前光纤传感器的气体检测原理主要是利用物质的荧光、散射、吸收和折射率变化特性，检测气体浓度的变化，国内主要集中在强度调制型和干涉调制型两种。气体在近红外区域内的选择吸收现象可以用来进行检测单一气体的浓度。气体分子只能够吸收那些能量正好等于它的两个能级的能量之差的光，对于不同的气体，分子结构不同，因而可以利用来进行特定气体的监测。

以吸收型光纤传感器为例。当光通过某种介质时，即使没有折射、衍射现象，传播情况也会发生变化，主要包括吸收和散射。衰减过程主要是吸收，因此可以通过研究其吸收结果进行气体浓度的监测。

当气室中没有待测气体时，通过气室的光经过探测器测得其光强为I_0，当待测气体充入并达到一定浓度时，其强度变为I_1，因而可以进行检测。

灵敏度是系统的关键，影响灵敏度的主要因素包括：光源的稳定性、光路耦合处的耦合状态的变化、环境因素（温度、湿度、振动等），解决的方法可以采用差分吸收的方法进行，利用两路光，一路固定通过密闭气室，另外一路通过充入实际气体实现。本套装置需要专用的数据库进行保证，调试过程比较复杂，利用微机网络，实现数据的时时传送，安全的监控。

我国目前使用高温传感器每年要消耗几十亿元，传统中使用铅镑丝热电偶来测量高温，寿命短，成本高，而且在工业生产中需要停产来更换热电偶，严重影响了生产。光纤高温传感器具有极大的实用性，同时其全光网络适用于安全要求较高的场合，在石油化工系统，矿井，大型电厂等，需要检测氧气、碳氢化合物，一氧化碳等气体，采用电气类传感器，不但达不到要求的精度，更严重的是会引起安全事故。

综合利用上述三类光纤传感器组成全光网络，进行井下安全事故的检测，可以有效地避免使用传统传感器进行监测时带来的缺陷，例如线路受到电磁干扰，信号稳定性较差，对电源依赖性强，网络组成在事故发生时的及时性受到影响等。

4 结论

本文对于光纤及其传感器系统进行全面的分析、研究，对比于传统传感器系统的电气依赖性，体现出现代光纤传感器的优势，同时针对我省实际，设计安全检测系统，利用常用的几种光纤传感器及其光纤网络，实现全光网络的监测，结合微机系统，组成实时监控系统。光纤传感器由于具有灵敏度高、结构简单、耐腐蚀、体积小、光路可弯曲等优点，因此具有广阔的应用前景，随着其独特性能的不断优化，它将成为最具发展前途的传感器之一。文章针对实际情况，设计通过光纤传感器以及光纤网络实现对传统温度、压力、应变以及危险气体检测手段的改革，实现时时监控，同时避免了传统检测手段中由于突发事故等引起的监测仪器二次引发事故的危险。具有实际应用价值。

参考文献

[1] 安毓英，等．光学传感与测量［M］．北京：电子工业出版社，2001：165-210.

[2] 丁镇生．传感器及传感技术应用，［M］．北京：电子工业出版社，1999：205-232.

[3] B. Culshaw，J. Dakin 著．光纤传感器［M］．李少慧、宁雅农，等译．武汉：华中理工大学出版社，1997.

六、科技论文的写作训练

（一）仔细阅读《面向广义设计的产品三维模型检索技术》一文的摘要部分，尝试评析其主要内容，以及与科技论文摘要的写作有什么不同。

（二）通过搜集资料，阅读三篇关于野生动物保护的科学论文（如四川大熊猫、滇金丝猴、东北虎等），提炼其中心论点和分论点，分析其主要论述方法。

（三）城市下水道建设，究竟是走欧式道路，还是走美式道路，还是走中国式的独特之路，需要科学论证。请你搜集资料，实地考察，写一篇关于城市下水道综合治理的工程科学方面的论文提纲或论文。

第九章　新闻写作

□学习目标与要求

1. 了解消息、通讯的内涵、特点及适用范围。
2. 重点掌握消息和通讯的结构、写作要领和写作要求。
3. 学会独立采访，获取新闻素材，撰写消息和通讯。

第一节　消息

一、消息的内涵

“新闻”有广义和狭义之分。广义的新闻包括消息、通讯、特写、报告文学等体裁。狭义的新闻专指消息，因为消息是新闻的基本形式，所以有时我们就把消息叫做新闻。

消息，就是对新近发生或发现的有社会意义的事实所做的简短报道，其核心是事实。

二、消息的特点与种类

（一）消息的特点

1. 真实性

真实性是新闻的生命所在。新闻是对客观事实的反映，事实在先，新闻在后，有了事实才有新闻。消息的真实性具体表现为：一是报道内容的真实性。消息写作必须真实地反映客观存在的事实，不虚构、不推断、不假设；二是用事实说话。消息的写作，要求作者“隐藏”自己的立场，在写作中对新闻事件不评价、不议论，用客观的事实表达立场、态度、观点。这并不是说消息的写作不能体现作者的判断，而是要求通过对新闻事实材料的选取、剪裁来表明立场。如果一定要有评论，也只能是简明扼要、点到为止。

2. 及时性

消息要报道新近发生的事实，及时性也是消息的重要特点之一。新闻界有句俗语，今天的新闻是金子，昨天的新闻是银子，前天的新闻是垃圾。除了传统的报纸、电视外，当今新媒体发展迅速，尤其是手机新闻客户端的广泛使用，能够将各类新闻瞬间推送到阅读者的面前。这就要求新闻从业者要密切关注社会动态，用最快的时间，将最有价值的新闻事实送至读者面前。如2015年10月30日，中国共产党第十八届五中全会闭幕，会议讨论通过的关于完善人口发展策略，全面实施一对夫妇可生育两个子女的政策。这一消息迅速登上全世界各大媒体头条，英国《卫报》头版头条报道："特大新闻，中国放弃沿用35年的'一对夫妻一个孩'政策"。美国《纽约时报》头版头条报道："中国放弃一孩政策，允许一个家庭生育两个子女。"有时媒体为了对新闻事实的发展动态进行及时报道，也会采用直播的形式。如2018年4月13日，美英法三国联合对叙利亚实施"精准打击"，央视新闻客户端、凤凰网等媒体迅速反应，对袭击进行了直播。

3. 简明性

简明是消息区别于其他文体的重要特征。消息的内容要求简明扼要、明白晓畅，让读者能够在最短的时间内，抓住主要信息，了解新闻的内容。消息写作在时间充裕和内容需要的情况下，可以写三五百字，在时间紧急或内容不重要的情况下一句话也能实现写作目的。如消息《国家广播电视总局揭牌》："新组建的国家广播电视总局16日上午揭牌，根据关于国务院机构改革方案的说明，其主要职责包括推进广播电视领域的体制机制改革，监管、审查广播电视与网络视听节目内容和质量，负责广播电视节目的进口、收录和管理，协调推动广播电视领域走出去工作等。"（新华网2018年4月16日）

（二）消息的种类

消息从不同的角度，可以分为不同的类型。如按照消息报道的范围分可以分为本地新闻、国内新闻、国际新闻等；按照消息的内容分可以分为政治新闻、军事新闻、体育新闻、民生新闻等；按照新闻的传播方法分可以分为电视新闻、网络新闻、文字新闻、图片新闻等。一般而言，我们通常将消息分为如下几类：

1. 动态消息

动态消息是对新近发生的事实进行报道，主要针对社会中的新情况、新问题、新动向。这是消息中最常见的一类，一般一事一报，篇幅短小、内容简明。如："我首批自主培养舰载战斗机飞行员拿到'海天通行证'"。（人民海军报2015年1月6日）"两颗北斗三号卫星成功发射"。（人民日报2018年3月31日）

2. 综合消息

综合消息是对某一重要工作、事件、问题的全面、综合的报道，有全局性的特点，可以反映报道对象的全貌。综合消息的写作，要求对报道对象有全面的了解、掌握。如消息"榆林860万亩流沙全部得到治理"（榆林日报2015年1月27日），该报道叙述了榆林几代人在治沙工作上的艰辛和付出，总结了治沙工作的巨大成果——榆林860万亩流沙全部得到治理，宣告陕西告别流沙时代。消息对榆林几十年的治沙工作进行了总结，使读者对榆林地区治沙情况有了全面的了解。

3. 经验消息

经验消息多数是对某一单位、部门或某一个人工作中的新做法、新经验、新成绩进行报道，以介绍典型经验为主，这类报道的目的是推广经验、指导实际工作。如消息“‘亲清八条’构建新型政商关系”（佛山日报 2016 年 4 月 26 日），介绍了佛山出台的关于政商交往的政策——佛山政商交往守则及行为指引，这一举措在全省乃至全国都具有创新性和首创意义，对在当前经济形势下构建新型政商关系的工作具有指导意义和典型意义。

4. 述评消息

述评消息是指新闻中除了新闻事实外，还增加了作者对新闻的简单评论，它融新闻和评论为一体。这类新闻的主要目的是分析问题、总结归纳、引导社会。如新闻“怎么证明我妈是我妈!”（人民日报 2015 年 4 月 8 日），报道针对当时社会中存在的各种奇葩证明、循环证明现象，报道具体事例，综合社会中各种证明过多过滥的现象，剖析职能部门相互推诿的根源，提出了打破信息“壁垒”的建议。

三、消息的写作

一篇消息通常是由标题、导语、主体、背景、结尾等几个部分组成。

（一）写好消息的各个部分

1. 标题

通常会有“看报先看题”的说法，这是指一般情况下读者在阅读新闻的时候，首先接触就是新闻标题。正因为如此，一条消息的标题写得好不好有时会直接关系到读者会不会感兴趣继续阅读下去。一条好的新闻标题要能够概括新闻事实，有的新闻标题本身就可以作为一句话新闻。此外，为了吸引读者的阅读兴趣，有的新闻标题还应在生动性、形象性上多下功夫。标题在形式结构上一般可分为单行式标题、双行式标题和多行式标题。

（1）单行式标题

单行式标题顾名思义，是用一句话概括消息的主要信息，揭示新闻主要内容。这类标题的使用最频繁。一般要求简洁明了、准确醒目即可。如：

中国首次以国之名公祭南京大屠杀遇难者

（新华社 2016 年 12 月 13 日）

1445 种全新病毒科被发现

（光明日报 2016 年 11 月 24 日）

有些单行式标题为了更加生动活泼、吸引读者，会采用一些较为灵活的写法，如：

“怎么证明我妈是我妈!”

（人民日报 2015 年 4 月 8 日）

作者把社会生活中出现的循环证明这一事实，用荒谬却形象的语言概括出来，让读者对新闻内容一下子就提起了兴趣：为什么要证明我妈是我妈？怎么证明？结果如何？

再如：

苏尼特牧民：赶着羊群上天猫

（内蒙古日报 2014 年 12 月 22 日）

作者把中蒙边境的苏尼特牧民利用电子商务来进行羊肉销售的事实，用生动的语言概括出来，即活泼又准确。

（2）双行式标题

消息的标题一般有三个类型，引题、正题、副题。引题一般放在正标题前面，其作用是揭示新闻背景、主要内容、烘托气氛等，有时又叫“眉题”“肩题”等。正题一般概括新闻的主要事实、反映新闻主题，有时又叫“主标题”“母题”等。副题一般对新闻事实的相关情况进行补充说明，有时又叫“次标题”“子题”等。

新闻的标题由“引题+正题”或“正题+副题”组成时，就叫双行式标题。如：

祖国强 祖国昌（引题）

“忠勇孪生兄弟”10 年演绎血性军人精武传奇（正题）

（人民前线报，2014 年 2 月 7 日）

一次“拒绝”感动一座商场（引题）

600 家店铺为拾荒阿婆攒纸箱（正题）

（海口日报，2015 年 12 月 28 日）

打响世界级城市群品牌（正题）

首届中国长三角品牌博览会将在沪举行（副题）

（新民晚报，2018 年 4 月 4 日）

武汉一高校测评学生思想品德素质（正题）

见义勇为、乐于奉献等行为可获学分（副题）

（中国青年报，2018 年 4 月 18 日）

（3）三行式标题

三行式标题即是由引题、正题、副题组成的标题。上有“引题”交代新闻背景、烘托气氛；中间由“正题”交代新闻主要内容；下有“副题”补充新闻相关内容信息。如：

《爱心面对面》为四川大地震赈灾（引题）

爱心承载希望　知识重塑家园（正题）

新学期灾区孩子们已用上爱心图书（副题）

（安徽商报，2008 年 9 月 21 日）

十二届人大四次会议上午听取“两高”报告（引题）

“虎”“蝇”一起打　惩防两手抓（正题）

去年查办涉嫌犯罪原县处级以上干部 4568 人（副题）

（新民晚报，2016 年 3 月 13 日）

2. 导语

导语是新闻开头的第一句话或第一段话，它用最简练的语言介绍新闻最重要的信息，概括新闻的主要内容，吸引读者的阅读兴趣，对整篇新闻起到提纲挈领的作用。所以写好导语对新闻作者来说非常重要。导语的写法很多，常见的有叙述式、描写式、评论式等，不管是哪一种导语在写作的时候都要注意在简洁明了的同时，要能揭示新闻主题，表现新闻的主要内容，并且不与主体部分重复。

(1) 叙述式导语

叙述式导语是指用叙述的方法在新闻的开头把新闻中最重要、最精彩的事实开门见山地写出来。这种方法在新闻写作中最常见。如：

身负累累违法，车主李某却依然我行我素，任性违停。昨天下午，杨浦警方在查处一起机动车违法停放时发现，车主驾驶证已失效，车辆累计交通违法未处理竟多达153起，记61分。

(《1年交通违法153起未处理》，新民晚报，2017年4月8日)

(2) 描写式导语

将新闻报道对象的某一场面、侧面用简洁、形象的语言描写出来，通过气氛的渲染、生动的描述，使读者对新闻内容有更切身的体会，对新闻中涉及的人和事印象更深刻。如：

“90后”民警渠立萌向前迈出半步，在台上敬了个标准的礼。在这位负责北京西单商业街巡控的年轻女民警心中，“担当”与“守护”是她对“红墙意识”的朴素理解与实践。

(《守卫红墙的首都青年民警》，中国青年报，2018年4月18日)

(3) 评论式导语

评论式导语，是指通过议论和叙述相结合的方式，揭示新闻的主要内容，并对新闻对象有所评价，指明其意义。如：

“城，所以盛民也。”什么是一座城市的温度？又是什么最能温暖人心？答案不外乎“民生”二字。能不能让梦想照进现实，把老百姓所需所盼的大事小情最终兑现，是评判城市治理的重要标准，也是影响城市温度的关键指标。

(《民生工程最暖心》，北京日报，2017年12月5日)

3. 主体

主体是消息的主要部分，上承导语，对导语中提及的新闻对象进行深入的、具体的报道。主体部分要用更加详细的、典型的材料表达新闻内容，对导语内容进行验证和补充。

主体部分通常内容层次较多，会涉及材料的选择和结构安排，一般常见的主体部分结构顺序有：

(1) 按时间顺序。这种结构是按照新闻事件发生、发展的时间为线索进行写作，这种写法层次清晰，能够反映事件发生的全过程，一般动态消息使用较多。例如：

36年“捡”出一座图书馆

本报讯（记者　吴晓玲）12月16日上午，四川省图书馆三楼。69岁的巴中老人陈光伟再次摸摸手中的古籍，脸上满是欣慰的笑容。这天，他把收藏多年的1000余册明清古籍，无偿捐献给省图书馆。这些包括字典、医书等珍贵文献的泛黄图书，饱含着他的心血，也承载着他的心愿。“我想让人知道，无论这个社会怎样喧嚣，也还有我愿意做‘傻’事。”

戴着眼镜的陈光伟是巴中市恩阳区的一名拾荒老人，他做了怎样的“傻”事？陈光伟只有小学文化，他身边的庄稼人大多目不识丁。出于对知识的渴求，从上世纪80年代开始，在走乡串户收荒的过程中，陈光伟便有意识地将他认为有价值的废旧书报留下。白天，他收荒养家糊口；晚上，便捧着淘来的书报学习。日积月累，仅读书笔记就记了几十本，在床头堆了1尺多高。渐渐地，陈光伟成了乡邻眼里有名的“文化人”。

30多年来，陈光伟凭借一己之力收藏了5万余册图书。而随着自己知识的增加，陈光伟也常常想，“最好能建个图书馆，让更多的人有书看。”1997年，他将开在恩阳场镇上的废品收购站挤出一间门面，建起“光伟图书馆”，供居民免费借阅。附近恩阳中学的师生和街上的邻居，时常来图书馆畅游书海，打开观察世界的另一扇窗口。

为办好图书馆，陈光伟下了大本钱。他一件棉服可穿十几年，如今租住的阁楼只有十几平方米，夏热冬冷。30多年来，收荒赚来的钱除养活一家老小外，几乎全用于收集和购买图书。此次捐赠的清代典籍等书籍，是他专门到仪陇等邻近县，多次找藏书人求购的。“30多年花在买书、建图书馆上的钱，有上百万元。”

然而，包括家人在内的很多人不理解他的行为，说他“不晓得图个啥子”。有一年，他的一个儿子见劝说无效，一时气急提起汽油桶扬言要烧掉图书馆。随着时光流逝，孩子们渐渐接受了父亲的选择。一些曾在图书馆受益的学生和被陈光伟感动的社会人士也先后捐赠图书，充实馆藏。

2014年，因为房租涨价，陈光伟的废品收购站关门，5万余册图书只能堆积在儿子家的阁楼里。即使如此，他仍从每月1100元的社保金中挤出钱来继续添置图书。今年11月，为购买《20世纪四川全纪录》等书，陈光伟又向其兄借款1000元。

陈光伟还在期待着把图书馆重新开起的那一天，在他心里，“图书馆开起，知识才能继续传递。”

（四川日报，2016年12月17日）

（2）按空间顺序。按空间顺序的主体结构是按照新闻事件的地域空间的顺序来安排材料，一般用于涉及空间较广的新闻写作，这种写法既有概括的场面描写，又有具体的点的描写，点面结合，能够较全面地反映新闻的全貌。例如：

孟津政府大院没“围墙”

5月26日，星期一。孟津县城中心广场上，路人闲庭信步，车辆自由出入。

紧邻广场的两栋五层和四层的小楼，与广场之间没有围墙和护栏。如果不是楼前的牌子，很难发现这里就是孟津县委、县政府办公楼。这座开放式的广场，既是县委、县政府的大院，也是百姓休闲好去处。

“在这儿跳广场舞，方便！不仅能到办公楼里上厕所，接开水，还能顺便洗把脸，凉快一下。”刘大妈边接开水边说。

刘大妈接开水的县委办公楼一楼大厅，没有专门的值勤人员，只有物业公司的工作人员在值班。电子显示屏上显示着每位领导及职能部门的楼层分布和房间号，以及他们是在“办公”，还是在“开会”“出差”“外出学习”。群众要找哪位领导，只要这位领导在办公室，工作人员可以直接领过去。

县委常委、宣传部长李永贵所在的三楼办公室里，可以听到广场播放的音乐。“晚上经常加班，一开始很不适应，现在好了，有时没了音乐‘伴奏’，总像少点什么。”

“大妈们也很自觉，尽量把音乐调低些，每天早上七点半、晚上九点半自动结束跳舞。”李永贵说。

孟津县不仅没有独立的县委、县政府大院，领导干部与群众的联系也没“围墙”。

在广场边一溜排开的公示栏里，公布有21位县委、县政府领导的照片、姓名、分工、个人手机号码。此外，县委办、政府办、纪委、政法委等部门领导和科室负责人共98人的办公电话和手机号码也全部“晒”出来，并承诺24小时开机。

自从2013年8月11日号码公布以来，他们“晒”在这里已经有9个多月了。

朝阳镇瓦房村的刘永顺对记者说，前几天村里突然停水了，他拨打了分管水利的副县长电话，这位副县长说10分钟就给他回复。“不到5分钟，我们这的副镇长就打来电话，解释说是水泵坏了，买的新水泵正在安装。”刘永顺说，“果然，不到1个小时就有水了。”“电话刚一公布，许多群众拿着纸笔来抄电话号码，多数部门有顾虑，怕被‘骚扰’。”县纪委书记张玉杰说，“运行几个月后，他们接到的电话基本上都是求助的；现在来抄电话号码的少多了，打来的电话也大大减少了。”

党的群众路线教育实践活动开展以来，孟津县推行了联系服务群众工作机制，让广大党员干部全部“沉”到基层一线办实事、破难题、促发展、惠民生。

“县委、县政府大院没‘围墙’，让领导和职能部门负责人电话号码‘晒太阳’，才能让领导干部和群众走得更近，贴得更紧！”县委书记吉振华说。（记者　胡心洁　刘晓波）

（河南日报，2014年5月29日）

（3）按主次逻辑顺序。指的是按主次逻辑顺序安排的主体结构，常见的是写作时按照新闻材料的主次安排顺序，一般先写最重要的材料，接下来按重要程度依次递减地安排材料。这样就能做到主次分明，重点突出。

从受触动到行动　知识改变命运
629户人的藏乡走出359名大学生

四川日报　记者　徐中财

本报讯“这两年，别人想在我们村寨娶走个媳妇都难。”3月25日，记者在阿坝州若尔盖县求吉乡采访时，噶哇村村委会主任仁卓的一句感慨引起了记者的注意。为何难？原来，村里年轻人不少都出门上大学去了。全乡共629户人，近7年间已有235人从大学毕业，还有124名大学生在读。

求吉乡地处若尔盖县和甘肃省迭部县交界处，只有7个村、21个自然寨，却是全县走出大学生最多的乡镇。乡党委书记张建荣说，乡里不少学生考进了中央民族大学、四川大学等知名大学，还出了全县第一个留学生。

一个偏远的藏区乡，为啥能培养出这么多大学生?

张建荣介绍，上世纪末，求吉乡村民组建了潘州物流车队，走南闯北跑运输。眼界打开后，不少村民才发现，由于自己文化程度低，做事受限，于是空前地重视起子女教育问题来。

下黄寨村村民尼美多吉开货车已有20年，“我小学二年级都没读完，好多路牌认不到，找路很不方便”。同村的巴千学不认识几个字，跑运输时要记录饭店电话，就在电话本上画个碗和筷子，再记上数字。尼美多吉一家省吃俭用，支持独生女儿罗措考入了阿坝师范学院。巴千学的儿子多吉扎西已大学毕业，正在自己创业搞现代农业。

近年来，对国家和省里的“两免一补”、“9+3”免费职业教育等政策，求吉乡党委、政府大力宣传，让家家知晓。每年6月1日，乡上召开群众大会，以藏族的最高礼仪，给尊师重教的好家长和爱岗敬业的好老师献上哈达，给品学兼优的好学生发放学习用品。连续多年，求吉乡的入学率、巩固率、升学率均保持在100%。

求吉乡并不富裕，村民们千方百计筹措教育费用，有的不惜卖掉家中全部牦牛。

去年夏天，上黄寨村召开了一次村民会议，议题是：把重视教育列入村规民约。原来，比起邻近的苟哇村、下黄寨村，上黄寨村的大学生较少。村民们商定，凡是有人考上大学，村上给予1000元奖励，每户村民还要各凑一两百元给他们当学费。

社会各界也伸出援手。由退休干部牵头成立的求吉乡教育助学协会，募集爱心资金70余万元，已对全乡所有在校大学生进行了资助。

据初步统计，求吉乡的大学生毕业后，少数去了成都等大城市，约90%的人回到了阿坝州工作，成为教师、医生、公务员、技术员，其中科级干部已近百人，求吉乡成为阿坝州双语干部的一个摇篮。

29岁的更巴措是苟哇村人，她从绵阳师范学院毕业后主动回乡当了一名小学语文老师，“希望帮助更多孩子走出藏寨”。

（四川日报，2015年3月26日。获第二十六届中国新闻奖一等奖）

4. 背景

新闻背景指的是和新闻事件相关的历史、现实的相关材料，可以对新闻事件的发生起到解释、说明作用。新闻背景可以是对新闻涉及的专业术语、科学知识进行解说，也可以是用来说明新闻发生的历史原因、政治背景、社会环境等。还有一些新闻背景使用的是一些反面的材料，用以对比说明新闻事件的意义。新闻背景材料在新闻中的位置并不固定，有时可以穿插在导语、主体、结尾之中，有时可以独立成段放在需要的位置。

如新闻《马德里迎来首趟“义新欧”货运班列》（新华社2014年12月9日）报道了“西班牙政府发展部和中国驻西班牙大使馆将在马德里Aboriginal火车站举行隆重仪式，迎接一位特殊的‘新客人’——由中国国家主席习近平亲自‘代言’、从万里之外的中国义乌开来的首趟‘义新欧（义乌—马德里）’国际铁路货运班列，共同庆祝中欧新‘丝绸之路’的诞生。”新闻的第二段就有关于“义新欧”货运班列开通的背景：“今年9月26日，中国国家主席习近平在会见来访的西班牙首相拉霍伊时说，当前中欧货运班列发展势头良好，‘义新欧’铁路计划从浙江义乌出发，终点设在马德里，中方欢迎西方积极参与建设和运营，共同提升两国经贸合作水平。”这种新闻背景的写作有助于读者更详细地了解新闻发生的来龙去脉，深入理解新闻意义。

5. 结尾

消息的结尾是指用一句或一段话来结束新闻。好的结尾能够画龙点睛，起到总结全文、深化主题、引发思考的作用。也有的新闻没有结尾。如消息《湖北人大、政协、工商联换届 纳税失信306人被取消参选资格》（中国税务报2016年11月18日）报道了2016年“在湖北省各地人大、政协、工商联换届选举中，有306人因纳税信用等级低、存在欠税等涉税问题，被税务机关提出‘不宜推荐’的意见，从而失去被推荐参加换届选举资格。”消息的最后引用了中南财经政法大学博士生导师李波对此事件的评价作为结尾：“评价纳税信用成为关键‘一票’，是在依法治国语境下的一次制度创新，不仅提升了纳税信用的‘含金量’，而且提高了税收在经济领域的话语权，也提高了依法治税的权威性。同时，体现了褒扬诚信、惩戒失信的机制作用，倡导了遵法、守信的公序良俗，对推进诚信社会建设具有深远意义。”这个结尾引用了权威人士的言论更具说服力，而且这段语言对消息中新闻事件的意义进行了阐述，引人深思。

（二）选择好消息的结构

消息写作除了各部分的内容要准确、恰当外，整体结构的合理选择也是非常重要的，常见的消息整体结构有如下几种：

1. 倒金字塔式结构

所谓“倒金字塔式结构”是指按照新闻事实的内容和重要性的不同来安排段落。最重要、最吸引人的内容放在消息的第一段即导语部分，次要的内容放在稍后的段落里，后面都按照材料重要程度或对受众的的吸引力的递减来安排顺序。这样的结构安排头重脚轻，犹如一座倒置的金字塔，故称“倒金字塔式结构”。这种结构起源于19世纪60年代美国南北战争时期，是消息写作中最常见的结构形式。

“倒金字塔式结构”能够使受众在第一时间掌握新闻的重点内容，激发阅读兴趣，也便于记者迅速有效地将最重要的新闻内容报道出来。但是因为这种结构头重脚轻，也不太强调段落之间的起承转合，所以显得较为呆板，缺乏生气和文采。例如：

中国食品科学技术学会儿童食品分会研讨会建议
应重点关注儿童“隐形饥饿”

本报讯（记者杨滨）“超重已成为儿童亟待解决的营养健康问题之一”，中国食品科学技术学会儿童食品分会举办了学术研讨会，来自科研、教学、企事业单位的专家共同探讨我国儿童的“食育”发展和儿童营养健康问题。专家建议，应重点关注儿童“隐形饥饿”，尽快建立完整的“食育”体系，创建我国儿童食品健康数据库，改善我国儿童营养健康问题。

所谓“食育”就是良好饮食习惯的培养教育。目前。我国许多儿童的书包里满是高盐、高糖、高油以及刺激性的零食，“‘浓妆’（色彩浓）与‘魔舞’（口感重）并举，诱惑着孩子们的舌蕾，营养安全问题严重。”中国食品发酵工业研究院食品部主任段盛林教授指出，儿童食品是饮食习惯认知与判断的开端，对儿童未来的身心发育起到至关重要的作用。

北京儿童医院营养保健中心主任梁爱民指出，目前北京中小学生肥胖检出率为19.5%，其中10%出现脂肪肝；全国肥胖儿中脂肪肝发生率更是高达40%至50%，目前中国2.7亿在校生的蛋白摄入量仅为标准的65%，铁、钙、锌严重不足，维生素A的摄入量仅为标准的15%，因此应重点关注儿童“隐形饥饿”，即维生素与微量元素的缺乏。

北京协和医院肠内肠外科主任陈伟强调，对于肥胖问题，不要讳疾忌医，要从根源上找对策，“一些家庭晚餐吃得多，饭后无活动时间；许多小朋友爱喝含糖饮料，但最好的减肥饮料是水。”应帮助孩子认识高能量密度食物，拒绝“垃圾式”饮食方式，倡导健康的饮食与生活方式。

（北京晚报，2018年6月4日）

2. 金字塔式结构

“金字塔式结构”是相对“倒金字塔式结构”而言的一种结构安排方式，它不是按照内容的重要程度或对受众的吸引力来安排材料，而是按照新闻发生的时间顺序来安排材料。这种结构逻辑清晰，能够反映事情发展的全过程，现场感较强，也更符合人们的思维逻辑。但是因为事件的结果通常放在结尾处，所以在吸引读者兴趣上稍显薄弱。例如：

2018年俄罗斯世界杯揭幕
揭幕战俄罗斯队大胜沙特队

北京日报　特派记者　王洋　李戈　李立　陈赢　刘大伟

当地时间14日下午5时30分，2018年俄罗斯世界杯在莫斯科卢日尼基体育场拉开大幕。未来32天，来自五大洲的32支球队将为全世界球迷奉献一道“足球盛宴”。

记者于开幕式开始前4个小时抵达卢日尼基体育场，此时场外就已聚集了大量球迷，其中绝大多数都是俄罗斯球迷。相比之下，客队沙特阿拉伯队的球迷就少了很多，但他们的身影却成为赛场外最为显眼的一抹亮色。由于大部分沙特球迷都身着阿拉伯传统白色长袍，头戴格子巾，复古与时尚交融的造型引来其他国家的球迷纷纷上前围住合影。

在体育场正门外的球迷互动区，数万名球迷在十余处赞助商展台处参与足球射门、VR足球游戏、桌上足球等娱乐项目。

很快，时钟指向下午5时，能容纳8万多名观众的体育场逐渐被身着各色球衣的球迷填满。开幕式演出在5时30分准时开场，约500名舞蹈演员、体操和蹦床运动员身着俄罗斯传统民族服饰，聚集在场中央的主舞台周围。

身着一袭红色西装的英国著名歌星罗比·威廉姆斯率先登场，演唱了一首节奏劲爆的开场曲《让我款待你》。随后，俄罗斯女高音歌唱家阿伊达·嘉丽弗莉娜一身白色纱裙款款登台，与威廉姆斯合唱了后者的代表作《天使》。歌曲达到高潮时，巴西传奇巨星罗纳尔多拉着一位小球员的手，在吉祥物“扎比瓦卡”的陪伴下亮相，全场气氛达到高潮。最终，开幕式在威廉姆斯的一曲《摇滚 DJ》中结束。

随后，参加揭幕战的俄罗斯队和沙特队球员列队入场。值得一提的是，6 名中国儿童作为护旗手，举着一面国际足联的旗帜走进场内。这也是揭幕战现场为数不多的“中国元素”。

开球前，俄罗斯总统普京致欢迎词。他说，这是世界杯首次在俄罗斯举行，让我们用热情欢迎它的到来。紧接着，国际足联主席因凡蒂诺在致辞中赞扬了俄罗斯为本届世界杯付出的努力，并用俄语说“谢谢”。

俄罗斯队和沙特队是本届世界杯 32 强中世界排名最低的两支球队。不过，两队奉献的揭幕战并不沉闷，精彩场面频频上演。经过 90 分钟鏖战，俄罗斯队最终以 5 比 0 战胜沙特队，取得开门红。

（北京日报，2018 年 6 月 15 日）

3. 倒金字塔和金子塔相结合式结构

“倒金字塔”和“金字塔”相结合式结构，又称“双塔式结构”或者“悬念式结构”。这种结构是将“倒金字塔式结构”和“金字塔式结构”混合在一起。一般在消息的导语部分将最重要或者最吸引人的新闻事实概括出来，接下来的内容按照时间顺序逐一展开。这样的结构形式既能让读者在第一时间了解新闻的主要内容，又符合人们的思维逻辑，条理清晰，重点突出。例如：

日本大阪遭遇 6.1 级地震

新干线停驶　3 人死亡数十人受伤

据日本媒体报道，当地时间 18 日早晨，日本西部发生震级为 6.1 级的地震。日本大阪府灾害对策总部称，大阪府北部的地震造成 3 人死亡，数十人受伤。此外，地震使日本早高峰时段的交通中断，并造成大规模停电。

18 日早晨 7 时 58 分，大阪北部发生 6.1 级地震。日本气象厅的地震报告称，震源位于大阪府北部，震源深度为 10 公里，这次地震不会引发海啸。

据此前媒体报道，这次地震摇晃时间长达 30 秒，人无法站立，桌子上的一部分物品落在地上。受此地震影响，大阪北部地区的震级为 6 级弱，京都南部、奈良县、滋贺县南部、兵库县东部的震级为 5 级。

大阪、京都之间的新干线已经停驶。在地震发生半小时之后，日本内阁官房长官菅义伟在首相官邸举行了紧急记者会宣布灾情。菅义伟表示，地震发生后 5 分钟，首相安倍晋三就向首相官邸发出了紧急指示，要求迅速搜集灾区灾情，并联络自卫队做好救灾准备。

日媒称，地震发生后，由于停电，东海道新干线新大阪与名古屋之间的列车已经停驶。关西国际机场和大阪机场所有客机的起降也停止，机场工作人员检查跑道的受损情况。

最近几天，日本各地接连发生4级以上地震，引起了民众的担忧。

（北京晚报，2018年6月18日）

除以上三种结构外，消息的结构还有并列式、延缓兴趣式等。值得注意的是，消息的结构在实际写作中并非是一成不变的，写作者可根据新闻的内容和写作表达的需要，积极探索新的更富表现力的结构形式。

四、消息的写作要求

（一）实事求是

真实是消息的生命，在消息的写作过程中一定要以事实为基础，反映新闻事件的全貌，用事实说话。新闻中涉及的数据、人物、言论、事件等都必须真实无误，不能凭空想象或者以偏概全。

（二）反应迅速

消息要迅速及时地对社会中新近发生或发现的新闻事件进行报道。如果行动迟缓报道不及时，新闻事件成为众人皆知的事情，新闻就失去了新鲜的特点，也就不具备新闻价值。所以要求新闻从业人员一方面要眼观六路、耳听八方，及时了解各行各业的动态；另一方面注重平时写作能力的培养，一旦有新闻事件发生能够做出及时准确的报道。

（三）导向正确

消息的写作要尽可能多地报道社会中的真善美，让读者感受到社会正能量的传递。当然，生活中客观上还存在假恶丑，在消息写作中对此也不可刻意回避，应该以批判的态度揭露这些丑恶现象的存在。

五、消息的写作例文

一次“拒绝”感动一座商城
600家店铺为拾荒阿婆攒纸箱

本报12月27日讯（记者宋亮亮）在海口DC商业城，商户们每天都会收集好自家的纸箱，等待一位拾荒阿婆上门来拿，这个习惯已经坚持了六年。

26日下午4时，DC商业城三楼，一位戴着草帽的驼背阿婆，左手拎一只大塑料袋在过道里穿梭。她每到一家商铺，都有人递上折叠好的纸箱或者几个饮料瓶，不到半小时，塑料袋就鼓了起来。

“上午给了阿婆一捆纸箱，刚才又给了她一捆。”3150号商铺店长周培说。据他介绍，2010年他刚来店里工作，就见到了这位阿婆，当时看她这么大年纪还在捡废品，心里很同情，此后就和同事每天攒下纸箱，等待阿婆上门来拿。“阿婆从不乱拿东西，取走纸箱前都会和我们确认。”

3158号商铺销售员符定强说，阿婆几乎每天都来商城，大家都帮她攒纸箱，每次都让她“满载而归”。令他感动的是，一些商户觉得阿婆很辛苦，要买饭给她，可她总是摆摆手，只肯收下废品。

虽然阿婆是“老熟人”，可商户们不了解她的个人情况，连她姓啥都不知道。记者几经努力，阿婆也没有提供任何信息，只是说商场的人对她很好。据海南DC商业城管理有限公司总经理助理刘育峰介绍，通过和阿婆平时交谈得知，她姓陈，琼山区人，今年82岁，老伴在家没有劳动能力，一个40多岁的女儿长年患病，家里就靠她维持生计。

“为了帮助阿婆，商城对她特别关照。”刘育峰说。六年前，刘育峰刚认识这位阿婆时，得知有商户要给她买饭被拒绝，为阿婆自食其力的精神所感动。出于管理和安全考虑，公司不允许外人进入商城拾荒，对阿婆却开了“绿灯”。公司多次要求保安和商户对阿婆要关爱照顾，还和大家“约法三章”——不准阻拦、不准驱赶、不准打骂。如今，整个商城600家店铺为阿婆攒纸箱已成为习惯，阿婆每天卖废品大概也有30元的收入。

刘育峰表示，商城的“绿灯”，会一直为阿婆亮下去。

（海口日报，2015年12月28日，获第二十六届海南新闻奖一等奖，第二十六届中国新闻奖二等奖）

六、消息的写作训练

（一）请给下面新闻补充标题

本报讯（记者 江跃中）一年一度的上海大学生征兵工作近日全面展开，昨天，征兵宣传进校园活动在位于松江大学城的上海工程技术大学举行。只见校园内整齐悬挂着征兵宣传横幅，橱窗内依次展示着退伍士兵风采的海报，有志青年纷纷来到现场咨询征兵政策，了解部队生活，许多同学当场填写了报名表并在签名墙上庄严签下了自己的名字。

上海工程技术大学积极探索“互联网+征兵宣传”的新方法，通过QQ群、微信群，易班网络平台和“程园学工”微信推送，向全校同学发布征兵政策和办理流程，展示入伍大学生在部队的成长与收获，实现全员覆盖、精准动员，掀起了校园征兵宣传动员热潮，做到应征入伍的相关优惠政策“进教室、进宿舍、进人心”。学校连续两年入伍男兵征集任务数和走兵数都位居上海高校榜首，连续5年获评上海市征兵工作先进集体。

（新民晚报，2018年5月10日）

（二）自主选择采访对象，获取新闻素材，撰写一篇消息。要求符合消息的写作规范，并制作成课件，在班级进行交流和互评。

第二节　通讯

一、通讯的内涵

通讯是采用叙述、描写、抒情、议论等方式，较及时地对新闻事件或新闻人物进行更具体更深入的报道。通讯是对消息的延伸和发展，在内容上比消息更加具体、生动。

二、通讯的特点与种类

（一）通讯的特点

1. 新闻性

通讯的内容是对新近发生的新闻人物或事件的反映，如果失去了新鲜的特点，通讯也会失去其价值。与消息不同的是，通讯在时间上并不要求第一时间发出，因为一般通讯篇幅较长，反映的是新闻人物或事件的全貌，可以预留较多的准备、写作时间。但即便如此，作者也应争取在最短的时间内，把有价值的通讯送到大众面前。通讯的写作也要求遵循实事求是的原则，客观地反映新闻事件或人物的全貌，不可虚构想象或片面武断。

2. 生动性

消息的写作要求简明、准确，而通讯的写作要求具体、形象、生动。通讯不仅要让读者了解新闻，更要让读者能感同身受，为之触动。因此通讯的写作通常会使用较多的文学手法，如对人物形象、新闻场景的描写，对细节的刻画，对心理的表现等。如通讯《关山月照是我家》中开头写到："11 月 9 日，温泉县阿尔夏特河谷，隐在雾凇里的森林凝霜挂雪，向阿拉套山深处蔓延过去。那里是中哈边界，也是阿热达哈・艾山家的夏牧场。关山巍峨，月光盈盈处是苍茫边地，更是祖孙三代边民的家。"（新疆日报，2016 年 12 月 14 日）这描写的是新疆维吾尔族自治区博尔塔拉蒙古自治州温泉县中哈边境的景色，更是艾布力祖孙三代守护的家园，从 20 世纪 60 年代开始这家人就担任了护边员的工作。通讯中对景色的描写让我们领略了苍茫的边境风光，更感受到这祖孙三代工作的不易。

3. 评论性

消息的写作要求用事实说话，排斥作者主观立场的表达，但通讯要求作者一方面要反映新闻事件、新闻人物，另一方面要对其进行评价，表明观点，甚是抒发情感。恰当的评论可以画龙点睛，更可以引导读者对通讯内容进行深入思考。通讯《10 年徒步巡线 6 万里　守护雪域高原幸福路》报道了负责守护青藏铁路的西藏当雄县铁路护路联防队羊八井大队队员们的事迹，通讯的最后，作者写道："扎西只是'天路'卫士中的一员。还有许许多多像扎西一样的'天路'卫士为了保护青藏铁路大动脉的安全畅通，默默付出、无私奉献，他们把营区当家，忍受孤独寂寥，克服高寒缺氧、气候恶劣、交通不便等常人难以想象的困难，凭着信念和责任感坚守在平凡而伟大的工作岗位上，肩负起护路员的职责和使命，精心呵护着雪域'天路'，用青春和汗水谱写人生的辉煌篇章！"（拉萨晚报，2016 年 7 月 4 日）

（二）通讯的种类

按照报道的内容分，通讯一般可以分为以下几种类型：

1. 人物通讯

人物通讯是以报道典型人物为主的新闻，这里的典型人物是指在工作上获得成绩或者思想上较为先进的人物，可能是一个人也可能是一群人。如通讯《关山月照是我家》反映的是守卫边疆的祖孙三代人。通讯《李保国的最后 48 小时》（河北日报，2016 年 4 月 12

日）报道的是58岁的河北农业大学教授李保国人生最后的48小时，这位被誉为“太行新愚公”的博士生导师，一直忙于教学、科研、下乡指导，因为常年高强度工作，1998年患上了重度糖尿病。2007年，又查出重度疲劳性冠心病，经北京多家权威医院诊断为血管弥漫性堵塞，已无法进行常规支架或搭桥手术，只能多休息、保守治疗。通讯只选取了李保国去世前两天的工作状态，由小见大，反映出他勤勉、敬业的一生。

还有一种人物通讯，报道对像只是平凡的小人物，但是这些人可以代表一个群体，具有典型性，有时还会通过这些平凡的人，反映某些重大的社会事件。如通讯《别了白家庄矿——两对父子矿工的煤炭情》（山西日报，2016年12月28日）。2016年全国展开供给侧结构性改革和煤炭去产能，仅山西省就关闭了25座煤矿，20166名煤矿工人或者离开或者转岗。作者选取了在煤矿上奋斗了两代人的祁彬茂父子和张彦父子，通过他们反映了众多煤矿工人的经历，在国家需要煤炭的时候他们不分昼夜支援国家建设，在国家需要转型的时候这些煤矿工人也坦然接受。正是因为有了这样一些平凡而伟大的人，我们的国家才能摆脱困境、逐步振兴。通讯虽然记录的是小人物的经历，但却反映了时代变革中煤矿工人这一群体的风貌，更展现了国家的发展历程和社会变革。

2. 事件通讯

事件通讯以报道社会中引起较大影响的或者较有意义的新闻事件为主，一般要求内容上要及时而准确，同时又能对新闻事件进行全面的报道和深入的分析。事件通讯又可以分为两种：一种是报道正面的事件，有鼓舞和激励作用，如通讯《2049我们了来了》（中国青年报，2018年5月7日）报道了5月4日在北京南开往上海虹桥的复兴号G7次列车上开展的“开往2049——‘00后’五四成人礼”公益活动，这也是首次在高铁上举行的“快闪”活动。通过这场活动展现了一群爱国、励志、求真、力行的00后的整体风貌，他们正带着强国使命，奔向2049。

还有一种通讯以反面事件为主，报道了社会中的一些不良现象和恶性事件，起揭露和教育作用。如通讯《福彩曝黑幕　中彩在线高管涉数十亿利益输送》（经济参考报，2015年5月15日）独家披露了网络福彩利益输送的黑幕，引起了社会的广泛关注。

3. 工作通讯

工作通讯以反映社会中某一单位或区域的具体工作为主，可以反映工作中取得的成绩、经验，也可以反映工作中出现的问题和弊端，还可以是工作中出现的新情况、新问题。如《申城控烟新规实施一年间　效果初显　尴尬犹存——多处“烟消云散”尚未“灰飞烟灭”》（新民晚报，2018年3月1日），这则通讯报道了实施“控烟令”一年后上海公共场合的控烟情况，总结了控烟工作的成绩以及存在的问题。

4. 风貌通讯

风貌通讯又叫概貌通讯，它反映一个单位或者一个区域的新变化、新风貌，有时报道对像是社会风貌，有时报道对像是自然风貌，也有二者兼而有之的情况。风貌通讯中经常可见的是一个单位或区域的今昔变迁，也有风景名胜和风土人情的内容，较有趣味性、知识性。如《一水激活万水流——吉林省“河湖连通”工程走笔》（吉林日报，2014年11月4日），这则通讯报道了吉林西部的白城近年来一方面干旱造成生态急剧恶化，另一方面过境江河每年汛期的洪水屡屡为患，当地民谣说道："一进洮南府，每天二两土。白天吃不够，晚上还得补。"2013年当地政府痛定思痛，在全省率先启动"河湖连通"工程，"引入嫩白"将嫩江水引入白城，同时加强当地水资源管理。经过治理，白城生态系统得以恢复，碧水蓝天、人水和谐，时任吉林省省长的巴音朝鲁写道："河湖连通水丰沛，鹤飞羊欢生态归。花鲜荷青沃野风，西部美景令人醉。"

三、通讯的写作

通讯的写作并不像消息那样有较为固定的程式，根据不同的内容，通讯可以采取不同的写法。总的来说，其写作要领有如下几点：

1. 确定典型，深入采访

通讯是将有价值的事件、人物，及时、准确、生动地报道出来的新闻体裁，所以选取报道对像、确定典型是首要任务。这要求写作者要有职业敏感性，能及时发现有新闻价值的典型的人和事。可以说典型选取是否得当，决定了一篇通讯的成败。如通讯《（脱贫攻坚）记者手记：羊小平砸缸》（新华社，2016年4月7日），记者在调研精准扶贫的过程中收集了很多材料，偶然间得知了羊小平脱贫的素材，通过采访记者发现他的经历很具代表性。羊小平一家世代生活在甘肃省甘南藏族自治州临潭县冶力关的山上，靠天吃饭、土里刨食。甘肃省及甘南州针对羊小平们实施了搬迁扶贫工程，在政府的帮助下，羊小平一家搬入山下的新居。"种植——养殖——住宿——农家乐"一条龙的脱贫方案，让羊小平一家摆脱了世代贫困的命运，看到了生活的希望。羊小平的经历是所有脱贫户的缩影，反映了国家脱贫攻坚政策下困难群众的命运转折。

确定典型是通讯写作的第一步，但是为了更加细致、全面的报道新闻，还应对报道对象进行深入的采访，以期获得更多的有价值的材料，挖掘更具震撼的内容。如通讯《〈脱贫攻坚〉记者手记：羊小平砸缸》，如果只是简单采访羊小平的脱贫经历，会觉得羊小平的事例很具代表性，但同千万贫困户的情况一样难以给人深刻印象。记者为了充实通讯内容，进行了多次补充采访。在后续的深入采访中，记者了解到羊小平一家世代都曾努力走出大山，在他父亲在世时，经常嘟囔"一定要搬下去"，但是囿于时代的局限性，父亲最终还是长眠于大山。羊小平自己也曾经多次尝试出门打工，但是贫瘠的大山困住了他的家人，更困住了他的手脚，最终羊小平也不得不回归大山。在国家扶贫政策的帮助下，羊小平一家人终于走出了大山，走出了贫穷的命运。这样的深入报道，让我们看到了羊小平一家脱贫的不易，更能感受到国家精准扶贫政策给百姓生活带来的巨大改变。

2. 提炼材料，明确报道主题

主题是文章的主旨，也是通讯的写作线索，要围绕主题选择提炼材料，更要在前期材料的基础上进一步深化、明确主题。一方面要围绕主题，精炼材料，选择最有说服力的事例。要学会在看似普通的材料中挖掘新闻价值，反映新闻主题。再如通讯《〈脱贫攻坚〉记者手记：羊小平砸缸》，本来是反映精准扶贫工作的通讯，为何出现了"砸缸"这一事件？原来羊小平一家生活的山上常年干旱缺水，用水要用扁担从很远的山泉那挑来，这活女人干不了，只能由家中的男人来做。从羊小平记事起，家中就有六口大缸，在他的记忆里父亲一直做的事情就是挑水、挑水、挑水。后来羊小平的父亲因为挑水摔伤去世。羊小平外出打工，几次因为家中缸里的水没了需要回家挑水，被老板辞退，最终羊小平被这几口缸困在了山里。在脱贫后，羊小平毫不犹豫的把六口大缸砸了。通讯里的“缸”本是当地农家常见的用品，但是在新闻中却成为非常重要的线索，串起羊小平和其父亲的一生。本来寻常的材料，作者却从中发现了深厚的意义，这里的“缸”已不再是寻常装水的器具，而是当地百姓贫困生活的象征。所以“砸缸”的举动，也具有了更深层的意义，是百姓对贫穷生活的告别，用羊小平的话说“早就想砸了”，也是颇有仪式感的新生活的开始。

另一方面，在明确主题的基础上，可以对材料进行更加细致的梳理，力图从新的角度表现主题。如《老郭脱贫记（2016 年，我们脱贫了）》（人民日报，2016 年 12 月 25 日），同样是报道精准扶贫工作的新闻，这则通讯选取的角度更新，带给我们的思考更多。老郭叫郭祖彬，当年 56 岁，是河南封丘县王村乡小城村农民。年轻时的老郭并不穷，但是家中儿子重病，是典型的因病致贫。国家扶贫政策出台后，一方面政府对老郭家予以补助，全家还享受人身意外险、医疗补充险，阻断“因病致贫”。另一方面，当地政府牵头实施产业扶贫项目，老郭跟着村支书种植中药材。经过多方面的努力，老郭一家脱了贫。这本是一个常见的脱贫案例，但是作者在整理了材料后对老郭脱贫的经历有了更深入的认识，就像老郭自己说的“脱贫靠劳动，不能躺在‘政策温床’上!”在别人为贫困户的低保名额争得面红耳赤的时候，老郭却主动让出去。在别人对种植中草药脱贫产生怀疑动摇的时候，老郭却辞去固定收入的公益岗，专心种植草药。老郭的行为恰好体现了扶贫工作中更深入的思考，不仅要在物质上帮助困难群众，更要在精神上帮助群众树立脱贫的信心，让贫困户不再等靠要，做到精神上的脱贫，就像通讯标题中说的“政府托了底，致富靠自己”。这样在寻常材料的基础上，作者找到了和以往同类题材通讯中不同的思路，深化了主题。

3. 根据内容合理安排结构

通讯的结构并不固定，像文学作品那样作者可以根据表达的需要，采取不同的结构方式。比如《马氏“兄弟”跨越二十年的诚信》（河南日报，2015 年 12 月 25 日），这则通讯报道的是兄弟相称但没有血缘关系的“马氏兄弟”。哥哥马奋勇是汉族，新疆哈密人；弟弟马保东是回族，河南开封人。1995 年，马保东 21 岁，与长他一岁的马奋勇在河北省有一面之交。两人是同行，因为相互欣赏对方的实诚，一见如故。通讯以时间为顺序，叙述了 1995 年、1997 年、1998 年、2003 年、2015 年二人交往中发生的大事，表现了两个人的深厚情谊。这种以时间为序的结构方式在通讯中经常用到，有时是顺叙，有时是倒叙。

通讯《金江路社区“法律诊所”为民除“顽疾”》（云南法制报，2016 年 8 月 22 日），这则通讯按照“统筹协调”“便民利民”“公平公正”三个层次报道了昆明市金江路社区“法律诊所”的工作开展情况。这是一种平行的结构，层次清晰，主题明确。

4. 写人叙事手法灵活多样

通讯为了实现形象、生动、全面的目的，可以采用多种表达手法，比如描写、抒情、议论等。如《两分账单记录的坚守与感动》（咸阳日报，2016 年 12 月 28 日），这则通讯报道了关中平原贫困户家的女主人：穆娟。这个苦命的女人，出嫁后就没过一天好日子，丈夫瘫痪，大伯大嫂重病，一边是患病的三个大人，一边是上大学的两个孩子，生活的重担全压在穆娟身上。报道中描述了穆娟家："12 月 22 日，冬至刚过，大地萧寒。关中平原深处的泾阳县桥底镇褚牛村，穆娟家。上屋的楼房空空荡荡，已显破败。大门左边一间不足 10 平方米的平房内，靠墙支着简易的床。墙角已看不见油漆颜色的老式高柜上，一台 21 英寸的旧电视正播放着《周仁回府》。看着久病的丈夫沉醉在激越的秦腔中，穆娟憨憨地笑了。屋内有些阴冷。屋子中间，搭着关中农村冬天取暖用的煤炉子，可伸手一摸，却一片冰凉。"这段近似白描的语言，让我们如身临其境般看到穆娟破败的家，在这样的环境中穆娟依旧坚守着两个破败的家庭，更让读者敬佩。在这阴冷灰暗的环境中传出的高亢的秦腔和穆娟憨憨的笑，让我们看到了她的坚持和希望。

通讯《李保国的最后 48 小时》，记者在写作时以时间为线索，描述了李保国人生的最后 48 小时。在写作手法上，作者采用了新闻报道中很少用到的第二人称视角"您"，仿佛是与李保国面对面地倾谈：

教学、科研、下乡指导，我们想知道，总是急匆匆走在路上的您啊，是不是也无法放下这一生的牵挂？

您就是这样，马不停蹄，却又认真细致。您身边的同事和学生们都说"受益匪浅"，而您这样一个细节一个细节抠出来的富民技术，至今造福着太行。

熟悉您的人都知道，您的手机 24 小时开机，通讯录里超过三分之一的号码是普通农民的。无论何时何地，每位素不相识的农民打来电话，您都会耐心地接听解答。

4 月 10 日凌晨 2 时，妻子被您不顺畅的呼吸声吵醒——您已经双眼紧闭、呼吸困难，说不出话来。

呼啸而来的急救车把您送到了最近的解放军二五二医院。人工心肺复苏、电击……8 分钟、半小时、一个小时……这一次，您再也没能缓过来，没能睁眼看看心爱的小孙子，没能给家人留下一句话。

您已无法听到，多少闻知噩耗的痛哭：太行山的百姓，舍不得您！

您已无法知晓，多少情真意切的呼唤：7300 多万燕赵儿女，舍不得您！

这种写作角度，似乎李保国仍在人世，而对比生死相隔的现实，让人无限感伤。通讯中强烈的抒情，也将报道的情感层层推进，在报道的结尾处，情感最终汹涌而出，让人热泪盈眶。

四、通讯的写作例文

在武昌工学院第 7 栋宿舍，有一个学生们最信赖的人

牛星梅："妈妈宿管员"

本报记者　柯进　通讯员　雷蕾　许东

"牛阿姨，您还记得我们吗？"武昌工学院第 7 栋宿舍的门房内，近日来了两个青年

学生。

他们是趁从国外留学回来休假的间隙，专程回母校看望当年的宿管阿姨牛星梅的。

一位宿管阿姨，为何连出外留学的学生都还惦记？

“因为牛阿姨不仅是我们生活中的好朋友，她还更像是‘妈妈’。”一名学生说。

“想吃了就去牛阿姨家！”这是牛星梅对学生讲得最多的一句话。

看到很多来自内蒙古的学生不爱吃青菜，不太适应学校的伙食，牛星梅每月都会组织他们去自己家聚餐。她精心烹调的排骨藕汤、油焖小龙虾等湖北家常菜，广受学生们欢迎。

学生们想家了，就会约着一起去牛阿姨家拜访，感受一下家的“味道”，就连学生的外地同学们到学校来玩，也会一同造访牛星梅，尝尝她做的家常菜。

老这样有人造访，不累吗？

“只要孩子们高兴就好！”牛星梅说。

学生们也惦记着牛星梅。4 年来，学生们已自发为牛星梅过了两次生日，而 48 岁生日那天的校园生日会让她终生难忘。

2014 年 10 月 3 日，牛星梅正在公寓值班。由于晚上回不了家，牛星梅已和家人说好不过生日。没想到晚饭时分，学生们竟一起买了蛋糕来值班室看她，还送了礼物，并且悄悄叫来牛星梅的女儿。

她还很细心。

在第 7 栋宿舍，住着 1236 名学生，但凡与牛星梅有过接触的学生，牛星梅都能亲切地叫出他们的名字，还经常与他们聊天谈心。

“只要孩子有心事，从我面前走过，我都能看得出来。”牛星梅说。

有一次，大二学生陈浩（化名）在值班室门口徘徊，想跟牛星梅说话，又不敢进来。牛星梅从镜子里反射的陈浩的表情看出了他的扭捏。待手头事情忙完后，牛星梅便把陈浩叫到值班室。

“叫过来一问，才知道，原来他想找我很多次了，但每次看到一群学生在，都不好意思进来。”牛星梅说，从陈浩进校，她就观察到这孩子总是独来独往，不爱和室友、同学接触。

牛星梅就和陈浩天南地北地聊天，讲身边人的故事……这次谈话后，陈浩一有事就和牛星梅商量。2016 年寒假前的一天，陈浩在自己打工的炸鸡店买来炸鸡，硬塞给牛星梅，说感谢阿姨每次开导他，现在打工认识了好多朋友，和班级同学、寝室的室友相处也融洽多了。

她和郭雄的故事，更是感动着人们。

因身患侏儒症，郭雄身高只有 1.3 米。他的老家在湖北老河口市的农村，经济条件也不好。郭雄入校时，几乎每餐都吃 2.5 元的最便宜套餐。

牛星梅很快注意到了这名特殊的学生。

“我有两个儿子，郭雄你就是我的第三个儿子。”牛星梅说。

牛星梅时不时把郭雄叫到身边，把自己准备的荤菜夹到他碗里，有时还把郭雄带到家里吃饭。

慢慢地，牛星梅对郭雄的关照，覆盖到衣食住行各个方面。郭雄本科期间住的寝室，刚好是牛星梅管区的楼栋。一个晚上，郭雄路过值班室时步履沉重，还不停咳嗽，牛星梅看到后立马把他喊到门房，一摸额头，滚烫。

于是，郭雄手里就多了牛星梅塞的退烧药。

“每次他生病，我总是第一个知道。”牛星梅挺骄傲。

郭雄身上的毛衣破旧了，牛星梅留心观察郭雄的身高尺码，给他织了件毛衣。拿到毛衣的时候，郭雄感动不已。如今，这件毛衣郭雄早就穿不上了，但他仍把它放在衣柜里珍藏着，几次搬宿舍都没舍得丢掉。

“这是我最珍贵的一件衣服。”郭雄说。

“他就是我一个不省心的儿子，我看不得他受苦。”牛星梅说。

郭雄则说：“牛阿姨和我妈妈一样，没有她，我的人生很可能会改写。”

如今的郭雄，已是武汉轻工大学的研究生。他们的母子情并没中断，郭雄隔三岔五就会回母校看望“妈妈宿管员”牛星梅。

一件件小事，一个个学生，牛星梅从不懈怠，从不忽略。

正因为此，那些学生不管走多远，都还记得，曾经有这么一位“妈妈宿管员”。

“没想到不少学生毕业后还经常回来看我，我真的感到很幸福！”牛星梅对此无比自豪，“他们回来看我，拉住我的手说‘阿姨，我想你了’，我就很感动，觉得自己干得再累都值！”

（中国教育报，2018 年 5 月 10 日）

五、通讯的写作训练

以你身边的某位优秀同学或老师为报道对象，写一篇通讯。

参考文献

[1] 王光文．高职汉语实用写作新编[M]．上海:上海外语教育出版社,2017.
[2] 高　玲．应用文写作[M]．北京:高等教育出版社,2016.
[3] 尉天骄．汉语实用写作新编[M]．上海:上海外语教育出版社,2015.
[4] 徐中玉．应用文写作[M]．北京．高等教育出版社,2013.
[5] 张文英．新编应用文写作教程[M]．天津．南开大学出版社．2013.
[6] 刘创成主编．庆典联谊类文字材料写作范本[M]．北京:蓝天出版社,2010.
[7] 张世轩,何丽芬．常见应用文体写作[M]．重庆:重庆大学出版社,2010.
[8] 姚国建．应用文写作[M]．合肥:合肥工业大学出版社,2009.
[9] 姚国建．应用写作[M]．合肥:安徽大学出版社,2008.
[10] 栾照钧．公文病误矫正指南[M]．北京．中国档案出版社,2006.
[11] 岳海翔．综合事务文书写作——要领与范文[M]．北京:中国言实出版社,2008.
[12] 郝立新．应用文写作教程[M]．北京:商务印书馆,2009.
[13] 方铭．应用写作——生活与工作的通行证[M]．北京:人民教育出版社,2006.
[14] 陈新华,张振华．财经应用文写作[M]．北京:化学工业出版社,2007.
[15] 徐思生．财经应用文写作教程[M]．济南:山东大学出版社,2011.
[16] 任遂虎．大学写作训练[M]．北京:中国人民大学出版社,2012.

后　记

本教材是由省内外长期从事应用写作教学与研究，在应用写作教材建设、课程建设、项目研究等方面积累了丰富经验的教师合作完成。这些老师不仅长期执教应用写作，而且重视开展有关应用写作的科研与教研，积极投身应用写作教学改革，将他们的研究成果、教学经验、教改心得等融入了教材编写中，切实增强了教材的创新性、针对性、实用性和可操作性。

在教材的使用过程中，教师可根据实际需要，针对不同学科不同专业的学生，在教学内容的安排上有所选择、有所侧重。

本教材共九章，各章节撰写者如下：

姚国建：提出全书编写宗旨，制定全书编写方案及编写要求，拟定教材编写框架，确定各章编写提纲，撰写第一章，第三章的第六节、第六章的第六节，负责全书统稿、审稿、校稿工作；

李　桦：参与全书编写提纲拟定，撰写第二章，第六章的第一节、第二节、第三节、第四节、第五节，协助全书统稿、校稿工作；

潘玉梅：撰写第三章的第一节、第二节、第三节；

陈　慧：撰写第三章的第四节；

朱家席：撰写第三章的第五节、第七节、第八节、第九节；

张琳琳：撰写第四章的第一节、第二节、第三节、第四节、第五节、第六节、第七节、第九节、第十节、第十一节；

周　安：撰写第四章的第八节；

刘秀丽：撰写第五章；

洪何苗：撰写第七章；

黎　欣：撰写第八章；

杜　慧：撰写第九章。

在本教材的编写过程中，我们吸收了国内写作界最新的研究成果，参考了一些专著、教材、相关刊物论文等，引用了大量优秀的例文，在此我们向各位专家和同仁表示衷心的感谢。

合肥工业大学出版社王磊老师为本书的编辑出版付出了辛勤劳动，在此表示衷心的感谢。

由于编者水平有限，本教材不足之处在所难免，恳请学界专家、使用教材的师生及其他读者及时提出宝贵意见，以便再版时修订。

编者

2018 年 6 月 10 日

图书在版编目(CIP)数据

应用写作训练教程/姚国建,李桦主编．—合肥:合肥工业大学出版社,2018.8
ISBN 978－7－5650－3819－8

Ⅰ.①应…　Ⅱ.①姚…②李…　Ⅲ.①汉语-应用文-写作-教材　Ⅳ.①H152.3

中国版本图书馆 CIP 数据核字(2017)第 330188 号

应用写作训练教程

姚国建　李　桦　主编　　　　责任编辑　王　磊

出　版	合肥工业大学出版社	版　次	2018 年 8 月第 1 版
地　址	合肥市屯溪路 193 号	印　次	2018 年 8 月第 1 次印刷
邮　编	230009	开　本	787 毫米×1092 毫米　1/16
电　话	艺术编辑部:0551－62903120	印　张	24.5
	市场营销部:0551－62903198	字　数	587 千字
网　址	www.hfutpress.com.cn	印　刷	安徽联众印刷有限公司
E-mail	hfutpress@163.com	发　行	全国新华书店

ISBN 978－7－5650－3819－8　　　　定价:49.00 元